论语解读

黄克剑 著

人文大讲堂

中国人民大学出版社
·北京·

自　序

这是我第一次撰写疏解性文字，有幸借此以别一种方式谛听孔子的训诲，却也因此在感通古今的字斟句酌中惴栗于自身生命局量的不足。

历来注释《论语》皆以剖章析句为能事，罕有学者统摄诸章以探究其所在篇帙的总体意趣。作为一种尝试，这里的疏解由章而篇而又由篇而章，在经心于章句的辨悉时也对那些看似互不连属的章句间隐然贯穿的线索有所留意。从松散的篇章结构中寻找某种可依篇疏解的措思头绪，原出于这样一种预断：《论语》分篇辑录“孔子应答弟子时人及弟子相与言而接闻于夫子之语”（《汉书·艺文志·六艺略序》），绝非随机杂凑，其编纂者集取先师话语时不可能不融进自己对所辑话语的理解，试图经由《论语》走近孔子的人，首先不期而遇的当是儒学境域的引路者，他们把散落的夫子遗句有序化了，也因此辟出了一条可望进入孔门而登堂入室的蹊径。

与依篇疏解构成一种互补，这里对章句的理会除字词、句脉的必要训释外，尚颇重相关古籍对其意之所属的印证。《论语》所辑孔子之言或孔门诸贤论学而闻自夫子之语大都语境不详，欲较准确地把握其指归所在，不可不参酌夫子立教未远之战国以至两汉遗籍。此种援引诸文献以做疏证的文字约分两类：一类为《论语》章句的互证，如以《卫灵公》第十九章“君子病无能焉，不病人之不己知也”，印证《学而》第一章“人不知而不愠，不亦君子乎”；以《先进》第二十一章“论笃是与，君子者乎？色庄者乎”，印证《颜渊》第二十章“夫闻也者，色取仁而行违，居之不疑”；以《述而》第二十六章“善人，吾不得而见之矣，得见有恒者，斯可矣”、《子路》第十一章“善人为邦百年，亦可以胜残去杀矣”，印证《先进》第二十章所谓“不践迹，亦不入于室”的“善人之道”等。另一类为引用其他著述（“经”“史”“子”“集”）以证知《论语》章句，如以《礼记·中庸》所谓“礼仪三百，威仪三千，待其人而后行。故曰：苟不至德，至道不凝焉”，参较《论语·八佾》第三章“人而不仁，如礼何？人而不仁，如乐何”；以《孟子·公孙丑上》所谓“夫仁，天之尊爵也，人之安宅也”，参较《论语·里仁》第一章“里仁为美。择不处仁，焉得知”；以《孟子·离娄上》所谓“得天下有道：得其民，斯得天下矣；得其民有道：得其心，斯得民矣；得其心有道：所欲与之聚之，所恶勿施，尔也。民之归仁也，犹水之就下、兽之走圹也”，参较《论语·颜渊》第一章“子曰：克己复礼为仁。一日克己复礼，天下归仁焉”等。书中疏证所用文献唯求精当、简约，不以博采广纳为胜，倘文献之间不无扞格，则亦务必在比勘、校度之后决断其弃取，以免因其杂然并陈而使人不得要领。诚然，对章句的疏证未必只是篇帙疏解的佐证，但视野更开阔的疏解毕竟决定着章句疏证所不可能没有的义理导向。

如果说章句的疏证重在以古证古，章句而篇帙的疏解重在以今解古，那么，那些由古而今的迻译所勉力求取的则在于以今切古。这“切”是切其理，切其境，也是探其蕴而会其神。切古一如证古、解古，并不只在于诉述一种慕古的情思；在证古、解古而切古的起念处，寓托着的其实是一份心有所通、性有所系而道有所契的生命化的期冀。

我深知，在《论语》“热读”的当下如此疏解经籍未必合于时宜，然而肩负着人生难以名状的忐忑和沉重，仍不能不就此对翘企中的人文运会做某种近于无望的祈告：但愿留住几希学苑的尊严，还孔子些许不可再少的庄重和从容！

黄克剑

2008 年 5 月 4 日

目　录

孔子与《论语》 …… 1
学而第一 …… 44
为政第二 …… 73
八佾第三 …… 107
里仁第四 …… 142
公冶长第五 …… 173
雍也第六 …… 211
述而第七 …… 249
泰伯第八 …… 291
子罕第九 …… 322
乡党第十 …… 358
先进第十一 …… 392
颜渊第十二 …… 434

子路第十三 …… 473
宪问第十四 …… 517
卫灵公第十五 …… 570
季氏第十六 …… 614
阳货第十七 …… 643
微子第十八 …… 681
子张第十九 …… 705
尧曰第二十 …… 740

主要参考书目 …… 757
后　　记 …… 759

孔子与《论语》

一、孔子的生命情调

孔子名丘，字仲尼，春秋末叶鲁国人，生于鲁襄公二十二年（公元前551年），卒于鲁哀公十六年（公元前479年）。他是殷人的后裔，他的十一世祖是宋国第五代国君宋湣（mǐn）公；其十世祖弗父何作为湣公的世子本可以理所当然地承继君位，却出于手足之情把这份天赐的权利让给了自己的弟弟。史称他的七世祖正考父曾以上卿之位辅佐戴公、武公、宣公三世，而六世祖孔父嘉则在穆公、殇公时就任宋国的大司马。后来孔父嘉被害，孔子的五世祖木金父为避祸从宋国逃到鲁国，从此，这个血缘可追溯到微子的胞弟微仲以至于殷商王室的家族，不再有贵族的身份。

孔子三岁时，父亲叔梁纥（hé）——曾以军功做过陬（zōu）邑的邑宰——就去世了，失怙的他很快就沦落到社会的下层。没有贵族背景的呵护，却又从小生活在鲁国这样一个崇尚礼仪而较多地保存了周代典章文物的国度，这使孔子在渐次淡漠了“命”的寄托后，有可能因为丰赡的学术文化传统的熏陶而从人生的切近处问讯于“道”。同是在“礼坏乐崩”的衰世氛围下，也同样直面所谓“文敝”的难题探寻人生的究竟，老子由留心天地、万物的生机消长所体悟的是“法自然”之“道”；孔子则把天地、万物纳入人的视野，由此默识冥会的“道”更多地关联着他的切己的生命体验。他年轻时“贫且贱”，做过“委吏”“乘田”一类小吏，年五十时做了鲁国中都的邑宰，一年后又相继升迁为司空、大司寇。但无论做小吏，还是后来以大司寇摄行相事，孔子都不曾把自己局限在“器”的世界，而是一直向着心目中的“道”孜孜以求。“闻道”对于他是高于一切的，所以他甚至说：“朝闻道，夕死可矣!”（《论语·里仁》）不过，他所谓的“道”并不能离开人而自在，这有待于人去弘大的“道”自当呈现于闻道者的真率的生命情调中。

所谓“子温而厉，威而不猛，恭而安”（《论语·述而》），是孔门弟子对孔子的真率性情合其神韵的描写，也是对生命化于孔子的儒家成德之教的最亲切的阐释。“志士仁人，无求生以害仁，有杀身以成仁”（《论语·卫灵公》），“三军可夺帅也，匹夫不可夺志也”（《论语·子罕》），这些万古不灭的警句固然蕴含着以道自任的儒者先师的生命力度，而从“子之燕居，申申如也，夭夭如也”（《论语·述而》）、“孔子于乡党，恂恂如也”、“朝，与下大夫言，侃侃如也；与上大夫言，訚訚如也。君在，踧踖如也，与与如也”（《论语·乡党》）一类记载，会心者同样窥得见一个生趣盎然、性情自在的孔子。孔子称“道”示“教”并不要禁锢或减杀人的性情，相反，这“道”和“教”正是缘于人的性情才得以为性情真切的儒者所觉解；并且，正因为这一层觉解，其性情才得以为“道”所点化、为“教”所陶染。

孔子诲人“乐而不淫，哀而不伤”（《论语·八佾》），或可看作“教”对情的调适，但这本身即意味着情对“教”的润泽。“哀”“乐”倘不落于乡愿，必发于人的性情；“不伤”“不淫”，则告诫人们终不可一任性情而致“哀”“乐”失度。不过，《论语·先进》中毕竟记有这样一件事：“颜渊死，子哭之恸。从者曰：‘子恸矣！’曰：‘有恸乎？非夫人之为恸而谁为？’”为颜渊之死而“恸”似乎有违“哀而不伤”的理趣，但这“恸”与所“恸”对象的格位相称，恰恰表明了孔子系于“天”“命”的悲情之诚。孔子之前，人们对“天”的一个根深蒂固的信念是：“为善者天报之以福，为不善者天报之以祸”（见《荀子·宥坐》

所引子路语），但“不迁怒，不贰过”“其心三月不违仁”（《论语·雍也》）的颜渊的早逝，却使孔子不能不面对这一德福并不配称的典型事实重新反省天人之际的消息。孔子“天丧予”的嗟叹是痛彻心魂的，这是为颜渊而痛，也是为人类命运中太多的不幸而痛。“天”有其“四时行焉，百物生焉”（《论语·阳货》）的常德，“天”也有其难以测度的无常之时。对“天”的好生之德有所参而会之于心，对“遇不遇者时也，死生者命也”有所悟而不为所羁，如此则能“知祸福终始而心不惑”，“博学深谋，修身端行，以俟其时”（《荀子·宥坐》），“命运”的忐忑方可因是转为“境界”之从容。孔子哭颜渊意味着一种诀别，从此，为儒者孜孜以趋的德性境界在穿透命运感后，把人们引向另一个时代。

孔子的生命格调很高，但这高又不在真切的性情之外。魏晋时代，何晏、王弼之间有过“圣人无情”与“圣人有情”的争论。如果依他们都把孔子尊为圣人而论，王弼的“圣人有情”论显然更切近孔子的生命情调。可以设想，孔子一旦被削去了性情，就可能变为某种理境上的一尊偶像。偶像化了的孔子也许依然是可敬的，只是已不再可爱。孔子其人固然因为他对一种极高的人生境界的指点而分外可敬，但他毕竟是一个极可亲的人。在孔子的人生践履中，理境和情境是相融为一的，理之所至也是情之所在，他所领悟到的那一层人道而天道的理致是培壅或润泽于一种高尚的情操的。如果体会不到这种情操，不能在这种情操上达到相当的生命的共感，而只是一味拘泥于孔子一些说法的字面语义和逻辑，那么就既不可能理解孔子，也不可能真正读懂孔子那些往往带有随机指点性质的话语。

关于孔子，德国哲学家黑格尔曾说："在他（孔子）那里，思辨的哲学是一点也没有的"①。由此，他甚至以嘲讽的口吻断言："（对于西方人说来）为了保持孔子的名声，假使他的书从来不曾有过翻译，那倒是更好的事"②。这样品评孔子显然与孔子的真实生命无缘，它只是表达了品评者所特有的思辨的傲慢。其实，思辨从来就不是哲人智慧的唯一品格，甚至也不是它的必要品格。孔子是圣贤，也是哲人，要从这里有所发现，需要摒除思辨的偏见，改换另一种眼光。黑格尔告诉人们："哲学史上的事实和活动有这样的特点，即人格和个人的性格并不十分渗入它的内容和实质……在哲学史里，它归给特殊个人的优点和功绩愈少，而归功于自由的思想或人之所以为人的普遍性格愈多，这种没有特异性的思想本身愈是创造的主体，则哲学史就写得愈好"③。以此为绳墨，他为后人留下了第一部真正具有世界视野的哲学史著述《哲学史讲演录》。不过，

① 黑格尔．哲学史讲演录：第1卷．贺麟，王太庆，译．北京：商务印书馆，1959：119.

② 同①120.

③ 同①7.

既然是以“没有特异性的思想本身”为“创造的主体”，那么这样的哲学史就只能是哲学史的思辨或思辨的哲学史。在这思辨的哲学史中，“特殊个人”的丰润的生命情调被排除或外在化了，留住的不过是与逻辑演绎相应的抽象化了的运思。真正说来，那不再为思辨所强制因而能够给予人们更高期待的哲学史，也许应当是这样的：它在留心哲人启示给人们的“人之所以为人”意义上的智慧的同时，也热切地注视哲人的不可替代的个性；它当然不会忽略哲理境界中的思维的经脉，但也分外看重贯注在这思维中的性情的神韵。在可望“写得愈好”的哲学史里，哲人所特有的生命情调，恰是人性在某一向度甚至浑全展开上的典型呈现，“个人的性格”本身即是对“人的普遍性格”的本然而应然的表达。至少，从这另一种途径上去窥探“轴心时代”的哲人——孔子、释迦牟尼、苏格拉底——的心灵，会更易于触到生命智慧的本真，而不至于陷入无谓的逻辑游戏。

孔子的学说是生命化了的，他的生命情调是他的学说的直观而浑全的展露。在业经认定的价值取向上，孔子以自己的人生践履确立了一个人之为人的难以企及的范本，尽管这范本是经验的范本，还不就是虚灵的最高的范本——而最高的范本作为可设想的某种仰之弥高、趣之弥远的极致形态，只在致道者对“道”的无尽的追慕中。

二、孔子之道

孔子之学辐辏于“道”，这“道”在人的性情的真切处，却又不至委落于任何经验的个人的生命遭际。“形而上者谓之道”（《周易·系辞上》），“道”意味着某种虚灵的境地，也意味着导向这虚灵境地的某种途径。“道”是哲理化了的一个隐喻，它由人于十字路口寻路或辨路而行这一可直观的事象升华而来*，却也因此把“道”必当有的朝向性和那种必得在人的践履或践行中才得以发生和持存的性态保留了下来。“道”的朝向性使“道”有了“导”——“‘道’本或作‘导’”（陆德明：《经典释文·尔雅音义》）——或导向的内蕴；“道”的只是在践履或践行中才得以发生和持存的性态，则注定了“道”之所“导”的实践性和非一次性。一如在人的行走之外并不存在独立于人而

---

* 甲骨文中未见“道”字，但已有“道”的异构字“㣳”（）。“道”字最早出现于西周之金文，其写作“衜”（）。从“道”至“衜”再到“㣳”做一种追溯，此字的最初含义在往后字形的嬗变中一直不曾更易，这现象因“道”终究成为中国最为典型的思想范畴而至可玩味。甲骨文“㣳”（）从“行”从“人”，“行”在甲骨文中写作“”；金文“衜”（）从“行”从“首”，“首”则指代“人”。“行”（）象形十字路口，“㣳”或“衜”之所示皆为人于十字路口寻路或辨路而行。“道”由“衜”演递而来，“辶”即“辵”而“辵与行同意”（王筠：《说文解字句读》），因而，由从“行”从“人”的“㣳”到从“行”从“首”的“衜”、再到从“辵”（辶）从“首”的“道”的演变，乃是合乎逻辑而极其自然的事情。

自生自成的道路那样，“道”只延伸在致道而弘道者的“致”“弘”的不懈努力中。正是因着这一点，孔子要强调指出：“人能弘道，非道弘人”（《论语·卫灵公》）。

同是推重所谓“道”，孔子创立的儒家之学与老子奠基的道家之学理趣相通却又大相径庭。老子立意中的“道”乃“法自然”之“道”，其把原本由人的辨路而行——庄子所谓“道行之而成”（《庄子·齐物论》）——升华出来的“道”超然化了，这超然化了的“道”被认为当为人所取法，却在“道”之为“道”的意义上并不托望于人的可能“弘道”或可能“弘道”的人。孔子则着意以“仁”喻示他心目中的“道”。他宣称：“志于道，据于德，依于仁，游于艺”（《论语·述而》）。这里，最可致意的是“依于仁”，它是孔、老（儒、道）之“道”最微妙的关联和最可确指的分野所在：由“依于仁”所称述的“道”是孔子所倡立的儒家之“道”，由“失道而后德，失德而后仁”（《老子》三十八章）、“大道废，有仁义”（《老子》十八章）所称述的“道”是老子所倡立的道家之“道”。孔子自谓“吾道一以贯之”，曾子解释说：“夫子之道，忠恕而已矣”（《论语·里仁》）。不过，究极而论，无论是尽己为人以“忠”，即所谓“己欲立而立人，己欲达而达人”（《论语·雍也》），还是推己及人以“恕”，即所谓“己所不欲，勿施于人”（《论语·颜渊》，又见《论语·卫灵公》），都还只是由“不忍人之心”说起的“仁”的派生性环节。“忠”“恕”皆收摄于“仁”，显然以“仁”释“道”更可切中孔子“一以贯之”之“道”的真谛。其实，后来孟子就援引过孔子的如下说法：“道二：仁与不仁而已矣”（《孟子·离娄上》）。并且，他循着孔子的致思路径，在以“仁”把握人之所以为人时，也以“仁”与“人”把握“道”之所以为“道”：“仁也者，人也；合而言之，道也”（《孟子·尽心下》）。宋儒朱熹为这句话作注：“仁者，人之所以为人之理也”，“以仁之理，合于人之身而言之，乃所谓道者也”（朱熹：《四书集注·孟子集注》卷十四）。这讲法从大端处看，似乎并不错，但无论“仁”“人”，还是“道”，都在拘于字句的疏解中被静态化了。倘若上追孔子论“仁”之旨而关联着孟子“四端”说重新予以理会，其意趣或应当是这样：“仁”固然使人成其为人，而“仁”也只是在人对“人之所以异于禽兽者几希”（《孟子·离娄下》）有所觉悟，并对这“几希”自觉予以提升、扩充时，才被人确认为“仁”的；人因为“仁”而成为人，“仁”也因为人而成为“仁”，这是一个“人”“仁”相即不离而相互成全的过程，贯穿这一过程始终的那种祈向和其所指的至高而虚灵的境地即是所谓孔儒之“道”。的确，孔子还不曾像后来的孟子那样径直说出“恻隐之心，仁之端也”（《孟子·公孙丑上》），但从他所谓“为仁由己”（《论语·颜渊》）、“我欲仁，斯仁至矣”（《论语·述而》）一类说法，已可明显看得出他对“仁”在人的天性自然中的根荄或端倪的默许。就“仁”萌生于人的性情自然而论，孔子由“仁”说起的“一以贯之”之“道”未尝不通于老子的“法自然”之“道”，但有着自然之根的“仁”也在人的觉悟和提撕中构成对人说来的一种应然，这应然把人引向“圣”的境地，而且正是因为“圣”境虚灵不滞而毕竟非经验的人所可企及，所以，甚至被人们以“圣”相称或以“圣”相期的孔子也不能不说“若圣与仁，则吾岂敢?”(《论语·述而》) 如是由“仁”而“圣”的应然，意味着一种主动，一种导向，一种对浑然于生命自然中的价值性状的有为地开出。

就“为仁由己”而言，“为仁”——离开“为仁”而“仁”不能自存——无须依赖外部条件或受制于外部际遇，因此可以说，“为仁”对于人来说是非对待性的或“无待”的。但人的生命存在毕竟还有对待性的一面，亦即所谓“有待”的一面。人的生存的维系不能没有外部境域的成全，人只有同对象世界进行必要的物质交换才可能使自己富有生机的肉体存在得以持续，单是这一点就决定了人在他的生存境域中必得时时处处做某种利害权衡。孔子并不否认人对“利”的必要考虑，因而并不一般地贬抑人对“富贵”的求取。“邦有道，贫且贱焉，耻也”(《论语·泰伯》)，当他这样把“贫”、“贱”与“耻”关联在一起时，他显然肯定了人对“富贵”追求的合理性，不过，这合理的前提是“邦有道”。所以，他也这样说：“富与贵，是人之所欲也，不以其道得之，不处也。贫与贱，是人之所恶也，不以其道得（去）之，不去也”（《论语·里仁》）。依孔子的看法，对“富贵”有“所欲”，对“贫贱”有“所恶”，乃是人之常情，问题不在于如此常情的或弃或取，而在于这弃取中是否体现了“道”。这里所说的“道”，依然为人因着“仁”而成为人、“仁”也因着人而成为“仁”这一“人”“仁”相即不离以相互成全的导向所规定，只是这“仁”而人、人而“仁”的“道”之所导，则在于把人的那种有着拳拳爱意（“亲亲”而“汎爱众”）的“不忍人之心”从无待的境地推扩到有待的领域。这推扩在当政者那里即是所谓“有不忍人之心，斯有不忍人之政”（《孟子·公孙丑上》），而在匹夫、匹妇那里则可按同样的逻辑谓其为：有不忍人之心，斯有不忍人之举。从无待的“为仁”，到有待的“人之所欲”的“富与贵”，“道”在人生中的贯彻必致引出人的价值取向的抉择，而这在孔子那里最终被归结于所谓的“义”“利”之辨——他说：“君子喻于义，小人喻于利”（《论语·里仁》）。

孔子并没有把“义”“利”这两重价值简单地分派给“君子”和“小人”；“小人喻于利”固然说的是小人只懂得“利”，而“君子喻于义”却是要指出：君子未必全然拒绝“利”，但君子成其为君子乃是因为他总能够做到“见利思义”（《论语·宪问》）或“以义为利”（《礼记·大学》）。对于孔子来说，人生最高的“义”莫过于“仁”，而最大的“利”莫过于“生”，人当然应该珍爱自己的生命，然而一旦“义”与“利”或“仁”与“生”不能两全而必得做出某种两难选择，人便须以舍弃生命为代价来守护那使人成其为人的“仁”。正是在这个意义上，孔子认为：“志士仁人，无求生以害仁，有杀身以成仁”（《论语·卫灵公》）。“杀身以成仁”表达了“义”“利”之辨的彻底，它申说的是孔子“一以贯之”之“道”见之于人生价值弃取的最高断制。此后，孟子上承孔子，也谈到“生”与“义”两者不可兼得时人所当有的决断。他是从一个比喻说起的，说得直观而亲切、自然：“鱼，我所欲也；熊掌，亦我所欲也。二者不可得兼，舍鱼而取熊掌者也。生，亦我所欲也；义，亦我所欲也。二者不可得兼，舍生而取义者也”（《孟子·告子上》）。同以“杀身以成仁”为价值取舍之最高决断的孔子一样，孟子在肯定通常状况下“义”为“我所欲”的同时，也肯定了“生”应当为“我所欲”。不过，无论在孔子这里，还是在孟子这里，“义”这一关联着德行或仁爱的价值对于人都永远是第一位的，而“利”这一关联着人生之富贵或幸福的价值只有笼罩于“义”，才可能构成人生的第二位的价值。

孔子之道的“仁”的导向，决定了这种导向下的人在人生价值抉择上所必致的“义”“利”之辨，也决定了这种导向下的人在实现人生之根本价值“仁”而趋于“为仁”之最高境地或极致境地时的可能途径。这途径即在于“中庸之为德”所要求的那种“执两用中”。“中庸”意味着一个确然不移的标准，它所指示的是一种毫不含糊的“分际”，一种不可稍有苟且的“度”。它可以用“恰当”“恰好”“恰如其分”这类辞藻来形容或描摹，却不可能如其所是地全然实现于经验的形而下世界。不过，作为一种虚灵的真实，它能够凭着觉悟到这一真实的人向着它的努力，把人的价值追求引向一种理想的境地。孔子的中庸追求在由“仁”而“圣”的德行向度上，正是因为它，道德的形而上之境才得以开出，儒家的道德形而上学也才可能成立。孔子说：“中庸之为德也，其至矣乎！”（《论语·雍也》）他所说的“至”，指的是一种尽其圆满而无以复加的境地。德行之“仁”的“至”境是“仁”的形而上之境或所谓“大而化之之谓圣，圣而不可知之之谓神”（《孟子·尽心下》）那样的“圣”境，由于它永远不可能全然实现于形而下的修养践履中，所以孔子也才这样称叹“中庸”：“天下国家可均也，爵禄可辞也，白刃可蹈也，中庸不可能也”（《礼记·中庸》）。严格说来，天下国家的治理，爵禄的得失，足蹈白刃那样的令常人发怵的行为，都在经验世界的范围内，而“中庸”不属于经验世界。不属于经验世界的东西是任何人在形而下世界中的任何努力都不可企及的，然而，正是这不可企及反倒唤起了人的一种不可替代的向往。犹如虽然几何学意义上的“圆”在经验的时空里永远不可能出现，而经验世界中所有称得上“圆形”的东西圆到什么程度却总要以几何学上的那个“圆”为标准，“中庸”虽然“不可能”，但为“中庸”所指示的那个“分际”却永远是衡量人的德行修养状况的尺度。这尺度被动态地施用于经验的人的践履，便有了作为“为仁”“致道”的方法或途径的所谓“执两用中”。“执两”，是指抓住两端，一端是“过”，一端是“不及”；“用中”，是指尽可能地缩短“过”与“不及”的距离以趋于“中”的理想。人在经验中修养“仁”德，总会偏于“过”或偏于“不及”，但意识到这一点的人又总会尽可能地使“过”的偏颇或“不及”的偏颇小一些。“过”的偏颇与“不及”的偏颇愈小，“过”与“不及”之间的距离就愈小，而逼近“中”的程度也就愈大。愈来愈切近“中”的“执两”之“用”的无限推致，即是人以其经验或体验到的“仁”向“仁”的极致境地的不断趋进，也就是“仁”的形下经验向着“仁”的形上之境——所谓“圣”境——的超越。这超越的路径连同这路径所指向的虚灵的形而上之境，一起构成孔子所说“人能弘道，非道弘人”的那种“道”，而这样的“道”才既可视之为终极目标，亦可视之为由当下通往终极的道路，并且正因为如此，它也才在现实而究极的人生价值取向上真正有所“导”。

三、孔子之教

“天命之谓性，率性之谓道，修道之谓教”（《礼记・中庸》),《中庸》就儒家对“性”“道”“教”的理解所做的这一概括,可以说是径直受启于孔子的。孔子一生很少说到“性”,而且似乎从未把“性”关联于“天命”或天之所命,但在特定意趣上以“天命”为天之所赋,并由此而认可人的初始之“性”出于天赋或自然所赋,却是孔子学说的一个幽微而含蓄的出发点。孔子没有下过“性善”的断语,然而,大体说来,他对天赋予人的性分持肯定和信任的态度,否则他便不至于说“为仁由己”(《论语·颜渊》)、“人之生也直”(《论语·雍也》)之类的话了。正像老子由“率”(循)自然(天赋)之性而立“法自然”之“道”,孔子则由“率”(循)自然(天赋)之性而标举“仁”以立“依于仁”之“道”。于是,由修此“依于仁”之道,遂有了相应的成一家气象的教化,这即是所谓孔子之“教”,亦即为孔子所创始的儒家之“教”。

与启迪人们的“法自然”之“明”(“知常曰明”——《老子》十六、五十五章)的老子之教约略相因而又大异其致,以“为仁”“成仁”为宗趣的孔子之教不舍人的性情自然,却也并不滞留于人的性情自然。后世的人们多称儒家之教为“礼教”,其实,称其为“诗教”、“礼教”而“乐教”也许更恰当些——孔子就曾把“率性”而“修道”以成全人的“教”或教化描述为一个未可躐(liè)次的过程,此即所谓:“兴于诗,立于礼,成于乐”(《论语·泰伯》)。

“诗”感于自然，发于性情，抑扬吟咏最能使人脱落形骸私欲之累，由此所召唤的那种生命的真切最能引发心灵的回声。因此，对人——人体会、践行“仁”而为人——的不失天趣的教化，理应由“诗”而“兴”。孔子说：“诗，可以兴，可以观，可以群，可以怨”（《论语·阳货》）。所谓“兴”，是指情志的感发，“观”是指察识吟诗者的心迹，“群”是指从诗中求达人心的感通，“怨”是指排遣郁结、怨忿；“观”“群”“怨”都基于“兴”，“兴”关联着赋诗和诵诗人的性情之真。但诗情之“兴”有邪有正，由真情涵养一种堪以中正、高尚相许的情操，还须衡之以“礼”。春秋早期就已经有了“夫礼，所以整民也”（《左传·庄公二十三年》）的说法，这说法表明，“礼”在更早的时期即已从起先那种“事神致福”（许慎：《说文·示部》）的仪节演变为维系宗法关系的伦理制度了。“整民”即所谓“序民人”，亦即使人们的伦理而政治的关系有一种秩序。到孔子时，“礼”由原来的社会伦理规范兼有了道德规范的意义。作为伦理而道德规范的“礼”是以“让”为根柢的，孟子所说“辞让之心，礼之端也”（《孟子·公孙丑上》）可谓深中肯綮之语，而孔子批评子路“为国以礼，其言不让”（《论语·先进》）也正是基于“礼”所涵贯的“让”的义谛的。然而，“礼”成其为“礼”，严格说来并不止于一般意义的“让”，它毋宁是对“让”向着其更高境地的成全。换句话说，“礼”作为一种规范使“让”在一定的分际上呈现以保证“让”的真切和中正。正是在这一意义上，孔子说：“恭而无礼则劳，慎而无礼则葸，勇而无礼则乱，直而无礼则绞”（《论语·泰伯》）。“恭”“慎”都有“让”的内涵，但如果不节制以礼，或者说，不把其中的“让”的德用操持在恰当的分际上，“恭”反倒会使人劳屈，“慎”也反倒会使人不免于胆怯。相反，“勇”“直”原本就少了几分“让”意，如果不节制以礼，不以礼所固有的“让”的德用对其有所制约，“勇”就有可能使人强横而生乱，“直”就有可能使人急切而偏激。基于对“礼”的这种理解和措置，孔子针对那种“道之以政，齐之以刑”的邦国治理的做法，倡导“道之以德，齐之以礼”（《论语·为政》）。“礼”和“德”的这种相辅为用，使“礼”不再外在于“德”，而“德”的修养也可以借重于“礼”。孔子由此主张，一个人的“仁”德的修养，除开启迪其“为仁由己”的自觉外，还应当以“礼”的规范加以约束。孔子所说的“礼”是“义以为质，礼以行之”（《论语·卫灵公》）的“礼”，这“礼”是以“义”为质地的，是对“义”的践行。所以，在孔子看来，唯有在“礼以行之”中，人的德行才能真正有所“立”。如果说“兴于诗”主要在于以诗的感发涵养人的性情之真，那么“立于礼”就在于使这真的性情得以由“礼”而导之以正。有了这一种真情贯注的正，人的心志才有可能不为外境的压迫或诱惑所摇夺，勉力做到卓然自立。

但“礼”既然终于不能不诉诸节文度数，便不免使匡束中的中正、高尚之情失于孤峭。教化至此未臻完成，其成尚待于“乐”。“乐由中出，礼自外作”，“乐也者，动于内者也；礼也者，动于外者也”，这内外的区别使礼、乐在教化上各有所侧重：“乐者为同，礼者为异。同则相亲，异则相敬。乐胜则流，礼胜则离。合情饰貌者，礼乐之事也。礼义立，则贵贱等矣；乐文同，则上下和矣”（《礼记・乐记》）。由“礼”而“乐”的教化是对人由外在规范的检约进到内在情性的熏炙，所以，在儒者看来，“乐者，通伦理者也。是故，知声而不知音者，禽兽是也；知音而不知乐者，众庶是也。唯君子为能知乐”（同上）。“乐”深贯灵府以养颐性情，而君子则终究是性情中人。就此而言，正可以说，“乐”是对“兴”于“诗”的性情之“真”的保任，“乐”又是对因“礼”而得以“立”的性情之“正”的陶冶。只是在“乐”这里，“情”（“诗”之根荄）才涵贯了“理”（“礼”之本然），“礼”才内蕴了“诗”，人性之“仁”才在葆有天真而祈向高尚的意趣上获得圆融的提升。

“乐者乐也”（同上），成于乐（yuè）也是成于“乐”（lè）。“乐”是不假缘饰的油然之情，它感动并净化着人的整个胸襟。“子曰：‘学而时习之，不亦说乎？有朋自远方来，不亦乐乎？人不知而不愠，不亦君子乎？’”（《论语・学而》）《论语》开篇就称“说”（悦）、“乐”、“不愠”；友朋之“乐”固然是“乐”，

“学而时习之”之“说”（悦）、不为人知而不愠之“不愠”，又何尝不是“乐”。儒家的“孔颜之乐”是一种境界，这境界不是由玄深的思辨推致而得，而是真挚、中正之性情所至。在这一点上，可同“兴于诗，立于礼，成于乐”的心性修养路径相互诠说的，是孔子对“乐”高于“知”甚至高于“好”的精神格位的肯定。他说：“知之者不如好之者，好之者不如乐之者”（《论语·雍也》）。“知”，既不要求对所知的拥抱，也不表示对所知的厌弃。“知”的这种不关涉人的性情和志趣的品格，表明所知在知者的真实生命中无所确立。“立”是从“好”开始的；“好”相对于“恶”是意向明确的肯定性选择，这选择由所“好”牵动着好者的生命意志。在“好”这里，正像在“礼”这里，有认同的判断。认同的判断是一种决断，它关联着人的生命的动向。但“好”毕竟带着好恶对立的主角，并且它也意味着好者对所好还没有真正拥有。比“好”更高的境地是“乐”，“乐”是“好”与所好的相遇和相融。它把“好”与所好融汇于一种中和之情，消去了与“好”相伴随的那种欲求，使“乐”者达到一种“从心所欲”而又“不逾矩”的境界。“乐”是不“立”之“立”，是不“好”之“好”，它融通了生命中的率真、不苟和从容之情，超越了“知”和“好”那里存在的难以避免的对立，不再有“知”和“好”同“道”之间的那种隔膜或距离。“乐”是“教”，也是“情”，它以孔子切己的生命体证为一切有情者指示了一种内在于人而祈向至真、至善、至美的情愫，也因为孔子的由“诗”而“礼”、由“礼”而“乐”和由“知”而“好”、由“好”而“乐”的点化被儒家立以为教。

孔子自谓其“三十而立”，这“立”显然相通于他所倡导的“立于礼”之“立”，由此我们甚至可以把“兴于诗，立于礼，成于乐”的孔子之教衡之于其一生闻道、修德的过程。孔子称：“吾十有五而志于学，三十而立，四十而不惑，五十而知天命，六十而耳顺，七十而从心所欲不逾矩”（《论语·为政》）。如果说孔子所谓“三十而立”说的就是由“立于礼”而立于道，那么，这之前的“十有五而志于学”，其所指便当在于由“兴于诗”开始进入对“道”的探求了。至于“四十而不惑”，从孔子所说“知者不惑，仁者不忧，勇者不惧”（《论语·子罕》，又见《论语·宪问》）来看，它表明孔子年届四十时已经对他所体悟的“道”有了做贯通理解的智慧，这智慧足以使他的情志不被外部的压力或诱惑所摇夺。从“四十而不惑”到“五十而知天命”，是孔子闻道、修德的生命从“立于礼”到“成于乐”的过渡，而“六十而耳顺”，以至于“七十而从心所欲不逾矩”，则是孔子闻道、修德的生命真正“成于乐”的阶段：“耳顺”，意味着无论听到什么都可以被闻道、修德之“乐”所包容、所化解；“从心所欲不逾矩”比起“耳顺”来境界又高了一层，它是说孔子到七十岁时一举一动不再是经意为之，却又都能与“道”

相合。这“从心所欲不逾矩”的境界有似于老子说的“上德不德，是以有德”（《老子》三十八章），不过，孔子这时所践行的“德”得之于“人能弘道，非道弘人”之“道”，这“道”不同于一味“法自然”的老子之“道”。孔子之“道”植根于人的内在之“仁”，而“我欲仁，斯仁至矣”的那个“我”既可以用来指称任何一个“仁”心达到自觉的个人，又当首先指称孔子这个最早体会到“为仁由己”的个人。与在孔子那里“一以贯之”的“仁”道相应，“兴于诗，立于礼，成于乐”的孔子之“教”既对于每个愿意闻道的人有着可践履的普遍性，又首先被孔子本人的生命践履所验证。孔子是以生命投入他的学说的，这学说讲出的道理无不先行体现于孔子的情趣盎然的人生。

四、孔子论政

孔子之学作为“成德之教”（一种成全人的道德品操的教化）或“为己之学”（一种为着人的本己心灵安顿的学问），其中心意致在于人生“境界”的自律性提升，而不在于某种“权利”分际的孜孜探求。孔子也分外关注属于对待性领域的社会治制，但政治这一被后世儒者称作“外王”的事业，在孔子那里只是德性修养——后世儒者所说的“内圣”——的直接推扩。这由德性修养到邦国治理的逻辑，倘用孔子的一句话做概括，即是所谓“《书》云：‘孝乎惟孝，友于兄弟，施于有政。’是亦为政”（《论语·为政》）。就是说，在他看来，把以“孝”“弟”等为务的教化“施于有政”（施用于政治），也就是“为政”（“是亦为政”）了。

“为政以德”（同上）是孔子论政的枢纽性命题；以“仁”德的修养为国家治理的契机和保障，这是把“为仁”视为“为政”的前提。对于孔子说来，修身以涵养“仁”德是天下所有人的本分，此即后来《大学》所谓“自天子以至于庶人，壹是皆以修身为本”，但“为政以德”所强调的毕竟在于当政者的德行修养。孔子以北辰比喻克己修德的在位者，其由“为政以德，譬如北辰，居其所而众星共之”（《论语·为政》）所喻示的意趣，主要在于以下两重：（1）处上位者的德行修养会起一种表率作用，它可以带动自上而下的所有人由修身而自作匡正、自勉其行，这用孔子的另一些话说，即是“政者，正也。子帅以正，孰敢不正”，“君子之德，风；小人之德，草。草上之风，必偃”（《论语·颜渊》），或所谓“其身正，不令而行；其身不正，虽令不从”（《论语·子路》）。（2）处上位者一旦在修身正己上下功夫了，天下国家就自然会因为上行下效而治理均平。如此为政，在上位者只须正己，无须累于任何政治事务，此即所谓“无为而治”：“无为而治者，其舜也与！夫何为哉？恭己正南面而已矣”（《论语·卫灵公》）。

与“为政以德”重在劝诫当政者自身修养“仁”德相应，孔子所说“道之以德”则重在指出当政者应对百姓做道德上的引导。孔子是由批评“道之以政，齐之以刑”引出他的“道之以德，齐之以礼”（《论语·为政》）的主张的；他以为，一味以强制性的政令督导人，以刑罚的手段使人们的行为整齐划一，其结果只会使百姓心存侥幸以设法避免受到惩处而变得不再有羞耻感，相反，以德行的教化引导人，以礼仪规范约束人们的行为，百姓则会因为耻于作奸犯科而自己矫正自己。从规谏当政者“为政以德”到主张对百姓“道之以德”，孔子心目中理想的政治是体现“仁”德的政治，这种期待中的政治是从“我欲仁，斯仁至矣”（《论语·述而》）的人生体验和信念推设出来的，这推设用后来孟子的话说，即是所谓“有不忍人之心，斯有不忍人之政”（《孟子·公孙丑上》）。孔子在世时还不曾使用“内圣”“外王”之类的术语，但由后儒所谓“内圣”“外王”表达的那种修德而治国的观念，实际上早就渗透在孔子论政的诸多说法中了。

除修身正己而以德施政外，孔子论政还涉及人口、粮食和兵备等。如：“子贡问政，子曰：‘足食，足兵，民信之矣。’子贡曰：‘必不得已而去，于斯三者何先？’曰：‘去兵。’子贡曰：‘必不得已而去，于斯二者何先？’曰：‘去食。自古皆有死，民无信不立’”（《论语·颜渊》）。又如：“子适卫，冉有仆。子曰：

‘庶矣哉!’冉有曰：‘既庶矣，又何加焉?’曰：‘富之。’曰：‘既富矣，又何加焉?’曰：‘教之’”(《论语·子路》)。在两种不同的场合，孔子分别谈到了国家得以治平所不可或缺的三种要素。其说法略有出入，而意趣则全然相应：所谓“庶”，当是“足兵”(充实武备)的前提之一，只有人口繁滋才可能保证足够的兵员；“富”在古代最重要的标志是“仓廪实”，而这又可说是“足食”的同义语；至于“教”，则牵涉人心的归向和风化的淳厚，它同“民信之”息息相关而构成“为政”的又一要端。三者相比，在孔子看来，粮食充足(“足食”)、取信于民(“民信之”)比起武备充实(“足兵”)来更重要些，而取信于民比起粮食充足来又更根本些。“自古皆有死，民无信不立”，这是别一种意趣上的“义”“利”之辨：粮食是否充实关系到人的生死，但信义的有无则可用以裁量人是否成其为人；这里出现的是终极意味上的两难抉择，在生死和信义之间，依孔子的断制，为了笃守后者，宁可舍弃前者。如果说“无求生以害仁，有杀身以成仁”是就志士仁人个人而言的一种必要之弃取，那么，“自古皆有死，民无信不立”则是一定意义上就人类而言的一种不能不有的弃取。在逻辑的彻底处，这两种弃取是相通的。儒家以此教化而为政绝非不顾人之生死，孔子如此决绝地置信义于生死之上，乃是因为在他看来生死问题无论怎样重要，人始终都应以人的名义去决断。然而，“仁者，人也”，既然“为政在人，取人以身”，那便理当“修身以道，修道以仁”（《礼记·中庸》）。“信”，立于“礼”而归于“仁”；它体现“克己复礼”之“仁”（《论语·颜渊》），它也因此使人得以立，使人得以有其“仁”而为人。所以，从使人由“为仁”而成其为人这一根本立意上看，孔子心目中的“为政”说到底不过是其修“道”之“教”在政治领域的延伸，正因为如此，其所谓“庶”、“富”或“足食”、“足兵”，亦当被置于“为政以德”和“道之以德”的前提下——这前提意味着一种导向，也意味着一种动力。

在回答子路“卫君待子而为政，子将奚先”的问题时，孔子说到了“正名”。所谓“正名”，意在于辨正名分，以督责处在不同政治和伦理地位上的人所行之实合于其名。其所据固然在于“礼”，而根底终究在于“德”。依孔子的推理，“名不正则言不顺，言不顺则事不成，事不成则礼乐不兴，礼乐不兴则刑罚不中，刑罚不中则民无所措手足”（《论语·子路》）。孔子说这番话是在卫国的特殊政局背景下，但他赋予“正名”在“为政”上的意义有着更大的普遍性。“上者，民之仪；有司执政，民之表也”（《大戴礼记·子张问入官》）。“仪”，标准之谓；“表”，表率之谓。为百姓立标准、做表率的“上者”和“有司”必得言行之实与其名分相符，才可能有效地施教（“教之”）于民，否则就会政事不成、礼乐不兴、刑罚不当而百姓不知所措、无所适从。名分与天职观念或所谓职分上的某种极高境地相通，“正名”就是要以一个应然的标准衡量并督导一定名分下的“上者”或“有司”的实际所行，因此它具有超越和批判当下的性质，而这超越和批判的契机则在于当位者的德行、人格的自律性提升。换一种说法，“正名”乃在于厘定名分，以督勉“上者”“有司”们“为政以德”，并就此对百姓“道之以德，齐之以礼”。

为政者自修德行、自正其身以表率天下，天下以德为尚而名正言顺，如此治理邦国，孔子称其为“无为而治”。与老子把“为无为，则无不治”（《老子》三章）的历史借鉴寻索到“结绳而用之”（《老子》八十章）的时代构成意味深长的比勘，孔子提出“无为而治”的政治设想是托始于尧舜时代的。无须多说，老子的“无为”是否弃任何人为努力而一味因任自然的，孔子的“无为”却不能没有在位者的德行修养作为前提。“上好义，则民莫敢不服；上好信，则民莫敢不用情”（《论语·子路》）；“上好礼，则民易使也”（《论语·宪问》）。居于上位的当政者只要自身“好义”“好信”“好礼”，庶民百姓就会如草随风而为德所化、为礼所齐。如此，无须在政治事务上多所经营，便可达到“国治”“天下平”的目的——后儒所谓“自天子以至于庶人，壹是皆以修身为本”，“身修而后家齐，家齐而后国治，国治而后天下平”（《礼记·大学》）。孔子把这个只须“道之以德，齐之以礼”而全然不必以政令、刑罚为务的“为政”思路称作“无为而治”。孔、老皆以“无为”称述其追求中的政治理想，老子的“无为”连着“法自然”而“复朴”的“道”，孔子的“无为”则与“依于仁”因而必至于“人能弘道”之“道”相贯。孔、老之“道”的通而不同，注定了两种“教”或“教化”的通而不同，而两种“道”和“教”的通而不同，则又注定了两种“无为而治”的“为政”观念的通而不同。

孔子“无为而治”的政治向往是寄托于尧舜那样的“圣王”的，但正像传说中的尧舜的“禅让”在后世的政治中从不曾真正出现过，“圣王”在真实的历史中始终只是传承“成德之教”的儒者们的一个不忍割舍的梦想。有待的“权利”领域与无待的心灵“境界”是错落的，这里不存在可予指望的因果比例。以超功利的“道德”一以贯之地论说属于“权利”范畴的政治，这使孔子学说足够大的内在张力露出了它的极限，而由此带给人们的“知其不可而为之”(《论语·宪问》)的消息，所报道的是一位伟大圣哲意欲化政治为“礼让”的动人悲情。

五、《论语》——诸经之慧眼

孔子一生“述而不作”，并未留下严格意义上的文字著述。但其“学而不厌，诲人不倦”(《论语·述而》)数十年如一日，所言多有传诵于弟子或时人者。这些言论或被辑纂成册，如《论语》一书，或被援引于后儒之论著，如《大学》《中庸》《孟子》《易传》《礼记》等文字中的若干“子曰”。由是，历代学人得以闻知孔子之教之崖略而一窥儒家学说之元始。

《论语》辑孔子之言最为集中，是研究、领略孔子思想的最重要的文献。《汉书·艺文志·六艺略序》云：“《论语》者，孔子应答弟子时人及弟子相与言而接闻于夫子之语也。当时弟子各有所记。夫子既卒，门人相与辑而论纂，故谓之《论语》。”《论语》中有曾子临终的记载（见《论语·泰伯》），而曾子死于孔子身后 43 年，可见此书的编定当在孔子去世近半个世纪之后。从体例看，《论语》所辑章句虽由“弟子各有所记”而来，而上下章句也并不连属，但诸多话语的分篇纂录显然不是了无意致的凑集。各篇既有隐在的命意贯穿其中，则不能设想其最终定稿出于不分主次的多人之手。东汉经学家郑玄曾断言《论语》的编撰者为仲弓、子夏或仲弓、子游、子夏（见陆德明《经典释文叙录》所引），后儒遂多有以此为定论者，然而，单是曾子少于仲弓、子夏、子游且去世时年事已高，而《论语》毕竟对曾子弥留的情形有所记载这一点，已足以使人对其说产生疑窦。于是，唐人柳宗元考辨《论语》，对其编纂者提出了另一种推测。他说：“或问曰：‘儒者称《论语》孔子弟子所记，信乎?’曰：‘未然也。孔子弟子，曾参最少（其实比曾参少者尚有子张等。——引者注），少孔子四十六岁。曾子老而死。是书记曾子之死，则去孔子也远矣。曾子之死，孔子弟子略无存者矣。吾意曾子弟子之为之也。何哉？是书载弟子必以字，独曾子、有子不然。由是言之，弟子之号之也。’‘然则有子何以称子？’曰：‘孔子之殁也，诸弟子以有子为似夫子，立而师之。其后不能对诸子之问，乃叱避而退（其事载《史记·仲尼弟子列传》。——引者注），则固尝有师之号矣。今所记独曾子最后死，余是以知之。盖乐正子春、子思之徒者为之尔。’或曰：‘孔子弟子尝杂记其言，然而卒成其书者，曾子之徒也’”（柳宗元：《论语辨》）。相形之下，柳宗元之说当然更可信些。此后，朱熹则于《论语序说》中引程颐语称：“《论语》之书，成于有子、曾子之门人，故其书独二子以子称”（见朱熹：《四书集注·论语序说》）。其说虽与柳氏之辨略异，但终究本于柳氏而更大程度地为后世学者所认可。

时至西汉，流布于世的《论语》版本尝有鲁人所传的《鲁论》、齐人所传的《齐论》，及传为孔氏家藏而以先秦古文字书写的《古论》。《鲁论》二十篇；《齐论》二十二篇，除二十篇与《鲁论》大致相同外，尚有《问王》《知道》二篇；《古论》二十一篇，其将末篇《尧曰》中“子张问”章另列一篇而名以《从政》。西汉末年，做过汉成帝之师的安昌侯张禹先后修习《鲁论》《齐论》，并依《鲁论》厘定《论语》为二十篇，参取鲁、齐两种版本，将其合而为一，于是便有了世人称之为《张侯论》的《论语》。东汉末年，郑玄以《张侯论》为底本，兼采《古论》注《论语》，自此，《论语》有其定本而传之后世。

虽然，自汉武尊儒以来儒家之学便不再与诸子并列，但《论语》直至西汉末叶仍被看作处于“经”的附庸地位的“传”，扬雄就曾说过“经莫大于《易》”而“传莫大于《论语》”（《汉书·扬雄传》）这样的话。甚至在东汉中后叶之前，《论语》也仍被看作疏释“经”书的“记”一类的文字，《后汉书·赵咨传》称引《论语·八佾》中的句子“丧，与其易也，宁戚”即谓之“记曰”。东汉灵帝熹平四年（公元175年），诏令蔡邕以隶体书写《易》《书》《仪礼》《春秋》《公羊传》《论语》，并着人勒之于石，这“熹平石经”可能是《论语》由“传”而入“经”最早亦最明显的标志。此后，《论语》在经学史乃至中国文化史中的地位从不曾动摇过，唐、宋以至于明、清，国家以至于国人皆以“经”视之。诚然，《论语》虽是由“传”入“经”，但在很大程度上是由于它是孔子之言的纂集，其相对于其他诸经反倒更引人瞩目而更为人们所看重。在一定意义上，我们甚至可以说：一如《周易》是诸经之经，《论语》乃是窥识、辨悉包括《周易》在内的诸经之谛义的慧眼。《礼记·经解》解诸经之“教”云：“其为人也，温柔敦厚，《诗》教也；疏通知远，《书》教也；广博易良，《乐》教也；絜静精微，《易》教也；恭俭庄敬，《礼》教也；属辞比事，《春秋》教也。”其所谓“温柔敦厚”“疏通知远”“广博易良”“絜静精微”“恭俭庄敬”“属辞比事”皆孔门之“教”；孔子“述而不作”，其所施行之教化不过借重于《诗》《书》《乐》《易》《礼》《春秋》罢了。换句话说，孔子之前即已存在的六种古籍得以成为赋有导向明确之教化作用的“六经”，其契机乃在于孔子的点化。然而，孔子点化故籍的初衷和意趣，则见之于《论语》所辑录的那些“孔子应答弟子时人及弟子相与言而接闻于夫子之语”。

《诗》之教化，可以借着孔子所谓“诗，可以兴，可以观，可以群，可以怨”而“思无邪”（《论语·为政》）领略其大旨，可以从所谓“不学诗，无以言”（《论语·季氏》）、“人而不为《周南》《召南》，其犹正墙面而立”（《论语·阳货》）获得切近的提示。《诗》在阐释中活在阐释者的视野里，阐释者只是因着自己隐在的阐释格局从《诗》中汲取他所能汲取的诗情。孔子读《诗》，读到“迨天之未阴雨，彻彼桑土，绸缪牖户。今女下民，或敢侮予”（《诗·豳风·鸱鸮》），或“天生烝民，有物有则，民之秉彝，好是懿德”（《诗·大雅·烝民》）这样的句子，皆有“为此诗者，其知道乎”（见《孟子·公孙丑上》《孟子·告子上》）之叹，其“知道”之“道”乃孔子所示“道二：仁与不仁而已矣”之“仁”道，而这一以贯之于孔子学说的“仁”道，却只有通过对辑于《论语》的诸多章句的默识冥证才可能悟知其精要。与《诗》被尊为“经”一样，《书》得以以“经”相称是因着它被赋予了一个新的阐释方向。从《虞书》到《夏书》《商书》《周书》，对于儒者说来，重要的在于从历史以至传说中溯述一种源远流长的道统。孔子称尧“大哉尧之为君也！巍巍乎！唯天为大，唯尧则之”（《论语·泰伯》），称舜“无为而治者，其舜也与！夫何为哉？恭己正南面而已矣”，称禹“巍巍乎！舜禹之有天下也，而不与焉”，“禹，吾无间然矣”（同上），称文王“三分天下有其二，以服事殷。周之德，其可谓至德也已矣”（同上），这些由衷的称誉之词固然在于“祖述尧舜，宪章文武”（《礼记·中庸》）而为儒家之道寻取某种历史的神圣感，却也为《书》的诠解指示了一条相契于儒家义理的致思路径。

同样，《礼》——周初至春秋时周礼有其礼典（礼仪之典式）而无礼书（书之于简牍的文籍）——看似不过“冠”“昏”“丧”“祭”“乡”“射”“朝”“聘”等仪节，但一经被纳入“克己复礼为仁”的儒家教化，它便因着“立于礼”或“不学礼，无以立”（《论语·季氏》）的诲敕而成为所谓“经国家，定社稷，序民人，利后嗣”（《左传·隐公十一年》之“君子谓”）之经制。“人而不仁，如礼何？”（《论语·八佾》）“礼”不外在于“仁”才成其为“礼”，而成其为“礼”的“礼”一旦确立则又可成为“克己”所应循守的规范，这规范构成一种匡束和引导，它诱发着内在于每个人生命中的“爱人”之“仁”。孔子之“道”是“仁”道，“仁”道大行于天下的可能性在于人心皆有“爱人”之“仁”的端倪，而其现实性却在于人们以“礼”为规范的“克己”的修养。与《礼》相应，《乐》成其为“经”也在于孔子之“仁”道的导引。“人而不仁，如乐何?”(《论语·八佾》)“乐”不外在于“仁”亦才成其为儒家之“乐”。“乐(yuè)者乐(lè)也。君子乐得其道，小人乐得其欲”(《礼记·乐记》)。与孔子心目中的“乐”(yuè)相称的是“孔颜之乐(lè)”。所谓“兴于诗，立于礼，成于乐”的“兴”“立”“成”是就“教”的过程而言，亦即就修“道”的过程而言：其“兴”乃兴“仁”，其“立”乃立“仁”，其“成”乃成“仁”，“成于乐”说到底则是成“仁”于“乐”。在孔子这里，“乐”与“政”通，“乐”与“德”通，因而“乐”与“道”通，所以他有“放郑声”“郑声淫”(《论语·卫灵公》)之说，又有“(《韶》)尽美矣，又尽善也”“(《武》)尽美矣，未尽善也”(《论语·八佾》)之评。《论语》所记“子语鲁大师乐，曰：‘乐其可知也：始作，翕如也；从之，纯如也，皦如也，绎如也，以成’”(同上)，似乎只是就演奏技艺而论“乐”，其实，这是在谈“乐”之艺，也是在谈“乐”之道。真正说来，为孔子所赞许的乐之道中涵濡的乃是见之于“和”的“仁”之道或“为仁”之道。

一如其他诸经，《春秋》成其为“经”亦是由于孔子对其别有立意的阐释。这用孟子的话说，即所谓：“世衰道微，邪说暴行有作，臣弑其君者有之，子弑其父者有之。孔子惧，作《春秋》”(《孟子·滕文公下》)；《春秋》之作“其事则齐桓、晋文，其文则史。孔子曰：‘其义则丘窃取之矣’”（《孟子·离娄下》）。此“作”既非创制，亦非删述式的修撰，而是由诠解《春秋》这一鲁国的记事文献而赋予其为孔子所“窃取”之“义”。这“义”之所在既然必定与孔子之“道”“教”相系，辨识这“义”便不可不深鉴辑“孔子应答弟子时人及弟子相与言而接闻于夫子之语”的《论语》。

比起《诗》《书》《礼》《乐》《春秋》来，《易》的至为特异之处在于它自始即问津天人之际。不过，《易》被后儒推崇为诸经中之大者（“经莫大于《易》”），在很大程度上则在于孔子为生发于殷周之际的《易》开出了一个全新的诠释维度。中国哲理运思的根荄深藏于《易》，“有”与“无”、“多”与“一”的诡谲理致涵淹在《易》之卦画的移易变迁中。比起古希腊人由“始基”的悬设所引生的“一即是多”的哲学慧识来，默设了“太极”的中国古《易》对“一”与“多”的关系的措置是另一种情形，但同样有着终极意味的另一种“一”，毕竟也为哲理之光在东方的泛起绘出了一条足够辽远而漫长的地平线。起先，《易》在尘缘世界往往被用于占筮，隐贯在占筮中的“人谋鬼谋”所暗示的是人们对“命”的信从，只是在孔子出现后，由诠解原始《易》而产生的《易传》才赋予了《易》“人道”而“天道”、“时中”而“养正”的价值取向。从原始《易》到《易传》视界中的《易》，“一”与“多”的微妙张力一仍旧贯，但

《易》的主题词由原来执着于利害的“吉凶休咎”转而为相系于孔子之“道”的“崇德而广业”(《易·系辞下》)。同是以“一”收摄“多”，先前的“一”是“一”于“命”，“命”牵动着一切(“多”)；这时的“一”是“一”于“道”，一切(“多”)皆为“道”之所导的价值之光所烛照。《易传》——《彖》上下、《象》上下、《系辞》上下、《文言》、《序卦》、《说卦》、《杂卦》等所谓“十翼”——或非孔子所亲撰，但其命意之原始终究可寻缘于孔子。从孔子自谓“吾与史巫同途而殊归”(见马王堆出土帛书之《要》篇)，到荀子径言“善为《易》者不占”(《荀子·大略》)，可能是《易传》由确立命意到编撰大体完成的时期，编撰的过程虽说有待详考，但没有问题的是，既成《易传》之指归同孔子对《易》的态度尚可谓全然相应。《论语》涉及《易》的文字仅有两处，其一是“子曰：‘加(假)我数年，五十以学《易》，可以无大过矣’”(《论语·述而》)，其二是“子曰：‘南人有言曰：“人而无恒，不可以作巫医。”善夫!’‘不恒其德，或承之羞。’子曰：‘不占而已矣’”(《论语·子路》)。前段文字可与《史记·孔子世家》所称“孔子晚而喜《易》……读《易》，韦编三绝，曰‘假我数年，若是，我于《易》则彬彬矣’”相互印证，后一段文字则已隐约透露出孔子试图以其“一以贯之”之“道”演绎古《易》的心曲。诚然，这两句话并不是孤立的，倘使把它们置于整部《论语》的语境下，我们正可以就此更恰切、更中肯地理解孔子所谓的“吾与史巫同途而殊归”：同是看重古《易》所蕴藏的智慧，史巫将其用于占筮，使人生笼罩于与利害相涉的“命”，孔子则将其引向不避利害而又不累于利害的人格境界的提升，使人在德行的修养践履中弘大那以“仁”成全人而又以人成全“仁”的“道”——这后一种归趣使《易》在“经”的意义上成为《易》。

孔子作为中国的第一位教师，其“专行教道”（《淮南子·主术训》）所凭借的传世文献不外《诗》《书》《礼》《乐》《易》《春秋》，但这些文献被用于传道、授业则是在经由孔子赋予其全新的阐释方向之后。孔子一生“述而不作”，然而这“述”已经是对故籍向着其始创的儒家义理的一种点化。两汉以降，《诗》《书》等“六艺”被历代尊尚为“经”（这时的“经”显然不再限于章炳麟氏所谓“编丝缀属之称”），所以如此，孔子之“述”对其所做的点化可能是个中至可属意的阏机。诚然，参破这阏机，则不可不首先问津于纂集孔子之言最多的《论语》。

六、《论语》一书的篇章结构

作为“孔子应答弟子时人及弟子相与言而接闻于夫子之语”的集录，《论语》不是谋篇严谨的著述。其所辑章句各寓深意，但章与章之间并不连属。不过，散落的诸多章句既已辑成一个条理可辨的整体，便一定有辑纂者的意向贯穿其中。后世学人诵绎《论语》而问道于孔子，总会或多或少受启并受制于这一典籍的编纂思路，因此，欲真正读懂《论语》，就不可不理会其篇章结构以达于对隐含其间的某种导示的自觉。

《论语》近五百章分二十篇辑录，各篇章数不等，但每篇都有一约略可寻之大旨或牵系诸章的主导线索。从记述体例及文字风格的某种微妙变化看，二十篇的纂集并非一时，亦非出于同一纂集者之手。大体说来，前十篇（从《学而》到《乡党》）有着相对的独立性和完整性，可视为《论语》的“上编”；后十篇（从《先进》到《尧曰》）完成于“上编”之后的另一编纂时段，可视为《论语》的“下编”。“上编”各篇主旨的确定更具原创性些，“下编”各篇则以接续、补充及某些理致另有发明的方式构成对“上编”的呼应。

《学而》的要旨在于劝学。孔门之学重在学而“为仁”以学而“为人”，因而可一言以蔽之谓人生觉悟之学。学觉悟之学应对学本身有所觉悟，《论语》编纂者列“学而时习之”至“不患人之不己知，患不知人也”等十六章为全书之首篇，乃是要人们在领略儒家义理之始就对孔门先哲关于学之为学的觉解有所觉解。“取人以身”而“为政在人”，由学而为人必至于人而“为仁”以“为政”，于是继《学而》之后而有《为政》。《为政》的中心意致为修“德”以“为政”，这用《大学》中的话说，即可谓之“自天子以至于庶人，壹是皆以修身为本”。依孔门“为政”之理，居上位者自当“为政以德”，而对于庶民百姓则亦应“道之以德”；此篇所辑二十四章除八章直接论政外，其他十六章皆可以“《书》云：‘孝乎惟孝，友于兄弟，施于有政。’是亦为政”章为线索，将所论及的“孝”“君子”“异端”“思无邪”“温故而知新”“知之为知之”等话题收摄于修“德”以“为政”。儒家“为政”由属意“道之以德”而注重“齐之以礼”，于是《论语》的辑录者于“为政”之后承之以《八佾》。《八佾》二十六章，除两章由“礼”而说“乐”外，其他各章的话题无不指归于“礼”。与“礼”约之于外相应，“仁”则润之于内；依“人而不仁，如礼何？人而不仁，如乐何？”的逻辑，纂辑《八佾》必致纂辑《里仁》。《里仁》二十六章，“仁”是全篇的主题词，“里仁为美”至“观过，斯知仁矣”等七章径直称“仁”而谈，其他各章虽语及“道”、“孝”、“君子”乃至“礼让为国”，却无不以“仁”为隐在的前提或以“仁”为其理趣之所以。“唯仁者能好人，能恶人”，《里仁》的这一章为下一篇《公冶长》的纂辑埋下了伏笔，由此引出的是孔子这位“仁者”对各种不无范本意义的人物的品题。《公冶长》二十八章，所品题的对象除孔子本人及孔子未具体指名的“吾党之小子”外，共二十四人；“为仁”而“为人”不是思辨的道理，孔子借品题人物而以正反两方面的范例指点“仁”，此亦正可谓他所肯认的

“仁之方”。紧接《公冶长》的《雍也》，所列三十章依然由人物品题而宣示儒家教化；其前十六章对孔门弟子的品题是为着劝诱被品题者“女为君子儒，无为小人儒”，后十四章对人物品题的价值尺度的论究则以所谓“文质彬彬”“中庸之为德”为胜义之所归。相对于《公冶长》《雍也》所辑录章句更多在于孔子品题他人，接下来的《述而》所辑章句皆在于述说孔子的情志、容止，其三十八章中二十七章为夫子自白心迹或自抒胸度，十一章则是孔门弟子对先师形容、事行的追忆。《述而》末章“子温而厉，威而不猛，恭而安”，记述了孔子留给弟子们的总体印象，也由此描绘出了儒家之道见之于生命个体的最可直观的范本。由这范本上溯，追寻更早的可称述的历史范本，《论语》的编纂由《述而》进到《泰伯》。从孔子以“至德”称叹“三以天下让”的泰伯到以“至德”赞誉“三分天下有其二，以服事殷”的文王，进而辑录有关孔子颂说尧德业“巍巍”、恩泽“荡荡”、“舜禹之有天下也，而不与焉”等章句，《泰伯》的辐辏性话题乃在于“让”。由“让”而喻“礼”，“兴于诗，立于礼，成于乐”章遂成为理解此篇之结构的又一重要线索。一如《公冶长》《雍也》品题诸多孔门弟子及当时之闻人后，《述而》所辑章句转而以孔子为品评对象，在《泰伯》历数尧、舜、禹、泰伯、文王之“让”德进而对“礼”的“让”的底蕴做了强调后，《子罕》再次回到孔子这一至为亲切的“修身以道，修道以仁”的人生范本。《子罕》中的三十一章大都是“夫子自道”或孔子评说其弟子的话语，只有不多的几章是孔门弟子对其心目中的先师的记述。与《述而》相比，收录于此篇中的夫子言谈更多了些自劝自励的韵致。《子罕》往下，是《论语》上编的末篇《乡党》。《乡党》所记为孔子居乡、入朝举止之细节及其衣食住行之好尚等琐近之事，但“恭己”而“中乎礼”的日常修养处处透露着儒家先师“朝闻道，夕死可矣”的惓惓祈愿。《论语》至《乡党》已具有一个相对完整的结构，其章句的搜集、纂录遂亦可就此告一段落。

“下编”首篇《先进》明显是对“上编”《公冶长》《雍也》的补续，其所辑二十六章皆在品题孔子的亲炙弟子。这里，一个有趣的事实是，《先进》的“子路、曾皙、冉有、公西华侍坐”章与《公冶长》的“颜渊、季路侍”章颇可比拟，而《先进》的“季康子问：‘弟子孰为好学’”章与《雍也》的“哀公问：‘弟子孰为好学’”章则全然相当。上承《先进》“侍坐”章所蕴含的修习礼乐而为仁、为政之意，《颜渊》于其首章即提出了此篇的主导话语：“克己复礼”而至于“天下归仁”。“克己复礼”对于个人来说意味着恪守“礼”的规范修身以“为仁”，而依此引导天下每个人使之心归于仁德，这“为仁”本身也就是“为政”了。《颜渊》所辑二十四章大都属意于“仁”而趣归于“政”，就其义理格局而言，当可视为对“上编”《里仁》《八佾》

《为政》的贯通和补充。相应于《颜渊》“子贡问政，子曰：‘足食，足兵，民信之矣’”章，其下篇《子路》在“子适卫，冉有仆”章以别一种语词再度述说了儒家“为政”的总体方略，此即所谓“庶”“富之”“教之”。《子路》是与《颜渊》编纂思路最相近的姊妹篇，其所辑三十章依然透示着孔门“为政”由“教之”以礼乐而达于“仁”道（“天下归仁”）的执着，只是《颜渊》中的章句强调“复礼”略重于“为仁”，《子路》中的章句对“教之”以礼乐的标举则略重于“为政”。续接《子路》的《宪问》，言议重心由“为政”转向“修己”。尽管其“子路问君子”章所说“修己以敬”终究亦推及“修己以安人”“修己以安百姓”，而“安人”“安百姓”已经是“为政”的应有之义，但就全篇的意致看，诸章答问所环集的主题仍在于所谓“古之学者为己”之“为己”。从《宪问》到《卫灵公》，“为己”的话题延伸着，这见之于后一篇所辑“君子固穷”“躬自厚而薄责于人”“君子求诸己”等孔子的训示，不过，“为己”意蕴在《卫灵公》是被更明确地表达为“为仁”的，所以其最具代表性的章句乃是：“子曰：‘人能弘道，非道弘人’”“子曰：‘志士仁人，无求生以害仁，有杀身以成仁’”“子曰：‘民之于仁也，甚于水火。水火，吾见蹈而死者矣，未见蹈仁而死者也’”等。像这样由“仁”而说“人”，由“仁”“人”而说“道”，以至于在“生”与“仁”的两难抉择中以“杀身成仁”为最后之取舍，其理境与情韵恰同辑有“里仁为美”“君子喻于义，小人喻于利”“吾道一以贯之”“朝闻道，夕死可矣”等章句的《里仁》一脉相承。《卫灵公》后的《季氏》，其相对于《卫灵公》多少相当于《八佾》相对于《里仁》，但无论《卫灵公》还是《季氏》，都不如《里仁》《八佾》那样主旨显豁。《季氏》所辑前三章皆为孔子申斥当时诸侯、大夫、陪臣僭礼越分之语，末章则不厌琐细地列举“邦君之妻”在不同人际关系中的不同称谓，这些都或显或隐地示意此篇章句纂录的趣致乃在于“礼”；其间九章所记孔子对君子修德、进学的劝勉或应从“复礼”的角度去领悟，而“陈亢问于伯鱼”章之所述则由此亦可更多地了解为孔子施教于子时对“礼”的践行。同《卫灵公》《季氏》一样，《阳货》所辑二十六章亦显得头绪多端。悉心推绎，其“性相近也，习相远也”章或勉可视为以之窥知全篇意蕴之慧眼。这是“夫子之言性”唯一“可得而闻”的一句话，后来孟子从这里引申出了他的“性善”论，荀子则从这里引申出了他的“性恶”论。诚然，这句话出现在《阳货》中，可引导人们把“阳货欲见孔子”“公山弗扰以费畔，召，子欲往”“佛肸召，子欲往”等章置于这样一种省思中把握，即孔子与阳货、公山弗扰、佛肸未始不可以说是“性相近”，但其为人相去之远则又正可以说是“习相远”。然而，重要的还在于：确信“性相近”，即意味着对“学而时习之”之“学”在人这里的普遍可能性的认可；

断言“习相远”，则意味着对“学而时习之”之“学”的现实必要性的强调。由如此对“学”的可能性与必要性的申说，其“唯上知与下愚不移”、“六言六蔽”（“好仁不好学，其蔽也愚；好知不好学，其蔽也荡……好刚不好学，其蔽也狂”）、“君子学道则爱人，小人学道则易使”、“小子何莫学夫诗”等章可得到贴近真趣的把握，而依此为主导线索，《阳货》其他章句之要旨及全篇之韵度亦可获得相应的理解。踵继于《阳货》的《微子》眉目显得清晰而单纯，所辑十一章皆为古人物之品评，其中对殷商暮岁“三仁”（“微子去之，箕子为之奴，比干谏而死”）的称举最可传示孔子的人生信念和处于春秋末造的儒门师徒感时伤道的心境，而相对于“逸民”，孔子所持的“我则异于是，无可无不可”的态度则于用行舍藏间尤能道出儒者以道自任的那种悲剧感。随后的《子张》不再有“子曰”出现，所辑二十五章均为孔子弟子子张、子夏、子游、曾子、子贡之言述，其中子夏所谓“百工居肆以成其事，君子学以致其道”及子贡对先师孔子之笃评最当经心领会。“下编”末篇《尧曰》是整部《论语》的后序，所辑三章中的后两章——“尊五美，屏四恶，斯可以从政矣”章、“不知命，无以为君子也”章——或为《论语》成书若干年后汉儒不无所据的补缀，首章记述尧舜咨命、汤武诰誓及孔子之微言则意在申示隐约可追的儒家道统。至此，《论语》在续之以“下编”后再度成为一部篇次有宗、首尾相顾的典籍。

学而第一*

（一）

子[1]曰："学[2]而时[3]习[4]之，不亦说[5]乎？有朋[6]自远方来，不亦乐乎？人不知而不愠[7]，不亦君子[8]乎？"

【注释】

［1］子：依周代礼制，子为五等爵位（公、侯、伯、子、男）的第四等。春秋中叶卿大夫始以子称，治学而成一家之言

* "学而"，为篇名。《论语》各篇原无名，后人为方便称述，取每篇首章首句的前两字或三字（"子曰"二字除外，《八佾》略有变通）作为篇名。

者也被人尊称为子。《论语》中凡“子曰”之“子”，皆指孔子。

［2］学：古义为“觉”“觉悟”，也有“效”“效法”之义。《说文》：“学，篆文‘斅’（xiào）省”，“斅，觉悟也”。《广雅》：“学，效也。”其实，“觉”与“效”在学的过程中往往相通而意趣相合，如朱熹注“学而时习之”之“学”曰：“学之为言效也。人性皆善，而觉有先后，后觉者必效先觉之所为，乃可以明善而复其初也。”此章之“学”与诵读文献相涉，与孔子所说“不学诗，无以言”（《论语·季氏》）、“行有余力，则以学文”（《论语·学而》）之“学”同义。不过，在孔子这里，“学诗”“学文”终究是要学者仿效前贤所言所行，以求“为仁由己”（《论语·颜渊》）的觉悟。

［3］时：在此句中含义为“按时”“适时”。朱熹以“时时”解此“时”，亦可通，杨伯峻《论语译注》则认为朱熹如此解“时”是“用后代的词义解释古书”。

［4］习：修习，练习，演习。《说文》：“习，（鸟）数飞也。”古人治学非为知识而知识，重在由效法而觉悟，因此此句中的“习”的意味在于演练、践行，不徒为记诵而进行的温习。

［5］说（yuè）：即“悦”，喜悦。

［6］朋：朋友，这里指志同道合之人。孔颖达疏《易·兑·象》“君子以朋友讲习”云：“同门曰朋，同志曰友。”《礼记·学记》：“独学而无友，则孤陋而寡闻。”《孟子·万章下》：“孟

子谓万章曰：‘一乡之善士，斯友一乡之善士；一国之善士，斯友一国之善士；天下之善士，斯友天下之善士。’”

［7］人不知而不愠（yùn）：不为人知而不心生怨忿。愠，懊恼，怨恨。《论语·宪问》：“子曰：‘不患人之不己知，患其不能也。’”《论语·卫灵公》：“子曰：‘君子病无能焉，不病人之不己知也。’”《礼记·中庸》：“君子依乎中庸，遯（dùn）世不见知而不悔，唯圣者能之。”（遯世，避世隐居；遯，即“遁”。不见知，不被人知。）《孟子·尽心上》：“孟子谓宋句践曰：‘子好游乎？吾语子游。人知之，亦嚣嚣；人不知，亦嚣嚣。’曰：‘何如斯可以嚣嚣矣？’曰：‘尊德乐义，则可以嚣嚣矣……’”（游，游说。嚣嚣，自得自重而无欲无求的样子。）

［8］君子：《论语》中的“君子”，或指“有德者”，或指“有位者”，这里指“有德者”，即品德高尚之人。

【译文】

夫子说：“对于所学能适时实习、践行，不也令人愉悦吗？有志同道合者从远方来，不也令人快乐吗？别人不了解自己而不心生怨忿，不也称得上君子吗？”

（二）

有子[1]曰：“其为人也孝弟[2]而好犯[3]上者，鲜[4]矣；不好犯上而好作乱者，未之有也。君子务本，本立而道[5]生。孝弟也者，其为仁之本与[6]！”

【注释】

[1] 有子：姓有，名若。孔子弟子。少孔子三十三岁。《史记·仲尼弟子列传》：“孔子既没，弟子思慕，有若状似孔子，弟子相与共立为师，师之如夫子时也。他日，弟子进问曰：‘……’有若默然无以应。弟子起曰：‘有子避之，此非子之座也！’”

[2] 孝弟（tì）：“弟”，通“悌”（tì）。孝，敬顺父母。弟，善事兄长。《大戴礼记·曾子立孝》：“与父言，言畜子；与子言，言孝父；与兄言，言顺弟；与弟言，言承兄；与君言，言使臣；与臣言，言事君。”（畜，养，养育。承，顺从，敬奉。）“是故未有君而忠臣可知者，孝子之谓也；未有长而顺下可知者，弟弟之谓也；未有治而能仕可知者，先修之谓也。”

[3] 犯：违抗，冒犯。

[4] 鲜（xiǎn）：少。

[5] 道：由人于十字路口辨路而行升华而来用以指示形而上者的范畴，一种可意会而难以尽述于言筌的虚灵之境地。陆德明《经典释文》：“‘道’本或作‘导’。”“导”是一个动词，虽然春秋末年老子、孔子都曾以“道”指称某种“形而上者”，

但“道”所蕴含的“导”的意味仍默默提示人们不可把用作名谓的“道”静态化、实体化了。孔子之“道”与老子之“道”的“导”向不同：老子之“道”把人“导”向“见素抱朴”“复归于朴”；孔子之“道”把人“导”向“仁”，“导”向“仁”的极致境地“圣”。这里所说的“道”指孔子一以贯之之“道”，即所谓“仁”道或由“仁”而“圣”之道。

［6］孝弟也者，其为仁之本与：孝顺父母、敬事兄长，大概就是萌生仁道的根芽了吧。本，草木的根，此处用以比喻“孝弟”为“仁”德初发的根芽。《孟子·尽心上》：“人之所不学而能者，其良能也；所不虑而知者，其良知也。孩提之童，无不知爱其亲者；及其长也，无不知敬其兄也。亲亲，仁也；敬长，义也。无他，达之天下也。”（达，畅行，畅通。）《孟子·离娄上》：“仁之实，事亲是也；义之实，从兄是也；智之实，知斯二者弗去是也；礼之实，节文斯二者是也；乐之实，乐斯二者。乐则生矣，生则恶可已也；恶可已，则不知足之蹈之手之舞之。”（恶可，不可。已，止，停止。）

【译文】

有子说：“一个人孝顺父母、敬事兄长却喜好冒犯尊长，这样的事是罕见的；一个人不喜好冒犯尊长却喜好造反作乱，这样的事是从不会有的。君子致力于根基性的东西，根基性的东西确立了，虚灵的道也就随之而生了。孝顺父母、敬事兄长大概就是萌生仁道的根基了吧！”

（三）

子曰：“巧言[1]令色[2]，鲜矣仁。”

【注释】

[1] 巧言：巧饰而讨人喜欢的话。

[2] 令色：谄媚的容色。令，美好，和悦。《论语·公冶长》：“子曰：‘巧言、令色、足恭，左丘明耻之，丘亦耻之。匿怨而友其人，左丘明耻之，丘亦耻之。’”《大戴礼记·曾子立事》：“巧言令色，能小行而笃，难于仁矣。”（小行，小道。笃，固，拘泥。）

【译文】

夫子说：“那种花言巧语、讨好取媚的人，是很少有仁德的。”

（四）

曾子[1]曰：“吾日三省[2]吾身：为人谋而不忠乎？与朋友交

而不信[3]乎？传[4]不习乎？”

【注释】

［1］曾子：姓曾，名参（shēn）。孔子弟子。《史记·仲尼弟子列传》：“曾参，南武城（故址在今山东枣庄附近。——引者注）人，字子舆。少孔子四十六岁。孔子以为能通孝道，故授之业。作《孝经》。死于鲁。”

［2］三省：再三反省。三，言其多。《荀子·劝学》：“君子博学而日参省乎己，则知明而行无过矣。”（参，三。）

［3］信：诚，诚实。《礼记·祭义》：“曾子曰：‘身也者，父母之遗体也。行父母之遗体，敢不敬乎？居处不庄，非孝也；事君不忠，非孝也；涖（lì）官不敬，非孝也；朋友不信，非孝也；战陈无勇，非孝也。五者不遂，烖（zāi）及于亲，敢不敬乎？’”（敬，谨慎。涖官，任官。陈，阵。不遂，做不到；遂，成功。烖，即“灾”。）

［4］传：传授。这里指夫子传授的学业。《大戴礼记·曾子立事》：“君子攻其恶，求其过，强其所不能，去私欲，从事于义，可谓学矣。君子爱日以学，及时以行，难者弗辟，易者弗从，唯义所在，日旦就业，夕而自省思，以殁（mò）其身，亦可谓守业矣。”（攻，指责，抨击。求，纠正。强，勉力。爱日，珍惜时日。弗辟，不逃避，不躲避。弗从，不追逐，不追求。

日旦，每天早晨。殁，终，终了。）“君子既学之，患其不博也；既博之，患其不习也；既习之，患其无知也；既知之，患其不能行也；既能行之，贵其能让也。君子之学，致此五者而已矣。”（让，不以自己所能竞胜于人。）

【译文】

曾子说：“我每天再三反省自己：为人谋事是否有不尽心的地方？与朋友交往是否还不够真诚？夫子传授我的学业是否还没有践习？”

（五）

子曰：“道[1]千乘之国[2]，敬事[3]而信，节用而爱人，使民以时[4]。”

【注释】

[1] 道：导，引导；治理。

[2] 千乘（shèng）之国：拥有一千辆兵车的国家。乘，量词。古代军制，每乘有四匹马拉的兵车一辆，车上有甲士三人，车下配步卒七十二人，另有勤务二十五人，共百人。

[3] 敬事：慎重处事。敬，恭谨，慎重。事，处事。《荀子·

议兵》:“虑必先事,而申之以敬,慎终如始,终始如一,夫是之谓大吉。凡百事之成也,必在敬之;其败也,必在慢之。”(先事,事先。申,告诫。慢,轻忽,懈怠。)

[4] 使民以时:适时役用百姓。使,役用,役使。以时,适时。《礼记·中庸》:“时使薄敛,所以劝百姓也。”《大戴礼记·曾子制言上》:“使民不时,失国,吾信之矣。”

【译文】

夫子说:“治理一个拥有一千辆兵车的国家,谨慎处事而讲求信用,节约用度而爱护民众,役使百姓要适时而行。”

(六)

子曰:“弟子[1]入则孝,出则弟,谨而信,汎爱众[2],而亲仁[3]。行有余力,则以学文[4]。”

【注释】

[1] 弟子:通常有二义,一指为人弟者与为人子者,一指学生。这里指为人弟、为人子者,即后生子弟。

[2] 汎爱众:博爱众人。汎,同“泛”。《孟子·尽心上》:“知者无不知也,当务之为急;仁者无不爱也,急亲贤之为务。”

（急，首先重视。）

［3］亲仁：亲近有仁德的人，亲近仁人。《大戴礼记·曾子立事》："言必有主，行必有法，亲人必有方。多知而无亲，博学而无方，好多而无定者，君子弗与也。"（主，本。法，常则。亲，亲近。多知，多交。弗与，不赞许；与，赞同，赞许。）

［4］文：指《诗》《书》等古代传世文献。

【译文】

夫子说："后生子弟，在家要孝顺父母，外出要敬事兄长，言行谨慎而恪守信用，博爱众人而亲近那些有仁德的人。如果做到了这些还有余力，那就去学习《诗》《书》等文献。"

（七）

子夏[1]曰："贤贤易色[2]，事父母能竭其力，事君能致其身[3]，与朋友交，言而有信。虽曰未学，吾必谓之学矣。"

【注释】

［1］子夏：姓卜，名商。孔子弟子。《史记·仲尼弟子列传》："卜商，字子夏。少孔子四十四岁。""孔子既没，子夏居西河教授，为魏文侯师。其子死，哭之失明。"

［2］贤贤易色：从此句下面所说“事父母”“事君”“与朋友交”看，“贤贤易色”应该是说如何对待妻子。夫妇关系是“人伦之始”，在“事父母”“事君”之前说夫妇之伦，正与《礼记·中庸》所谓“君子之道，造端乎夫妇”相合，也正与《易传·序卦》所谓“有夫妇然后有父子，有父子然后有君臣，有君臣然后有上下，有上下然后礼义有所错”（错，通“措”，施，施行）相合。贤贤，重其贤惠之德。易色，轻其容颜姿色。

［3］致其身：献出生命。致，献出。《论语·子张》：“子张曰：‘士见危致命，见得思义，祭思敬，丧思哀，其可已矣。’”

【译文】

子夏说：“对妻子，重其德慧，轻其容貌；侍奉父母能尽自己所能；敬事君主能不惜献出生命；与朋友交往，出言诚实守信。一个人做到了这些，即使他说还不曾学过《诗》《书》《礼》《乐》诸文献，我也可以肯定地说他有学问了。”

（八）

子曰：“君子不重[1]则不威[2]，学则不固[3]。主忠信[4]，无友不如己者[5]，过则勿惮改[6]。”

【注释】

［1］重：庄重。

［2］威：威严。《左传·襄公三十一年》：“(北宫文子曰：)有威而可畏谓之威，有仪而可象谓之仪。”

［3］学则不固：所学就不会专固。固，专固，专一。

［4］主忠信：崇尚忠诚和守信。主，注重，崇尚。《论语·颜渊》：“子张问崇德辨惑，子曰：‘主忠信，徙义，崇德也……’。”

［5］无友不如己者：不要结交那些品德不如自己的人。友，结交。《吕氏春秋·先识览·观世》：“周公旦曰：‘不如吾者，吾不与处，累我者也；与我齐者，吾不与处，无益我者也。’惟贤者必与贤于己者处。”

［6］过则勿惮（dàn）改：有了过错，就不要怕改正。过，过错，有过错。《论语·卫灵公》：“子曰：‘过而不改，是谓过矣。’”《论语·子张》：“子贡曰：‘君子之过也，如日月之食焉：过也，人皆见之；更也，人皆仰之。’”《大戴礼记·曾子立事》：“(君子)不说人之过，(而)成人之美，存往者，在来者，朝有过夕改则与之，夕有过朝改则与之。”(存，省察；存往，省思既往。在，察知；在来，观其来日。与，赞许。)

【译文】

夫子说：“君子不庄重就没有威严，其所学也不会专固。要崇尚忠诚和守信，不要结交那些品德不如自己的人，有了过错就不要怕改正。”

(九)

曾子曰：“慎终[1]追远[2]，民德归厚矣。”

【注释】

[1] 慎终：慎重地料理父母的丧事。终，指父母去世。《礼记·檀弓上》：“子思曰：‘丧三日而殡（bìn），凡附于身者，必诚必信，勿之有悔焉耳矣；三月而葬，凡附于棺者，必诚必信，勿之有悔焉耳矣。’”（殡，死者入殓后停柩待葬。）

[2] 追远：追念远逝的祖先。远，指远代祖先。《礼记·坊记》：“修宗庙，敬祀事，教民追孝也。”（追孝，追行孝道于先祖。）《荀子·礼论》：“故有天下者事十世，有一国者事五世，有五乘之地者事三世，有三乘之地者事二世，持手而食者不得立宗庙，所以别积厚，积厚者流泽广，积薄者流泽狭也。”（事，祭事，祭祀。流泽，流布恩泽。）

【译文】

曾子说：“慎重地料理父母的丧事，恭敬地追念远逝的祖先，这样，百姓的品德自然会归于淳厚。”

（十）

子禽[1]问于子贡[2]曰：“夫子至于是邦也，必闻其政，求之与？抑与之与？”子贡曰：“夫子温、良、恭、俭、让以得之[3]。夫子之求之也，其诸[4]异乎人之求之与？”

【注释】

［1］子禽：姓陈，名亢，子禽是其字。是否孔子弟子，尚存疑。

［2］子贡：姓端木，名赐。孔子弟子。《史记·仲尼弟子列传》：“端木赐，卫人，字子贡。少孔子三十一岁。子贡利口巧辞，孔子常黜其辩。”“子贡一出，存鲁，乱齐，破吴，强晋而霸越。子贡一使，使势相破，十年之中，五国各有变。”“子贡好废举，与时转货赀（zī）。喜扬人之美，不能匿人之过。常相鲁、卫，家累千金，卒终于齐。”（废举，囤积货物，贱时买进，贵时卖出。转货赀，买卖货物以图利；赀，同“资”。累，积聚。）

［3］夫子温、良、恭、俭、让以得之：夫子凭借温和、善良、恭敬、节制、谦让的品格得到这些。夫子，春秋中叶以降，

敬称做过大夫的人为夫子。孔门尊称孔子为夫子，后因以特称孔子。此处“夫子”指孔子。王充《论衡·知实》：“陈子禽问子贡曰：‘夫子至于是邦也，必闻其政。求之与？抑与之与？’子贡曰：‘夫子温、良、恭、俭、让以得之。’温、良、恭、俭、让，尊行也。有尊行于人，人亲附之。人亲附之，则人告语之矣。”（尊行，高尚的行为。）

[4] 其诸：语气词，表示推测，有“或者”“大概”之义。

【译文】

子禽问子贡：“夫子每到一个邦国，总会听到这个邦国的政事，这是他求人告诉他的呢，还是别人主动告诉他的呢？”子贡回答说：“夫子是凭着温和、善良、恭敬、节制、谦让的品格得到这些的。夫子的这种求取的方法，大概与别人求取的方法不同吧？”

（十一）

子曰：“父在观其[1]志，父没观其行[2]，三年无改于父之道[3]，可谓孝矣。”

【注释】

[1] 其：这里指相对于“父”的“子”。

［2］行：行为。

［3］三年无改于父之道：能在较长时间里不改变父亲的行事处世之道。三年，多年，长时间。道，这里指行事处世的原则或方式。《论语·子张》：“曾子曰：‘吾闻诸夫子：“孟庄子之孝也，其他可能也，其不改父之臣与父之政，是难能也。”’”《礼记·坊记》：“子云：‘君子弛其亲之过，而敬其美。’《论语》曰：‘三年无改于父之道，可谓孝矣。’高宗云：‘三年其惟不言，言乃讙（huān）。’”（弛，减弱。讙，即“欢”。）《大戴礼记·曾子本孝》：“孝子之使人也，不敢肆，行不敢自专也。父死三年，不敢改父之道。”（肆，放纵。自专，一任己意，独断独行。）

【译文】

夫子说：“父亲在世时看他的志向，父亲去世后看他的行为，能在长时间里不改变（或不忍改变）父亲的行事处世之道，这样的人，就可以称得上孝子了。”

（十二）

有子曰：“礼之用，和[1]为贵。先王之道，斯[2]为美，小大由[3]之。有所不行，知和而和[4]，不以礼节之[5]，亦不可行也。”

【注释】

［1］和：此句中，“和”可有二义：一为调和或协调，如《礼记·燕义》所谓“和宁，礼之用也。此君臣上下之大义也”；一为适中、恰到好处，如《礼记·中庸》所谓“喜怒哀乐之未发谓之中，发而皆中节谓之和”。从全章的文意看，取调和、协调义似更妥帖。

［2］斯：指示代词，这。

［3］由：遵循，依从。

［4］知和而和：只知道调和，因而为调和而调和。

［5］不以礼节之：不以礼仪的规范加以节制。

【译文】

有子说：“礼的运用，贵在调和。先王的治国之道，值得赞美的地方就在这里，那时大小事宜都依这准则而行。这样做，有所行不通时，那一定是如此做的人只知道调和因而为调和而调和；一味调和，而不以礼仪的规范加以节制，那也是行不通的。”

（十三）

有子曰：“信近于义[1]，言可复[2]也。恭近于礼，远[3]耻辱也。因不失其亲[4]，亦可宗[5]也。”

【注释】

［1］信近于义：所信守的约言合于道义。信，信约，约言。近，合，符合。《左传·宣公十五年》：“（解扬曰：）信载义而行之为利。”《左传·成公八年》：“（季文子曰：）信以行义，义以成命，小国所望而怀也。”（行义，躬行道义。成命，完成所命。望而怀，景仰而归服。）

［2］言可复：约言可以履行。复，践言，履行。《大戴礼记·曾子立事》：“君子虑胜气，思而后动，论而后行，行必思言之，言之必思复之，思复之必思无悔言，亦可谓慎矣。”（虑，思虑，忧虑。胜气，克制血气；气，血气。论，考虑，分析。）

［3］远：远离，避开。

［4］因不失其亲：所依靠的不失为可亲近的人。因，依靠，凭借。亲，可亲近的人。《荀子·性恶》：“夫人虽有性质美而心辩知，必将求贤师而事之，择良友而友之。得贤师而事之，则所闻者尧、舜、禹、汤之道也；得良友而友之，则所见者忠、信、敬、让之行也。身日进于仁义而不自知也者，靡使之然也。”（靡，通“摩”，研磨，切磋；引申为潜移默化。）

［5］宗：主，引申为可依托、可依靠。

【译文】

有子说：“信守的约言合于道义，那约言就可以履行。举止庄重而合于礼节，就可以避免耻辱。所依靠的不失为可亲近的人，也才可以靠得住。”

（十四）

子曰：“君子食无求饱，居无求安，敏于事而慎于言[1]，就有道而正焉[2]，可谓好学也已。”

【注释】

［1］敏于事而慎于言：做事勤勉而出言谨慎。敏，勤勉。《论语·里仁》：“子曰：‘君子欲讷于言而敏于行。’”《论语·公冶长》：“子路有闻，未之能行，唯恐有闻。”《论语·阳货》：“敏则有功。”

［2］就有道而正焉：接近有道之人以匡正自己。就，接近，靠近，趋向。《荀子·劝学》：“学莫便乎近其人。《礼》《乐》法而不说，《诗》《书》故而不切，《春秋》约而不速。方其人之习君子之说，则尊以遍矣，周于世矣。故曰：学莫便乎近其人。”（法而不说，有法则而缺少解释。故而不切，典故多而不切近今人。约而不速，文意隐约而难以使人速晓。方，当。尊，崇高。遍，全面。周，通达。）

【译文】

夫子说："君子饮食不求饱足，居住不求安逸，做事勤勉而出言谨慎，接近有道之人以匡正自己，这样，可以说就是好学了。"

（十五）

子贡曰："贫而无谄[1]，富而无骄，何如？"子曰："可也，未若贫而乐、富而好礼[2]者也。"子贡曰："《诗》云：'如切如磋，如琢如磨。'[3]其斯之谓与[4]？"子曰："赐也，始可与言《诗》已矣，告诸往而知来者[5]。"

【注释】

[1] 贫而无谄（chǎn）：虽贫穷却不讨好别人。谄，讨好，谄媚。《论语·宪问》："子曰：'贫而无怨，难；富而无骄，易。'"

[2] 未若贫而乐、富而好礼：不如贫穷而依然快乐，富足而讲求礼节。《论语·雍也》："子曰：'贤哉，回也！一箪食，一瓢饮，在陋巷，人不堪其忧，回也不改其乐。贤哉，回也！'"《大戴礼记·卫将军文子》："德恭而行信，终日言，不在尤之内，在尤之外，贫而乐也，盖老莱子之行也。"（尤，怨尤，埋

怨。）《礼记·曲礼上》："富贵而知好礼，则不骄不淫；贫贱而知好礼，则志不慑（shè）。"（慑，慑服，因畏惧而屈服。）《礼记·坊记》："子云：'小人贫斯约，富斯骄；约斯盗，骄斯乱。礼者，因人之情而为之节文，以为民坊者也。故圣人之制富贵也，使民富不足以骄，贫不至于约，贵不慊（qiǎn）于上，故乱益亡。'子云：'贫而好乐，富而好礼，众而以宁者，天下其几矣。'"（斯，就，就会。约，卑屈。坊，防范。慊，不满。亡，消失，止息。）

［3］"如切如磋，如琢如磨"：这两句诗出于《诗·卫风·淇奥》，大意为：像治骨那样切，像治象（牙）那样磋，像治玉那样琢，像治石那样磨。《尔雅·释器》："骨谓之切，象谓之磋，玉谓之琢，石谓之磨。"郭璞注："皆治器之名。"所谓治器，指整治骨、象（牙）、玉、石以成器。《礼记·大学》："如切如磋者，道学也；如琢如磨者，自修也。"《荀子·大略》："人之于文学也，犹玉之于琢磨也。《诗》曰：'如切如磋，如琢如磨。'谓学问也。"

［4］其斯之谓与：说的不就是这个意思吗？其，揣测，反问语气词。斯，就。之，这。

［5］告诸往而知来者：告诉一个道理，可以推知另一个道理。往，过去，喻已知之事。来，未来，喻未知之事。《论语·公冶长》："（子贡曰：）回也闻一以知十，赐也闻一以知二。"

【译文】

子贡说："贫穷而不谄媚，富有而不骄横，这样做人如何?"夫子说："可以了，不过，不如贫穷而依然快乐，富有而讲求礼节。"子贡说："《诗》中有'像治骨那样切，像治象（牙）那样磋，像治玉那样琢，像治石那样磨'的句子，说的不就是这个意思吗?"夫子说："赐呀，从现在开始可以和你讨论《诗》了，告诉你一个道理，你可以推知另一个道理。"

（十六）

子曰："不患[1]人之不己知[2]，患不知人也。"

【注释】

［1］患：担忧，发愁。

［2］不己知："不知己"的倒装语。《论语·里仁》："子曰：'不患无位，患所以立。不患莫己知，求为可知也。'"《论语·卫灵公》："子曰：'君子病无能焉，不病人之不己知也。'"

【译文】

夫子说："不要担忧别人不了解自己，要担忧的倒是自己不了解别人。"

疏　　解

《论语》各篇虽由辑录互不连属的章句而成，但纂集在一篇中的若干话语倒并非了不相涉。《学而》凡十六章，其中“子曰”八章，“有子曰”三章，“曾子曰”二章，“子贡曰”二章，“子夏曰”一章，大都着意于论“学”。

整部《论语》以《学而》开篇，以《尧曰》终卷，这很容易使人联想到《荀子》一书以《劝学》为首篇、以《尧问》殿后的格局。显然，是《荀子》一书的编纂借鉴了《论语》，但这又恰好印证了这样一个推断：《学而》当可以视为《论语》的“劝学”篇。

古汉语中的“学”字是耐人寻味的，它并不像人们在现代汉语语境中惯常理解的那样简单。《说文》解“学”：“学，篆文‘斅’省”，“斅，觉悟也”。由这个解释可以推断，“学”的一个较古而又较确凿的含义当在于心有所“觉”或心灵的“觉悟”。不过，“觉”或“觉悟”绝不是离群索居者的苦思冥索所能奏效的，所以《广雅》又这样释“学”：“学，效也。”其实，“效”与“觉”是相贯通的；“效”不应是为效而效的那种外在模仿，而是为了“觉”，“觉”则是“效”的当有结果，因而它不可能脱开“效”的整个过程。朱熹注“学而时习之”之“学”谓：

“学之为言效也。人性皆善，而觉有先后，后觉者必效先觉之所为，乃可以明善而复其初也。”他虽然以“效”释“学”，但以“效”为“后觉”效“先觉”，最终将其归结于“觉”，则颇可见出他对“效”而至于“觉”这一“学”的深层蕴义的把握。

“效”有直接效仿，有间接效仿；直接效仿是对可直接交往者的言行举止的效仿，间接效仿是以文辞为媒介、由诵读文辞而效仿撰述者的所思所行。但无论是直接效仿，还是间接效仿，“效”终究是要达到心灵的“觉”或“觉悟”，这是古人以“效”释“学”的意致所在，也是《论语》所记孔子及其弟子论“学”、致“学”的初衷所在。正如程颐所说：“今之学者有三：辞章之学也，训诂之学也，儒者之学也。欲通道，则舍儒者之学不可。尹侍讲（即尹焞。——引者注）所谓‘学者，所以学为人’也。学而至于圣人，亦不过尽为人之道而已。”（见《朱子文集·答张敬夫》，又见程树德：《论语集释》卷一）孔门所学，固然包括了辞章、训诂，以至于《诗》《书》《礼》《乐》《易》《春秋》诸文献的研索，但归根结底则在于“学为人”，在于“尽为人之道”。因此，可以说，其“说”（悦）、“乐”、“不愠”无不系于对“为人之道”的觉悟。孔子所说“学而时习之”之“学”，当然不限于文献章句的诵读，而“学而时习之”之“习”也并不就是对所读章句的反复记诵。既然“学”而所觉在于“尽为人之道”，那么“习”也便在于对已有所觉的“为人之道”的践行；同样，“有朋自远方来”的“朋”也不是一般意义上的有交情的人，而是那在“为人之道”上有所觉的志同道合者。与这样的“学”、“习”之“说”（悦）和“朋”来之“乐”相通，真正的“君子”不会由于不为人知而懊恼、怨恨，因为觉悟和践行“为人之道”原只是一种切己的自得，“说”是悦这自得，“乐”是乐这自得，却并非为了以这所“学”、所“习”、所“说”（悦）、所“乐”见知于人、炫示于人。

孟子曾引孔子的话说：“道二：仁与不仁而已矣”（见《孟子·离娄上》）。同时，他也说：“仁也者，人也”（《孟子·尽心下》）。依孟子对孔子之学的解释，所谓“学为人”，其实就是学“为仁”，而所谓“为人之道”，说到底也正可以说是“为仁”之道。由此看《学而》第二章，有子所说“君子务本，本立而道生”的“道”则无非“仁”道或“为仁”之道，而其所说“孝弟也者，其为仁之本与”的“本”乃是指这“仁”初发于人心的根芽。自孔子始，儒家由“亲亲”（亲其亲人）讲爱，这“爱”缘起于真切生命中的一种自然而然、油然而生之情。“孝弟”——孝顺父母，敬事兄长——出于一种“亲亲”之“爱”，从这里讲“仁”、讲仁爱最为亲切、自然，称“孝弟”为“仁之本”或“为仁之本”的深意可由此做切近真际的领悟。

“学”而“为仁”，见之于父子、兄弟的关系体现为“孝”“弟”，见之于与他人、朋友的关系则体现为“忠”“信”。曾子

“吾日三省吾身”章，所谓“为人谋而不忠乎”“与朋友交而不信乎”，其对自身“为仁”如何的反省即落在对人尽心、对友诚实的“忠”“信”上。诚然，“三省”之事尚有“传不习乎”，而所传所习指的是学业，但儒者的学业原非为知识而知识，传习的成效最终仍须从是否“孝”“弟”“忠”“信”上做分辨。

“学”而“为仁”，除经心于“孝”“弟”“忠”“信”外，还应见证于夫妇之道。这个重要的补充出现在“子夏曰”一章（第七章）。在这一章里，“事父母能竭其力”说的是人子的“孝”“弟”，“事君能致其身”说的是为臣者的忠贞——它是“为人谋”以“忠”在君臣关系中的体现，“与朋友交，言而有信”则是曾子所谓“三省”其“与朋友交而不信乎”的另一种说法，唯“贤贤易色”是子夏的增益，它是说为人夫者对妻子应当重其德慧而轻其容貌。《礼记·中庸》有谓：“君臣也，父子也，夫妇也，昆弟也，朋友之交也，五者天下之达道也。”夫妇是五达道之一，而且依照自然顺序，理应列于诸达道之首。子夏以“贤贤易色”说夫妇之道所当体现的是“仁”，并将其置于“事父母”“事君”“与朋友交”之前，这是合于儒家义理和五达道的自然顺序的。然而，此章最可留意的还在于子夏指出的这一点：在一个人于五达道中做到了“孝”“弟”“忠”“信”“贤贤易色”后，“虽曰未学，吾必谓之学矣”。“未学”是指不曾学过《诗》《书》《礼》《乐》诸文献，“必谓之学”是说一定称得上真正有所学。“学”在于觉，“学”贵于践行，从子夏的说法可以明白不过地看出孔门之学的所“学”何在。

子夏对“学”的理解源自孔子，这可就近印证于同一篇中孔子所说的两段话。一段是：“弟子入则孝，出则弟，谨而信，汎爱众，而亲仁。行有余力，则以学文”（第六章）。另一段是：“君子食无求饱，居无求安，敏于事而慎于言，就有道而正焉，可谓好学也已”（第十四章）。前一段话把“学文”置于躬行“孝”“弟”“谨”“信”“爱众”“亲仁”之后，表明孔子虽非不重视文献的专修，但他显然更看重践行中的学习。依孔子的看法，“学文”诚然是“学”，躬行“孝”“弟”“谨”“信”“爱众”“亲仁”而求有所体会或觉悟也是“学”，而且“学文”之“学”最终仍当转化为践行中的觉悟之“学”，非如此，文献之学将只会流于知识或教条的记诵，而与学人立身行事了无关涉。后一段话则径直把“敏于事而慎于言，就有道而正焉”称之为“好学”，其所谓“学”自当不囿于书籍文献的记诵，而旨趣所立非人生更大的天地无以容载。

《学而》其他各章所云，大都可笼罩于上述几章所提示的“学”而“为人”、“学”而“为仁”的“学”的主题下。其或如“巧言令色，鲜矣仁”（第三章），相对于“忠”、“信”或“谨而信”，从“为人之道”的反面点拨学者如何“学为人”；或如“慎终追远，民德归厚”（第九章），乃是在一定意义上对“孝弟也者，其为仁之本与”的阐发和引申；或如“君子不重则不威，学则不固。主忠信，无友不如己者，过则勿惮改”（第八章），其重心仍在于教人由“学”而勉力于“忠”“信”；或如“不患人之不己知，患不知人也”（第十六章），则可视为对“人不知而不愠”这一“学”而为“君子”之义的重申和补足。至于“礼之用，和为贵”、“知和而和，不以礼节之，亦不可行”（第十二章）及“恭近于礼，远耻辱也”（第十三章）之说，显然是要引导学人“学礼”以求立身于世，而孔子所谓“道千乘之国，敬事而信，节用而爱人，使民以时”（第五章），却也在于把“说”“乐”自在其中而“人不知而不愠”的儒者为己之学推扩到国家的治理。所余“子贡曰”两章（第十、十五章），同样为“学”而“为人”、“学”而“为仁”的中心线索所贯穿，但其别具一种意趣，宜另做分说。

“夫子温、良、恭、俭、让以得之。夫子之求之也，其诸异乎人之求之与?”（第十章）子贡所谓“异乎人之求”的“夫子之求”虽然是就孔子每到一国“必闻其政”而言的，但他由此所要分外说明的是孔子集“温、良、恭、俭、让”于一身的圣者气象。温和、善良、恭敬、节制、谦让，皆于“礼”上有所“立”而臻于“乐”之所“成”，非由“学”而“不惑”、“知天命”以至于“耳顺”“从心所欲不逾矩”的修习过程，不能达到这“充实而有光辉”“大而化之”（孟子语）之境。儒家主张

“学”而“成仁”“成圣”，孔子以其全副生命躬行见证了这“成仁”“成圣”之“学”，子贡劝学遂以孔子为“成仁”“成圣”的最佳范本。

子贡以自己对“贫而无谄”“富而无骄”的认可求教于孔子，孔子显然给予了肯定，却又认为“贫而乐”“富而好礼”在更高的人生格位上。“无谄”“无骄”已是对流俗的超出，但这超出也还表明贫者、富者对自身处境的顾及或在意；“贫而乐”“富而好礼”则忘其“贫”“富”，从而唯以“礼”“乐”为念，这当然比尚在贫、富牵累中的“无谄”“无骄”者更值得称道。子贡为此引述《诗》中的句子“如切如磋，如琢如磨”，喻说学无止境而自己理应精益求精，孔子遂由此而称赞子贡对学问之道的领悟。这段对话看似重在探讨贫、富境遇中人所当有的态度，其实最可玩味的还在于对儒家所倡导的为学之途的指点。《论语》的编纂者辑此章于《学而》绝非出于偶然，细审其用心，或正在于借此而做“学”理的劝诫。

孔门之学是人生觉悟之学，《论语》中的所有章句都在于启迪人生的觉悟。学觉悟之学，须对学本身有所觉悟，《论语》的编纂者将“学而时习之”至“不患人之不己知，患不知人也”若干章辑为一篇而列于诸篇之首，其深意所寄可谓不言而喻。

为政第二

（一）

子曰："为政以德[1]，譬如北辰[2]，居其所而众星共[3]之。"

【注释】

［1］为政以德：以修养德性来治理国政。为，治理。德，品德，德性；这里指德性修养，主要指当政者的德性修养。《礼记·大学》："自天子以至于庶人，壹是皆以修身为本。"（壹是，一切。）"是故君子先慎乎德。有德此有人，有人此有土，有土此有财，有财此有用。德者本也，财者末也。"（此，则，就。）

［2］北辰：这里指北极星。天之北极不动，环绕北极，北极星亦在运动中，古人以北极星指示北极，以为其不动。《尔雅·释天》："北极谓之北辰。"《史记·天官书》："中宫天极星，其一明者，太一常居也。"《汉书·天文志》："北极……第五纽星为天之枢。"（北极，这里指北极星座，即所谓北极五星。纽星，北极五星的第五星。）

［3］共（gǒng）：通"拱"，环绕，拱卫。

【译文】

夫子说："以修养自身的德性来治理国政，就会像北极星那样，安居在一定的位置为群星所环绕。"

（二）

子曰："《诗》三百[1]，一言以蔽之[2]，曰：'思无邪[3]。'"

【注释】

［1］《诗》三百：《诗》，后世称作《诗经》。其编成于春秋中后期，共305篇，分为"风""雅""颂"三类：《风》有十五国风，《雅》含《大雅》《小雅》，《颂》含《周颂》《鲁颂》《商颂》，其大抵为周初至春秋中叶的作品。孔子称"《诗》三百"，

乃举其整数而言。

[2] 一言以蔽之：用一句话来概括。蔽，涵盖，概括。

[3] 思无邪：情思纯正。“思无邪”，语出《诗·鲁颂·駉(jiōng)》(駉，马肥壮)，孔子借其对《诗》做总体评说。《史记·屈原贾生列传》：“《国风》好色而不淫，《小雅》怨诽而不乱，若《离骚》者，可谓兼之矣。”(怨诽，怨恨，非议。)

【译文】

夫子说：“《诗》三百篇，用一句话来概括它，那就是‘情思纯正’。”

(三)

子曰：“道之以政[1]，齐之以刑[2]，民免而无耻[3]；道之以德，齐之以礼，有耻且格[4]。”

【注释】

[1] 道之以政：以政令督导人。道，导，引导。政，政令。

[2] 齐之以刑：以刑罚整治人。齐，整治，使一致。

[3] 民免而无耻：百姓只求苟免于刑罚，变得不再有羞耻之心。民，百姓。

［4］有耻且格：耻于犯罪而自觉匡正自己。格，正，匡正。《礼记·缁衣》："子曰：'夫民，教之以德，齐之以礼，则民有格心；教之以政，齐之以刑，则民有遯心。'故君民者，子以爱之，则民亲之；信以结之，则民不倍；恭以涖之，则民有孙心。"（格心，归正之心。遯心，逃避苟免之心；遯，同"遁"。君，主宰，统治。结，联结。倍，通"背"，背离。孙，通"逊"，恭顺。）《史记·酷吏列传》："孔子曰：'导之以政，齐之以刑，民免而无耻；导之以德，齐之以礼，有耻且格。'老氏称：'上德不德，是以有德；下德不失德，是以无德。''法令滋章，盗贼多有。'太史公曰：信哉！是言也。法令者治之具，而非制治清浊之源也。昔天下之网尝密矣，然奸伪萌起，其极也，上下相遁，至于不振。当是之时，吏治若救火扬沸，非武健严酷，恶能胜其任而愉快乎！言道德者溺其职矣。故曰：'听讼，吾犹人也，必也使无讼乎！''下士闻道，大笑之。'非虚言也。"（奸伪，奸诈虚伪；这里指奸诈虚伪之风。萌起，萌生兴起。遁，隐匿，隐避。溺其职，失职，不尽职。）

【译文】

夫子说："以政令督导人，以刑罚整治人，百姓会设法苟免于刑罚而变得不再有羞耻之心；以道德引导人，以礼仪治理人，百姓就会以犯罪为耻而对自己的行为自觉加以匡正。"

(四)

子曰:“吾十有[1]五而志于学,三十而立[2],四十而不惑[3],五十而知天命[4],六十而耳顺[5],七十而从心所欲不逾矩[6]。”

【注释】

[1] 有:通“又”。

[2] 立:由《论语·泰伯》所谓“立于礼”、《论语·季氏》所谓“不学礼,无以立”可知,这里的“立”当为守礼而立。意指孔子三十岁时已能够做到恪守礼仪以立身于世。

[3] 不惑:由《论语》之《子罕》《宪问》所谓“知者不惑”可知,这里的“不惑”当指对“为仁”之道有所领悟而不再困惑。其意是说孔子到四十岁时因领悟“为仁”之道而有了大智慧,从此在人生的大关节处不再陷于困惑。

[4] 知天命:《论语·子罕》曰:“天之将丧斯文也,后死者不得与于斯文也;天之未丧斯文也,匡人其如予何?”《论语·宪问》亦曰:“道之将行也与,命也;道之将废也与,命也。公伯寮其如命何!”从这些关联着“文”“道”而说的“天”“命”可知,“知天命”当指懂得了自身所担负的推行“为仁”之道的

神圣使命。“天命”可领会为上天赋予的使命，但“天”或“上天”是公义意味上的“天”，为神圣之使命所托始，并非“天帝”那样的实体。

［5］耳顺：是指无论听到什么都可以从所领悟的“为仁”之道的高度予以包容和化解。《史记·孔子世家》载：“郑人或谓子贡曰：‘东门有人，其颡（sǎng）似尧，其项类皋陶，其肩类子产，然自要（yāo）以下不及禹三寸，累累若丧家之狗。’子贡以实告孔子。孔子欣然笑曰：‘形状，末也。而谓似丧家之狗，然哉！然哉！’”（颡，额头。要，即“腰”。）此可谓“耳顺”之一例。

［6］从心所欲不逾矩：随心所欲而为，却都不会越出规矩法度。是说孔子七十岁时，一举一动都不再是经意为之，但其所作所为时时处处无不与道相合。逾，越，越过。矩，曲尺，这里指礼法。《孟子·尽心下》：“可欲之谓善，有诸己之谓信，充实之谓美，充实而有光辉之谓大，大而化之之谓圣，圣而不可知之之谓神。”

【译文】

夫子说：“我十五岁时有志于问学，三十岁时能够守礼而立，四十岁时对道有所领悟而不致困惑，五十岁时开始懂得上天赋予自己的使命，六十岁时无论听到什么都能从道的高度予以包容、化解，七十岁时一举一动都不再经意为之，却又时时处处与礼法不相违背。”

（五）

孟懿子[1]问孝，子曰：“无违[2]。”樊迟[3]御[4]，子告之曰：“孟孙问孝于我，我对曰：‘无违。’”樊迟曰：“何谓也？”子曰：“生，事之以礼；死，葬之以礼，祭之以礼[5]。”

【注释】

［1］孟懿子：仲孙氏，名何忌。“懿”为其谥号。鲁国大夫。《左传·昭公七年》：“孟僖子病不能相礼，乃讲学之，苟能礼者从之。及其将死也，召其大夫曰：‘礼，人之干也；无礼，无以立。吾闻将有达者曰孔丘，圣人之后也，而灭于宋……我若获没，必属（zhǔ）说与何忌于夫子，使事之而学礼焉，以定其位。’故孟懿子与南宫敬叔师事仲尼。”（病，忧虑。圣人，这里指孔子的先祖弗父何与正考父，弗父何为宋湣［mǐn］公世子，曾将宋国国君之位让与其弟厉公，正考父为弗父何之曾孙，先后辅佐戴公、武公、宣公。获没，得以善终。属，嘱咐。说，即南宫敬叔。事，从师求学。）可见，孟懿子（仲孙何忌）亦当是孔子弟子。孔子为鲁司寇时，曾主张堕孟孙、叔孙、季孙三

家之都，何忌抗命，《史记》或因此不列何忌为仲尼弟子。

［2］无违：不要违背礼。违，这里指违礼。

［3］樊迟：姓樊，名须。孔子弟子。《史记·仲尼弟子列传》："樊须，字子迟。少孔子三十六岁。"《孔子家语·七十二弟子解》："樊须，鲁人，字子迟，少孔子四十六岁。"据钱穆考订，当以《孔子家语》所记为是。

［4］御：驾车。

［5］生，事之以礼；死，葬之以礼，祭之以礼：父母活着的时候，依礼侍奉他们；父母过世了，依礼安葬他们，祭祀他们。《礼记·祭统》："是故孝子之事亲也，有三道焉：生则养，没则丧，丧毕则祭。养则观其顺也，丧则观其哀也，祭则观其敬而时也。尽此三道者，孝子之行也。"《大戴礼记·曾子本孝》："故孝子于亲也，生则有义以辅之，死则哀以莅焉，祭祀则莅之以敬。如此，而成于孝子也。"（辅，辅护，辅佐卫护。莅，临。成，成就。）

【译文】

孟懿子向夫子请教孝道，夫子说："不要有违于礼。"樊迟为夫子驾车，夫子告诉他说："孟孙向我问孝道，我回答他说：'不要有违于礼。'"樊迟问："这是什么意思？"夫子说："父母活着的时候，依礼侍奉他们；父母过世了，依礼安葬他们，依礼祭祀他们。”

（六）

孟武伯[1]问孝，子曰：“父母唯其[2]疾之忧。”

【注释】

［1］孟武伯：孟懿子之子仲孙彘。“武”为其谥号。

［2］其：历来注家所注不一。自东汉王充、高诱至近代学人康有为，皆以“其”指代“父母”，因此整句话断句为“父母，唯其疾之忧”。自东汉马融至现代学人钱穆，皆以“其”指代“（孝）子”，于是整句话断句为“父母唯其疾之忧”。今从后注。

【译文】

孟武伯向夫子请教孝道，夫子说：“让父母只为儿子的疾病担忧。”

（七）

子游[1]问孝，子曰：“今之孝者，是谓能养。至于犬马，皆能有养[2]；不敬，何以别乎？”

【注释】

［1］子游：姓言，名偃。孔子弟子。《史记·仲尼弟子列传》："言偃，吴人，字子游。少孔子四十五岁。""孔子以为子游习于文学。"

［2］至于犬马，皆能有养：历来解法颇多，今从曾子、孟子之意。《礼记·祭义》："曾子曰：'孝有三：大孝尊亲，其次弗辱，其下能养。'"《孟子·尽心上》："食而弗爱，豕（shǐ）交之也；爱而不敬，兽畜之也。"（豕交，比喻不以礼相待；豕，猪；交，交往。）这是说"孝"不只在于对双亲的赡养，重要的还在于对父母的敬重，如果没有这份敬意，那赡养父母与畜养犬马又有多大区别呢？

【译文】

子游向夫子请教什么是孝，夫子说："当今的人谈孝，只是说到能赡养父母。但对犬马人们不也都在畜养吗？如果对父母不敬，那赡养父母与畜养犬马又有什么区别呢？"

（八）

子夏问孝，子曰："色难[1]。有事弟子[2]服其劳，有酒食先生[3]馔，曾[4]是以为孝乎？"

【注释】

［1］色难：（侍奉父母）做到和颜悦色是件难事。色，容色，脸色。《礼记·祭义》："孝子之有深爱者，必有和气，有和气者，必有愉色，有愉色者，必有婉容。孝子如执玉，如奉盈，洞洞属属然，如弗胜，如将失之。严威俨恪，非所以事亲也，成人之道也。"（愉色，愉悦的神色。婉容，和顺的仪容。奉盈，捧着盈满之物。洞洞属属然，恭敬谨慎的样子。如弗胜，像是不胜其重的样子。严威俨恪，严肃，威重，严正，恭敬。）

［2］弟子：年幼者。

［3］先生：年长者。

［4］曾：难道，岂。

【译文】

子夏向夫子请教什么是孝，夫子说："侍奉父母能做到和颜悦色很难。有事情年幼者代劳，有酒食让年长者享用——难道这就可以算孝了吗？"

（九）

子曰："吾与回[1]言终日，不违[2]，如愚。退而省其私[3]，亦足以发[4]，回也不愚。"

【注释】

［1］回：姓颜，名回。孔子弟子。《史记·仲尼弟子列传》："颜回者，鲁人也，字子渊。少孔子三十岁。""回年二十九，发尽白，蚤死。"（蚤，通"早"。）

［2］不违：意不相悖。此"不违"与下文"如愚"，可与《论语·先进》所载"子曰：'回也，非助我者也，于吾言无所不说（悦）'"相发明。

［3］退而省其私：待退下后察看其私下的言行。省，察看，观察。

［4］足以发：完全可以有所发明。足以，完全可以。

【译文】

夫子说："我与颜回谈学一整天，他只是听讲，从不问难，像是一个资质愚钝的人。等他退下，我观察他私下的言行，发现他对我讲的那些完全可以予以发明。颜回啊，并不愚钝。"

（十）

子曰："视其所以[1]，观其所由[2]，察其所安[3]。人焉廋[4]哉？人焉廋哉？"

【注释】

［1］所以：所为。以，为。

［2］所由：所经由的途径，所采用的方法。由，经由。

［3］所安：安于什么，乐于什么。《大戴礼记·文王官人》曰："听其声，处其气；考其所为，观其所由，察其所安；以其前，占其后；以其见，占其隐；以其小，占其大。此之谓视中也。"（处，辨察，审度。占，推测。见，显现。）其可用以与此章"所以""所由""所安"相参照。

［4］廋（sōu）：藏，隐匿。

【译文】

夫子说："观察一个人，看他的所作所为，了解他如此作为的方式方法，注意他这样做时安于什么，这个人还藏得住吗？这个人还藏得住吗？"

（十一）

子曰："温故而知新[1]，可以为师[2]矣。"

【注释】

［1］温故而知新：温习已知而求得未知。朱熹注此句曰：

“温，寻绎也。故者，旧所闻。新者，今所得。”

[2] 可以为师：（能做到由温习已知而求得未知的人）可以做他人之师。温故而知新，所重在于“知新”，在于从温习旧有中获取新见，否则“温故”便只是“记问”“博习”之学。单是“记问”“博习”，是不可以做他人之师的。《礼记·学记》：“记问之学，不足以为人师。”《荀子·致士》：“师术有四，而博习不与焉。”

【译文】

夫子说：“能够从已有知识的温习中获得新的见解，这样的人可以做人师。”

（十二）

子曰：“君子[1]不器[2]。”

【注释】

[1] 君子：这里指志趣高远、德性纯正之士。

[2] 不器：不像器皿那样局限于某一种用途。“君子不器”的意味，可参照《礼记·学记》所谓“大德不官，大道不器，大信不约，大时不齐”（不官，不担任官职，不分职在位。不

器，不像器皿那样囿于一物之用。不约，不做约定，不立盟约。大时，天时。不齐，不一；万物生生不共于一时）去体会。

【译文】

夫子说："君子不像器皿那样，把自己局限在某一种用途上。"

（十三）

子贡问君子，子曰："先行其言[1]而后从之[2]。"

【注释】

[1] 先行其言：先把自己想说的做出来。

[2] 后从之：话随后说出来。《大戴礼记·曾子立事》："君子博学而孱（chán）守之，微言而笃行之。行必先人，言必后人。"（孱守，谨守。微言，少言。）与此相比照，所谓"先行""后从"乃是说先做后说、言随行后。

【译文】

子贡问夫子怎样才称得上"君子"，夫子说："先把你想说的做出来，随后再把它说出来。（这样做，就称得上'君子’了。)”

(十四)

子曰：“君子周[1]而不比[2]，小人比而不周。”

【注释】

[1] 周：忠信，亲密。

[2] 比：亲近，偏私。朱熹注曰：“周，普遍也。比，偏党也。皆与人亲厚之意，但周公而比私耳。”

【译文】

夫子说：“君子以忠信待人，合群而不营私；小人以私利结党，偏比而不讲忠信。”

(十五)

子曰：“学而不思则罔[1]，思而不学则殆[2]。”

【注释】

[1] 学而不思则罔：一味读书而不思考，就会陷入迷惘。

罔，迷惘，诬惘。《论语・子张》："子夏曰：'博学而笃志，切问而近思，仁在其中矣。'"《礼记・中庸》："博学之，审问之，慎思之，明辨之，笃行之。"

［2］思而不学则殆：只是苦思冥索而不广博学习，就会落到思路困窘的境地。殆，困窘，疲怠。《论语・卫灵公》："子曰：'吾尝终日不食终夜不寝以思，无益，不如学也。'"

【译文】

夫子说："一味读书求学而不用心思考，就会陷于迷惘；一味苦思冥索而不广博学习，就会落入思路偏执的困境。"

（十六）

子曰："攻[1]乎异端[2]，斯害也已。"

【注释】

［1］攻：专攻，专心研习。

［2］异端：杂书，奇技。皇侃《论语义疏》："异端，谓杂书也。"《后汉书・范升传》引孔子语"攻乎异端，斯害也已"，李贤注曰："攻，犹习也；异端，谓奇技也。"《礼记・中庸》："子曰：'素（索）隐行怪，后世有述焉，吾弗为之矣。'"（素隐

行怪，探求隐晦之事行怪僻诡异之道。）

【译文】

夫子说："一心只读那些与德行修养无关的杂书，那就有害了。"

（十七）

子曰："由[1]！诲女知之乎[2]！知之为知之，不知为不知，是知也。"

【注释】

[1] 由：姓仲，名由。孔子弟子。《史记·仲尼弟子列传》："仲由，字子路，卞人也。少孔子九岁。子路性鄙，好勇力，志伉直，冠雄鸡，佩豭（jiā）豚（tún），陵暴孔子。孔子设礼稍诱子路，子路后儒服委质，因门人请为弟子。"（伉直，刚直。豭豚，小公猪；古人佩豭豚形象的饰物，表示勇敢。陵暴，轻侮。诱，引导。委质，送上礼物，拜人为师。）

[2] 诲女知之乎：（我来）教你关于知的道理。《荀子·子道》："子路盛服见孔子，孔子曰：'由！是裾（jū）裾何也？昔者江出于岷山，其始出也，其源可以滥觞，及其至江之津也，

不放舟，不避风，则不可涉也，非维下流水多邪？今女衣服既盛，颜色充盈，天下且孰肯谏女矣？由！’子路趋而出，改服而入，盖犹若也。孔子曰：‘志之！吾语女。奋于言者华，奋于行者伐，色知而有能者，小人也。故君子知之曰知之，不知曰不知，言之要也；能之曰能之，不能曰不能，行之至也。言要则知，行至则仁。既知且仁，夫恶有不足矣哉！’”（裾裾，盛服的样子。江之津，江边渡口。维，唯；由于，因为。充盈，意满，自得。犹若，舒和的样子。奋，骄矜，矜夸。华，浮华。伐，自夸。色知，所知显现于神色。）《荀子》所记似更完整，想必这段话可能是子路“儒服委质”不久，孔子为诫励子路所说。

【译文】

夫子说：“由呀，我来教你知的道理吧！以知道为知道，以不知道为不知道，这才称得上‘知’啊。”

（十八）

子张[1]学干禄[2]，子曰：“多闻阙疑[3]，慎言其余，则寡尤[4]；多见阙殆[5]，慎行其余，则寡悔。言寡尤，行寡悔，禄在其中矣。”

【注释】

[1] 子张：姓颛（zhuān）孙，名师。孔子弟子。《史记·仲尼弟子列传》："颛孙师，陈人，字子张。少孔子四十八岁。"

[2] 干禄：谋求官职。干，求。禄，官吏的俸禄。

[3] 阙疑：遇有疑问，暂予保留，不贸然推测。《大戴礼记·曾子立事》："君子疑则不言，未问则不言。"《荀子·大略》："君子疑则不言，未问则不言，道远日益矣。"

[4] 寡尤：减少过错。尤，罪过，过错。

[5] 阙殆：避免做危险的事。殆，危，危险。

【译文】

子张向夫子请教谋求仕进的方法，夫子说："多听各方面的看法，保留那些有疑惑的地方，谨慎地就其余有把握之处说出自己的见解，这样就能减少过错。多观察事态的变化，避开可能的危险，谨慎地去做其余有把握做好的事，这样就能减少后悔。出言过错少，做事后悔少，官职俸禄就在其中了。"

（十九）

哀公[1]问曰："何为则民服？"孔子对曰："举直错诸枉[2]，则民服；举枉错诸直[3]，则民不服。"

【注释】

［1］哀公：即鲁哀公。姓姬，名蒋。公元前 494 年至前 468 年在位。

［2］举直错诸枉：举用正直的人，弃置那些邪曲之徒。举，举用，选用。错，置，放。《论语·颜渊》："樊迟问仁，子曰：'爱人。'问知，子曰：'知人。'樊迟未达，子曰：'举直错诸枉，能使枉者直。'"

［3］举枉错诸直：举用邪曲之徒，把他们置于正直的人之上。

【译文】

哀公询问孔子："怎样做才能让百姓顺服？"孔子回答说："举用正直的人，弃置邪曲之徒，百姓就会信服；举用邪曲之徒，把他们置于正直的人之上，百姓就不会信服。"

（二十）

季康子[1]问："使民敬、忠以劝[2]，如之何？"子曰："临之以庄[3]，则敬；孝慈，则忠；举善而教不能[4]，则劝。"

【注释】

［1］季康子：季孙氏，名肥。"康"为其谥号。鲁国大夫，

鲁哀公时的权臣。

［2］劝：勤勉，努力。

［3］临之以庄：以庄重的态度对待之。临，面对，治理，对待。可与《论语·卫灵公》所谓“知及之，仁能守之，不庄以莅之，则民不敬”相参照。《礼记·祭义》：“致礼以治躬则庄敬，庄敬则严威。心中斯须不和不乐，而鄙诈之心入之矣；外貌斯须不庄不敬，而慢易之心入之矣。故乐也者，动于内者也；礼也者，动于外者也。乐极和，礼极顺，内和而外顺，则民瞻其颜色而不与争也，望其容貌而众不生慢易焉。”（斯须，须臾，片刻。鄙诈，贪鄙诈伪。慢易，轻慢，怠忽。）

［4］举善而教不能：举用优秀人才而教育那些能力差的人。《荀子·王制》：“王者之论：无德不贵，无能不官，无功不赏，无罪不罚。朝无幸位，民无幸生。尚贤使能而等位不遗，析愿禁悍而刑罚不过。百姓晓然皆知夫为善于家而取赏于朝也，为不善于幽而蒙刑于显也。夫是之谓定论，是王者之论也。”（幸，侥幸。不遗，没有失误。析愿，分辨出本分善良的人。禁悍，禁止凶狠蛮横的行为。幽，隐而不显。蒙，受。）

【译文】

季康子问夫子：“要使百姓恭敬、忠诚而又勤勉，该如何做?”夫子说：“你庄重地对待他们，他们就会恭敬；你孝敬父母、慈爱百姓，他们就会忠诚；你举用优秀人才而教育那些能力差的人，他们就会勤奋。”

(二十一)

或谓孔子曰：“子奚不为政[1]？”子曰：“《书》云：‘孝乎惟孝，友于兄弟，施于有政。’[2]是亦为政，奚其为为政？”

【注释】

[1] 为政：这里指做官，从政。

[2] “孝乎惟孝，友于兄弟，施于有政”：语出《书》之逸文，为《伪古文尚书》采入《周书·君陈》而为：“惟孝友于兄弟，克施有政。”施于有政，施行于政治。施，施行。有政，政治；有，助词。《后汉书·郅恽传》：“恽志在从政，既乃喟然而叹，谓（郑）敬曰：‘天生俊士，以为人也。鸟兽不可与同群，子从我为伊、吕乎？将为巢、许乎？而父老尧舜也。’敬曰：‘吾足矣。初从（zòng）生步重华于南野，谓来归为松子。今幸得全躯树类，还奉坟墓，尽学问道，虽不从政，施之有政，是亦为政也。吾年耄（mào）矣，安得从子？子勉正性命，勿劳神以害生。’”（伊，指伊尹，商汤的辅相。吕，指吕望，即姜尚，被周文王立为师，武王尊其为师尚父。巢，指巢父，尧时

的隐士。许，指许由，尧时的隐士。步，寻。重华，舜，字重华。松子，即赤松子，传说中的仙人。树类，谓有后嗣。年耄，年老；耄，老，约七十至八十岁的老人。）

【译文】

有人对孔子说："您为什么不去做官从政呢？"夫子说："《书》中说：'孝啊！孝顺父母，友爱兄弟。把孝道施行于政治。'这也是参与政治，为什么一定要是做官才算从政了呢？"

（二十二）

子曰："人而无信，不知其可也。大车无輗[1]，小车无軏[2]，其何以行之哉？"

【注释】

[1] 輗（ní）：辕端横木上缚轭以驾车的设置。

[2] 軏（yuè）：辕端上曲处钩衡以驾马的设置。孔子以车的輗軏比喻人的信用的重要。刘向《新序·节士》："齐攻鲁，求岑（cén）鼎。鲁君载他鼎往。齐侯不信而反之，以为非也。使人告鲁君：'柳下惠以为是，因请受之。'鲁君请于柳下惠，柳下惠对曰：'君之欲以为岑鼎也，以免国也。臣亦有国于此，

破臣之国以免君之国，此臣所难也。’鲁君乃以真鼎往。柳下惠可谓守信矣。非独存己之国也，又存鲁君之国。信之于人重矣，犹舆之輗軏也。故孔子曰：‘大车无輗，小车无軏，其何以行之哉？’此之谓也。”（岑鼎，鲁国宝鼎。柳下惠，鲁国大夫展禽，被孟子称为“圣之和者”。“臣亦有国于此”之“国”，指信用。）

【译文】

夫子说：“做人不守信用，不知他如何可以成为人。这就像大车没有了輗，小车没有了軏，它怎么走得了呢？”

（二十三）

子张问：“十世[1]可知也？”子曰：“殷因[2]于夏礼，所损益[3]可知也。周因于殷礼，所损益可知也。其或继周者，虽百世可知[4]也。”

【注释】

[1] 世：古人以三十年为一世，又以王者易姓受命为一世。

[2] 因：因袭，继承。

[3] 损益：增减，减损或增益。

[4] 虽百世可知：即使百世之后的状况也可推知。朱熹

《四书集注·论语集注》引胡寅语曰："子张之问，盖欲知来，而圣人言其既往者以明之也。夫自修身以至于为天下，不可一日而无礼。天叙天秩，人所共由，礼之本也。商不能改乎夏，周不能改乎商，所谓天地之常经也。若乃制度文为，或太过则当损，或不足则当益。益之损之，与时宜之，而所因者不坏，是古今之通义也。因往推来，虽百世之远，不过如此而已矣。"（天叙，天然的次序、等级。天秩，天然的秩序。共由，共同奉行。若乃，至于。文为，文事，文德教化之事。）

【译文】

子张问："十世之后（的礼仪制度）可以预知吗?"夫子说："殷代继承夏代的礼仪制度，废除和增添了些什么是可以知道的。周代继承殷代的礼仪制度，废除和增添了些什么是可以知道的。由此推想，那个继承周代礼仪制度的朝代，即使在百世之后，也是可以预知的。"

（二十四）

子曰："非其鬼[1]而祭之，谄[2]也。见义不为，无勇也[3]。"

【注释】

[1] 鬼：指祖先。《礼记·祭法》："大凡生于天地之间者，

皆曰命。其万物死，皆曰折；人死，曰鬼。”

［2］谄（chǎn）：取媚。《礼记·曲礼下》：“非其所祭而祭之，名曰淫祀。淫祀无福。”

［3］见义不为，无勇也：遇到正义的事不做，那是怯懦。《礼记·聘义》：“有行之谓有义，有义之谓勇敢。故所贵于勇敢者，贵其能以立义也；所贵于立义者，贵其有行也；所贵于有行者，贵其行礼也。故所贵于勇敢者，贵其敢行礼义也。”

【译文】

夫子说：“不是自己的祖先而去祭祀，那是谄媚。遇到正义的事不做，那是怯懦。”

疏　　解

《为政》共二十四章，贯穿于各章的主题话语是“为政”。其中直接说“为政”的八章，间接涉及“为政”的十六章。这里所谓“间接”并不是用来文饰一种牵强提法的婉词，它可以从孔子的一段话得到确切的理解。“或谓孔子曰：‘子奚不为政？’子曰：‘《书》云：“孝乎惟孝，友于兄弟，施于有政。”是亦为政，奚其为为政？’”（第二十一章）孔子是在为自己的所骛做一种解释，也是在讲述他心目中的具有更广意趣的“为政”。

在他看来，把以“孝”“弟”等为务的教化“施于有政”（施用于政治），也就是“为政”（“是亦为政”）了。《论语》的编纂者们显然是依据孔子的这一思致辑录《为政》的章句的，所以，全篇除径直说到“为政”的章句外，其他诸章，无论“孟懿子问孝”“孟武伯问孝”“子游问孝”“子夏问孝”章，还是孔子谈及“君子”“异端”“温故而知新”“知之为知之”等的有关章句，都可以说是或近或远地环绕“为政”的。

“为政以德”（第一章）是《为政》的破题之语，也是孔子论政的枢纽所在。以“仁”德的修养为国家治理的契机和保障，这是把“为仁”视为“为政”的前提。对于孔子说来，修身以涵养仁德是天下所有人的本分，这用后来《大学》中的话说即是所谓“自天子以至于庶人，壹是皆以修身为本”，但“为政以德”所强调的毕竟在于当政者的德性修养。孔子以北辰比喻克己修德的在位者，其所喻示的“为政以德”的意趣主要在于以下两重：（1）处上位者修养德性会起一种表率作用，它可以带动自上而下的所有人由修身而自作匡正，这即是《论语·颜渊》所说的“子帅以正，孰敢不正”，或所谓“君子之德，风；小人之德，草”。（2）处上位者一旦在修身正己上下功夫了，天下国家自然会因为上行下效而治理得均平。如此“为政”，在上位者只须正己，无须累于任何政治事务，正可以说是《论语·卫灵公》所谓的那种“恭己正南面”的“无为而治”。

与“为政以德”重在劝诫当政者自身修养“仁”德相应，所谓“道之以德”重在指出当政者应对百姓做道德上的引导。孔子是由批评“道之以政，齐之以刑”引出他的“道之以德，齐之以礼”（第三章）的主张的；他以为，一味以强制性的政令督导人，以刑罚的手段使人们的行为整齐划一，其结果只会使百姓心存侥幸以设法避免受到惩处而变得不再有羞耻感，相反，以德性的教化引导人，以礼仪规范约束人们的行为，百姓则会因为耻于作奸犯科而自己匡正自己。从规谏当政者“为政以德”到主张对百姓“道之以德”，孔子心目中理想的政治是体现“仁”德的政治，这种期待中的政治是从“我欲仁，斯仁至矣”（《论语·述而》）的人生体验和信念推设出来的，这推设用后来孟子的话说，即是所谓“有不忍人之心，斯有不忍人之政”（《孟子·公孙丑上》）。孔子在世时还不曾使用“内圣”“外王”之类的术语，但由后儒所谓“内圣”“外王”表达的那种修德而治国的观念，实际上早就渗透在孔子论政的诸多说法中了。

季康子所问“使民敬、忠以劝，如之何”（第二十章）的问题，应是如何对百姓“道之以德”的问题，因为“敬”（恭敬）、“忠”（忠诚）、“劝”（勤勉）都属于“德”或德行的范畴。有趣的是，孔子在回答季康子时竟极自然地把这一问题关联到在位者当如何“为政以德”。“临之以庄，则敬；孝慈，则忠；举善而教不能，则劝”；百姓的“敬”“忠”“劝”由在位者的“庄”

“孝慈”“举善而教不能”引出来，而以“庄”“孝慈”“举善而教不能”为政，则恰是“为政以德”或以德为政。

哀公问孔子“何为则民服”（第十九章），孔子把问题具体化，从在位者如何举用人说起。“举直错诸枉，则民服；举枉错诸直，则民不服。”其所说“直”（正直）、“枉”（邪曲）出于“德”或德行的判断，“举直”或“举枉”遂成为举用哪一种德行的人的问题，而举用哪一种德行的人则又往往显现着举用者或在位者自身的德行。因此，“举”“错”之间是“德”的“直”“枉”，而所谓“民服”或“民不服”则终究在于民服其“德”或不服其“德”。换句话说，所谓民服乃在于服其“德”，而服民则当以“德”服之。

“人而无信，不知其可也”（第二十二章）的说法，可以一般地理解为对人的诚信之德的看重，然而，如果这里的“人”主要是指当政者其人，那么这一章就仍可以看作孔子就诚信这一德行对在位者所做的“为政以德”的告诫。“视其所以，观其所由，察其所安。人焉廋哉”章（第十章）及“子张学干禄”章（第十八章），似乎在“为政”问题上是孔子说的最具方法特征或赋有策略性的话，但即使如此，无论是前一章由关联着“所以”“所由”的“所安”所隐示的意味，还是在后一章由“言寡尤，行寡悔”所透出的期许，仍都在于对参与“为政”的人的“德”或德行的关注。至于“虽百世可知”章（第二十三章)，则是孔子从礼的历史传承的角度谈论“为政”。夏、商、周三代之“礼”在损益中的相因相续把一种前后相贯的“道”沿袭了下来，这“道”即是所谓“仁”道或“为仁”之道。“仁”道或“为仁”之道虽然只是在孔子这里才达到了自觉，但依儒家所笃信，它是可以上溯到尧舜的。就“仁者，人也”(《礼记·中庸》)而言，“仁”道或“为仁”之道是不可能存在于人的德行修养和与此密不可分的人的终极信念之外的，而在这一致道之途上的修养所得即是“仁”德或“为仁”之德。所以，由“十世可知”以至“百世可知”的礼的沿革看，“十世”以至“百世”之后的“为政”理应仍是以德为政或“为政以德”。

如前所说，以施教于政亦是为政而论，《为政》所辑录的孔子其他若干诲示，也都可以视为“为政”之谈。儒家重“孝弟”，亦重把孝悌“施于有政”，因此《为政》中那些孔子回答“问孝”的话尤其值得注意。“问孝”有四章，孔子的回答是逐章趋于深微的。对孟懿子问孝（第五章)，孔子只说到“无违”。“无违”是指不要违背当时人们都须遵循的“礼”，具体地说，就是父母在世时要按“礼”的规定去侍奉（“生，事之以礼”)，父母过世后要按“礼”的规定去安葬和祭祀（“死，葬之以礼，祭之以礼”)。“礼”是一种规范，依“礼”而行一旦只是以合于规范为满足，就有可能遗却“礼”中含有的“仁”之理而使礼的规范形式化。对孟武伯问孝（第六章)，孔子的回答深了一层，他说“父母唯其疾之忧”。一个人除开自己完全无可奈何的疾病外，在自己能够做得更好些的事情上，尤其是德性品操上，不再让父母为自己操心，他就可以称得上“孝”了。这样的“孝”显然比仅仅不违背礼仪规范那样的“孝”要更难些，但只是不让父母为自己的所作所为担心，还没有触到人子对父母应尽的心有所系的义务，“孝”行中也就少了一层回报或反哺的亲情。对子游问孝（第七章），孔子由“养”说到了“敬”。赡养父母是一个人的义务所在，“养”本身即体现一种反哺之情，但赡养父母毕竟不同于畜养犬马，如果对父母少了一份必要的敬意，那所养无论怎样优厚，也仍与“孝”道不相契合。于是，当子夏问孝时，孔子告诉他“色难”。单是“敬”是做不到和颜悦色的，除“敬”之外对父母须有一份惓惓之爱，有了这份爱，并时时处处涵养这份爱，才能在侍奉父母时真正做到神色和悦。“孝”是一种德，把孝“施于有政”，既意味着对于当政者来说的“为政以德”，也意味着对庶民百姓的“道之以德”。“孝慈，则忠”，乃是把孝“施于有政”时用于策勉当政者的；“其为人也孝弟而好犯上者，鲜矣”（《论语·学而》），则是在申说把孝“施于有政”时如何见效于庶民百姓。

同样是论“学”，辑于《学而》的“学而时习之”章更多是为着“劝学”的，而辑于《为政》的“学而不思则罔，思而不学则殆”章（第十五章），则多少带有把一种当取的“学”“思”

方式“施于有政”的意向。“攻乎异端，斯害也已”（第十六章），当孔子这样说时，他未必刻意要为“学”“思”划出某个禁区，就其初衷而言，指出“异端”（杂书、奇技）之“害”，不过是要警戒学人不可为奇技杂艺的小道所囿，以致误了对人说来至为重要的德性修养。一样的道理，“君子不器”（第十二章）是说有志之士应注重德性修养这一既可以“为己”而成“君子”，又可以“施于有政”以治理家国的大端，不要像一般器皿那样，局限于某一狭隘的功用。毋庸赘言，君子“先行其言而后从之”（第十三章），大致可以看作《学而》所谓“（君子）敏于事而慎于言”的另一种说法，只是后者可主要向着“劝学”做诠释，前者可主要向着“施于有政”做诠释。其实，君子理当学而有所施，在重践行的儒家人物这里，“学”与“施”原是密不可分的。

孔子从“诗三百”中所看到的是“思无邪”*（第二章），从

---

* “子曰：‘《诗》三百，一言以蔽之，曰“思无邪”’”章（第二章）辑于《为政》，似与“为政”之旨颇不相及。但以《中庸》所谓“为政在人，取人以身，修身以道，修道以仁”推绎，此章被置于“为政以德”章与“道之以德”章之间当非出于偶然。依《论语》纂集者对孔子致思的理解，“为政”终在于“为人”，而“为人”则在于“为仁”。“思无邪”的“《诗》三百”可使人在诗情陶冶中“修身以道，修道以仁”，将如此之修身、修道“施于有政”，对于治人者即可期以“为政以德”，对于治于人者则亦正是“道之以德”。孔子诵《诗》，对“迨天之未阴雨，彻彼桑土，绸缪牖户”（《诗·豳风·鸱鸮》）及“天生烝民，有物有则，民之秉彝，好是懿德”（《诗·大雅·烝民》）句，皆有“为此诗者，其知道乎”（见《孟子·公孙丑上》《孟子·告子上》）之叹，可见其对《诗》在诱诲人修身、修道以“为人”“为政”意趣上的看重。

颜回对师长之言的“不违，如愚”中察觉出的是“回也不愚”（第九章），他要求他的弟子以“知之为知之，不知为不知”为“知”（第十七章），他也教诲更多的人做“周而不比”的君子，而不要做“比而不周”的小人。《为政》中所辑录的孔子的这些言论都是就如何做人而发的，但蕴于其间的义理无一不可以“施于有政”。最可注意的是，孔子自述其一生问学、闻道过程的一段话，被《论语》的编纂者们辑入《为政》而不是其他任何一篇。也许，这并非纯粹出于偶然。诚然这段话是孔子年逾七十之后说出的，它可以确切地理解为儒家教化之创立者的以身示教或现身说法。从“十有五而志于学”到“三十而立”，“四十而不惑”，“五十而知天命”，“六十而耳顺”，以至于“七十而从心所欲不逾矩”，孔子做了儒家教化下的问学、修德、致道践履的范本。儒家之学直观地见证于孔子的生命；它在孔子这里生命化的过程，足以使后学最终得以悟知那在儒家经典中从不曾界说过的“君子”“仁人”，以至于“成人”“圣人”。这里展现的是“为人”或“为仁”之道，却也还是“为政”之道；从“为仁”到“为政”，对于儒家来说，其真谛乃在于把人之“为仁”之教“施于有政”。

八佾第三

(一)

孔子谓季氏[1]："八佾[2]舞于庭，是可忍[3]也，孰不可忍也?"

【注释】

[1] 季氏：季孙氏，可能是季孙意如，即季平子。鲁国大夫。

[2] 八佾（yì）：佾，舞蹈队列（有学人以"舞"或"舞蹈"释佾，可供参考）；八佾，八列，每佾八人。依周制，天子八佾，诸侯六佾，大夫四佾，士二佾。《左传·隐公五年》："九

月，考仲子之宫，将万焉。公问羽数于众仲，对曰：‘天子用八，诸侯用六，大夫四，士二。夫舞，所以节八音而行八风，故自八以下。’公从之。”（考宫，古时宗庙宫室落成，举行祭礼，称其为考宫。仲子，鲁惠公夫人，鲁桓公之母。万，舞名。羽，以雉之羽毛制成的舞具，这里指舞或舞的队列。）杜预曰：八佾六十四人，六佾三十六人，四佾十六人，二佾四人。今人杨伯峻《论语译注》依东汉经学家服虔注曰：“古代乐舞，以八人为一列，谓之一佾。”“古礼制，天子八佾，诸侯六佾，大夫四佾，士二佾。”班固《白虎通·礼乐》：“天子八佾，诸侯四佾，所以别尊卑。乐者，阳也。故以阴数，法八风、六律、四时也。八风、六律者，天气也。助天地成万物者也。亦犹乐所以顺气变化，万民成其性命也。故《春秋公羊传》曰：‘天子八佾，诸公六佾，诸侯四佾。’《诗传》曰：‘大夫、士琴瑟御。’佾者，列也。以八人为行列，八八六十四人也。诸公六六为行，诸侯四四为行。诸公谓三公二王后，大夫、士北面之臣，非专事子民者也，故但琴瑟而已。”（阴数，即下文“八风”“六律”“四时”之八、六、四。御，用。事，役使。但，只。）

［3］忍：忍心，残忍。这里是指季孙氏忍心僭用天子的礼仪，以八佾之舞设于自己的庭院。

【译文】

孔子评论季氏说：“他在自家的庭院设八佾之舞，僭用天子的礼仪，这样的事都可以忍心去做，还有什么事不可以忍心去做呢?”

(二)

三家[1]者以《雍》[2]彻[3]。子曰：“‘相维辟公，天子穆穆’[4]，奚取于三家之堂[5]?”

【注释】

[1] 三家：指当时把持鲁国朝政的三位大夫——仲孙氏、叔孙氏、季孙氏。

[2]《雍》：《诗·周颂》中的一篇，是周天子祭祀宗庙完毕撤去祭品时所唱的诗。

[3] 彻：通“撤”。《周礼·春官宗伯·乐师》：“诏及彻，帅学士而歌彻。”（帅，率。学士，指在国家设立的学校中读书的学生。）郑玄注：“彻者歌《雍》。”

[4]“相维辟公，天子穆穆”：《诗·周颂·雍》中的两句。意思是：助祭的诸侯恭敬侍立，行礼的天子神情肃穆。相，助，佑助，辅助。辟公，指诸侯。

[5] 奚取于三家之堂：《雍》诗中有“天子穆穆”的句子，用于大夫的家祭明显是一种僭越，所以孔子有“奚取于三家之堂”（怎么能取来用于三位大夫的祭堂）之问。

【译文】

仲孙、叔孙、季孙三家祭祀祖先结束时，竟然用天子的礼仪唱着《雍》诗撤去祭品。夫子说：“‘助祭的诸侯默然侍立，行礼的天子神情肃穆’，《雍》中的这两句诗怎么能取用于三位大夫的祭堂呢？”

（三）

子曰：“人而不仁，如礼何？人而不仁，如乐何？”[1]

【注释】

[1] 关联于上两章，此章所说显然是针对季孙氏及仲孙氏、叔孙氏对礼、乐的僭用的。“如礼何”，意思是说人心不仁，即使用了礼仪又能如何，又有什么意义呢？“如乐何”，解法同。《礼记·中庸》：“礼仪三百，威仪三千，待其人而后行。故曰：苟不至德，至道不凝焉。”（至德，盛德，至高的德行。凝，成。）《礼记·仲尼燕居》：“子曰：‘制度在礼，文为在礼，行之其在人乎。’”（文为，典章规定。）

【译文】

夫子说：“一个人要是不仁的话，礼对于他如何为礼？一个人要是不仁的话，乐对于他又如何为乐？”

(四)

林放[1]问礼之本[2]，子曰：“大哉问！礼，与其奢也，宁俭[3]；丧，与其易也，宁戚[4]。”

【注释】

[1] 林放：字子丘，鲁国人。是否孔子弟子，尚待考。

[2] 礼之本：礼的根本。

[3] 与其奢也，宁俭：与其奢侈靡费，宁可节俭朴陋。《论语·述而》：“子曰：‘奢则不孙，俭则固。与其不孙也，宁固。’”《大戴礼记·曾子立事》：“君子入人之国，不称其讳，不犯其禁，不服华色之服，不称惧惕之言。故曰：与其奢也，则俭；与其倨（jù）也，宁句。”（惧惕之言，令人恐惧惕慄之言。倨，傲慢。句，卑屈。）

[4] 与其易也，宁戚：与其铺张考究，不如悲情真切。易，治，指经心办理以至于过分考究。《礼记·檀弓上》：“子路曰：‘吾闻诸夫子：丧礼，与其哀不足而礼有余也，不若礼不足而哀有余也。祭礼，与其敬不足而礼有余也，不若礼不足而敬有余也。’”刘向《说苑·建本》：“（孔子曰：）处丧有礼矣，而哀

为本。”

【译文】

林放向夫子询问礼的根本。夫子说：“这个问题干系重大啊！礼仪，与其奢华靡费，宁可节俭朴陋；丧事，与其铺张考究，不如悲情真切。”

（五）

子曰：“夷狄[1]之有君，不如诸夏[2]之亡也。”

【注释】

［1］夷狄：古时对礼乐教化之外的民族的称谓。夷为东方诸部族，狄为北方诸部族。《尔雅·释地》：“九夷、八狄、七戎、六蛮，谓之四海。”郭璞注：“九夷在东，八狄在北，七戎在西，六蛮在南。”

［2］诸夏：周代分封的中原各诸侯国。《左传·闵公元年》：“诸夏亲暱（nì），不可弃也。”（亲暱，亲近，亲密。）

【译文】

夫子（感叹）说：“夷狄之地都有君长之尊，不像中国僭乱如此，反倒没有了上下之分。”

（六）

季氏旅[1]于泰山。子谓冉有[2]曰：“女弗能救[3]与？”对曰：“不能。”子曰：“呜呼！曾谓泰山不如林放乎[4]？”

【注释】

［1］旅：本作“祣”（lǚ），祭祀的一种。古时天子、诸侯祭祀山川谓之旅。《礼记·王制》：“天子祭天下名山大川，五岳视三公，四渎（dú）视诸侯。诸侯祭名山大川之在其地者。”（四渎，长江、黄河、淮河、济水的合称；渎，河流。）郑玄注：“鲁人祭泰山，晋人祭河是也。”

［2］冉有：姓冉，名求。孔子弟子。时为季孙氏家臣。《史记·仲尼弟子列传》：“冉求，字子有。少孔子二十九岁。为季氏宰。”

［3］救：劝谏，劝阻；挽回。

［4］曾谓泰山不如林放乎：难道泰山之神还不如林放懂得礼仪，竟会接受季氏僭礼的祭祀吗？曾，难道。泰山，这里指泰山之神。林放，即“林放问礼之本”章的那位鲁人林放。

【译文】

季氏将以天子或诸侯之礼去祭祀泰山，夫子对冉有说：“你不能劝阻他吗?”冉有回答说：“不能。”夫子感叹说：“哎呀!难道泰山之神还不如林放懂得礼仪，竟会接受季氏僭礼的祭祀吗?”

（七）

子曰：“君子无所争[1]，必也射[2]乎！揖让而升[3]，下而饮。其争也君子。”

【注释】

[1] 君子无所争：君子与人没有什么可争的。《论语·卫灵公》：“君子矜而不争。”《荀子·尧问》：“(周公旦曰:)君子力如牛，不与牛争力；走如马，不与马争走；知如士，不与士争知。”

[2] 射：这里指礼射，即射礼中的射箭比赛，详见《仪礼·大射仪》及《乡射礼》。

[3] 揖让而升：比赛双方作揖相让后再上赛场。揖让，依礼仪以相让。升，上，上场。

【译文】

夫子说：“君子与人无所可争，如果说有争的话，那一定是射箭了！但即使是射箭比赛，也是相互作揖相让之后再上场，射完箭，从场上退下，然后胜者向对方作揖请酒，不胜者饮酒示罚。那样的争才是君子之争。”

（八）

子夏问曰：“‘巧笑倩兮，美目盼兮，素以为绚兮。’[1]何谓也？”子曰：“绘事后素[2]。”曰：“礼后乎？”子曰：“起[3]予者商也！始可与言《诗》已矣。”

【注释】

［1］“巧笑倩兮，美目盼兮，素以为绚兮”：前两句见于《诗·卫风·硕人》，后一句不见于现存《诗》，或为逸诗。三句可译为：“甜美的笑容多么好看啊，漂亮的眼睛多么明澈啊，白的底色上绘了图画是何等的绚丽啊！”倩，俏丽。盼，黑白分明，喻目光明澈。

［2］绘事后素：先有白的底色，然后才可绘画。绘事，绘画之事。素，白，白的底色。

［3］起：发明，启发。

【译文】

子夏问夫子：“‘甜美的笑容多么好看啊，漂亮的眼睛多么明澈啊，白的底色上绘了图画是何等的绚丽啊！’——这诗句在说些什么?”夫子说：“绘画须得先有一个白的底色。”子夏说：“您是在说礼仪这种文饰后于人的质朴、真挚的性情吧?”夫子说：“商呀，你发明了我的意思而又启发了我，从现在开始可以同你讨论《诗》了。”

（九）

子曰：“夏礼吾能言之[1]，杞[2]不足征[3]也；殷礼吾能言之，宋[4]不足征也。文献[5]不足故也，足则吾能征之矣。”

【注释】

[1] 夏礼吾能言之：夏代的礼我可以断言其存在。言，这里似应以断言讲。后面所谓“殷礼吾能言之”，也应当做如此解。《论语·为政》：“子曰：‘殷因于夏礼，所损益可知也。周因于殷礼，所损益可知也。其或继周者，虽百世可知也。’”《礼记·礼运》：“孔子曰：‘我欲观夏道，是故之杞，而不足征也，吾得夏时焉。我欲观殷道，是故之宋，而不足征也，吾得坤乾焉。坤乾之义，夏时之等，吾以是观之。’”（坤乾，郑玄注：“殷阴阳之书也，其书存者有《归藏》。”夏时，夏代的历法，郑玄注：“夏四时之书也，其书存者有《小正》。”等，次序，

时序。）

［2］杞（qǐ）：春秋时的诸侯国，在今河南杞县一带。据说其为夏禹后裔的封国。

［3］征：证，证明。

［4］宋：春秋时的诸侯国，在今河南商丘一带。商汤后裔的封国。

［5］文献：文，文字典籍。献，贤达人物。

【译文】

夫子说："夏礼是存在的，这一点我可以断言，只是夏人后裔聚居的杞国已不足以证实了；殷礼是存在的，这一点我也可以断言，只是殷人后裔聚居的宋国已不足以证实了。这是由于文字资料（文）和了解夏礼、殷礼的贤者（献）不足的缘故，如果文献足，我就能证实我的推断。"

（十）

子曰："禘[1]自既灌[2]而往者，吾不欲观之矣。"

【注释】

［1］禘（dì）：古代天子祭祀祖先的一种典礼。周成王曾以

周公旦之功勋特许其设禘祭。此后鲁国国君沿袭禘祭，实际上已是僭礼。禘祭之初，鲁国君臣诚意未散，犹有可观，“既灌”之后神情懈怠，孔子遂有“吾不欲观之”之说。《礼记·王制》：“天子、诸侯宗庙之祭：春曰礿（yuè），夏曰禘，秋曰尝，冬曰烝（zhēng）。”

［2］灌：祭祀中的一个环节。以活人（称“尸”，通常为童男童女）代受祭者，第一次献酒于“尸”，使其闻到酒香。《礼记·郊特牲》：“周人尚臭（xiù），灌用鬯（chàng）臭，郁合鬯，臭阴达于渊泉。灌以圭璋，用玉气也。既灌然后迎牲，致阴气也。”（臭，气味。鬯，祭祀用的一种酒。郁，郁金香。郁合鬯，由鬯酒与郁金香之汁调和为一种香酒。圭璋，两种贵重的玉制礼器。牲，供祭祀用的全牛。）

【译文】

夫子说：“禘祭，从第一次向受祭者献酒往后，我就不想看下去了。”

（十一）

或问禘之说[1]，子曰：“不知也。知其说者之于天下也，其如示[2]诸斯乎！”指其掌。[3]

【注释】

［1］禘之说：禘祭的道理。

［2］示：通“置”，摆，放。

［3］（子）指其掌：可参看《礼记·仲尼燕居》与《礼记·中庸》。《礼记·仲尼燕居》：“子曰：‘明乎郊社之义，尝禘之礼，治国其如指诸掌而已乎。’”（尝禘，尝礼与禘礼；尝，秋祭宗庙先王。）《礼记·中庸》：“郊社之礼，所以事上帝也。宗庙之礼，所以祀乎其先也。明乎郊社之礼、禘尝之义，治国其如示诸掌乎！”

【译文】

有人向夫子问禘祭的道理。夫子说：“我不知道。懂得这种道理的人治理天下，就像把东西摆在这里一样容易啊！”夫子说着指了指自己的手掌。

（十二）

祭如在[1]，祭神如神在。子曰：“吾不与祭[2]，如不祭。”

【注释】

［1］祭如在：祭祀祖先时就像祖先真在自己的面前。这里的“祭”主要指祭祖，当与下句“祭神如神在”相应。《礼记·

玉藻》：“凡祭，容貌颜色，如见所祭者。”《礼记·祭义》：“祭之日，入室，僾（ài）然必有见乎其位（lì）。周还出户，肃然必有闻乎其容声。出户而听，忾（kài）然必有闻乎其叹息之声。”（僾然，仿佛，隐约。位，到，临。周还，周旋，古时行礼进退揖让的动作。肃然，恭敬的样子。容声，举止动作的声音。忾然，感慨的样子。）

［2］不与祭：不亲临祭祀，不亲历祭祀。与，参与。董仲舒《春秋繁露·祭义》：“孔子曰：‘吾不与祭，如不祭，祭神如神在。’重祭事如事生。故圣人于鬼神也，畏之而不敢欺也，信之而不独任，事之而不专恃。恃其公，报有德也；幸其不私，与人福也。”（独任，只是信任。专恃，一味仗恃。）

【译文】

夫子祭祀祖先就像祖先真的在自己面前，祭祀神灵就像神灵真的在自己面前。夫子说：“我若不是亲临祭祀而心在其中，那就如同不祭一样。”

（十三）

王孙贾[1]问曰：“‘与其媚于奥[2]，宁媚于灶[3]。’何谓也？”子曰：“不然。获罪于天，无所祷也[4]。”

【注释】

［1］王孙贾：卫国大夫。

［2］奥：居室的西南角，古人以为这是一家尊神所居之处。这里指奥神。

［3］灶：指灶神。灶神的地位虽低于一室之神的奥神，但直接掌控一家人的膳食，所以俗语有“与其媚于奥，宁媚于灶”之说。

［4］获罪于天，无所祷也：若是获罪于上天，那么在哪里祈祷都是没有用的。董仲舒《春秋繁露·郊语》有云：“天者百神之大君也。事天不备，虽百神犹无益也。何以言其然也？祭而地神者，《春秋》讥之。孔子曰：‘获罪于天，无所祷也。’是其法也。”显然这样引述孔子的话徒得其表，未解孔子深意。孔子所谓“获罪于天，无所祷也”之“天”，虽借传统信仰中的天而言，却是指可以天相喻的公义，与宋儒所谓“天理”相近。朱熹《四书集注·论语集注》云：“天，即理也；其尊无对，非奥灶之可比也。逆理，则获罪于天矣，岂媚于奥灶所能祷而免乎？言但当顺理，非特不当媚灶，亦不可媚于奥也。”可谓得此句之真解。

【译文】

王孙贾问夫子：“‘与其取媚于奥神，不如取媚于灶神’——俗语这么说是什么意思？”夫子说：“不对。若是（行不义而）

获罪于天，那么在哪里祈祷都是没有用的。”

（十四）

子曰：“周监于二代[1]，郁郁乎文哉[2]！吾从周[3]。”

【注释】

［1］周监于二代：周借鉴了夏、商两代。监，同“鉴”，借鉴。二代，指周之前的夏、商两代。

［2］郁郁乎文哉：礼乐之文何等繁盛啊。文，泛指礼乐教化。郁郁乎，文盛貌，形容礼乐的繁盛。

［3］从周：遵从周代的礼乐之制。从，遵从。《礼记·檀弓下》：“殷既封而吊，周反哭而吊。孔子曰：‘殷已悫（què），吾从周。’”（既封，将棺木下葬于墓中。反哭，安葬后，丧主捧神主归而哭。慤，朴实，谨慎。）《礼记·坊记》：“殷人吊于圹（kuàng），周人吊于家，示民不偝（bèi）也。子云：‘死，民之卒事也，吾从周。’”（圹，墓穴。示，教导。偝，背弃，背离。）

【译文】

夫子说：“周代借鉴夏、商两代，礼乐典章何等的繁盛啊！我愿遵从周代的礼乐之制。”

（十五）

子入太庙[1]，每事问。或曰："孰谓鄹[2]人之子知礼乎？入太庙，每事问[3]。"子闻之，曰："是礼也。"

【注释】

[1] 太庙：古时祭祀开国之君（"太祖"）的庙为太庙，鲁国太庙为周公庙。

[2] 鄹（zōu）：又作"陬"，鲁国地名，在今山东曲阜东南。孔子之父叔梁纥曾任陬邑大夫，所以人称孔子为"鄹人之子"。

[3] 每事问：言孔子的认真、谨慎。董仲舒《春秋繁露·郊事对》："孔子入太庙，每事问，慎之至也。"

【译文】

夫子进到太庙，每件事都询问。于是，有人说："谁说这个鄹人之子懂得礼呢？一进到太庙，每件事都问别人。"夫子听了后说："这才是礼啊。"

（十六）

子曰："射不主皮[1]，为力不同科[2]，古之道也。"

【注释】

[1] 射不主皮：这里的“射”指“礼射”，“射不主皮”指礼射不注重穿透做箭靶的皮，而只在乎是否射中。《仪礼·乡射礼》：“礼射不主皮。主皮之射者，胜者又射，不胜者降。”（礼射，在一定的礼节要求下，依乐声而射。主，注重，崇尚。）

[2] 力不同科：力气不在同一等级上。科，品级，类别。

【译文】

夫子说：“比试射箭不注重是否穿透做箭靶的皮，而注重是否射中，因为射手的力气大小不等，这是古时候的风尚。”

（十七）

子贡欲去告朔[1]之饩羊[2]。子曰：“赐也！尔爱其羊，我爱其礼。”

【注释】

[1] 告朔（shuò）：古时每年秋冬之交，天子把第二年的历书颁发给诸侯。诸侯将其藏于祖庙，每月朔日（初一）杀一活羊祭庙，然后视历书所云，依月令而行，此之谓“告朔”。依周礼，告朔须国君亲临祖庙。至孔子时，鲁国国君早已不亲往祖

庙参加告朔仪式，只是杀一只活羊以示礼仪。子贡以为不必为徒具形式的告朔杀羊，孔子则认为徒具形式也比连形式也不要要好些。《穀梁传·文公十六年》："天子告朔于诸侯，诸侯受乎祢（nǐ）庙，礼也。公四不视朔，公不臣也，以公为厌政以甚矣。"（祢庙，祖庙。公，指鲁文公。不臣，没有尽臣子的本分。）《蔡邕集·明堂月令论》："古者诸侯朝正于天子，受月令以归而藏诸庙中。天子藏之于明堂，每月告朔朝庙，出而行之。周室既衰，诸侯怠于礼。鲁文公废告朔而朝，仲尼讥之。"

［2］饩（xì）羊：祭祀用的活羊。

【译文】

子贡想撤去每月初一徒具形式的用于告朔的羊。夫子说："赐呀，你爱惜那只羊，我爱惜的是这告朔的礼啊！"

（十八）

子曰："事君尽礼[1]，人以为谄[2]也。"

【注释】

［1］尽礼：竭尽礼仪。

［2］谄：取媚，讨好。"事君尽礼，人以为谄"，显然是孔

子对鲁国的境况有感而发，以此叹礼仪观念在当时鲁国的淡漠或萎缩。刘向《说苑·敬慎》："孔子论《诗》至于《正月》之六章，戄（jué）然曰：'不逢时之君子，岂不殆哉！从上依世而废道，违上离俗则危身，世不与善，己独由之，则曰非妖则孽也。'"（戄然，惊叹的样子。不与善，不赞赏善，不崇尚善。）

【译文】

夫子说："完全依礼仪的要求去侍奉君主，有人反以为这是在向在位者取媚讨好。"

（十九）

定公[1]问："君使臣，臣事君，如之何？"孔子对曰："君使臣以礼[2]，臣事君以忠。"

【注释】

［1］定公：即鲁定公。姓姬，名宋。公元前509年至前495年在位。

［2］君使臣以礼：君主应该依据礼仪遣用臣子。使，遣用。《晏子春秋·杂上》："晏子侍于景公，朝寒。公曰：'请进暖食。'晏子对曰：'非君奉馈（kuì）之臣也，敢辞。'公曰：'请

进服裘。’对曰：‘婴，非君茵席之臣也，敢辞。’公曰：‘然夫子于寡人何为者也？’对曰：‘婴，社稷之臣也。’公曰：‘何谓社稷之臣？’对曰：‘夫社稷之臣，能立社稷；别上下之义，使当其理；制百官之序，使得其宜；作为辞令，可分布于四方。’自是之后，君不以礼不见晏子。”（奉馈，伺候人进食；馈，同“馈”，进食于人。茵席，褥垫，草席。）

【译文】

鲁定公问：“君主遣用臣子，臣子侍奉君主，各应该怎么做？”孔子回答他说：“君主应该依据礼仪遣用臣子，臣子应该尽其忠心侍奉君主。”

（二十）

子曰：“《关雎》[1]，乐而不淫[2]，哀而不伤。”

【注释】

［1］《关雎》：《诗·周南》篇名，为《国风》第一篇，也是《诗》之全书的首篇。

［2］乐而不淫：悦乐而不放荡。淫，过分，有失节制。《毛诗序》：“发乎情，止乎礼义。发乎情，民之性也；止乎礼义，

先王之泽也。”《荀子·大略》：“《国风》之好色也，《传》曰：‘盈其欲而不愆（qiān）其止，其诚可比于金石，其声可内于宗庙。’”（盈，满足。愆，超过。止，止境，界限；指礼的界限。内，通“纳”。）

【译文】

夫子说：“《关雎》这首诗，悦乐而不放荡，忧念而不伤感。”

（二十一）

哀公问社[1]于宰我[2]。宰我对曰：“夏后氏以松，殷人以柏，周人以栗，曰：使民战栗[3]。”子闻之，曰：“成事不说，遂事不谏，既往不咎[4]。”

【注释】

［1］社：土地神。这里指祭祀时为土地神设立的木制牌位。《淮南子·齐俗训》：“有虞氏之祀，其社用土”；“夏后氏，其社用松”；“殷人之礼，其社用石”；“周人之礼，其社用栗”。

［2］宰我：姓宰，名予。孔子弟子。《史记·仲尼弟子列传》：“宰予，字子我。利口辩辞。”

［3］夏后氏以松，殷人以柏，周人以栗，曰：使民战栗：

这里所说与班固《白虎通·宗庙》所引略异，其曰："《论语》云：'哀公问主于宰我，宰我对曰："夏后氏以松，松者，所以自竦（sǒng）动。殷人以柏，柏者，所以自迫促。周人以栗，栗者，所以自战栗。"'"（竦动，恐惧，震惊；竦，同"悚"。迫促，逼迫，督促。）

［4］成事不说，遂事不谏，既往不咎："成事""遂事""既往"语义相近，皆指已经完成或已成过去的事；"说""谏"，甚至"咎"也都语义相近，皆有提说或追究之义。诚如朱熹《四书集注·论语集注》所云："孔子以宰我所对，非立社之本意，又启时君杀伐之心，而其言已出，不可复救，故历言此以深责之，欲使谨其后也。"（启，引发。时君，当时的君主。杀伐，杀戮。历，尽。）

【译文】

鲁哀公问宰我，土地神的神主（牌位）该用什么木。宰我回答说："夏代用松木，商代用柏木，周代用栗木，用栗木的意思是：使百姓战战栗栗。"夫子听到这些话后说："已经做了的事无须提起，业已做成的事无从挽回，既成过去的事就不必再追究了。"

（二十二）

子曰："管仲[1]之器小哉！"或曰："管仲俭乎？"曰："管氏

有三归[2]，官事不摄[3]，焉得俭?”“然则管仲知礼乎?”曰：“邦君树塞门[4]，管氏亦树塞门；邦君为两君之好，有反坫，管氏亦有反坫[5]。管氏而知礼，孰不知礼?”

【注释】

[1] 管仲：姓管，名夷吾。春秋时齐国人，曾为齐桓公相，助桓公称霸于诸侯。

[2] 三归：娶三姓女子；女子以嫁为归。这里指有三处府第可归。《韩非子·外储说左下》：“管仲相齐，曰：‘臣贵矣，然而臣贫。’桓公曰：‘使子有三归之家。’……”

[3] 官事不摄：手下官员一人一事，没有兼职者。摄，兼职，兼任。

[4] 树塞（sè）门：设立影壁，亦即在大门内设立屏蔽之墙。

[5] 反坫（diàn）：反爵之坫，置放酒器的土台。古时两国君主相会，主方设宴，斟酒进于宾方，宾方受其爵，饮罢将爵置于坫上，谓之反爵。《礼记·郊特牲》：“台门而旅树，反坫，绣黼（fǔ）丹朱中衣，大夫之僭礼也。”（台门，高贵的门第。旅树，当门道立屏。绣黼，绣有黑白相间斧形图案的服饰。中衣，内衣。僭礼，越礼。）

【译文】

夫子说：“管仲的器量小啊！”有人问：“管仲节俭吗?”夫

子说："管仲有三处府第，手下官员一人一事，没有兼职的人，哪里称得上节俭呢？"于是那人又问："那么，管仲懂得礼吗？"夫子说："国君在大门内立影壁，管仲也在大门内立影壁；国君接待别国国君为了表示庄重和友好，在堂上设置了反爵的坫，管仲也设置了这样的反坫。要说管仲懂得礼仪，那还有谁不懂得礼呢？"

（二十三）

子语鲁大师[1]乐，曰："乐其可知也：始作，翕[2]如也；从[3]之，纯[4]如也，皦[5]如也，绎[6]如也，以成。"

【注释】

[1] 大师：即太师，乐官之长。

[2] 翕（xī）：合。句中"翕如"通常以"盛貌"解，但"翕"有收敛义，与下文"从之"相关联，似可解为盛大而含蓄貌。

[3] 从（zòng）：放纵，展开。

[4] 纯：和谐，纯一不杂。

[5] 皦（jiǎo）：清浊分明。

[6] 绎：络绎不绝，连续不断。

【译文】

夫子为鲁国的太师讲述音乐的演奏，他说：“乐曲演奏的过程是可以辨识的：开始时诸乐合奏，盛大而含蓄；接着乐声展开，音调和谐而纯一不杂，音节响亮而清浊分明，音响酣畅而绵绵不绝，这样，直到曲终。”

（二十四）

仪封人[1]请见，曰：“君子之至于斯也，吾未尝不得见也。”从者见之。出，曰：“二三子，何患于丧[2]乎？天下之无道也久矣，天将以夫子为木铎[3]。”

【注释】

[1] 仪封人：仪，卫国地名。封人，古官名；地官司徒的属官，春秋时为典守疆界的官员。

[2] 丧：这里指孔子失去鲁国司寇的官职。

[3] 木铎：一种以木为舌的铜铃。古时宣示政教法令，以摇动木铎召集人们。这里以木铎比喻孔子为上天差遣来向天下人宣明政教的圣贤。

【译文】

卫国仪地典守疆界的官员请求拜见夫子，说：“凡是有德行的君子来到这里，我从没有不会见的。”随侍夫子的弟子带他去见了夫子。出来后，他对夫子的弟子们说：“各位何必为夫子失去职位而忧虑呢？天下无道已经很久了，上天是要以夫子为木铎，让他传道布教于天下啊！”

（二十五）

子谓《韶》[1]：“尽美矣，又尽善也。”谓《武》[2]：“尽美矣，未尽善也。”

【注释】

［1］《韶》：传说为舜时的乐曲。舜的天子之位由尧禅让而来，《韶》乐与当时的天下治理相应，孔子赞其“尽美”而“又尽善”。孔子赞《韶》乐，又见《述而》与《卫灵公》。《论语·述而》：“子在齐闻《韶》，三月不知肉味。曰：‘不图为乐之至于斯也！’”《论语·卫灵公》：“颜渊问为邦，子曰：‘行夏之时，乘殷之辂（lù），服周之冕，乐则《韶》舞。’”

［2］《武》：传说为周武王时的乐曲。武王伐纣救民，有德于天下，但以征诛得天下毕竟不如舜以揖逊有天下，其乐虽已“尽美”，但在孔子看来终究尚“未尽善”。

【译文】

夫子评价《韶》乐说："十分的美了，也十分的善了。"评价《武》乐说："十分的美了，还够不上十分的善。"

(二十六)

子曰："居上不宽[1]，为礼不敬[2]，临丧不哀[3]，吾何以观之[4]哉?"

【注释】

[1] 居上不宽：居于上位而不能宽以待人。孔子主张在上者宽，还可见于《阳货》,《尧曰》"宽则得众"章。

[2] 为礼不敬：践行礼仪而不严肃恭敬。"礼"与"敬"的关系,《左传·僖公十一年》记有"礼，国之干也；敬，礼之舆也"之说,《左传·成公十三年》记有"礼，身之干也；敬，身之基也"之说，又记有"君子勤礼，小人尽力；勤礼莫如致敬，尽力莫如敦笃"(敦笃，敦厚笃实)之说。

[3] 临丧不哀：遭遇丧事而无哀戚之情。依礼，"临丧则必有哀色"(《礼记·曲礼上》)。

[4] 吾何以观之：这里的"观"有认识、看待之义。可参看《大戴礼记·曾子立事》，其云"临事而不敬，居丧而不哀，

祭祀而不畏，朝廷而不恭，则吾无由知之矣”。

【译文】

夫子说：“处于上位不能宽以待人，践行礼仪不能恭敬严肃，遭遇丧事而没有哀戚之情，一个人若是这样，那让我怎么看待他呢?”

疏　解

《八佾》所辑二十六章，除“子语鲁大师乐”（第二十三章）、“子谓《韶》”（第二十五章）二章由“礼”而说“乐”外，其他各章的话题都辐辏于“礼”。孔门崇“礼”，以至于儒家所推重的教化被称为礼教，儒家所主张的社会治理方式被称为礼治。

“礼”的最初发生，可能连着人神关系的根荄，如《说文》所解：“礼，履也，所以事神致福也。”从殷墟出土的甲骨卜辞可知，至少在殷商时期，古中国人已经有了相当确定的“帝”崇拜意识。“帝”是当时人们信奉的至上神，“帝”字的写法在甲骨文中也已大体定型。清人吴大澂曾考辨“帝”字的原始意趣说：帝，“象花蒂之形”，“蒂落而成果，即草木之所由生，枝叶之所由发。生物之始，与天合德，故帝足以配天”（吴大澂：

《字说·帝字说》)。这是对先民们的“帝”崇拜这一千古之谜的一语道破。“帝”由神化花蒂而来，花蒂却又是植物结果、生籽以繁衍后代的生机所在，因此，“帝”崇拜，说到底是一种生命崇拜。然而，生命崇拜又必致祖先崇拜；人由天地而生，又由祖先而出，生命崇拜有可能使先民们在意识的深层把敬“帝”和尊祖贯通起来。正因为这样，“礼”从一开始就既同神灵崇祀关联着，也同人的血缘宗法秩序结下了不解之缘。

中国文化可追溯的夏、商、周三世，是由治理家族推而治理“天下”的时代，依“礼”确定人的身份地位以获得一种人伦秩序，使其制度化，遂有了所谓“礼治”。《八佾》所辑“夏礼吾能言之”章（第九章)、“周监于二代”章（第十四章)，乃是孔子对“礼”和“礼治”沿革所做的一种富于历史感的陈述。这陈述立足于“郁郁乎文”的周礼，以周对夏、商社会治制的损益和借鉴逆推“殷礼”以至于“夏礼”的存在，虽然由于“文献不足”而难以确切说出夏礼和殷礼的原委，但孔子对其曾经发生作用于夏、商两代仍给予了断然的肯定。

孔子是赞赏周礼的，这使他对礼在晚周的蜕变痛心疾首。礼的仪文、仪式或仪号、仪章并没有失落，但当仪文、仪式、仪号、仪章流为一种缘饰或被越位越分者僭用时，礼也就失去了原来的意义而被败坏了。《八佾》中，“八佾舞于庭”章（第一章)、“三家者以《雍》彻”章（第二章)、“季氏旅于泰山”

章（第六章），孔子的“是可忍也，孰不可忍也”“奚取于三家之堂”“曾谓泰山不如林放乎”之叹，是就鲁国权臣季孙氏或季孙、仲孙、叔孙三家的僭礼行为而发的；“禘自既灌而往者，吾不欲观之矣”章（第十章）、“或问禘之说”章（第十一章），孔子的“吾不欲观之”之说及以“不知也”对禘祭之问的回答，则隐含了对僭礼而为的鲁国国君、鲁国公室的婉转规劝；“管氏而知礼，孰不知礼”章（第二十二章），孔子以“器小哉”品题管仲，这当然不是对管仲其人的整全评价，他检讨这个辅佐了春秋时代第一位霸主的齐国名臣，指责其“有三归”“官事不摄”“树塞门”“有反坫”，只是出于对“礼”的毫无苟且的信守和对僭礼、渎礼行为的毫不含糊的贬斥。至于“夷狄之有君，不如诸夏之亡也”（第五章）、“事君尽礼，人以为谄也”（第十八章），诚然可以视为孔子对“礼坏”之后无常治道的讽谏之词，而所谓“尔爱其羊，我爱其礼”（第十七章），也正是要借着业已简慢以至徒有其表的仪式留住对“礼”的历史记忆。孔子绝不是那种局守于既有之礼而不知变通的人，他对于僭礼、渎礼情形的忧心忡忡，乃在于他从这里窥见了人——尤其是那些地位显赫的人——不再受礼仪节制的贪欲、权势欲的放纵和膨胀。

孔子没有为“礼”下过定义，甚至也没有像后来的儒者们那样措意对礼的性质或功用予以解释或说明，如《左传》所谓

“礼，经国家，定社稷，序民人，利后嗣者也”，或如《礼记·曲礼》所谓“夫礼者，所以定亲疏，决嫌疑，别同异，明是非也”。但对于“礼”，孔子有亲切的体证，他也以自身或他人对礼的践行状况引导人们领会何谓礼，何谓非礼。季氏“八佾舞于庭”，季氏等三家“以《雍》彻”，“季氏旅于泰山”，鲁国公室的禘祭，管仲“树塞门”“有反坫”等，固然都属于孔子以实例相告的僭礼或非礼，而他却还以古时的射礼为例启示人们体悟“礼”的真趣。“君子无所争，必也射乎！揖让而升，下而饮。其争也君子”（第七章），这段话并未直接说出“礼”来，但从孔子描述的比射实例人们可以悟出：“礼”首先意味着“无所争”；其次，即使有“争”，也只是礼射那样的比试射箭之“争”；这样的“争”，有体现于“揖让”等仪式的君子风度。同样，所谓“射不主皮，为力不同科，古之道也”（第十六章），孔子也没有直接说出“礼”来，但对“力不同科”的强调，显然是要向人们指出“礼”对“力”的约束，而同对“力”的约束关联着的，则是对争斗的制约，对追逐权位名利的欲望的节制。“礼”是一种躬行，是一种践履，真正“知礼”只有在践行中才有可能。“子入太庙，每事问”，于是便有人说“孰谓鄹人之子知礼乎？入太庙，每事问”。孔子听了这样的话后没有做任何分辩，反倒是顺着那人由“每事问”对“知礼”的质疑说了一句：“是礼也”（第十五章）。这个巧妙的回答是机智的，却更是含蓄而切近“礼”的缘起的。依孔子的意思，“每事问”本身即是对“礼”的践行，因为“每事问”的行为体现了谨慎和谦让，而谨慎、谦让又恰是“礼”的初始旨趣所在——这与后来孟子的一个说法相通，那说法是：“辞让之心，礼之端也”（《孟子·公孙丑上》）。

在相对于“文质彬彬”所谓“质”的意义上，“礼”在孔子这里显然属于“文”的范畴。孔子所说“质胜文则野，文胜质则史。文质彬彬，然后君子”（《论语·雍也》），是对“文”和“质”的关系的一种讲法，这讲法在后面疏解《雍也》时自当从容理会，而在《论语》所辑的孔子话语中对于“文”和“质”的关系还有另一种讲法，这另一种讲法即是所谓“绘事后素”（第八章）。这是一次典型的“近取譬”（《论语·雍也》）式的对话：子夏向孔子请教诗句“巧笑倩兮，美目盼兮，素以为绚兮”的意趣，孔子回答他说：“绘事后素。”子夏若有所悟，以“礼后乎”的探询口吻对孔子的点拨做出推测，孔子遂又以“起予者商也！始可与言《诗》已矣”这样的似乎并非直接答问的话对子夏的推测给予了肯定。显然，在全部的对话中，“礼后”是一个确切的判断，“礼”后于什么虽没有径直说明，却可以从“绘事后素”这个比喻中获得答案：“素”与“朴”相通，而“朴”又与“质”相通，因此，由“绘”后于“素”可推知的乃是“礼”后于“质”。“礼”的生机在于“质”的真切，没有了质朴、真切的人的性情，礼仪就可能沦为徒有其表的形式，不再有真实的价值可言。鲁国人林放求问“礼之本”（礼的根本），孔子回答他说：“礼，与其奢也，宁俭；丧，与其易也，宁戚”（第四章）。这里，“奢”“易”所指的都是仪文、仪式的铺张或考究，而“宁俭”即是宁可返回生命的质朴，“宁戚”则是宁可守住情之哀怛的真切。

《八佾》所辑“祭如在，祭神如神在”句（第十二章），可能是孔门弟子对孔子临祭时的举止、神情的描绘，与之相应，孔子又有“吾不与祭，如不祭”之说。“如在”“如神在”的措辞是微妙的，如此措辞意味着孔子和孔门弟子已不再固守传统的鬼神观念，不再执着于鬼神的实体性存在。但传统中那种对鬼神的敬畏、尊重之情被真诚地保留下来了，只是这敬畏、尊重之情不再归落于“致福”（求取福祉）的期待，而是更大程度地凝注于德性境界的陶养。把祭仪以至所有仪节中体现的“礼”关联于人的质朴、真切的性情，由“礼”对人的欲望的节制引导人们修养所谓“为己”之德，这是孔子对殷周以来根深蒂固的“礼”意识所做的富于时代变革意义的扭转。

与改变了内涵的“礼”意识相应，孔子心目中的“天”已不再是传统意义上的掌控人间祸福的至上神，而是称“天”而谈的某种至高的道义或公义。所以，当卫国大夫以流行已久的俗语“与其媚于奥，宁媚于灶”试探孔子的处世态度时，孔子回答他说："不然。获罪于天，无所祷也"（第十三章）。"天"在这里虽有周人信仰中的至上神——与殷人信仰中的"帝"相当——的背景，但已可以说是公义的化身。这公义的"天"与后来宋儒所谓的"天理"相近。汉儒曾以"天者百神之大君也。事天不备，虽百神犹无益也"（董仲舒：《春秋繁露·郊语》）解"获罪于天"句，显然还囿于天人关系中的祸福利害权衡，相比之下，朱熹所注可谓深得孔子之言的要领。他说："天，即理也；其尊无对，非奥灶之可比也。逆理，则获罪于天矣，岂媚于奥灶所能祷而免乎？"（朱熹：《四书集注·论语集注》卷二）其实，媚神者无论"媚于灶"，还是"媚于奥"，抑或媚于"天"，其所以取媚于神都是因着于"利"有所图，而孔子由"礼"要一再申说的却只在于"义"。

对于孔子来说，"礼"不在他的一以贯之的道的究竟处，与"礼"相比，更根本的是发于人的性情而可望提升到"圣"的境地的德性之"仁"。因此，目睹"礼坏乐崩"之颓势，孔子遂有"人而不仁，如礼何？人而不仁，如乐何"（第三章）的感喟。然而，何谓"仁"？它同"道""义"有着怎样的关联？这问题把我们引向对《论语》之《里仁》的注意。

里仁第四

（一）

子曰："里仁[1]为美。择不处仁[2]，焉得知？"

【注释】

［1］里仁：以仁为住所。里，住所，居住。《孟子·公孙丑上》："孔子曰：'里仁为美。择不处仁，焉得智？'夫仁，天之尊爵也，人之安宅也。"《荀子·大略》："仁有里，义有门。仁，非其里而处之，非仁也；义，非其门而由之，非义也。"

［2］处（chǔ）仁：处于仁，以仁为栖身之处。处，居住，

处所。

【译文】

夫子说："人能以仁为住所，那才称得上美。如果选择栖身之处不选择仁，哪能算得上明智呢？"

(二)

子曰："不仁者不可以久处约[1]，不可以长处乐[2]。仁者安仁[3]，知者利仁[4]。"

【注释】

[1] 久处约：长久地处于贫困。约，贫困。《孟子·梁惠王上》："无恒产而有恒心者，惟士为能。若民，则无恒产，因无恒心。苟无恒心，放辟邪侈，无不为已。"（因，于是，就。苟，如果。放辟邪侈，肆意为非作歹；辟，邪僻；侈，胡作非为。）

[2] 长处乐：长久地处于安乐。《礼记·坊记》："子云：'小人贫斯约，富斯骄；约斯盗，骄斯乱。'"（斯，就，就会。约，穷困。）

[3] 安仁：安居于仁，安守仁德。

［4］利仁：利于行仁。《礼记·中庸》："或安而行之，或利而行之，或勉强而行之，及其成功一也。"《礼记·表记》："子曰：'仁有三，与仁同功而异情。与仁同功，其仁未可知也；与仁同过，然后其仁可知也。仁者安仁，知者利仁，畏罪者强仁。'"（强仁，勉强行仁。）

【译文】

夫子说："没有仁德的人不能长久地处于穷困之境，也不能长久地处于安乐之境。有仁德的人能安守仁德，人有了懂得仁的道理的那种智慧则有利于履行仁德。"

（三）

子曰："唯仁者[1]能好人，能恶人[2]。"

【注释】

［1］仁者：恪守仁德的人。

［2］能好人，能恶人：能依据一个公正的标准喜爱某个人，厌恶某个人。《论语·子路》："子贡问曰：'乡人皆好之，何如？'子曰：'未可也。''乡人皆恶之，何如？'子曰：'未可也。不如乡人之善者好之，其不善者恶之。'"《论语·卫灵公》："子

曰：‘众恶之，必察焉；众好之，必察焉。’”《礼记·缁衣》：“子曰：‘唯君子能好其正，小人毒其正。故君子之朋友有乡，其恶有方。’”（毒，危害。乡，辈类。方，品类，类别。）

【译文】

夫子说：“只有恪守仁德的人，才能（出于公心）喜爱某个人，才能（出于公心）厌恶某个人。”

(四)

子曰：“苟志于仁[1]矣，无恶[2]也。”

【注释】

[1] 苟志于仁：如果有志于仁德的修养。苟，如果。

[2] 无恶：可有两解：(1) 宅心仁厚的人无所不可包容，不会厌弃那些有恶行的人；(2) 一个有志于仁德修养的人，可能会有过错，但不会有恶行。前解迂曲，不如后解亲切。

【译文】

夫子说：“如果（一个人）有志于修养仁德，（他）就不至于有恶行。”

（五）

子曰："富与贵，是人之所欲也，不以其道得之，不处也。贫与贱，是人之所恶也，不以其道得之，不去也[1]。君子去仁，恶乎成名[2]？君子无终食之间违仁[3]，造次必于是，颠沛必于是[4]。"

【注释】

[1] 贫与贱，是人之所恶也，不以其道得之，不去也：此处"得之"或是"去之"之误。《大戴礼记·曾子制言上》："夫有耻之士；富而不以道，则耻之；贫而不以道，则耻之。""富以苟，不如贫以誉；生以辱，不如死以荣。"（以，而。苟，苟且。誉，美誉。）王充《论衡·问孔》："孔子曰：'富与贵，是人之所欲也，不以其道得之，不处也；贫与贱，是人之所恶也，不以其道得之，不去也。'此言人当由道义得，不当苟取也；当守节安贫，不当妄去也。"（妄，不法，非分。）

[2] 君子去仁，恶乎成名：君子如果没有了仁的德性，哪里还当得起君子之名？

[3] 君子无终食之间违仁：君子不会背离仁德，哪怕是吃一顿饭的工夫。终食之间，吃一顿饭的时间。违，背离，离开。

［4］造次必于是，颠沛必于是：即使是在仓猝、紧迫时刻或困顿、受挫时刻，也一定要在仁德修养上下功夫。造次，仓猝、匆忙。颠沛，困顿、挫折。《荀子·大略》："君子隘穷而不失，劳倦而不苟，临患难而不忘细（yīn）席之言。岁不寒无以知松柏，事不难无以知君子。无日不在是。"（隘穷，为贫穷所迫；隘，穷困，窘迫。不失，指不失其德操。不苟，不苟且。细席之言，平时说的话；细席，褥垫。无日，无时。）

【译文】

夫子说："富与贵，是人人都想得到的，不以正当途径求得，不可享有它。贫与贱，是人人都厌弃的，不能以正当途径摆脱，宁可安守它。君子如果没有了仁的德行，哪里还当得起君子之名？君子是不会背离仁德的，哪怕是吃一顿饭的工夫；作为君子，就是在仓猝、紧迫的时刻也必须存心于仁，在困顿、挫折的时候也必须存心于仁。"

（六）

子曰："我未见好仁者、恶不仁者[1]。好仁者，无以尚之[2]；恶不仁者，其为仁矣，不使不仁者加乎其身[3]。有能一日用其力于仁矣乎？我未见力不足者。盖有之矣，我未之见也。"

【注释】

[1] 我未见好仁者、恶不仁者：我不曾见到喜好仁、厌恶不仁的人。《礼记·表记》：“子曰：‘无欲而好仁者，无畏而恶不仁者，天下一人而已矣。’”郑玄注：“一人而已，喻少也。”

[2] 好仁者，无以尚之：喜好仁的人，会把仁看得没有什么可以胜过它。尚，胜过，超过。

[3] 不使不仁者加乎其身：不让那些不仁的东西沾染自身。

【译文】

夫子说：“我不曾见到爱好仁、厌恶不仁的人。爱好仁的人，会把仁看得胜过一切；厌恶不仁的人会修养仁德，不让那些不仁的东西沾染自己。有谁能在某一天把自己的力量都用到仁德修养上去呢？我没有见过这样做时力量不足的人。大概这样的人是有的吧，只是我从不曾见到过。”

（七）

子曰：“人之过也，各于其党[1]。观过，斯知仁[2]矣。”

【注释】

[1] 各于其党：各有其类。党，类。

［2］观过，斯知仁：观察一个人的过失即可知道其仁德如何。《礼记·表记》："与仁同过，然后其仁可知也。"《汉书·外戚传·孝昭上官皇后传》："子路丧姊，期而不除，孔子非之。子路曰：'由不幸，寡兄弟，不忍除之。'故曰：观过知仁。"（期而不除，守孝期满而没有去丧服；除，古时守孝期满去丧服谓之"除"。）

【译文】

夫子说："人的过错，各有其类。只要看他的过失在哪里，就知道他的仁德修养如何了。"

（八）

子曰："朝闻道[1]，夕死[2]可矣！"

【注释】

［1］道：这里所谓"道"是孔子学说的核心范畴，它指示一种"形而上者"，这形而上者在"仁"的价值取向上。《周易·系辞上》："形而上者谓之道，形而下者谓之器。"《论语·述而》："子曰：'志于道，据于德，依于仁，游于艺。'"《孟子·离娄上》："孔子曰：'道二，仁与不仁而已矣。'"

［2］夕死：从“朝闻”“夕死”的措辞可以看出，孔子是把“闻道”看得比自己的生命还要重要的。换句话说，对于孔子而言，生命的意义只在于“闻道”。

【译文】

夫子说：“若是早晨悟到了道，就是傍晚死去也值得了。”

（九）

子曰：“士志于道，而耻恶衣恶食[1]者，未足与议[2]也。”

【注释】

［1］耻恶衣恶食：以粗陋的衣食为耻。恶衣，破旧的衣服。恶食，粗劣的食物。立志于道的人不会以衣食的粗陋为耻，相反，以粗陋的衣食为耻的人绝非以道为担当的人。《论语·子罕》：“衣敝缊袍，与衣狐貉者立，而不耻者，其由也与？”《孟子·告子上》：“《诗》云：‘既醉以酒，既饱以德。’言饱乎仁义也，所以不愿人之膏粱之味也；令闻广誉施于身，所以不愿人之文绣也。”（膏，肥肉。粱，细粮。令闻，美好的声望。广誉，众多的荣誉。文绣，指刺绣华美的衣裳。）

［2］未足与议：不值得与其谈论。足，配，值得。

【译文】

夫子说："一个被称作士的人，有志于道，却又以吃粗陋的食物、穿破旧的衣服为耻，那就不值得同他谈学论道了。"

（十）

子曰："君子之于天下也，无适[1]也，无莫[2]也，义之与比[3]。"

【注释】

[1] 无适：无可。适，是，可。

[2] 无莫：无不可。莫，不肯，不可。

[3] 义之与比：唯义是从。比，从，顺从；接近，亲近。《论语·微子》："逸民：伯夷、叔齐、虞仲、夷逸、朱张、柳下惠、少连。子曰：'……我则异于是，无可无不可。'"《孟子·公孙丑上》："可以仕则仕，可以止则止，可以久则久，可以速则速，孔子也。"《孟子·离娄下》："孟子曰：'大人者，言不必信，行不必果，惟义所在。'"（必，期，预期。信，相信，这里指为他人所相信。）

【译文】

夫子说："君子对于天下之事，没有一定要肯定的，也没有一定要否定的，一切唯道义是从。”

（十一）

子曰：“君子怀德[1]，小人怀土[2]；君子怀刑[3]，小人怀惠[4]。”

【注释】

[1] 怀德：眷念于德行。怀，关怀，眷念。

[2] 怀土：眷念于乡土。《论语·宪问》：“子曰：‘士而怀居，不足以为士矣。’”

[3] 怀刑：眷念于法度。《后汉书·李固传》：“孔子曰：‘智者见变思刑，愚者睹（dǔ）怪讳名。’”（变，变异。睹，看见。讳名，避称其名。）

[4] 怀惠：眷念于实惠。惠，恩惠，好处。

【译文】

夫子说：“君子所念在于德行，小人所念在于乡土；君子所念在于法度，小人所念在于实惠。”

（十二）

子曰：“放于利而行[1]，多怨[2]。”

【注释】

[1] 放（fǎng）于利而行：依照利益原则而行。放，仿，仿照，依照。《国语·周语上》："（芮良夫曰：）夫利，百物之所生也，天地之所载也，而或专之，其害多矣。天地百物皆将取焉，胡可专也？"（载，成。专，独享，独占。取，取用。）《吕氏春秋·慎行论·无义》："义者，百事之始也，万利之本也，中智之所不及也。不及则不知，不知则趋利，趋利固不可必也……以义动，则无旷事矣。"（始，首。必，断定。旷，荒废。）

[2] 怨：此"怨"既可解为依利而行会引起他人怨恨，也可解为一个人依利而行其心中必会生出太多怨恨。以孔子所谓"求仁而得仁，又何怨"（《论语·述而》），反观"放于利而行，多怨"，此"怨"似应理解为"放于利而行"者自身之怨，因为唯利是求而欲望难以满足的人其怨怅必多。

【译文】

夫子说："如果一切都依照利益原则而行，那会让一个人心中生出太多的怨恨。"

（十三）

子曰："能以礼让为国[1]乎？何有[2]？不能以礼让为国，如礼何[3]？"

【注释】

［1］礼让为国：以礼让的方式治理国家。《左传·襄公十三年》："君子曰：'让，礼之主也。'"（主，根本。）

［2］何有：有什么难处。

［3］如礼何：礼如之何，指没有了"让"而流于形式的礼又能怎样。"不能以礼让为国，如礼何"，可比勘于"人而不仁，如礼何？人而不仁，如乐何"（《论语·八佾》）作理解。

【译文】

夫子说："能以礼让的方式治国吗？这会有什么难处呢？不能以礼让的方式治国，那（没有了'让'而流为形式的）礼又能如何？"

（十四）

子曰："不患无位[1]，患所以立[2]。不患莫己知，求为可知[3]也。"

【注释】

［1］不患无位：不要担忧自己没有职位。

［2］患所以立：要忧虑自己凭什么立于某个职位。立，这

里与“位”相通。

［3］求为可知：追求那些值得为人所知的东西。可，值得。可知，值得被人知。此章要义可结合《宪问》《卫灵公》有关章句领会。《论语·宪问》：“子曰：‘不患人之不己知，患其不能也。’”《论语·卫灵公》：“子曰：‘君子病无能焉，不病人之不己知也。’”

【译文】

夫子说：“不要担忧自己没有职位，该担忧的是自己凭什么立于某个职位。不要担忧没有人知道自己，而应该去追求那些值得为人所知的东西。”

（十五）

子曰：“参乎！吾道一以贯之[1]。”曾子曰：“唯。”子出，门人问曰：“何谓也？”曾子曰：“夫子之道，忠恕而已矣[2]。”

【注释】

［1］吾道一以贯之：我所讲的“道”是一种贯穿始终的义理。《论语·卫灵公》：“子曰：‘赐也！女以予为多学而识之者与？’对曰：‘然。非与？’曰：‘非也。予一以贯之。’”

［2］夫子之道，忠恕而已矣：夫子的“道”，只是“忠恕”罢了。《论语·雍也》：“夫仁者，已欲立而立人，已欲达而达人。”《论语·卫灵公》：“子贡问曰：‘有一言而可以终身行之者乎？’子曰：‘其恕乎！己所不欲，勿施于人。’”

【译文】

夫子说：“参啊！我所讲的‘道’是一种贯穿始终的义理。”曾子应声说：“是的。”夫子出去后，同门的人问：“夫子说的是什么意思呢？”曾子说：“夫子的‘道’，只是‘忠恕’罢了。”

（十六）

子曰：“君子喻于义[1]，小人喻于利[2]。”

【注释】

［1］君子喻于义：君子懂得公义。此处“君子”与下文所对应的“小人”是就一个人的道德品位而言。

［2］利：利益。这里指私利。《孟子·尽心上》：“孟子曰：‘鸡鸣而起，孳孳为善者，舜之徒也。鸡鸣而起，孳孳为利者，跖（zhí）之徒也。欲知舜与跖之分，无他，利与善之间也。’”（孳孳，即“孜孜”，努力不懈；孳，通“孜”。跖，指盗跖。）

《淮南子·缪称训》："君子非仁义无以生，失仁义则失其所以生。小人非嗜欲无以活，失嗜欲则失其所以活。故君子惧失仁义，小人惧失利。观其所惧，知各殊矣。"（嗜欲，嗜好与欲望。殊，异，差异。）

【译文】

夫子说："君子懂得义，小人只知道利。"

（十七）

子曰："见贤思齐[1]焉，见不贤而内自省[2]也。"

【注释】

［1］见贤思齐：遇到贤者就想着如何像他一样。思齐，考虑如何与其一样，向其"看齐"；齐，相同，一样，一致。

［2］见不贤而内自省：见到不贤者就在内心反省自己会不会也有同样的瑕垢。内自省，在内心自作反省。《孟子·离娄下》："是故君子有终身之忧，无一朝之患也。乃若所忧则有之：舜，人也，我亦人也，舜为法于天下，可传于后世，我由未免为乡人也，是则可忧也。忧之如何？如舜而已矣。"（乃若，至于。为法，垂范。由，犹，还。乡人，指俗人。）《荀子·修

身》："见善，修然必以自存也；见不善，愀（qiǎo）然必以自省也。"（修然，严肃庄重的样子。愀然，忧愁的样子。）

【译文】

夫子说："遇到贤者就想着如何像他一样，见到不贤的人就在内心反省自己会不会也有同样的瑕垢。"

（十八）

子曰："事父母几谏[1]，见志不从，又敬不违[2]，劳而不怨[3]。"

【注释】

[1] 几谏：微谏，婉转劝说。几，微，轻微。《大戴礼记·曾子立孝》："(君子之孝也，) 微谏不倦……子曰：可入也，吾任其过；不可入也，吾辞其罪。"（入，纳，采纳。任，承担。辞，免。）

[2] 不违：不忤逆，不冒犯。《礼记·祭义》："父母有过，谏而不逆。"

[3] 劳而不怨：心有忧愁而并不怨恨。劳，忧，忧愁。

【译文】

夫子说："侍奉父母，对父母的过错要委婉劝谏。如果表达出来的意愿不被听从，仍要恭敬地再做劝谏而不触忤犯颜，虽心有忧愁也并不怨恨。”

（十九）

子曰：“父母在，不远游[1]，游必有方[2]。”

【注释】

［1］远游：指去远方游学或谋职。

［2］游必有方：出游一定要有确定的去处。方，方位，去向。《礼记·玉藻》：“亲老，出不易方，复不过时。”（易方，改变方向。复，返回。过时，逾期。）《礼记·曲礼上》：“夫为人子者，出必告，反必面。所游必有常，所习必有业。”（告，告知去向。反，即“返”，返回。面，见父母之面。常，常规。）

【译文】

夫子说：“父母在世时，不宜去远方游学或谋职，即使出游，也一定要告知自己确定的去处。”

（二十）

子曰：“三年无改于父之道，可谓孝矣。”[1]

【注释】

[1] 此章已见于《学而》第十一章："子曰：'父在观其志，父没观其行，三年无改于父之道，可谓孝矣。'"

【译文】

夫子说："能在较长时间里不改变（或不忍改变）父亲的行事处世之道，这样的人，就可以称得上孝了。"

（二十一）

子曰："父母之年[1]，不可不知也。一则以喜，一则以惧[2]。"

【注释】

[1] 父母之年：父母的年岁。

[2] 惧：忧惧，忧虑。《大戴礼记·曾子疾病》："故人之生也，百岁之中，有疾病焉，有老幼焉。故君子思其不（可）复者而先施焉。亲戚既殁，虽欲孝，谁为孝？年既耆艾，虽欲弟，谁为弟？故孝有不及，弟有不时，其此之谓与!"（亲戚，指父母。谁为，为谁。耆艾，老；人六十岁称"耆"，五十岁称"艾"。不及，来不及，赶不上。不时，失时，失去时机。）

【译文】

夫子说："父母的年岁，不可不常记在心，一来为他们的长寿而欢喜，二来为他们的衰老而忧惧。"

(二十二)

子曰："古者言之不出[1]，耻躬之不逮[2]也。"

【注释】

[1] 言之不出：不轻易出言。

[2] 耻躬之不逮：以所做达不到所言为耻。躬，躬行。逮，及，到。《论语·宪问》："子曰：'君子耻其言而过其行。'"《礼记·杂记下》："有其言，无其行，君子耻之。"

【译文】

夫子说："古人不轻易出言承诺，那是因为他们以说到而做不到为耻。"

(二十三)

子曰："以约[1]失[2]之者鲜矣。"

【注释】

［1］约：约束，节制。《论语·雍也》："子曰：'君子博学于文，约之以礼，亦可以弗畔矣夫。'"

［2］失：出现过失。

【译文】

夫子说："由节制、约束自己而出现过失的事是罕见的。"

（二十四）

子曰："君子欲讷于言[1]而敏于行[2]。"

【注释】

［1］讷于言：出言谨慎。讷，迟钝。

［2］敏于行：勤勉躬行。敏，勤勉。《论语·学而》："子曰：'君子食无求饱，居无求安，敏于事而慎于言，就有道而正焉，可谓好学也已。'"《大戴礼记·曾子立事》："君子博学而孱（chán）守之，微言而笃行之。行必先人，言必后人。君子终身守此悒（yì）悒。"（孱守，谨守。微言，少言。悒悒，忧念，不畅貌，这里指谨严的自我克制。）

【译文】

夫子说："君子要说话谨慎，做事勤勉。"

（二十五）

子曰："德不孤[1]，必有邻[2]。"

【注释】

［1］德不孤：有德行的人不会孤立。

［2］邻：亲近，靠近。《周易·系辞上》："方以类聚，物以群分。"（方，事。）《大戴礼记·曾子立事》："君子义则有常，善则有邻。"（义，行义。有常，有恒。善，为善。）《荀子·不苟》："君子洁其辩（身?）而同焉者合矣，善其言而类焉者应矣。"（类，同类。应，响应。）

【译文】

夫子说："有德行的人不会孤立，一定会有人亲近他。"

（二十六）

子游曰："事君数，斯辱矣[1]；朋友数，斯疏矣[2]。"

【注释】

[1] 事君数（shuò），斯辱矣：侍奉君主，进谏过于频繁，就会招致羞辱。数，多次，频繁。辱，受辱。《论语·先进》：“所谓大臣者，以道事君，不可则止。”清人吴嘉宾《论语说》以亲昵解“数”，谓“‘数’者，昵之至于密焉者也。”亦通。

[2] 朋友数，斯疏矣：与朋友交往，劝告过于频繁，会使关系疏远。疏，疏远。《论语·颜渊》：“子贡问友，子曰：‘忠告而善道之，不可则止，无自辱焉。’”

【译文】

子游说：“侍奉君主，进谏过于频繁，就会招致羞辱；对待朋友，劝告过于频繁，就会关系疏远。”

疏　　解

《里仁》二十六章，“仁”是各章环绕的焦点话题。其中七章直接称“仁”而谈，三章由“仁”这一隐在的前提而说孔子一以贯之的“道”，四章说“孝”——一如《为政》说“孝”在于从“为政”的角度将孝“施于有政”，《里仁》说“孝”是要以“孝”的那份“亲亲”之情诱导人们对“仁”的觉悟；八章涉及“君子”和三章有关“贤”“德”修养的话语同样是关联着

“仁”而言的，而似乎应该辑于《为政》的“礼让为国”章，则可以看作以“礼让”为中介对“仁”和“为国”的关系的论说。

《说文》云：“仁，亲也。”然而，“亲”由“生”而来，父母与子女之“亲”的缘起在于“生”，所以宋儒周敦颐遂有理由以“生”解“仁”或以“仁”解“生”，他说：“生，仁也”（周敦颐：《通书·顺化》）。“生”而有“亲”，“亲”又必致于“爱”；“爱”有差等，起初最自然的一种爱在于“亲亲”，由“亲亲”之爱顺其人情自然地推扩则有“汎爱众”（《论语·学而》）或“老吾老以及人之老，幼吾幼以及人之幼”（《孟子·梁惠王上》）。因此，孔子也分外要以“爱人”指点他所谓“仁”（见《论语·颜渊》）。“生”“亲”“爱”，“亲”是把“生”关涉到“爱”的中介，倘出于对这一中介的看重，孟子所谓“亲亲，仁也”（《孟子·尽心上》）也就完全可以理解了。不过，真正说来，由“生”“亲”“爱”说“仁”，尚不能不以人可对“生”“亲”“爱”有所反省因而有所觉悟为前提，在这一意义上，孟子却又把渗透“爱”意的“恻隐之心”仅仅称为“仁之端”。“仁”是孔子创始的儒家学说最能挈其要领而最富践履性和最具价值诠释功能的范畴，儒门立教之初虽未对“仁”与“生”“亲”“爱”“觉”的微妙关系做明晰分辨，但从一开始，这些有待分辨的意趣就已圆融地默贯于立教者的言传身教中了。

“里仁为美”（第一章），通常被解释为以居住在有仁厚之风的地方为美，但依孟子在援引这句话时所说“夫仁，天之尊爵也，人之安宅也”（《孟子·公孙丑上》）的意思，“里仁”当解为“居仁”或所谓以“仁”为人心的安居之地。选择栖身之地固然重要，因为这关系到所处环境对人的熏染，但更根本的还是选择栖心之地。如果选择了“仁”为栖心之地，那就可以做到“我欲仁，斯仁至矣”（《论语·述而》），只要初衷不变，志向不变，人就能够在任何境遇下都恪守仁德而不失为仁人。“择不处仁，焉得知”，正是就心处于仁而非仅就身处于有仁厚之风的地方而言的，这说法以是否“处仁”为“知”（智）的判断尺度，使“仁”和“知”（智）在根本价值取向上一致起来了。

“里仁为美”的判断表明，仁者必当是智者，而智者也应该是仁者。“唯仁者能好人，能恶人”（第三章），“能”意味着一种智，“能好人”“能恶人”则是那种事关善恶取舍的大智，指出仁者有这样的大智乃是再一次申说唯有仁者才可能成为在是非善恶的大端处有所决断的智者。“仁者”安于恪守仁德（“安仁”），这本身已经是一种智，而真正的智者懂得“仁”之所以为“仁”，因而其智有利于履行仁德（“利仁”），这样的“智者”同时即可能是一位“仁者”。相反，“不仁者不可以久处约，不可以长处乐”（第二章）。不仁的人长久地处在穷困中会不安于穷困而胡作非为，长久地处在安乐中会耽于安乐而骄奢淫逸，这胡作非为、骄奢淫逸本身即可说是见利忘义或利令智昏，所以又可以说“不仁”者终究也必定不会是真正的智者。在孔子看来，一个励志于仁德修养（“志于仁”）的人，即使有过错也绝不会陷入罪恶（“无恶”）（见第四章），而且，人的过错各有其类，从一个人的过错往往看得出他的仁德修养状况。某个人可能因为轻信而铸成大错，但这轻信如果出于自己为人笃实而交友不疑，那他的过失反倒会表明他是一个宅心仁厚的人。子路死了姐姐，丧期已满仍不除去丧服，这是有违当时的葬仪的，但过错的造成是由于子路寡于兄弟姐妹而心有不忍，这不忍则缘于子路身上涵养已久的那种亲亲之仁。

“仁”在人的生命的切近处，人人皆可以体会，但忠实而持久地保有它并不是件容易的事。因此，孔子甚至说：“我未见好仁者、恶不仁者”（第六章）。他所谓“好仁者”，是指那种把仁德修养看得高于一切的人，而“恶不仁者”则是指那种不让任何有害于仁德的东西沾染自己的人。“好仁”“恶不仁”似乎人人都可以做到，但实际上真正能够做到的人微乎其微，问题不在于某个人能力是否足够，而在于其是否有志于此，是否能够坚持始终。依孔子的看法，人们通常总会纠缠于“人之所欲”的“富与贵”或“人之所恶”的“贫与贱”，但重要的是得其“所欲”或去其“所恶”能否“以其道”。“以其道”者必是“好仁者”或“恶不仁者”，而有可能做到“好仁”“恶不仁”的只是那些不为富贵、贫贱所累的“君子”：“君子去仁，恶乎成名?”（第五章）当得起“君子”之名的人在任何时候都不会离弃仁的德性，哪怕只是吃一顿饭的工夫；即使是仓猝紧迫之际或是颠沛流离之时，仁德的修养在“君子”这里也绝不会间断。

“君子”成其为“君子”，在《学而》中可以主要就“为学”而论，在《为政》中可以主要就“为政”而论，在《八佾》中可以主要就“礼”的讲求而论，在《里仁》中可以主要就“仁”德的修养而论。“君子去仁，恶乎成名?”这带着毫不含糊的肯定口吻的问句，是理解《里仁》所有关于“君子”的章句的提示语，循着这一提示解读孔子的话语可能更贴近说话者的本意。“君子之于天下也，无适也，无莫也，义之与比”（第十章），这是说君子行天下之事没有其他的定则，不执着于采用某种做法，也不执着于不采用某种做法，一切只是唯“义”是从。“义”是行事所当奉行的唯一准绳，它对于“君子”显然同样不可相违于“终食之间”。孟子有“仁，人心也；义，人路也”（《孟子·告子上》）之说，又有“仁义而已矣，何必曰利”（《孟子·梁惠王上》）之说，他既将“仁”“义”在相对于“利”的意义上连用为“仁义”，又以“人心”“人路”对“仁”“义”在深微处的差异做了分辨。孔子尚未将“仁”“义”连用过，也不曾着意理会“仁”“义”间的差异和关联，但依照孟子的指点来把握孔子所谓的“仁”“义”，也许比经由其他途径更可靠些，因为无论从哪个角度说，《孟子》一书都可在一定意义上被看作对《论语》的最好的诠解。“义”这一“人路”通着“仁”这一“人心”，“义”这一“人路”也通着人的可能的种种遭际。“义”把“仁”引向人的遭际，把人的遭际引向仁，让人秉持“仁”对面临的际遇做出相宜的裁处。“义者，宜也”（《礼记·中庸》），然而宜与不宜终须以“仁”为度。所以，“义之与比”，说到底，亦是“仁”之与比，唯义是从亦是唯仁是从。其实，“君子怀德，小人怀土；君子怀刑，小人怀惠”（第十一章）一类“君子”“小人”对举的说法，皆涵盖于“君子喻于义，小人喻于利”（第十六章）一语，而“义”“利”之辨的分晓则在于“仁”。“怀德”即是怀“仁”，“怀刑”即是怀法度之公，怀“仁”、怀法度之公者则“喻于义”；“怀土”“怀惠”即是怀“利”，怀“利”者则“喻于利”。“喻于义”者求仁而得仁，怨怼无由生于心，“喻于利”者“去仁”而“放于利而行”（第十二章），利欲永远难以餍足则必至于多有怨尤。“喻于义”的君子也会有忧虑，但所虑不在一己之利，因此其“不患无位”，“不患莫己知”（第十四章），只为自己凭什么立于人世（“所以立”）担忧，只去追求那些值得为他人知遇的东西。

“仁者，人也，亲亲为大。”依《礼记·中庸》的这个说法，把由“亲亲”生发的“孝”关联于“仁”是再自然不过的事了。《学而》所辑有若的话就已指出“孝弟也者，其为仁之本与”，儒者心目中的“孝”与“仁”的关系即此可窥见其要领，但

《学而》辑录此章重在强调“君子务本”，而突出“务本”是着眼于劝“学”的。这正像前面已经指出的，《为政》辑录与“孝”相关的章句，原是出于“为政”的考虑，因为在《论语》辑纂者看来，将“孝”“弟”的教化“施于有政”这本身已经是“为政”。相比之下，《里仁》辑录有关“孝”的章句，也许更切合儒学的以“仁”为主导价值观念的理致些。“事父母几谏，见志不从，又敬不违，劳而不怨”（第十八章），尽孝能尽到这分际上，单凭由血缘而起的亲情是不够的；委婉地劝谏，以至于屡劝不听仍能不犯颜失敬，即使因此为父母之过错忧虑忡忡也绝不会心生怨恨，这须得为人子者有相当笃实的发于亲情的仁德的涵养。“三年无改于父之道”句（第二十章），已经见于《学而》第十一章，其重复出现也许是要提请人们注意孔子以此教人的另一个侧面。前者或是着重于劝导人们致“学”不可不“务本”，这里则着重于提醒人们修养仁德以使所行孝道达到更高的境地。时过境迁，父道未必应当一味墨守，其长时间不忍心因时因势修正“父之道”，足见人子亲情的诚挚和相应的仁德修养的深厚。“父母在，不远游，游必有方”章（第十九章），“父母之年，不可不知也。一则以喜，一则以惧”章（第二十一章），道理似在极浅近处，但孝道重在践履，践行孝道贵在自觉，难在有恒，这自觉和有恒终须以仁德的修养作承诺。

“仁”不是实体，它作为一种收摄诸多其他人生价值——如孝、忠、信、义、恭、俭、让等——的价值，决定着孔子学说的初始而终极的导向，这导向本身及其所确指的那种极致境地构成孔子的“道”。孔子说：“吾道一以贯之”（第十五章。）此“一以贯之”的“道”即是“仁”道。《礼记·中庸》所谓“为政在人，取人以身，修身以道，修道以仁”，可以说是对孔子之道乃为“仁”道的最好诠释，而孟子所引“孔子曰：道二，仁与不仁而已矣”（《孟子·离娄上》），则正可看作夫子对自己所寻觅和信守的“道”的告白。“仁”的根芽在自然而然的生命亲切处最易体认，不过“仁”虽在起初最自然地显现于“亲亲”，却并不限定于“亲亲”之爱，它由“亲亲”之爱向更广范围的推扩必至于“汎爱众”。以“汎爱众”之心爱人，又必至于尽己为人以“忠”，推己及人以“恕”。所以，孔子“一以贯之”的“仁”道在曾参看来则完全可以用“忠恕”做概括。如果依孔子的说法，“其恕乎！己所不欲，勿施于人”（《论语·卫灵公》），那么，“忠”的含义就理应是“己欲立而立人，己欲达而达人”（《论语·雍也》）了。从孔子对“己所不欲，勿施于人”与“己欲立而立人，己欲达而达人”的推尚看，可以说，曾子以“忠恕”申解“夫子之道”是有得孔子“一以贯之”之道的三昧的。这里不以“仁”径示其道，却用“忠恕”代仁以作称述，一个重要的原因是“仁”难以单凭言说使人了悟其致。对“仁”的觉解或领悟须得在“欲仁”“求仁”“行仁”的生命践履中才有可能，而这“欲仁”“求仁”“行仁”最切实的着手处——学人所谓“入德”处——便是尽己为人以“忠”与推己及人以“恕”。然而，无论“仁”还是“忠恕”，都不是某种可测定或可预设的常量，它们只在人的不懈探求的人生践履中才可能被渐次悟知，而且对其真正有所体会也只能是会之弥深。如此可谓之以“仁”或以“忠恕”称述的“道”非以全身心的投注而无缘识其真趣，而即使投之以全身心也终究难以企及其虚灵的极致之境。正是在上述意义上，孔子说：“士志于道，而耻恶衣恶食者，未足与议也”（第九章），并且，他甚至也说：“朝闻道，夕死可矣！”（第八章）

公冶长第五

（一）

子谓公冶长[1]："可妻[2]也。虽在缧绁[3]之中，非其罪也。"以其子[4]妻之。

【注释】

[1] 公冶长（cháng）：姓公冶，名长。孔子弟子。《史记·仲尼弟子列传》："公冶长，齐人，字子长。"

[2] 妻（qì）：以女嫁之。妻，用作动词。

[3] 缧（léi）绁（xiè）：指监禁。缧，黑色绳索。绁，

捆绑。

[4] 子：此处指“女”。古时子、女皆称子。

【译文】

夫子谈到公冶长时说：“可以把女儿嫁给他。他虽然曾被监禁，但他并没有罪呀。”于是，就把自己的女儿嫁给了他。

(二)

子谓南容[1]：“邦有道，不废[2]；邦无道，免于刑戮。”以其兄之子妻之。[3]

【注释】

[1] 南容：姓南宫，名适（kuò），字子容。孔子弟子。

[2] 废：罢职，罢免。

[3] 又见《论语・先进》：“南容三复白圭，孔子以其兄之子妻之。”

【译文】

夫子评论南容说：“邦国有道时，不被罢黜；邦国无道时，能免于遭受刑罚、杀戮。”于是，就把兄长的女儿嫁给了他。

（三）

子谓子贱[1]：“君子哉若[2]人！鲁无君子者，斯焉取斯[3]？”

【注释】

［1］子贱：姓宓（fú），名不齐。孔子弟子。《史记·仲尼弟子列传》：“宓不齐，字子贱。少孔子三十岁。孔子谓子贱：‘君子哉！鲁无君子，斯焉取斯？’子贱为单（shàn）父（fǔ）宰，反命于孔子曰：‘此国有贤不齐者五人，教不齐所以治者。’孔子曰：‘惜哉！不齐所治者小，所治者大则庶几矣。’”（单父，春秋时鲁国邑名，在今山东单县南。反命，复命。国，地区。贤，胜过。所以治，治理的道理。）

［2］若：这个，此。

［3］斯焉取斯：这个人如何学来这样的品德。前一“斯”，代词，指子贱这个人；后一“斯”，亦为代词，指子贱的品德。取，取得。

【译文】

夫子谈到子贱时说：“这个人真是君子啊！鲁国若是没有君子，他的这些好品德又是从哪里学来的呢？”

(四)

子贡问曰："赐也何如？"子曰："女，器[1]也。"曰："何器也？"曰："瑚琏[2]也。"

【注释】

[1] 器：器皿。

[2] 瑚琏：一种竹制玉饰的器皿，设于宗庙中，用以盛黍稷。此礼器夏称琏，商称瑚，周称簠（fǔ）簋（guǐ）。《礼记·明堂位》："有虞氏之两敦，夏后氏之四琏，殷之六瑚，周之八簋。"这里，瑚琏用来比喻治国安邦之才。

【译文】

子贡问夫子："我这个人如何？"夫子说："你呀，是一个器皿。"问："是什么样的器皿？"夫子说："是瑚琏。"

(五)

或曰："雍[1]也仁而不佞[2]。"子曰："焉用[3]佞？御人以口给[4]，屡憎于人。不知其仁，焉用佞？"

【注释】

[1] 雍：姓冉，名雍，字仲弓。孔子弟子。《孔子家语》："（冉）伯牛之宗族，生于不肖之父，以德行著名。"

[2] 佞（nìng）：善辩，有口才。

[3] 用：须，需要。

[4] 御人以口给（jǐ）：以敏捷的言辞与人争辩。御，抵挡。口给，言词敏捷；给，敏捷。

【译文】

有人说："冉雍有仁德而没有口才。"夫子说："何必要有口才呢？伶牙俐齿地跟人争辩，常常让人憎恶。我不知道冉雍是不是个有仁德的人，只是何必要有善辩的口才呢？"

（六）

子使漆雕开[1]仕，对曰："吾斯之未能信[2]。"子说。

【注释】

[1] 漆雕开：姓漆雕，名开。孔子弟子。《孔子家语》："漆雕开，蔡人，字子若。少孔子十一岁。习《尚书》，不乐仕。孔子曰：'子之齿可以仕矣，时将过。'对曰：'吾斯之未能信。'"

［2］吾斯之未能信：我对此还不自信。信，信心。

【译文】

夫子让漆雕开出仕，漆雕开对夫子说："我对出仕这件事还不自信。"夫子听后很高兴。

（七）

子曰："道不行，乘桴浮于海[1]，从[2]我者其由与！"子路闻之喜。子曰："由也，好勇过我，无所取材[3]。"

【注释】

［1］乘桴浮于海：乘桴漂游到海外去。桴，以竹或木编扎而成的渡水器具，大称筏，小称桴。《论语·子罕》："子欲居九夷。或曰：'陋，如之何？'子曰：'君子居之，何陋之有？'"

［2］从：跟从，跟随。

［3］材：有学者以为"材"通"裁"（裁决），由此解"无所取材"为（子路）不懂得裁度事理，恐未妥。此处之材，或即指编制桴筏所需用的材料，孔子似多少以自嘲口吻喟叹"道不行"而进退之难。

【译文】

夫子说："看来道是难以行于世间了，倒不如乘桴漂游到海外去，想必仲由会随我而去吧！"子路听了很高兴。夫子说："由啊，你那好勇的精神是超过我的，可我们到哪里去弄编扎筏子用的材料呢？"

（八）

孟武伯问："子路仁乎？"子曰："不知[1]也。"又问，子曰："由也，千乘之国，可使治其赋[2]也。不知其仁也。""求也何如？"子曰："求也，千室之邑[3]，百乘之家[4]，可使为之宰[5]也。不知其仁也。""赤[6]也何如？"子曰："赤也，束带[7]立于朝，可使与宾客言也。不知其仁也。"

【注释】

[1] 不知：仁德是一个人内心的蕴蓄，不像显现于外的才能那样易与人言。孔子并非不知子路等的仁德修养状况，只是不轻与人言罢了。

[2] 赋：古时称征兵员、修武备为赋。治赋，指治军。

[3] 邑：古时百姓聚居之地及其周围的土地。邑分公邑（诸侯直接管辖之邑）和家邑或采邑（卿、大夫之领地）两种。

[4] 家：卿、大夫或卿、大夫的采邑。

[5] 宰：卿、大夫的家臣或采邑的长官。

[6] 赤：姓公西，名赤。孔子弟子。《史记·仲尼弟子列传》："公西赤，字子华。少孔子四十二岁。"

[7] 束带：指身着礼服。

【译文】

孟武伯问夫子："子路称得上仁人吗？"夫子说："不知道。"他又问，夫子回答说："仲由这个人啊，可以让他在一个有一千辆兵车的国家里做治军的长官。至于他能不能称得上一个仁人，我不知道。"孟武伯问："冉求这个人如何？"夫子说："冉求这个人啊，可以让他做一个千室之邑的邑长或一个有着百辆兵车的大夫家的总管。至于他能不能称得上一个仁人，我不知道。"孟武伯又问："公西赤这个人如何？"夫子说："公西赤这个人啊，可以让他穿上礼服立于朝廷去接待宾客。至于他能不能称得上一个仁人，我不知道。"

（九）

子谓子贡曰："女与回也孰愈[1]？"对曰："赐也何敢望回？回也闻一以知十[2]，赐也闻一以知二[3]。"子曰："弗如也，吾与女，弗如[4]也。”

【注释】

［1］愈：更强，更好，更出色。

［2］闻一以知十：听懂了一个道理可以推知十个道理。刘向《新序·杂事二》：“是以聪明捷敏，人之美材也。子贡曰‘回也闻一以知十’，美敏捷也。”

［3］闻一以知二：听懂了一个道理可以推知两个道理。《论语·学而》：“子贡曰：‘贫而无谄，富而无骄，何如?’子曰：‘可也，未若贫而乐、富而好礼者也。’子贡曰：‘《诗》云：“如切如磋，如琢如磨。”其斯之谓与?’子曰：‘赐也，始可与言《诗》已矣，告诸往而知来者。’”

［4］吾与女，弗如：此句“与”有两解，一为连词与或和，一为动词赞同、赞成。与此相应，此句有两解：（1）我与你都不如他。（2）我赞成你的看法，你是不如他。从整章看，后解似更胜。

【译文】

夫子问子贡：“你与颜回谁更强些?”子贡回答说：“我怎么敢与颜回相比？颜回听懂了一个道理可以推知十个道理，我听懂了一个道理只能推知两个道理。”夫子说：“是不如他，我同意你的看法，你是不如他。”

（十）

宰予昼寝。子曰：“朽木不可雕也，粪土之墙不可杇[1]也。于予与何诛[2]？”子曰：“始吾于人也，听其言而信其行；今吾于人也，听其言而观其行。于予与改是[3]。”

【注释】

［1］杇（wū）：同“圬”，涂墙，粉刷墙壁。《礼记·檀弓上》：“夫昼居于内，问其疾可也；夜居于外，吊之可也。是故君子非有大故，不宿于外，非致齐也，非疾也，不昼夜居于内。”（问其疾，探问其疾病。吊，祭奠死者或对遭丧事及不幸的人予以慰问。大故，重大的事故，这里指父母丧亡。致齐，古时祭祀前清心洁身的礼式。）

［2］诛：谴责，贬责。

［3］于予与改是：从宰予这件事后改变了原来的态度。于，从，自。《大戴礼记·五帝德》：“孔子曰：‘吾欲以颜色取人，于灭明邪（yé）改之；吾欲以语言取人，于予邪改之；吾欲以容貌取人，于师邪改之。’宰我闻之，惧，不敢见。”（颜色，表情，神色。灭明，即孔子弟子澹台灭明。邪，语助词，这里表

停顿。容貌，容颜相貌。师，即孔子弟子颛孙师，子张。）

【译文】

宰予白天睡觉。夫子说：“腐朽的木头不能用来雕刻，粪土堆起来的墙不可粉刷。对于宰予啊，还能说他什么呢？”夫子又说：“起先我对于人，听了他的话就相信他的所为；现在我对于人，听了他的话则要看看他到底是怎么做的。我是从宰予这件事后才改变了原来的态度的。”

（十一）

子曰：“吾未见刚者。”或对曰：“申枨[1]。”子曰：“枨也欲[2]，焉得刚？”

【注释】

[1] 申枨（chéng）：姓申，名枨，字周。孔子弟子。

[2] 欲：欲望，私欲。这里为多欲，做谓语。《孟子·尽心下》：“养心莫善于寡欲。其为人也寡欲，虽有不存焉者，寡矣；其为人也多欲，虽有存焉者，寡矣。”（不存，指善性的丧失。存，指善性的保存。）

【译文】

夫子说："我不曾见过刚直的人。"有人应这句话说："申枨就是这种人。"夫子说："申枨这个人欲望过多，哪里算得上刚直?"

(十二)

子贡曰："我不欲人之加诸我也，吾亦欲无加诸人[1]。"子曰："赐也！非尔所及[2]也。"

【注释】

[1] 我不欲人之加诸我也，吾亦欲无加诸人：其意即是孔子所谓"己所不欲，勿施于人"。《礼记·大学》："所恶于上，毋以使下；所恶于下，毋以事上；所恶于前，毋以先后；所恶于后，毋以从前；所恶于右，毋以交于左；所恶于左，毋以交于右。此之谓絜（xié）矩之道。"（使，指使。事，侍奉。先，引导。从，跟从。交，接触。絜矩之道，即朱熹所谓"因其所用，推以度物，使彼我之间各得分愿"。）《礼记·中庸》："忠恕违道不远，施诸己而不愿，亦勿施于人。"（违，离。施，施加。）

[2] 非尔所及：不是你所（想做就）能做到的。《论语·卫

灵公》："子贡问曰：'有一言而可以终身行之者乎？'子曰：'其恕乎！己所不欲，勿施于人。'"

【译文】

子贡说："我不想让别人加之于我的东西，我也不愿把这些加之于人。"夫子说："赐呀，这不是你所（想做就）能做到的。"

（十三）

子贡曰："夫子之文章[1]，可得而闻也；夫子之言性与天道[2]，不可得而闻也。"

【注释】

[1] 文章：指孔子对涉及《诗》《书》等的古代典籍的讲授或指点。

[2] 言性与天道：关于人性和天道方面的见解或说法。

【译文】

子贡说："夫子对《诗》《书》等文献的讲授，我们可以听到；夫子对性和天道的见解就难以听到了。"

（十四）

子路有闻，未之能行[1]，唯恐有闻[2]。

【注释】

［1］未之能行：没有来得及践行。《礼记·杂记下》："君子有三患：未之闻，患弗得闻也；既闻之，患弗得学也；既学之，患弗能行也。"（患，忧虑。弗，不。）《韩诗外传》卷一："孔子曰：'君子有三忧：弗知，可无忧与？知而不学，可无忧与？学而不行，可无忧与？'"

［2］唯恐有闻：唯恐又听到某个道理。有，又。

【译文】

子路听说了一个道理，如果还没有来得及践行，就唯恐又听到一个道理。

（十五）

子贡问曰："孔文子[1]何以谓之'文[2]'也？"子曰："敏而好学，不耻下问[3]，是以谓之'文'也。"

【注释】

［1］孔文子：孔圉（yǔ）。“文”为其谥号。卫国大夫。

［2］文：美，善。《礼记·乐记》：“故礼主其减，乐主其盈。礼减而进，以进为文；乐盈而反，以反为文。”（减，损，让。盈，长，增。）

［3］不耻下问：不以向比自己地位低或年龄小的人请教为耻。

【译文】

子贡问夫子：“孔文子凭什么得到了‘文’的谥号呢?”夫子说：“他勤勉好学，不以向比他地位低或年龄小的人请教为耻，所以有了‘文’的谥号。”

（十六）

子谓子产[1]：“有君子之道四[2]焉：其行己也恭，其事上也敬，其养民也惠，其使民也义。”

【注释】

［1］子产：姓公孙，名侨，字子产。郑国大夫，开明而有建树的政治家。《论语·宪问》：“或问子产，子曰：‘惠人也。’”

［2］有君子之道四：有四种君子的德行。《左传·襄公三十一年》："郑人游于乡校，以论执政。然明谓子产曰：'毁乡校，何如?'子产曰：'何为? 夫人朝夕退而游焉，以议执政之善否，其所善者，吾则行之，其所恶者，吾则改之，是吾师也。若之何毁之? 我闻忠善以损怨，不闻作威以防怨。岂不遽止? 然犹防川。大决所犯，伤人必多，吾不克救也，不如小决使道。不如吾闻而药之也。'……仲尼闻是语也，曰：'以是观之，人谓子产不仁，吾不信也。'"（游，求学。乡校，古时地方学校，周代特指六乡——王城之外百里以内之地分为六乡——所设学校。执政，国家政事的管理。损怨，减少怨恨。遽止，急速止息。大决，［河］决大口。不克救，无法救。道，导，疏导。药，疗治，匡正。）

《左传·昭公十二年》："郑简公卒，将为葬除，及游氏之庙，将毁焉……子产曰：'诸侯之宾能来会吾丧，岂惮日中！无损于宾，而民不害，何故不为?'遂弗毁，日中而葬。君子谓子产于是乎知礼。礼，无毁人以自成也。"（葬除，为丧车通过以便葬埋而清除道路上的障碍物。惮，怕，畏难。日中，正午。知礼，懂得礼。）

《左传·昭公二十年》："郑子产有疾，谓子大叔曰：'我死，子必为政。唯有德者能以宽服民，其次莫如猛。夫火烈，民望而畏之，故鲜死焉；水懦弱，民狎而玩之，则多死焉。故宽难。’疾数月而卒……及子产卒，仲尼闻之，出涕曰：‘古之遗爱也。’”（懦弱，柔弱。狎，轻忽，轻慢。古之遗爱，其仁爱有古人之遗风。）

《左传·襄公三十年》：“子产使都鄙有章，上下有服，田有封洫（xù），庐井有伍。大人之忠俭者，从而与之，泰侈者，因而毙之……从政一年，舆人诵之曰：‘取我衣冠而褚（zhǔ）之，取我田畴而伍之，孰杀子产，吾其与之。’及三年，又诵之曰：‘我有子弟，子产诲之；我有田畴，子产殖之；子产而死，谁其嗣之？’”（都鄙，国都与边鄙之地。有章，有法度；章，法度，条理。有服，有所从事；服，事，致力，从事。封洫，田界与渠道；封，分界，田界；洫，渠道。庐井，房舍田园。伍，古时民户编制单位，每五家编为一伍。与，奖赏。毙，惩罚，撤职。舆人，众人。褚，贮，收存。伍之，纳田税。殖，增殖。嗣，继承，接续。）

【译文】

夫子评论子产说：“他有四种君子的德行：他自己的行为恭谨，他侍奉国君礼敬，他养护百姓有恩德，他使用民力合于道义。”

（十七）

子曰：“晏平仲[1]善与人交，久而敬之[2]。”

【注释】

[1] 晏平仲：姓晏，名婴，字仲。“平”为其谥号。齐国大夫，曾为齐景公相，有政绩。

[2] 久而敬之：与人交往，即使很久了，仍能保持恭敬之心。这里“之”可指晏平仲，也可指与晏平仲相交之人，斟酌文意，似以其指晏平仲所交之人为妥。

【译文】

夫子说：“晏平仲善于与人交友，即使相处很久了，仍能对人保持恭敬之心。”

（十八）

子曰：“臧文仲[1]居蔡[2]，山节藻棁[3]，何如其知也？”

【注释】

[1] 臧文仲：姓臧孙，名辰。鲁国大夫。《左传·文公二年》：“仲尼曰：‘臧文仲，其不仁者三，不知者三。下展禽，废六关，妾织蒲，三不仁也。作虚器，纵逆祀，祀爰居，三不知也。’”（下展禽，使展禽居于下位；展禽即柳下惠。废六关，设置六关以向行人收税；废，通“发”，设置。妾织蒲，让自己的

妾织蒲席贩卖，与民争利。作虚器，指造室私藏大龟。纵逆祀，指纵容夏父弗忌的违反上下位次之祭祀的主张。祀爰居，对爰居——一种海鸟——妄加祭祀。）

［2］居蔡：收藏大龟。居，收藏。蔡，古时人称大龟为“蔡”。《汉书·食货志下》：“元龟为蔡。”《淮南子·说山训》：“大蔡神龟，出于沟壑。”

［3］山节藻棁（zhuō）：在房子斗拱上画以山水，对大梁的短柱加以藻饰。亦即所谓雕梁画栋。节，柱子上的斗拱（gǒng）。藻，一种水草。棁，大梁上的短柱。《礼记·明堂位》：“山节藻棁……天子之庙饰也。”

【译文】

夫子说：“臧文仲收藏大龟，藏龟之室雕梁画栋，（取媚神物如此，）这个人如何算得上‘智’呢？”

（十九）

子张问曰：“令尹子文[1]三仕为令尹，无喜色；三已之，无愠色。旧令尹之政，必以告新令尹。何如？”子曰：“忠矣。”曰：“仁矣乎？”曰：“未知，焉得仁？”“崔子[2]弑齐君，陈文子[3]有马十乘，弃而违之。至于他邦，则曰：‘犹吾大夫崔子也。’违[4]之。之一邦，则又曰：‘犹吾大夫崔子也。’违之。何如?”子曰：“清矣。”曰：“仁矣乎?”曰：“未知，焉得仁?”

【注释】

[1] 令尹子文：令尹，楚国的官职名，其地位相当于相。子文，姓斗（dòu），名穀（gòu）於（wū）菟（tú），字子文。楚国名相。《国语·楚语下》：“（斗且曰：）昔斗子文三舍令尹，无一日之积，恤民之故也。”（积，积储。）

[2] 崔子：崔杼。齐国大夫，曾弑齐庄公。

[3] 陈文子：姓陈，名须无。齐国大夫。

[4] 违：离开。

【译文】

子张问夫子：“楚国令尹子文多次被任命为令尹，从没有显出喜悦的样子；多次被罢免，也没有见他有恼恨的样子。每次免职时都一定会把自己担任令尹时处理的政事告诉新任令尹。这个人怎么样?”夫子说：“算得上是一个忠心为国的人了。”子张问：“称得上仁吗?”夫子说：“不知道他的整个为人，怎么好说他是个仁人呢?”子张又说：“齐国的大夫崔杼杀了齐庄公，大夫陈文子舍弃自己四十匹马，离开齐国，到了别的国家。到那里一看，说：‘这里掌权的人和我们齐国大夫崔杼一样。’于是，就离开了这个国家。到了另一个国家，一看，又说：‘这里掌权的人和我们齐国大夫崔杼一样。’于是，就又离开了。这个人怎么样?”夫子说：“算得上是一个清高自好的人了。”子张问：“称得上仁吗?”夫子说：“不知道他的整个为人，怎么好说他是个仁人呢?”

(二十)

季文子[1]三思而后行。子闻之，曰：“再，斯可矣[2]。”

【注释】

[1] 季文子：季孙氏，名行父，“文”为其谥号。鲁国大夫，历鲁文公、宣公、成公、襄公四代。《左传·文公六年》：“季文子将聘于晋，使求遭丧之礼以行。其人曰：‘将焉用之?’文子曰：‘备豫不虞，古之善教也。求而无之实难，过求何害?’”杜预注：“所谓文子三思。”（聘于晋，作为使者去晋国访问。遭丧之礼，这里指准备好使者父母之丧等的丧礼。备豫，防备，准备。不虞，意料不到。过求，过早求得。）

[2] 再，斯可矣：考虑两次就可以了。再，再次。

【译文】

季文子做事总是考虑再三后才行动。夫子听到人们以“三思而后行”称道他，就说：“考虑两次就可以了。”

(二十一)

子曰：“宁武子[1]，邦有道，则知[2]；邦无道，则愚[3]。其知可及也，其愚不可及也。”

【注释】

[1] 宁武子：姓宁，名俞。“武”为其谥号。卫国大夫。

[2] 邦有道，则知：在邦国有道时，显得很有智慧。知，智慧，智谋。《左传·僖公二十八年》：“晋人复卫侯，宁武子与卫人盟于宛濮。曰：‘天祸卫国，君臣不协，以及此忧也。今天诱其衷，使皆降心以相从也。不有居者，谁守社稷？不有行者，谁扞牧圉（yǔ）？不协之故，用昭乞盟于尔大神以诱天衷。自今日以往，既盟之后，行者无保其力，居者无惧其罪，有渝此盟，以相及也，明神先君，是纠是殛（jí）。’国人闻此盟也，而后不贰。”（复，返回。盟，盟誓。天诱其衷，天意诱导其内心。降心以相从，委屈自己的心意以服从别人。居者，指未随卫成公出居、出奔的人。行者，指跟随卫成公出居、出奔的人。扞，捍卫。牧圉，这里借指卫成公外出所带财物。乞盟，请求盟誓。保其力，仗恃其功劳；保，依仗；力，功劳。渝，背叛。纠，

督察。殛，惩罚。)《左传·僖公三十年》:“晋侯使医衍酖(zhèn)卫侯，宁俞货医，使薄其酖，不死。”(医衍，一位名叫衍的医官。酖，毒酒。货医，贿赂医官。薄，减少。)

[3] 邦无道，则愚：在邦国无道时，显得很愚钝。宋翔凤《论语发微》:“《左氏》所载宁武子遭罹(lí)国难，尽忠竭谋，乃使卫侯再得返国，斯亦‘知’矣。且晋责旧憾，兴师相加，其君既出，其国廑(jǐn)存，内外有枕戈之忧，上下无晏(yàn)安之乐，武子于此运其智谋，宛濮之盟、医衍之货，凡为荩(jìn)臣，皆‘知’及此。若论其‘愚’，当非有言可纪、有事可载也。盖成公之无道，不在失国，在不知人。以叔武之守而至于杀，则宁氏之行亦恐不全也。乃前驱背盟，不言于事，后于晋争讼，从坐而无辞，从容大国之间，周旋暗君之侧，谮(zèn)诉皆绝，刑罚不罹，斯其能‘愚’之，实足以脱乎乱世；非有圣贤之学，乌能及于此乎?”(罹，遭受，遭遇。旧憾，旧怨；憾，怨恨。廑存，仅存；廑，通“仅”。晏安，安定，安乐。荩臣，进臣，进用之臣；荩，通“进”。叔武，卫国大夫，因卫成公出居、出奔未相随而留守国都而被杀。暗君，昏昧的君主。谮诉，诋毁诽谤。)

【译文】

夫子说:“宁武子这个人，在邦国有道时，显得很有智慧；

在邦国无道时，他却像是一个愚钝的人。他那显出智慧的一面是别人可以做到的，那像是愚钝的一面是别人难以企及的。”

（二十二）

子在陈[1]，曰：“归与！归与！吾党之小子狂简[2]，斐然成章，不知所以裁[3]之。”

【注释】

［1］子在陈：陈，春秋时陈国，在今河南东部安徽北部一带。《史记·孔子世家》：“孔子居陈三岁……是岁鲁哀公三年，而孔子年六十矣……（季）桓子卒，康子代立……使使召冉求。冉求将行，孔子曰：‘鲁人召求，非小用之，将大用之也。’是日，孔子曰：‘归乎！归乎！吾党之小子狂简，斐然成章，吾不知所以裁之。’”

［2］狂简：志向高远而处事疏阔。朱熹注：“狂简，志大而略于事也。”简，大。《孟子·尽心下》：“万章问曰：‘孔子在陈，曰：“盍（hé）归乎来？吾党之士狂简，进取不忘其初。”孔子在陈，何思鲁之狂士？’孟子曰：‘孔子（曰：）“不得中道而与之，必也狂狷乎！狂者进取，狷者有所不为也。”孔子岂不欲中道哉？不可必得，故思其次也。’‘敢问何如斯可谓狂矣？’

曰：‘如琴张、曾皙、牧皮者，孔子之所谓狂矣。’‘何以谓之狂也?’曰：‘其志嘐（xiāo）嘐然，曰：“古之人，古之人”，夷考其行而不掩焉者也。狂者又不可得，欲得不屑不絜之士而与之，是狷也，是又其次也。’”（盍，何不。中道，中正之道。嘐嘐然，高傲骄矜的样子。夷考其行而不掩焉，考察其行为而与其所言不相吻合；掩，合。）

［3］裁：剪裁，裁制，节制。

【译文】

夫子在陈国，（感叹地）说：“回去吧！回去吧！我家乡的那些弟子志向远大而处事疏阔，文采斐然，只是还不知道怎样裁制而让他们成为有用之才。”

（二十三）

子曰：“伯夷、叔齐[1]，不念旧恶，怨是用希[2]。”

【注释】

［1］伯夷、叔齐：商末孤竹国国君的两个儿子，其父死后因互让君位而投奔到周，到周后反对武王以武力伐纣。周灭商后，又避世于首阳山，不食周粟而死。

［2］怨是用希：所以很少心生怨恨。是用，所以。希，稀，少。朱熹注曰："孟子称其'不立于恶人之朝，不与恶人言。与乡人立，其冠不正，望望然去之，若将浼（měi）焉'。其介如此，宜若无所容矣，然其所恶之人，能改即止，故人亦不甚怨之也。"（望望然，失望的样子。浼，污染。介，耿介，耿直。宜若，似乎，好像。）此所谓"人亦不甚怨之"或不尽妥。此"怨"之"希"可能主要是指伯夷、叔齐本人的内心。"念旧恶"，必生"怨"，"不念旧恶"，才能"怨是用希"。《大戴礼记·卫将军文子》："孔子曰：'不克不忌，不念旧恶。'盖伯夷、叔齐之行也。"（不克，不好胜。不忌，不忌妒。）

【译文】

夫子说："伯夷、叔齐不记念他人原来的过恶，所以自己心中就很少有怨恨。"

（二十四）

子曰："孰谓微生高[1]直？或乞醯[2]焉，乞诸其邻而与之。"

【注释】

［1］微生高：姓微生，名高。鲁国人，以率直见闻于当时。

古语“微”与“尾”通，微生高或即《汉书·古今人表》所列尾生高，亦即《庄子》一书所提及的尾生，诚然，其所传事迹已不可考。《庄子·盗跖》：“尾生与女子期于梁下，女子不来，水至不去，抱梁柱而死。”

［2］醯（xī）：醋。《说文》：“醯，酸也。”“酸，酢也。从酉，夋声。关东谓酢曰酸。”酢（zuò），即醋。

【译文】

夫子说：“谁说微生高率直？有人向他讨醋，他不直说没有，却向邻人转讨了醋给那个人。”

（二十五）

子曰：“巧言、令色、足恭[1]，左丘明[2]耻之，丘亦耻之。匿怨而友其人[3]，左丘明耻之，丘亦耻之。”

【注释】

［1］足恭：过分谦恭。足，过分，过度。《大戴礼记·曾子立事》：“足恭而口圣，而无常位者，君子弗与也。巧言令色，能小行而笃，难于仁矣。”（口圣，出言乖觉、讨巧。常位，这里指恒常的德行。小行，小道。笃，固，胶固。）

［2］左丘明：姓左丘，名明。鲁国人。相传为《左传》和《国语》的作者，其实，两书皆非与孔子同时代或略早于孔子的左丘明所作。

［3］匿怨而友其人：把怨恨藏在心中装作与人友好的样子。

【译文】

夫子说："花言巧语，谄笑取媚，过分地谦恭，左丘明以其为耻，我也以其为耻。把怨恨藏匿在心中装作与人友好的样子，左丘明以其为耻，我也以其为耻。"

（二十六）

颜渊、季路[1]侍。子曰："盍[2]各言尔志?"子路曰："愿车马衣轻裘与朋友共，敝之而无憾[3]。"颜渊曰："愿无伐善[4]，无施劳[5]。"子路曰："愿闻子之志。"子曰："老者安之，朋友信之，少者怀之[6]。"

【注释】

［1］季路：即子路。

［2］盍（hé）：何不。

［3］敝之而无憾：用坏了衣物也心无所憾。敝，破，坏。

班固《白虎通·三纲六纪》："朋友者，何谓也？朋者，党也；友者，有也。《礼记》曰：'同门曰朋，同志曰友。'朋友之交，近则谤其言，远则不相讪（shàn），一人有善，其心好之，一人有恶，其心痛之，货则通而不计，共忧患而相救，生不属，死不托。故《论语》曰：'子路云：愿车马衣轻裘与朋友共，敝之。'"（谤，指责其过失。讪，讥讽。通而不计，共用而不计较。）

［4］无伐善：不夸耀自己的所长。伐，夸耀。《老子》二十二章："不自伐，故有功；不自矜，故长。"

［5］无施劳：不表白自己的劳绩。施，表白。《荀子·修身》："劳苦之事则争先，饶乐之事则能让，端悫（què）诚信，拘守而详，横行天下，虽困四夷，人莫不任。"（饶乐，逸乐。端悫，端正恭敬。拘守，守而不失。详，审慎。）

［6］老者安之，朋友信之，少者怀之：老年人安养天年，朋友们相互信赖，少年人心怀感戴之情。《礼记·礼运》："大道之行也，天下为公。选贤与能，讲信修睦。故人不独亲其亲，不独子其子。使老有所终，壮有所用，幼有所长，矜（guān）寡孤独废疾者皆有所养，男有分，女有归。"（与能，推荐有才能的人；与，通"举"。修睦，调整相互关联，使其和睦。矜，通"鳏"，老而无妻之人。分，职分。归，嫁。）

【译文】

颜渊、子路侍立于夫子身旁。夫子说："何不说说你们各自的志向?”子路说:“我情愿让自己的车马、衣服、皮袍与朋友共用,即使用坏了也心无所憾。”颜渊说:“我愿不夸耀自己的所长,不表白自己的劳绩。”子路说:“希望也能知道先生的志向。”夫子说:“我愿老者安养天年,愿朋友相互信任,愿少年人心怀感戴之情。”

(二十七)

子曰:“已矣乎[1]!吾未见能见其过[2]而内自讼[3]者也。”

【注释】

[1] 已矣乎:喟叹语,略相当于“罢了”。

[2] 见其过:知道自己的过错。见,知道,发现。

[3] 内自讼:内心自责。讼,责备。《礼记·大学》:“所谓诚其意者,毋自欺也。如恶恶臭,如好好色,此之谓自谦,故君子必慎其独也!”(恶恶臭,厌恶难闻的气味。好好色,喜好美色。自谦,自足,自快。慎独,在独处独知时毫不苟且。)

【译文】

夫子说:“罢了!我不曾见到过那种发现了自己的过错就能在内心自作责备的人。”

(二十八)

子曰："十室之邑[1]，必有忠信如丘者焉，不如丘之好学[2]也。"

【注释】

［1］十室之邑：住有十户人家的小邑。

［2］不如丘之好学：孔子相信同他一样有忠信资质的人不在少数，他超出这些人的地方主要在于"好学"。《论语·述而》："子曰：'若圣与仁，则吾岂敢？抑为之不厌，诲人不倦，则可谓云尔已矣。'公西华曰：'正唯弟子不能学也。'"《孟子·公孙丑上》："昔者子贡问于孔子曰：'夫子圣矣乎？'孔子曰：'圣则吾不能，我学不厌而教不倦也。'"

【译文】

夫子说："即使是仅有十户人家的小邑中，也一定不乏像我一样有忠诚守信之资质的人，只是（他们）不像我这样好学罢了。"

疏　解

《公冶长》二十八章，皆在于品题人物。所评说人物除孔子本人和孔子未具体指名的所谓“吾党之小子”外，共二十四人：其中孔门弟子十二人，如公冶长（子长）、南宫适（子容）、宓不齐（子贱）、端木赐（子贡）、冉雍（仲弓）、漆雕开（子若）、仲由（子路）、冉求（子有）、公西赤（子华）、颜回（子渊）、宰予（子我）、申枨（周）等；其他古今人物十二人，如孔圉（孔文子）、公孙侨（子产）、晏婴（晏平仲）、臧孙辰（臧文仲）、斗縠於菟（斗子文）、陈须无（陈文子）、季孙行父（季文子）、宁俞（宁武子）、伯夷、叔齐、微生高、左丘明等。品题人物也是品题者对自身的品题，它或显或隐地述说着某种用以品题人物的价值尺度，从这尺度往往看得出品题者本人的人格局量和学术宗趣。

孔子并没有径直评说公冶长的人品或学识，只说他虽曾遭受监禁却毕竟是无辜的，可以把女儿嫁给他，而且，果真让他娶了自己的女儿（见第一章）。能将女儿的终身相托，可见孔子对他的这位学生的信赖。对于南宫适，孔子说他在邦国有道义可言时能不被罢黜，在邦国无道义可言时能免祸而自全（见第二章），更多地肯定了他的严于律己和行事谨慎——《先进》所辑“南容三复白圭”章当是孔门再传弟子对南容逸事的追忆，正可以用来印证孔子的评语。有人说冉雍有仁者的德行，可惜不善于言辩，孔子分辩说，冉雍算不算一个仁者他不知道，但口才的好坏是不能用作评价人的一个标准的（见第五章）。当孟武伯问孔子“子路仁乎”“求也何如”“赤也何如”（第八章）时，孔子的回答是：子路可以在一个拥有千辆兵车的国家里做军事长官，冉求能胜任一个千室之邑的邑长或一个位高权重的大夫家的总管，而公西赤的所长则在于“束带立于朝”以应对宾客，至于他们能不能称得上仁人，那却是不知道的。同样，当子贡问孔子“赐也何如”时，孔子也只说他是“瑚琏”那样的“器”（第四章），尽管这设于宗庙的礼器已是寻常器皿非可比拟的大器。“习《尚书》，不乐仕”（《孔子家语》）的漆雕开坦然承认自己对于出仕为官“未能信”，孔子为他的谦退、谨慎感到高兴（第六章），但也只是到此为止。“君子哉若人!”（第三章）——称宓不齐（子贱）为“君子”，这在孔子品题诸多弟子的话语中算是不多见的了，而且，就所谓“君子喻于义，小人喻于利”（《论语·里仁》）看，喻“义”当可说是近“仁”，然而孔子毕竟没有直言其为仁人。孔子从不轻易以“仁人”或“仁者”许人，以至于在评价自己的学生时总是说“不知其仁”。当然，“不知其仁”并不意味着孔子对他的这些学生果然“不知”，相反，这婉辞恰好表明所谓“仁”乃是这位儒家宗师用以品题人物的最高标准——既然是最高标准便只应审慎默守，以避免稍许铺张的言辞对它可能造成的亵渎。

孔子虽然很少径直以“仁”褒扬某个人，但品藻人物时所用的富有价值内涵的词语大都与“仁”息息相关，比如对楚国令尹子文赞之以“忠”，对齐国大夫陈文子誉之以“清”。在他看来，令尹子文多次出任令尹“无喜色”，多次被免去职位也“无愠色”，如此不以个人进退为念而一意于职守，当然可以说是忠于其任了；而陈文子不与逆臣为伍，不与浊俗同流，以至于在乱世找不到一个可以栖身的邦国，如此孤高自好也当然称得上是品格清狷了，但“忠”者、“清”者倘局守于“忠”“清”，就有可能与“仁”相隔于一间。因此，当子张问令尹子文和陈文子“仁矣乎”时，孔子回答他说：“未知，焉得仁?”（第十九章）孔子盛称子产“有君子之道四”，说他“恭”以行己，“敬”以事上，“惠”以养民，“义”以使民（第十六章）。这“恭”“敬”“惠”“义”——一如“忠”“清”——无不通于“仁”，当子产被认为“恭”而不为恭而恭、“敬”而不为敬而敬、“惠”而不为惠而惠、“义”而不为义而义，亦即这“恭”“敬”“惠”“义”发于子产本心而绝无刻意造作时，孔子的评语是：“人谓子产不仁，吾不信也”（见《左传·襄公三十一年》）。诚然，对“不仁”的否定并不就是“仁”，但子产在孔子的眼里显然已经是“近仁”之人了。

在孔子这里，甚至“刚”“直”“见其过而内自讼”等品格也是“仁”的一个侧面的体现。“吾未见刚者”（第十一章）、“吾未见能见其过而内自讼者”（第二十七章）与“我未见好仁者、恶不仁者”（《论语·里仁》）是以同样的句式表达的近义语，“刚”“见其过而内自讼”，非“好仁”而“恶不仁”者难以真正做到。孔门弟子申枨在时人中有“刚者”之名，孔子却不以为然，他的理由是：“枨也欲，焉得刚？”鲁人微生高以“直”闻名于乡里，孔子则由“或乞醯焉，乞诸其邻而与之”（第二十四章）这件小事，说明其所谓“直”终有掠美市恩之嫌。“刚”“直”的不易相应于“仁”的不易，须见诸践履而植根于本心，“不仁”或“色取仁”（《论语·颜渊》）的那种“刚”“直”是徒有其表或乡愿化了的“刚”“直”。

伯夷、叔齐是孔子终生心仪的人物，比起可誉之以“清”的陈文子来，他们是境界更高的“清”者。孟子称伯夷为“圣之清者”，并说“伯夷目不视恶色，耳不听恶声，非其君不事，非其民不使，治则进，乱则退，横政之所出，横民之所止，不忍居也。思与乡人处，如以朝衣朝冠坐于涂炭也。当纣之时，居北海之滨，以待天下之清也。故闻伯夷之风者，顽夫廉，懦夫有立志”（《孟子·万章下》）。“清”而如此，似应对“恶色”“恶声”“横政”“横民”以至于天下所有浊秽深恶痛绝，但伯夷、叔齐能“不念旧恶”，不记前愆，可见其心志之高远。这样的“清”与“仁”相通，“求仁而得仁，又何怨”（《论语·述而》），所以孔子谓其“怨是用希”（第二十三章）。

“颜渊、季路侍”章（第二十六章），孔子与弟子颜渊、子路抒怀言志，意在明志自励以共勉，却也是另一种形式的人物品题。子路愿将车马衣裘与朋友共用，即使损坏也心无所憾，可见其豪爽、疏财而无贪吝之心；颜渊不夸示自己的所长，不表白自己的劳绩，可见其敦厚、自胜而无骄矜之心；孔子愿老者养之以安，朋友相与以信，少者感怀以恩，则可见其仁民爱物、天下为公之胸襟。三者之志皆与“仁”相系，而境界却又有高下之不同。这诚如宋儒程颐所说：“夫子安仁，颜渊不违仁，子路求仁”，“子路勇于义者，观其志，岂可以势利拘之哉？亚于浴沂者也。颜子不自私己，故无伐善；知同于人，故无施劳。其志可谓大矣，然未免出于有意也。至于夫子，则如天地之化工，付与万物而己不劳焉，此圣人之所为也”（见朱熹：《四书集注·论语集注》卷三）。

“左丘明耻之，丘亦耻之”章（第二十五章），是对左丘明的品题，更是孔子的自我品题。花言巧语、谄笑取媚、过分谦恭以至于把怨恨藏在心中对人故作友好的人，其表里不一而曲意讨好，必有不可告人的私欲企图达到，左丘明以之为耻，孔子亦借此以自明心迹。以真率、质直的性情的折丧为耻，“耻”的标准仍在于“仁”，这可以从孔子所谓“巧言令色，鲜矣仁”（《论语·学而》）、“人之生也直，罔之生也幸而免”（《论语·雍也》）获得印证。此外，同孔子的这一自我品题相应，他也把自己同一般的乡邑之人做如下比较：“十室之邑，必有忠信如丘者焉，不如丘之好学也”（第二十八章）。就资质而论，即使是十户人家的小邑，也一定会有像孔子一样可能做到以忠信待人之人，但其忠信之德终于不能达到孔子那样的境地，只是由于他们不能像孔子一样地好学。“我欲仁，斯仁至矣”（《论语·述而》），德性之“仁”是人人都可能达致的，问题在于“欲仁”，而“欲仁”则意味着对“仁”的觉悟，这觉悟却又在于“好学”。事实上，孔子从未认为自己生来即为“仁”者，他只是一再述说他是一个“学而不厌”或“为之不厌”的人。

“学”与“教”相通于“觉”或“觉悟”，与“学而不厌”密不可分的是“诲人不倦”。从“诲人”的角度孔子也以“狂简”品题他的学生，此即所谓“吾党之小子狂简，斐然成章，不知所以裁之”（第二十二章）。这里所说“吾党之小子”，依孟子的解释，可能指孔子弟子琴张、曾皙、牧皮等。孟子说：“孔子（曰：）‘不得中道而与之，必也狂狷乎！狂者进取，狷者有所不为也。’孔子岂不欲中道哉？不可必得，故思其次也”（《孟子·尽心下》）。其所谓“狂者进取”是指志大而狂放者求望高远，所谓“狷者有所不为”是指知耻自好者不与尘垢同流合污。二者皆有真性情，皆能率性而为或率性而不为。孔子之“道”可一言以蔽之为“仁”道或“为仁”之道，孔子之学亦可一言以蔽之为“仁”学或“为仁”之学；“道”立于人的真性情，“学”缘于人的真性情，没有了“天命之谓性”（《礼记·中庸》）的这点真性情，礼乐上的造作（“文敝”）就有可能落于“乡愿”而失其本始。由此看来，孔子以“狂简”评说他寄予了厚望的弟子，从根柢上说，其所持守的仍是“仁”这一本然而应然的尺度。

对于孔子说来，品题人物也是一种教化方式，这种教化方式的最显著的特点是以直观的范本诲示难以由言诠尽其精微的儒家道理。* 儒家之学是为人之学，而“仁也者，人也”（《孟子·尽心下》），所以为人之学也是为仁之学。“仁”不是思辨性的道理，它生命化在人的践履中，然而它所能达致的境地又不为任何经验个人的生命践履所局囿，这是它能够充当孔子品题人物的准矱（yuē）的秘密所在。“有君子之道四”的子产和“不念旧恶，怨是用希”的伯夷、叔齐是值得人们效法的范本，“山节藻棁”以“居蔡”的臧文仲及那些“巧言、令色、足恭”而“匿怨而友其人”者是供人检讨、警省的范本。孔子曾说“近取譬”是“仁之方”（《论语·雍也》），其实，借着人物品题以某种活生生的范本指点“仁”也是“仁之方”。

---

* “仁”根于人“性”而达于“天道”；“仁”不在人的真“性”之外，仁道或人道之外亦别无“天道”。“仁”“性”“天道”皆不可界说而难以言诠，所以“仁”为孔子所“罕言”，而子贡有“夫子之文章，可得而闻也；夫子之言性与天道，不可得而闻也”（第十三章）之叹。但“仁”毕竟见之于人的生命践履，关联着“仁”的“性”与“天道”亦可在人的生命践履中获得相应的印证。孔子罕言“仁”并非对“仁”尚未洞悟，对“性”与“天道”缄默不语也绝非对“性”与“天道”无所体察，问题只在于夫子如何以自己对“仁”“性”“天道”的悟识唤起弟子或时人对“仁”“性”“天道”的肯认。在直言喻理不堪其任的地方，孔子以品题人物——品题这样或那样的生命践履之范例——的方式，对“言”之“不可得而闻”者做了亲切而可能尽致的诲示。

雍也第六

（一）

子曰："雍也，可使南面[1]。"

【注释】

［1］南面：面南而坐。古时以面南的座位为尊位，天子、诸侯听治理政皆面南而坐。朱熹注："南面者，人君听治之位。"（听治，治理政事。）刘向《说苑·修文》："上无明天子，下无贤方伯，天下为无道，臣弑其君，子弑其父。力能讨之，讨之可也。当孔子之时，上无明天子也，故言雍也可使南面。南面

者，天子也。”（方伯，诸侯之长。）但此章中的“南面”，或当指卿、大夫之位。

【译文】

夫子说：“冉雍呀，可以让他处在卿、大夫的位置上去治理国家。”

（二）

仲弓问子桑伯子[1]，子曰：“可也，简[2]。”仲弓曰：“居敬[3]而行简，以临[4]其民，不亦可乎？居简而行简，无乃[5]大简乎？”子曰：“雍之言然。”

【注释】

［1］子桑伯子：鲁国人。朱熹注：“胡氏（胡寅。——引者注）以为疑即庄周所称子桑户者是也。”

［2］简：简约，不烦。刘向《说苑·修文》：“孔子曰：‘可也，简。’简者，易野也。易野者，无礼文也。孔子见子桑伯子，子桑伯子不衣冠而处。弟子曰：‘夫子何为见此人乎？’曰：‘其质美而无文，吾欲说而文之。’孔子去，子桑伯子门人不说，曰：‘何为见孔子乎？’曰：‘其质美而文繁，吾欲说而去其文。’

故曰：文质修者谓之君子；有质而无文，谓之易野。子桑伯子易野，欲同人道于牛马。故仲弓曰：‘大简。’……子曰：‘雍之言然。’仲弓通于化术，孔子明于王道，而无以加仲弓之言。”（说，劝告。质，资质，禀性。易野，朴直。化术，教化之法。加，添加，补充。）

［3］居敬：持身恭敬，怀着恭敬之心。居，持身，居心。

［4］临：面对，对待；统治，治理。

［5］无乃：不就，岂不是。

【译文】

仲弓问：“子桑伯子这个人如何？”夫子说：“可以，他处事简约。”仲弓说：“怀着庄重恭敬之心而做事简约，以这种方式治理百姓，不也很好吗？要是怀着简淡之心而做事简约，那不就太简疏了吗？”夫子说：“你说得对。”

（三）

哀公问：“弟子孰为好学？”孔子对曰：“有颜回者好学，不迁怒[1]，不贰过[2]。不幸短命死矣！今也则亡[3]，未闻好学者也。”

【注释】

［1］迁怒：把对某人的怒气发泄于另一人。迁，转嫁，

转移。

［2］贰过：重复犯同一过错。《大戴礼记·卫将军文子》："子贡对曰：'夙（sù）兴夜寐，讽诵崇礼，行不贰过，称言不苟，是颜渊之行也。'"（夙兴夜寐，早起晚睡。讽诵，诵读。称言，说话。不苟，不随便。）

［3］亡：无，没有。

【译文】

鲁哀公问孔子："你的弟子中谁称得上好学之人?"孔子回答说："有位叫颜回的弟子是个好学之人，他不迁怒于人，不重犯同一种过错。不幸短命死了！现在再也没有这样的人了，再也没有听说有好学的人了。"

(四)

子华使[1]于齐，冉子为其母请粟[2]。子曰："与之釜[3]。"请益。曰："与之庾[4]。"冉子与之粟五秉[5]。子曰："赤之适齐也，乘肥马，衣轻裘。吾闻之也：君子周[6]急不继富。"

【注释】

［1］使：出使。此处为孔子所使。

［2］粟：谷，去皮壳后为小米。

［3］釜（fǔ）：古量度单位。一釜为六斗四升。古时斗、升的量皆比现在的小，六斗四升大约为一个人一个月的口粮。

［4］庾（yǔ）：古量度单位。一庾为二斗四升。

［5］秉（bǐng）：古量度单位。一秉为十六斛（hú），合一百六十斗。《仪礼·聘礼记》："十斗曰斛，十六斗曰籔（shǔ），十籔曰秉。"《聘礼记》所记量制是否即是孔子在世时鲁国的量制已难以详考，引此量制仅供领会本章文义时参考，未可执著。

［6］周：通"赒"（zhōu），接济，救济。

【译文】

子华受夫子的派遣到齐国去，冉子为子华的母亲向夫子请求补助用作口粮的小米。夫子说："给她一釜吧。"冉子请求再多给一些，夫子说："那就再加一庾吧。"结果，冉子给了她五秉的小米。夫子说："公西赤到齐国去，用肥壮的马驾着车，穿着轻柔暖和的皮袍。我听人说：君子接济那些急需要帮助的人而不增益那些富有的人。"

（五）

原思[1]为之宰，与之粟九百，辞。子曰："毋！以与尔邻里乡党[2]乎!”

【注释】

[1] 原思：姓原，名宪。孔子弟子。《史记·仲尼弟子列传》："原宪，字子思……孔子卒，原宪遂亡，在草泽中。子贡相卫而结驷连骑，排藜（lí）藿（huò），入穷阎（yán），过谢原宪。宪摄敝衣冠见子贡，子贡耻之。曰：'夫子岂病乎？'原宪曰：'吾闻之，无财者谓之贫，学道而不能行者谓之病。若宪，贫也，非病也。'子贡惭，不怿（yì）而去，终身耻其言之过也。"（亡，出走。结驷连骑，高车大马连接成队。排，触。藜藿，指粗陋的食物，喻贫苦之地；藜，灰菜；藿，豆叶。穷阎，陋巷，穷人住的里巷，这里指穷僻之地。过谢，前往问候。惭，惭愧。怿，高兴，喜悦。）

[2] 邻里乡党：古时五家为邻，五邻（二十五家）为里，二十里（五百家）为党，二十五党（一万二千五百家）为乡。这里泛指邻里乡亲。

【译文】

原思做夫子的家宰，夫子给他俸米九百（斗），原思觉得多了，就想辞掉一些。夫子说："不要辞，你可以拿出一些给你的邻里乡亲嘛!"

（六）

子谓仲弓曰："犁牛之子[1]骍[2]且角[3]，虽欲勿用，山川[4]其舍诸？"

【注释】

[1] 犁牛之子：耕牛之犊，喻仲弓出身低贱。犁牛，耕牛。《礼记·祭义》："古者天子诸侯，必有养兽之官。及岁时，齐戒沐浴而躬朝之。牺牷（quán）祭牲，必于是取之。"（齐，通"斋"。牺牷，古代祭祀天子用的纯色牲和诸侯用的全牲。祭牲，祭祀时用的牲畜。）耕牛一般不用于祭祀的牺牲，仅在公养之牛不足时取用其犊。

[2] 骍（xīng）：赤色，这里指赤色毛皮。周人尚赤，以红为正色。《礼记·明堂位》："夏后氏牲尚黑，殷白牡，周骍刚。"（骍刚，赤色公牛。）

[3] 角：双角周正。角周正，合于牺牲之用。

[4] 山川：这里指山川之神。耕牛之犊，赤色皮毛，双角周正，即使不使用于家庙祭祀，亦可为山川之神所悦纳。

【译文】

夫子评价仲弓说："耕牛的犊子赤色毛皮而双角周正，虽然人们不想用它作为祭祀的牺牲，但山川之神会舍弃它吗？”

（七）

子曰：“回也，其心三月不违仁[1]，其余则日月至[2]焉而已矣。”

【注释】

［1］三月不违仁：连续三个月不疏离仁德，谓长时间秉持仁德而行。

［2］日月至：在或一日或一月的时间里，做到与仁德相合。

【译文】

夫子说：“颜回啊，他的心能长时间不违离仁德，其他人或一日或一月能够（持续）做到与仁德相合。”

（八）

季康子问：“仲由可使从政[1]也与？”子曰：“由也果[2]，于从政乎何有[3]？”曰：“赐也可使从政也与？”曰：“赐也达[4]，于从政乎何有？”曰：“求也可使从政也与？”曰：“求也艺[5]，于从政乎何有？”

【注释】

[1] 从政：参与政事，处理政事。

[2] 果：果断，有决断。

[3] 何有：有何难，有什么不可。

[4] 达：通达，通达事理。

[5] 艺：有才艺，多才艺。

【译文】

季康子问："仲由可以从政吗？"夫子说："仲由果断，从政有什么不可呢？"季康子又问："端木赐可以从政吗？"夫子说："端木赐通达，从政有什么不可呢？"季康子再问："冉求可以从政吗？"夫子说："冉求是个多才多艺的人，从政有什么不可呢？"

（九）

季氏使闵子骞[1]为费宰[2]，闵子骞曰："善为我辞[3]焉！如有复我[4]者，则吾必在汶上[5]矣！"

【注释】

[1] 闵子骞（qiān）：姓闵，名损。孔子弟子。《史记·仲

尼弟子列传》：“闵损，字子骞。少孔子十五岁。孔子曰：‘孝哉闵子骞！人不间于其父母昆弟之言。’不仕大夫，不食污君之禄。‘如有复我者，必在汶上矣。’”

［2］费（bì）宰：费邑的邑长。费，季氏的封邑。宰，一邑之长。

［3］善为我辞：好言为我推辞。

［4］复我：再次召我。复，再次。

［5］汶（wèn）上：汶水之北。指齐国。

【译文】

季氏派人请闵子骞做费邑的邑长，闵子骞说：“好言替我辞掉吧！要是再一次召我的话，那我一定是在汶水北岸了。”

（十）

伯牛[1]有疾。子问之，自牖执其手[2]。曰：“亡之，命矣夫！斯人也而有斯疾也！斯人也而有斯疾也！”

【注释】

［1］伯牛：姓冉，名耕。孔子弟子。《史记·仲尼弟子列传》：“冉耕，字伯牛。孔子以为有德行。伯牛有恶疾，孔子往

问之，自牖执其手，曰：‘命也夫！斯人也而有斯疾。命也夫！’”

［2］自牖（yǒu）执其手：从窗外伸手过去握住他的手。牖，窗。朱熹注：“牖，南牖也。礼：病者居北牖下。君视之，则迁于南牖下，使君得以南面视己。时伯牛家以此礼尊孔子，孔子不敢当，故不入其室，而自牖执其手，盖与之永诀也。”另有一说为，伯牛患恶疾，不欲见人，孔子自牖执其手。

【译文】

伯牛染病，夫子去探望他，从窗外伸手过去握住他的手。（回转身，感叹）说：“就要失去这个人了，这真是命啊！这样（有德行）的人竟然患了这样（致命）的病！这样（有德行）的人竟然患了这样（致命）的病！”

（十一）

子曰：“贤哉，回也！一箪[1]食，一瓢饮，在陋巷[2]，人不堪其忧，回也不改其乐。贤哉，回也！”

【注释】

［1］箪（dān）：一种以竹篾或芦苇编制的器皿，圆形，有

盖，盛饭用。

［2］陋巷：陋室。里中的路称巷，人的住宅也称巷，这里所谓“陋巷”即陋室。《孟子·离娄下》：“禹、稷当平世，三过其门而不入，孔子贤之。颜子当乱世，居于陋巷，一箪食，一瓢饮。人不堪其忧，颜子不改其乐，孔子贤之。孟子曰：‘禹、稷、颜回同道。禹思天下有溺者，由己溺之也；稷思天下有饥者，由己饥之也，是以如是其急也。禹、稷、颜子易地则皆然……’”（由，犹如，如同。易地，互换所处地位。）

【译文】

夫子说：“何等的贤啊，颜回！一箪饭，一瓢水，住在简陋的屋子里，别人受不了那份困苦而为之忧愁，他却一直不改他的自得之乐。真是个贤者啊，颜回！”

（十二）

冉求曰：“非不说子之道，力不足也。”子曰：“力不足者，中道而废[1]。今女画[2]。”

【注释】

［1］中道而废：中途停下来。中道，半路，中途。废，停，

停止。

［2］画：划出一个界限而自作限制。《论语·里仁》："有能一日用其力于仁矣乎？我未见力不足者。"

【译文】

冉求说："并不是我不喜好夫子之道，而是我自己能力不足。"夫子说："能力不足的人，是走到半途走不动了才停下来。可现在，你是划地自限，不求向前。"

（十三）

子谓子夏曰："女为君子儒[1]，无为小人儒[2]。"

【注释】

［1］儒："儒"或"儒人"的名称在殷商时代就有了，被称作"儒"的人从事祈雨、祭祀等宗教性活动，与巫、史、祝、卜等属于同一类人。《说文》："儒，柔也。术士之称。"作为"术士"的"儒"处在另一种背景下，是指"王官之学失坠"后那些流落民间、供人们咨询古代典籍和礼仪规范的人。孔子"依于仁"而确立儒家之道和儒家教化后，"儒"的名称开始同一批遵行儒家教化以修身致道的人关联在一起。同是与古代典

籍的诠释和礼仪规范的指点有关，孔子立教之前的“儒”只是修习一专之能的“术”，孔子立教之后的“儒”重在涵养“仁”心而“学以致其道”。

［2］小人儒：此处相对于“君子”的“小人”，非指见利忘义者，“小人儒”当指习于一专之能的“术”的儒。亦如清人刘宝楠所说：“君子儒，能识大而可大受；小人儒，则但务卑近而已。君子、小人，以广狭异，不以邪正分”（刘宝楠：《论语正义》卷七）。

【译文】

夫子对子夏说：“你要做一个有君子器量的儒者，不要做那种满足于一得之能的儒者。”

（十四）

子游为武城宰[1]。子曰：“女得人焉尔乎？”曰：“有澹台灭明[2]者，行不由径[3]，非公事，未尝至于偃[4]之室也。”

【注释】

［1］武城宰：武城邑的邑长。武城，鲁国的小城邑，在今山东费县境内。

［2］澹（tán）台灭明：姓澹台，名灭明。孔子弟子。《史记·仲尼弟子列传》：“澹台灭明，武城人，字子羽。少孔子三十九岁。状貌甚恶，欲事孔子，孔子以为材薄。既已受业，退而修行。行不由径，非公事不见卿大夫。南游至江，从弟子三百人，设取予去就，名施乎诸侯。孔子闻之，曰：‘吾以言取人，失之宰予；以貌取人，失之子羽。’”《大戴礼记·卫将军文子》：“贵之不喜，贱之不怒，苟于民利矣，廉于（行己）其事上也，以佐其下，是澹台灭明之行也。”（苟，若，如果。于民利，于民有利。佐，治理；佑助。）

［3］行不由径：走路不抄小道走捷径。径，小路。

［4］偃：子游姓言名偃，此处为子游自称。

【译文】

子游做武城的邑长。夫子问：“你发现什么人才了吗？”子游说：“有一个叫澹台灭明的人，走路从不抄小道走捷径，非公事不到我的住所来。”

（十五）

子曰：“孟之反[1]不伐。奔而殿[2]，将入门，策其马，曰：‘非敢后也，马不进也。’”

【注释】

[1] 孟之反：姓孟，名侧。鲁国大夫。

[2] 奔而殿：败退时断后做掩护。奔，逃奔。殿，殿后。《左传·哀公十一年》："十一年春，齐为郎（xī）故，国书、高无丕帅师伐我……孟孺子泄帅右师，颜羽御，邴（bǐng）泄为右。冉求帅左师，管周父御，樊迟为右……师及齐师战于郊。齐师自稷曲，师不逾沟。樊迟曰：'非不能也，不信子也，请三刻而逾之。'如之，众从之。师入齐军。右师奔，齐人从之。陈瓘（guàn）、陈庄涉泗。孟之侧后入以为殿，抽矢策其马，曰：'马不进也。'"（郎，齐国城邑。帅，率领，统率。右，车右，即车右边陪乘之力士。逾，越，越过。涉，渡过。泗，泗水。矢，箭。）

【译文】

夫子说："孟之反不夸耀自己。在败退时他走在最后面做掩护，将要进城门时，他鞭打着自己的马说：'不是我敢于断后，是马跑不动啊。'"

（十六）

子曰："不有祝鮀[1]之佞，而有宋朝[2]之美，难乎免于今之世矣！”

【注释】

［1］祝鮀（tuó）：卫国一位名鮀的宗庙之官，字子鱼。祝，祠庙中司祭祀者。祝鮀善辩，有口才。

［2］宋朝（zhāo）：宋国公子朝，曾仕卫为大夫，以美貌名闻于当时。刘宝楠《论语正义》：“先兄五河君《经义说略》：‘美必兼佞，方可见容。美而不佞，衰世犹嫉之。故九侯女不憙淫，商辛恶之。褒姒（sì）不好笑，周幽恶之。庄姜之美，卫人为之赋《硕人》，而卫庄亦恶之。美而不佞，岂容于衰世乎？盖美者，色也。所以说其美者，情也。如不必有可说之情，胡然而天，胡然而帝，祇（zhī）见其尊严而已，何说之有？故夫子叹时世不佞之人，虽美难免，夫子非不恶宋朝也，所以甚言时之好佞耳。’”（见容，被容纳，接受。憙，通“喜”。“胡然而天，胡然而帝”句，出自《诗·鄘风·君子偕老》；胡然，为何。祇，只。尊严，尊贵庄严。说，悦。）钱穆《论语新解》：“孔子盖甚叹时风之好佞耳。祝鮀亦贤者，故知本章不在论鮀、朝之为人。”

【译文】

夫子说：“（如果一个人）没有祝鮀那样的佞辩，唯有宋朝那样的美貌，在（喜谀悦色的）当今之世怕也是难免于危患的。”

（十七）

子曰：“谁能出不由[1]户？何莫由斯道[2]也？”

【注释】

［1］由：经由，经过。

［2］斯道：指孔子所诲示的为“仁”之道，即其所谓“一以贯之”之“道”。斯，这。《孟子·尽心下》：“仁也者，人也；合而言之，道也。”

【译文】

夫子说：“谁能够不经过门就走出屋子呢？（做人）哪里能不走这条为‘仁’之路呢？”

（十八）

子曰：“质胜文则野[1]，文胜质则史[2]。文质彬彬[3]，然后君子。”

【注释】

[1] 质胜文则野：质朴胜过文采就会显得粗野。质，质朴。文，文采、文备。胜，超过。《礼记·仲尼燕居》："子曰：敬而不中（zhòng）礼谓之野，恭而不中礼谓之给。"（野，鄙俚。给，过分。恭而不中礼，或即"足恭"，过分谦恭；中，合，符合。）

[2] 文胜质则史：文采胜过质朴就会流于虚饰。史，虚饰，浮夸。《仪礼·聘礼》："辞多则史。"

[3] 文质彬彬：文与质配称相得。《论语·颜渊》："棘子成曰：'君子质而已矣，何以文为？'子贡曰：'惜乎，夫子之说君子也！驷不及舌。文犹质也，质犹文也。虎豹之鞟（kuò）犹犬羊之鞟。'"《淮南子·缪称训》："文者，所以接物也，情系于中而欲发外者也。以文灭情则失情，以情灭文则失文；文情理通，则凤麟极矣。"（中，内心。凤麟，凤凰与麒麟；"凤麟极"，比喻文情配称而相融的情形十分罕见。极，至，到达。）

【译文】

夫子说："质朴胜过文采就会显得粗野，文采胜过质朴就会流于虚饰。文采与质朴配称得当，才能成就为一个君子。"

（十九）

子曰："人之生也直，罔[1]之生也幸[2]而免。"

【注释】

［1］罔：与“直”相对而称，意为不直、不诚。宋儒程颢本汉经学家郑玄之意而谓：“生理本直。罔，不直也。而亦生者，幸而免尔”（见朱熹：《四书集注·论语集注》卷三）。汉经学家马融注云：“人之所以生于世而自终者，以其正直也”（马融：《论语训说》）。今从郑、程之说。《论语·卫灵公》：“斯民也，三代之所以直道而行也。”

［2］幸：侥幸。

【译文】

夫子说：“人的生性本直，那些不正直的人得以生存于世实在是一种侥幸——幸而被体现公意的直道所约束，得以免于由不直带来的祸患。”

（二十）

子曰：“知之者不如好[1]之者，好之者不如乐[2]之者。”

【注释】

［1］好：喜好。此“好”即“有颜回者好学”（见本篇）之“好”。

［2］乐：此“乐”即“一箪食，一瓢饮，在陋巷，人不堪其忧，回也不改其乐”（见本篇）之“乐”。《淮南子·缪称训》：“故同味而嗜厚膊者，必其甘之者也；同师而超群者，必其乐之者也。弗甘弗乐而能为表者，未之闻也。”（厚膊，大块的肉；膊，切成块的肉。甘，嗜好。表，表率；特出。）

【译文】

夫子说：“懂得了某种义理，不如喜好这种义理；喜好这种义理，不如乐于依这义理而行。”

（二十一）

子曰：“中人[1]以上，可以语上[2]也；中人以下，不可以语上也。”

【注释】

［1］中人：资禀中等的人，常人。《穀梁传·僖公二年》：“且夫玩好在耳目之前，而患在一国之后，此中知以上乃能虑之。臣料，虞君中知以下也。”（玩好，供玩赏的奇珍异宝。患，祸患，隐患。中知，即中智，中等才智者。料，揣测，估量。）

［2］语上：讲述高深的道理。语，告诉。

【译文】

夫子说："对资禀在中等以上的人，可以讲述高深的义理；对资禀在中等以下的人，不可以（一下子就）讲述高深的义理。"

（二十二）

樊迟问知，子曰："务民之义[1]，敬鬼神而远之[2]，可谓知矣。"问仁，曰："仁者先难而后获[3]，可谓仁矣。"

【注释】

[1] 务民之义：致力于对百姓来说相宜的事。务，事，致力。义，宜。《礼记·中庸》："义者宜也，尊贤为大。"

[2] 敬鬼神而远之：对鬼神敬而远之。《礼记·表记》："子曰：'夏道尊命，事鬼敬神而远之，近人而忠焉；先禄而后威，先赏而后罚，亲而不尊。其民之敝，惷而愚，乔而野，朴而不文。殷人尊神，率民以事神；先鬼而后礼，先罚而后赏，尊而不亲。其民之敝，荡而不静，胜而无耻。周人尊礼尚施，事鬼敬神而远之，近人而忠焉；其赏罚用爵列，亲而不尊。其民之敝，利而巧，文而不惭，贼而蔽。'"（尊，尊崇。敝，弊病。乔，任性。荡，放荡不定。胜，陵，欺凌。文，文饰。贼，狡

黠［xiá］。蔽，掩盖，蒙蔽。）

［3］先难而后获：首先考虑如何从难处做起，而不计较收获的多寡。《论语·颜渊》："先事后得，非崇德与？"

【译文】

樊迟问怎样才算是"智"，夫子说："致力于对百姓来说相宜的事，对鬼神敬而远之，就可以称得上'智'了。"樊迟又问怎样才算是"仁"，夫子说："首先考虑如何从难处做起，而不计较收获的多寡，能做到这样就可以称得上'仁'了。"

（二十三）

子曰："知者乐水[1]，仁者乐山[2]；知者动，仁者静；知者乐，仁者寿。"

【注释】

［1］乐（yào）水：乐于像水一般的灵动，与后面所说"知者动""知者乐"相应。乐，喜好。

［2］乐山：乐于像山一般的宁静，与后面所说"仁者静""仁者寿"相应。

【译文】

夫子说："智者喜好像水那样，仁者乐于像山那样；智者趋于灵动，仁者安于宁静；智者常乐，仁者长寿。"

(二十四)

子曰："齐一变，至于鲁[1]；鲁一变，至于道[2]。"

【注释】

[1] 齐一变，至于鲁：齐国一变革，就可以达到鲁国的状态。刘向《说苑·政理》："齐之所以不如鲁者，太公之贤不如伯禽。伯禽与太公俱受封而各之国，三年，太公来朝。周公问曰：'何治之疾也？'对曰：'尊贤，先疏后亲，先义后仁也。'此霸者之迹也。周公曰：'太公之泽及五世。'五年，伯禽来朝。周公问曰：'何治之难？'对曰：'亲亲者，先内后外，先仁后义也。'此王者之迹也。周公曰：'鲁之泽及十世。'故鲁有王迹者，仁厚也；齐有霸迹者，武政也。齐之所以不如鲁也，太公之贤不如伯禽也。"（疾，快，急速。迹，迹象；业绩。难，困难，不易。）

[2] 鲁一变，至于道：鲁国一变革，就可以达到先王之道的水准了。《礼记·礼运》："孔子曰：'於呼哀哉！我观周道，

幽厉伤之，吾舍鲁何适矣？鲁之郊禘，非礼也，周公其衰矣！’”（适，往，至。郊禘，古帝王以祖先配祭昊天上帝。）《礼记·明堂位》：“凡四代之服、器、官，鲁兼用之。是故，鲁，王礼也，天下传之久矣。君臣未尝相弑也，礼乐刑法政俗，未尝相变也。天下以为有道之国，是故天下资礼乐焉。”（资，具有。）

【译文】

夫子说：“齐国一变革，就可以达到鲁国的程度。鲁国一变革，就可以达到先王之道的水准了。”

（二十五）

子曰：“觚[1]不觚[2]，觚哉！觚哉！”

【注释】

［1］觚（gū）：古时的一种酒器，其形上圆下方，有棱角。后改为圆形，不再有棱角。

［2］不觚：以觚不再是先前的觚喻礼不再是先前的礼，以觚失其形喻礼失其制。《论语·颜渊》：“齐景公问政于孔子，孔子对曰：‘君君，臣臣，父父，子子。’公曰：‘善哉！信如君不君，臣不臣，父不父，子不子，虽有粟，吾得而食诸？’”

【译文】

夫子说："觚不像是觚了，这哪里算是觚啊！这哪里算是觚啊！"

（二十六）

宰我问曰："仁者，虽告之曰'井有仁焉'，其从之也？"子曰："何为其然也？君子可逝[1]也，不可陷也。可欺也，不可罔也[2]。"

【注释】

[1] 逝：往。

[2] 可欺也，不可罔也：可以被诳骗，但不会因为被骗而愚惑。罔，迷惑。《孟子·万章上》："昔者有馈生鱼于郑子产，子产使校人畜之池。校人烹之，反命曰：'始舍之，圉（yǔ）圉焉；少则洋洋焉；攸然而逝。'子产曰：'得其所哉！得其所哉！'校人出，曰：'孰谓子产智？予既烹而食之，曰：得其所哉！得其所哉！'故君子可欺以其方，难罔以非其道。"（馈，赠送。生鱼，活鱼。校人，管理池沼的小吏。蓄，养。反命，复命。舍，放开。圉圉，困而未舒的样子。洋洋，舒缓摇尾的样子。攸然，一下子；迅疾的样子。方，方正。）

【译文】

宰我问夫子："一位仁者，告诉他'井里掉下去一个人'，他会跟着跳下去救吗?"夫子说："为什么会这样呢？君子可以去井边想办法救人，不会让自己也陷到井中。他可以被诳骗，但不会因为被骗而（变得）愚惑。"

（二十七）

子曰："君子博学于文[1]，约之以礼[2]，亦可以弗畔[3]矣夫。"

【注释】

[1] 博学于文：广博地修习《诗》《书》等古人所传之典籍。文，指《诗》《书》等典籍。

[2] 约之以礼：以礼仪规范约束自身。约，约束。《论语·子罕》："颜渊喟然叹曰：'……夫子循循然善诱人，博我以文，约我以礼……'"

[3] 弗畔：不违背道。畔，通"叛"，违背。

【译文】

夫子说："广博地修习《诗》《书》等典籍，以礼仪规范约束自己的行为，这样也就可以不至于违背那为仁之道了。"

（二十八）

子见南子[1]，子路不说。夫子矢[2]之曰："予所否[3]者，天厌[4]之！天厌之！"

【注释】

[1] 南子：卫灵公夫人。把持卫国朝政，有淫行。《史记·孔子世家》："（孔子）反乎卫，主蘧（qú）伯玉家。灵公夫人有南子者，使人谓孔子曰：'四方之君子不辱，欲与寡君为兄弟者，必见寡小君。寡小君愿见。'孔子辞谢，不得已而见之。夫人在絺（chī）帷中，孔子入门，北面稽（qǐ）首。夫人自帷中再拜，环佩玉声璆（qiú）然。孔子曰：'吾乡为弗见，见之礼答焉。'"（反，返。主，寓居。絺帷，细葛布帷幕；絺，细葛布。稽首，叩头至地。璆然，形容珮玉相击的声音。乡，原来。弗见，不见。礼答，以礼应对。）

[2] 矢：誓。

[3] 否：不是；指不合礼之处。

[4] 厌：厌弃。

【译文】

夫子拜见南子，子路不高兴。夫子发誓说："我的所为若有不合于礼的地方，那就让上天厌弃我吧！让上天厌弃我吧！”

（二十九）

子曰：“中庸[1]之为德也，其至[2]矣乎！民鲜久矣。”

【注释】

［1］中庸：一种常则，以之判别行为的“过”和“不及”。朱熹《四书集注·论语集注》引程子语：“不偏之谓中，不易之谓庸。中者天下之正道，庸者天下之定理。”《礼记·中庸》：“子曰：‘天下国家可均也，爵禄可辞也，白刃可蹈也，中庸不可能也。’”“君子依乎中庸，遯世不见知而不悔，唯圣者能之。”（遯世，即遁世，避世隐居。不见知，不被人知。）

［2］至：极。

【译文】

夫子说：“中庸作为一种道德准则，该是至高了吧！人们很久以来很少遵行这一准则了。”

（三十）

子贡曰：“如有博施于民而能济众，何如？可谓仁乎？”子曰："何事于仁[1]，必也圣乎！尧舜其犹病[2]诸！夫仁者，己欲立而立人，己欲达而达人。能近取譬[3]，可谓仁之方[4]也已。"

【注释】

[1] 何事于仁：何止于仁。事，止，仅。

[2] 病：有所不足；缺点，疵病。

[3] 近取譬：切近己身取譬相喻。

[4] 仁之方：领悟仁德而修养仁德的方法或途径。

【译文】

子贡问夫子："若是有人广博地施惠于百姓而能周济众人，这个人如何？可以称得上仁人了吧？"夫子说："何止是仁人，那一定是圣人了！就是尧舜还怕是做得不够呢！一个仁人，自己想树立的会帮助别人去树立，自己想达到的会帮助别人去达到。能切近自身取譬相喻，从而推己及人，这可以说就是修养仁德而领悟仁德的方法了。"

疏　解

《雍也》三十章，前十六章接《公冶长》，依然借人物品题诲示一种价值导向确然的教化；后十四章论"文质彬彬"，"人之生也直”，“知之”与“好之”、“乐之”的关系及“知者”、“仁者”、“中庸”等，看似头绪多端，却仍是以“为仁”之“道”为一以贯之的义理线索。前面各章所品题人物多是孔门弟子，喻示于其中的教诲可以“女为君子儒，无为小人儒”（第十三章）做概括。后面各章所述义理当是此前人物品题的价值尺度所在，对其做贯通的理解，则可视“文质彬彬”章（第十八章）、“中庸之为德”章（第二十九章）为纽结。

在孔门的众多弟子中，孔子最赏识的是颜回。“回也，其心三月不违仁，其余则日月至焉而已矣”（第七章）。与其他“日月至焉”的同门比较，唯独颜回能做到“其心三月不违仁”。孔子对颜回的这个评价，同他所谓“贤哉，回也！一箪食，一瓢饮，在陋巷，人不堪其忧，回也不改其乐”（第十一章）是一致的，也同他所谓“有颜回者好学，不迁怒，不贰过。不幸短命死矣！今也则亡，未闻好学者也”（第三章）相应和。《史记·孔子世家》载：孔子厄于陈、蔡，察觉弟子们有愠忿之心，于是先后传唤子路、子贡、颜回，借诗句“匪兕匪虎，率彼旷野”发问：“吾道非邪，吾何为于此?”他得到的是三种回答。子路说：“我怀疑，是不是我们还没有做到仁，还难以取信于人？是不是我们还没有达到智，还难以让别人推行我们的主张?”子贡说：“夫子的道太高深了，所以天下不能容受夫子。夫子何不稍稍降低一些，做些让步呢?”而颜回却说：“夫子的道极大，所以天下不能容受夫子。即使如此，夫子推行大道不被天下所容有什么可指责的？正是不见容于天下，才显现出君子的高尚！若是不修大道，那是我们的耻辱；我们修习大道而不被用于邦国的治理，这是那些当政者的耻辱。不为天下所容有什么可责怪的，不为天下所容，才正显示出君子不与世俗同流合污！”在危难时刻，子路的怀疑表明他对孔子推行的道的信念多少有所动摇，子贡的“盖少贬焉”（何不稍稍降低一些）以“求为容”的主张则显露出他对世道现状的某种妥协倾向，而颜回的“不容何病，不容然后见君子”的说法，所体现的却是一个以推行孔子之道自任的儒者“知其不可而为之”的殉道精神。孔子“饭疏食，饮水，曲肱而枕之，乐亦在其中”（《论语·述而》），其“乐”是乐于“仁”、乐于“道”，颜回“不改其乐”之“乐”，也是乐于“仁”、乐于“道”，就此而言，孔子对颜回的由衷赞叹乃是出于对“仁”之“道”或“为仁”之“道”的倾心慕求。

与颜回同以“德行”见长的孔门弟子，尚有闵损（子骞）、冉耕（伯牛）、冉雍（仲弓）等（《论语·先进》：“德行：颜渊，闵子骞，冉伯牛，仲弓”）。《雍也》中记载闵子骞的文字只有一则，即“季氏使闵子骞为费宰，闵子骞曰：‘善为我辞焉！如有复我者，则吾必在汶上矣！’”（第九章）此外，《先进》辑有两则孔子赞叹他的这位弟子的话语，一则为“孝哉闵子骞！人不间于其父母昆弟之言”（闵子骞真是孝顺的人啊！人们对他父母兄弟夸奖他的话一向没有异议），一则为“夫人不言，言必有中”（这个人不轻易说话，一开口就一定能切中要害）。从这几段文字可以看出，闵子骞不仅以恪行孝道著称乡里，也还是一个富于慧识卓见的人。其终身不仕是发人深省的，它表明孔门习“仁”修“道”并不以爵禄为鹄的，而儒家之道虽亦当体现于政事，却也绝不因此而尽于或止于政事。

孔子从未就“从政”一事劝导或评说过颜渊、闵子骞和冉伯牛，在列于“德行”科的弟子中冉雍的从政素养是最受孔子推重的。在孔子看来，“由也果”“赐也达”“求也艺”（第八章），“从政”对于他们都不是件难事，但他分外要称说的则是：“雍也，可使南面”（第一章），“犁牛之子骍且角，虽欲勿用，山川其舍诸?”（第六章）仲弓被许以“可使南面”，这在孔门众弟子中是绝无仅有的。虽然冉有、子路更以“政事”见长，但孔子依然认为仲弓是从政的最佳人选，这也许与他更看重“为政”者的“仁”德修养不无关系——尽管在有人以“仁而不佞”评价仲弓时，孔子只是含蓄地说：“不知其仁，焉用佞?”（《论语·公冶长》）

孔子也时时批评他的弟子，申枨的多“欲”（《论语·公冶长》）、樊须的“请学稼”“请学为圃”（《论语·子路》）都曾见责于孔子，对于樊须的学稼、学为圃，孔子甚至有“小人哉，樊须也”之叹，但他训责最多、最重的还是冉求和宰予。“宰予昼寝”，孔子说他“朽木不可雕也，粪土之墙不可杇也”（《论语·公冶长》）；宰予以为三年之丧“期已久矣”而安于在丧期未满时“食夫稻，衣夫锦”，孔子斥责他“予之不仁也”（《论语·阳货》）。冉求做季氏的家臣而“为之聚敛”，孔子为此乃至向他的所有弟子申明：“（求）非吾徒也！小子鸣鼓而攻之可也!”（《论语·先进》）此外，《雍也》也辑有冉求与孔子的这样一段对话：“冉求曰：‘非不说子之道，力不足也。’子曰：‘力不足者，中道而废。今女画’”（第十二章）。从孔子批评冉求、宰予等的这些话语和说这些话时的语气看，他显然敏锐地感觉到了自己弟子中的某种向“小人儒”滑落的倾向。所以，在一次同子夏谈话时，他要谆谆告诫这位比他小四十四岁而“始可与言《诗》”的学生：“女为君子儒，无为小人儒”（第十三章）。“小人儒”不必即是在德行品操上与“君子”对举的“小人”，但相对于习“仁”弘“道”的“君子儒”，“小人儒”则已落在把“儒”术士化——由修习“六艺”而求得一专之能以谋取名利——的格局上。孔子所谓“君子儒”“小人儒”的说法，是对子夏的劝勉，也是对所有儒门弟子的训示；他这样说，是要那些愿意以他为师的人在儒家之教（“率性之谓道，修道之谓教”）的意义上做一个真正的儒者。

在“不有祝鮀之佞，而有宋朝之美，难乎免于今之世”（第十六章）的衰世，孔子虽以“德不孤，必有邻”（《论语·里仁》）自勉而勉人，但终于不免于“谁能出不由户？何莫由斯道也”（第十七章）之叹。孔子有其一以贯之之“道”，这“道”与老子之“道”通而不同。老子之道“法自然”而以“素”“朴”为价值取向，以“见素抱朴”（《老子》十九章）或“复归于朴”（《老子》二十八章）为最后归着；孔子之道“依于仁”而追本溯源于人之性情自然中的那份真切，这真切的生命根茇（bá）与“素”“朴”相通而与“文”对举，被称为“质”。孔子重“质”，但不停留在与“素”“朴”相通的“质”上，他以“绘事后素”（《论语·八佾》）所要喻说的是“文”（“绘事”）后于“质”（“素”），而“文”后于“质”既意味着“文”须得以“质”为根底，也意味着“质”的根底上亦当有“文”的创设。因此，在他看来，“质胜文则野，文胜质则史”（第十八章），只有保持“质”与“文”的张力而臻于“文质彬彬”才可能把人成全为所谓“君子”。孔子由此说“君子”是在倡导一种儒风，一种人生格范，也是在表达他对一种“文”“质”相配相称的世间风尚和某种社会人文理想的期待。当他说子桑伯子“可也，简”（第二章）或所谓“人之生也直”（第十九章）时，他更多地对人之生命中所必要的“质”的真切做了肯定；当他说“君子博学于文，约之以礼”（第二十七章）时，他则更大程度地对人必当有的“文”做了强调。然而，这里肯定“质”是关联着

“文”的，一如强调“文”乃是把“质”当作了它的一个不言而喻的前提。师从孔子前的澹台灭明“行不由径”（第十四章），所显现的更多是一个人的“质”的拙真，而像颜回那样“其心三月不违仁”，则方可说是“文”“质”兼备而至于“彬彬”了。

如果说“小人儒”并不是孔子对他弟子中的某个人的专指，那么，颜回却正可以说是他心目中的“君子儒”的一个范本。颜回知“仁”、好（喜好）“仁”而“乐”于“仁”。单就“知”而言，“知”不要求对所知的拥抱，也不表示对所知的厌弃。“知”的这种不染涉意欲与性情的品格，使所知在知者的真实生命中无所确立。真正与生命相关是从“好”开始的，“好”这里有认同的判断，但认同所不能没有的决断必致践履中的“好”者更多地留下好恶的圭角，只有“乐”才可能荡去“好”的意致，化所“好”为一种中和之情。所谓“回也不改其乐”之“乐”，说的就是这种“乐”，这种“乐”涵盖了“知”“好”却又不停留于“知”“好”。所以，也正是在这个意义上，孔子说：“知之者不如好之者，好之者不如乐之者”（第二十章）。不过，对于儒家之教而言，真正的“知”是不可能在“好”而“乐”之的生命践履之外的，就是说，对“仁”的不失其真谛的“知”终究只是在“好”仁而“乐”于“仁”的践履中才有可能，而这样的关联着仁之真趣的“知”已经堪谓之“智”。就此而言，真正的“智”者自当也是“仁”者，而真正的“仁”者也必定会是“智”者。“知（智）者乐水，仁者乐山；知（智）者动，仁者静；知（智）者乐，仁者寿”（第二十三章），当孔子这样说时，他看似把“知（智）”和“仁”分别为二了，实际上却是在告诉人们，他所谓“知（智）”一定是对“仁”有所体会因而有所了悟的“知（智）”，他所谓“仁”也一定是由“知”仁而达到“乐”于仁的那种被觉悟却又忘神于其中的“仁”。“山”“水”相辅所喻说的是“仁”“知（智）”互成，“动”“静”相依所示意的是“仁”“知（智）”不离；“知（智）者乐”是“乐”其“道”，“仁者寿”是“寿”其“道”（“道”因“仁”者的修为而久远），这“道”说到底，乃是“仁”之“道”或“为仁”之“道”。

“仁”道至大，“仁”道亦至近。就其至大而言，可至于“博施于民而能济众”，“必也圣”；就其至近而言，一个人倘动念于“己欲立而立人，己欲达而达人”，那就已经是在亲切地践行“仁”了。在践行中切近自身的体验取譬相喻而推己及人，如此“近取譬”，依孔子的说法就是“仁之方”（第三十章）。从切近处做起，存心并致力于至大至高的境地，这在儒家率性修道的践履中走的是所谓“中庸”之途。“中庸之为德也，其至矣乎！”（第二十九章）孔子这里所说的“至”，指的是一种尽其完满而无以复加的境地。德行之“仁”的“至”境是“仁”的形而上之境（“形而上者谓之道”）或“圣”境，由于它永远不可能全然实现在形而下的修养践履中，所以孔子又这样称道“中庸”——他说：“天下国家可均也，爵禄可辞也，白刃可蹈也，中庸不可能也”（《礼记·中庸》）。严格说来，天下国家的治理、爵禄的得失、足蹈白刃那样的令人发怵的行为，都在经验世界的范围内，而“中庸”所确指的那一虚灵的境地则不属于经验世界。一如经验世界的圆形必得以非经验世界的几何学意义上的圆为理想之境或判断其圆到何种程度的标准，现实人生中的“仁”德而“仁”道的修习，须以“仁”的至境或“中庸”所指示的极致情状为祈向。“中庸”的境地是至上的境地，它并不是“中人以下”的人可轻易理解的，因而也不是对“中人以下”的人可径直言喻的（见第二十一章）。正因为这样，所以孔子也说：“君子依乎中庸，遁世不见知而不悔，唯圣者能之”（《礼记·中庸》）。

述而第七

(一)

子曰："述而不作[1]，信而好古[2]，窃[3]比于我老彭[4]。"

【注释】

[1] 述而不作：传述已有典章、文献而不经意创作。述，传述，传述旧有。作，创作，始创新制。《礼记·中庸》："今天下车同轨，书同文，行同伦。虽有其位，苟无其德，不敢作礼乐焉；虽有其德，苟无其位，亦不敢作礼乐焉。"

[2] 信而好古：信奉先圣先贤而喜好古时风尚。《礼记·中

庸》："仲尼祖述尧舜，宪章文武；上律天时，下袭水土。"（祖述，师法而称述。宪章，效法而彰明。律，取法。袭，顺应。）

［3］窃：私下，私自。

［4］老彭：商时大夫，"好述古事"，有贤名。《大戴礼记·虞戴德》："昔商老彭及仲傀（kuǐ），政之教大夫，官之教士，技之教庶人，扬则抑，抑则扬，缀（zhuì）以德行，不任以言。"（仲傀，商汤时的左相。政之教大夫，教大夫为政。缀，合。任，任用。）

【译文】

夫子说："传述已有典章、文献而不经意创作，信奉先圣先贤而喜好古时风尚，我私下以老彭自比。"

（二）

子曰："默而识之[1]，学而不厌，诲人不倦，何有于我哉[2]？"

【注释】

［1］默而识之：于无言处心领神会。朱熹注："识，记也。默识，谓不言而存诸心也。一说，识，知也，不言而心解也。前说近是。"朱子取前说，今则取后说。焦竑（hóng）《焦氏笔

乘》："孔子言默而识之，非默于口也，默于心也。默于心者，言思路断，心行处灭，而豁然有契焉，以无情契之也。以无情契之，犹其以无言契之也。故命之曰默。"（契，合。无情，无意，不经意。）

[2] 何有于我哉：可解为"这些对于我有何难呢"，亦可解为"此外我还有什么呢"。今依后解。《孟子·公孙丑上》："昔者子贡问于孔子曰：'夫子圣矣乎?'孔子曰：'圣则吾不能，我学不厌而教不倦也。'子贡曰：'学不厌，智也；教不倦，仁也。仁且智，夫子既圣矣。'"

【译文】

夫子说："不言而默契为仁之道，勤学不厌，教人不倦，除此之外我还有什么呢?"

（三）

子曰："德之不修[1]，学之不讲[2]，闻义不能徙，不善不能改[3]，是吾忧也。"

【注释】

[1] 德之不修：不修养德性。《易·蹇·象》："山上有水，

蹇（jiǎn）。君子以反身修德。”（蹇，《易》六十四卦之一，其卦爻辞多述行旅艰难、困苦。反身，自我检束。）

［2］学之不讲：不讲习学问。《易·兑·象》：“丽泽，兑。君子以朋友讲习。”（兑，《易》八经卦之一，又为六十四重卦之一。作为重卦的兑，卦象为两泽相重或相连，遂有“丽泽”之说。丽泽，两沼泽相连；丽，连。）

［3］闻义不能徙，不善不能改：听到合于道义的事不能主动去做，有了不善的言行不能自觉改正。徙，迁，趋向。《易·益·象》：“风雷，益。君子以见善则迁，有过则改。”（益，《易》六十四卦之一，卦象为上巽下震或上风下雷，遂释益以“风雷”。）

【译文】

夫子说：“不修养德性，不讲习学问，听到合于道义的事不能主动去做，有了不善的言行不能自觉改正，这是我所忧虑的。”

（四）

子之燕居[1]，申申[2]如也，夭夭[3]如也。

【注释】

［1］燕居：闲居。

[2] 申申：和舒，舒展。

[3] 夭夭：和悦，和乐。

【译文】

夫子闲居在家的时候，举止舒展，神色和悦。

（五）

子曰："甚矣吾衰[1]也！久矣吾不复梦见周公[2]！"

【注释】

[1] 衰：衰老。孔子晚年叹"吾衰"，亦是叹道之不行于衰世。

[2] 不复梦见周公：不再梦见周公。由"梦见周公"可知孔子复兴周道之心志。周公，姓姬名旦，周文王子，武王弟，成王叔，鲁国国君之祖。其相传为周制礼作乐，是孔子终生心仪的人物之一。《吕氏春秋·不苟论·博志》："盖闻孔丘、墨翟昼日讽诵习业，夜亲见文王、周公旦而问焉。用志如此其精也，何事而不达？何为而不成？故曰：精而熟之，鬼将告之。非鬼告之也，精而熟之也。"（讽诵，诵读；背诵。习业，钻研学业。）

【译文】

夫子说："我衰老得多厉害啊！很久了，我再也没有梦到周公了！”

（六）

子曰：“志于道，据于德，依于仁[1]，游于艺[2]。”

【注释】

[1] 依于仁：依重于仁。孔子、老子皆讲“道”“德”，由“法自然”而讲的“道”“德”是道家的“道”“德”，由“依于仁”而讲的“道”“德”是儒家的“道”“德”。

[2] 游于艺：游憩于艺。孔子之前的“艺”，指礼、乐、射、御、书、数；孔子之后的“艺”，乃为礼、乐、《书》、《诗》、《易》、《春秋》。此章所谓“游于艺”与“依于仁”相应，其“艺”当为后者。《礼记·学记》：“不兴其艺，不能乐学。故君子之于学也，藏焉，修焉，息焉，游焉。夫然，故安其学而亲其师，乐其友而信其道。是以虽离师辅而不反。”（藏［zāng］，通“臧”，爱好。修，修习。息，栖止。游，游憩。师辅，师友。反，违反。）

【译文】

夫子说：“立志于道，恪守于德，依重于仁，游憩于艺。”

（七）

子曰："自行束脩[1]以上[2]，吾未尝无诲焉。"

【注释】

[1] 束脩：以一束干肉为礼。古时束脩为薄礼。束，十条为一束。脩，脯，干肉。

[2] 上：送上。依礼，求学者当主动送上一份礼物给师长，表示愿意接受其教诲。

【译文】

夫子说："凡是主动以束脩之礼来求学的，我从来没有不予教诲的。"

（八）

子曰："不愤不启[1]，不悱不发[2]。举一隅不以三隅反[3]，则不复也。"

【注释】

[1] 不愤不启：不到苦思冥索而欲通未通时不予开导。愤，

气郁结，烦闷；此处之“愤”，如朱熹所注“心求通而未得之意”。启，开，开导。

［2］不悱（fěi）不发：不到想表达而难以说出时不予启发。悱，忧怨郁结；此处之“悱”，如朱熹所注“口欲言而未能之貌”。《孟子·尽心上》：“大匠不为拙工改废绳墨，羿不为拙射变其彀（gòu）率。君子引而不发，跃如也。中道而立，能者从之。”（拙工，笨拙的工匠。改废，更改废除。绳墨，木匠画直线用的工具，比喻一定的规矩、准则。彀率，弓张开的可能大的限度。引而不发，拉满弓而不把箭射出去，比喻善于引导而不代庖。跃如也，跃跃欲射的样子。中道而立，立于中正之道。）《礼记·学记》：“记问之学，不足以为人师，必也其听语乎！力不能问，然后语之；语之而不知，虽舍之可也。”（记问之学，记诵、问答的知识性学问。为人师，做他人的老师。）

［3］举一隅不以三隅反：举出屋子的一个角落而不能由此类推屋子的另三个角落。隅，角落。反，类推。

【译文】

夫子说：“（对于弟子）不到他苦思冥想而欲通未通时不去开导他，不到他想要表达而难以确切说出口时不去启发他。举出屋子的一个角落而不能由此类推屋子的另三个角落，我就不再说下去了。”

（九）

子食于有丧者之侧[1]，未尝饱[2]也。

【注释】

[1] 有丧者之侧：家有丧事的人旁边。

[2] 未尝饱：不曾吃饱过。《礼记·檀弓上》："食于有丧者之侧，未尝饱也。"

【译文】

夫子在有丧事的人旁边进食，从没有吃饱过。

（十）

子于是日[1]哭，则不歌[2]。

【注释】

[1] 是日：这一天。倘与上一章合解，"是日"当是吊丧之日。

[2] 不歌：不再歌唱。由此可推知，孔子平日或有抚弦歌唱的习惯。《礼记·曲礼上》："哭日不歌。"《礼记·檀弓下》：

“吊于人，是日不乐。”

【译文】

夫子在这一天（吊丧）哭泣过，就不再唱歌。

（十一）

子谓颜渊曰：“用之则行，舍之则藏[1]，惟我与尔有是夫！”子路曰：“子行三军则谁与[2]？”子曰：“暴虎冯河[3]，死而无悔者，吾不与也。必也临事而惧[4]，好谋而成[5]者也。”

【注释】

[1] 用之则行，舍之则藏：被任用，就推行自己的主张，不见用，就把自己的主张收起来，用、舍、行、藏都恪守道义，安于自己的遭际。《论语·季氏》：“隐居以求其志，行义以达其道。”《孟子·公孙丑上》：“可以仕则仕，可以止则止，可以久则久，可以速则速，孔子也。”《孟子·尽心上》：“故士穷不失义，达不离道。穷不失义，故士得己焉；达不离道，故民不失望焉。古之人，得志，泽加于民；不得志，修身见于世。穷则独善其身，达则兼善天下。”（得己，不失己，不失己志。得志，志向得以实现。泽加于民，施恩泽于百姓。）

［2］谁与：与谁在一起。与，赞同；共事。

［3］暴虎冯（píng）河：徒手与虎搏斗，徒步涉水过河。冯，蹚（tāng）水而渡。

［4］临事而惧：遇事谨慎。惧，警惕，谨慎。

［5］好谋而成：善于谋划而得以成功。

【译文】

夫子对颜渊说："被任用，就推行自己的主张，不见用，就把自己的主张收起来，用、舍、行、藏都恪守道义，安于自己的遭际。看来，只有我和你才能做到这样了。"子路说："要是夫子用兵的话，您会同谁在一起呢？"夫子说："我不会同那种徒手与虎搏斗、徒步冒险过河而死了都不知道后悔的人共事的。我要共事的，一定是遇事谨慎、善于谋划而能够把事办成的人。"

（十二）

子曰："富而[1]可求也，虽执鞭之士[2]，吾亦为之。如不可求，从吾所好。"

【注释】

［1］而：假设连词，与"如"通。

［2］执鞭之士：为王、公、侯、伯、子、男执鞭开路之人。依周礼，属下士。《周礼·秋官·条狼氏》："条狼氏，掌执鞭以趋辟（bì），王出入则八人夹道，公则六人，侯、伯则四人，子、男则二人。凡誓，执鞭以趋于前，且命之。"（趋辟，走在前面驱赶行人，使之回避车驾。誓，对将士发布告诫或约束性的号令。命，呼，呼唤。）

【译文】

夫子说："财富如果（依道义）是可求的，即使是那种为人执鞭开路的差事，我也愿去做。如果（依道义）是不可求的，我还是信从我所喜好的道义吧。"

（十三）

子之所慎[1]：齐[2]，战，疾[3]。

【注释】

［1］慎：谨慎。

［2］齐（zhāi）：通"斋"，斋戒。《论语·乡党》："齐，必有明衣，布。齐必变食，居必迁坐。"

［3］疾：这里指瘟疫。

【译文】

夫子谨慎对待的三件事是：斋戒，战争，瘟疫。

（十四）

子在齐闻《韶》[1]，三月不知肉味。曰："不图[2]为乐之至于斯也！"

【注释】

［1］《韶》：相传为舜时的乐曲。《论语·八佾》："子谓《韶》：'尽美矣，又尽善也。'"《史记·孔子世家》："鲁乱，孔子适齐，为高昭子家臣，欲以通乎景公。与齐太师语乐。闻《韶》音，学之，三月不知肉味。"

［2］不图：不意，想不到。

【译文】

夫子在齐国听到《韶》的乐章，竟长时间尝不出肉的味道。他说："想不到音乐之美居然到了这种境地！"

（十五）

冉有曰："夫子为[1]卫君[2]乎？"子贡曰："诺，吾将问之。"

入，曰："伯夷、叔齐[3]何人也？"曰："古之贤人也。"曰："怨乎？"曰："求仁而得仁，又何怨？"出，曰："夫子不为也。"

【注释】

［1］为：帮助，辅佐。

［2］卫君：当时的卫国君主为卫出公（辄［zhé］），卫灵公之孙。灵公时，太子蒯（kuǎi）聩（kuì）不为灵公夫人南子所容，亡命晋国。灵公死，卫国立蒯聩之子辄为君。时晋国赵鞅以送蒯聩为名率兵攻卫，卫以抵御晋而拒绝蒯聩回国。蒯聩与辄为父子关系，其争夺卫国君位与伯夷、叔齐兄弟相互推让君位以至于出走他国形成鲜明对比。

［3］伯夷、叔齐：商末孤竹国国君之子，互让君位，先后投周。后因反对武王伐纣，苦谏不果，遂又避居首阳山，不食周粟而死。《史记·伯夷列传》："伯夷、叔齐，孤竹君之二子也。父欲立叔齐。及父卒，叔齐让伯夷。伯夷曰：'父命也。'遂逃去。叔齐亦不肯立而逃之。国人立其中子。于是伯夷、叔齐闻西伯昌善养老，盍往归焉。"（西伯昌，文王姓姬名昌，时为西伯。）

【译文】

冉有问子贡："夫子会辅佐卫君吗？"子贡说："嗯，我去问问夫子。”子贡入见夫子，问：“伯夷、叔齐是什么样的人呢?”夫子说：“是古时候的贤人。”子贡又问：“他们心有怨恨吗?”夫子说：“他们求仁而得到了仁，又有什么怨恨可言呢?”子贡出来后对冉有说：“夫子是不会帮助在位的这位卫君的。”

（十六）

子曰：“饭疏食[1]，饮水[2]，曲肱[3]而枕之，乐亦在其中矣。不义而富且贵，于我如浮云[4]。”

【注释】

[1] 饭疏食：吃粗粮。疏食，粗粮。

[2] 饮水：喝冷水。古人以热水为汤，以冷水为水。

[3] 肱（gōng）：胳膊。

[4] 不义而富且贵，于我如浮云：不合于道义的富贵，在我看来就像浮云一样。《论语·里仁》：“富与贵，是人之所欲也，不以其道得之，不处也。贫与贱，是人之所恶也，不以其道得之，不去也。”

【译文】

夫子说：“吃粗粮，喝冷水，枕着弯过来的胳膊，乐趣也就在其中了。有背道义的那种富贵，在我看来就如同浮云一样。”

（十七）

子曰：“加[1]我数年，五十[2]以学《易》，可以无大过矣。”

【注释】

［1］加：或为“假”之误；假，授予，给予。《史记·孔子世家》：“孔子晚而喜《易》，序《彖》《系》《象》《说卦》《文言》。读《易》，韦编三绝。曰：‘假我数年，若是，我于《易》则彬彬矣。’”（韦编三绝，编缀竹简的皮绳断了多次；韦，皮绳。彬彬，文质兼备，这里当为完备之意。）

［2］五十：或为“卒”之误。朱熹注：“刘聘君见元城刘忠定公自言尝读他《论》，‘加’作假，‘五十’作卒。盖加、假声相近而误读，卒与五十字相似而误分也。”参照《史记·孔子世家》所载，此说虽为孤征，然于义略胜他解，可参酌。

【译文】

夫子说：“再给我几年时间，得以下功夫修习《易》，就可以没有大的过错了。”

（十八）

子所雅言[1]，《诗》、《书》、执礼[2]，皆雅言也。

【注释】

［1］雅言：周王朝京都地区语，亦称正言，犹如今人所谓国语，或“普通话”。《荀子·荣辱》：“越人安越，楚人安楚，君子安雅，是非知能材性然也，是注错习俗之节异也。”（知能，智力，才能。材性，资质，禀性。注错，即注措；措置，安排处置。节，礼节，规范。）《荀子·儒效》：“居楚而楚，居越而越，居夏而夏，是非天性，积靡使然也。”（积靡，顺其积习；靡，顺。）清人丹徒君著《骈枝》注“居夏安夏”“君子安雅”云：“‘雅’‘夏’古字通”，“雅之为言夏也”（见刘宝楠：《论语正义》卷八）。此“夏”即“华夏”“中夏”之“夏”，雅言即夏言，华夏通用之言。

［2］执礼：赞礼；执守礼制。《礼记·文王世子》：“瞽宗秋学礼，执礼者诏之。”（瞽宗，殷代学校名。诏，告知。）

【译文】

夫子有说雅言时，诵《诗》、读《书》、赞礼，都说雅言。

(十九)

叶公[1]问孔子于子路，子路不对[2]。子曰："女奚不曰：'其为人也，发愤忘食，乐以忘忧，不知老之将至云尔。'"

【注释】

[1] 叶（shè）公：楚国大夫沈诸梁，字子高。曾任叶城（今河南叶县南三十里）尹，僭称公。

[2] 不对：不知如何回答。

【译文】

叶公向子路问孔子是怎样一个人，子路一时不知如何回答他。夫子说："你为什么不这样说：他的为人呀，发愤起来会忘记吃饭，自得其乐会忘掉忧愁，以至于不知道衰老就在眼前了，如此而已。"

(二十)

子曰："我非生而知之[1]者，好古，敏以求之[2]者也。"

【注释】

［1］生而知之：生来就懂得义理。《论语·季氏》："孔子曰：'生而知之者，上也；学而知之者，次也；困而学之，又其次也；困而不学，民斯为下矣。'"《礼记·中庸》："或生而知之，或学而知之，或困而知之。及其知之，一也。"

［2］敏以求之：勤勉地探求义理。敏，勤勉。

【译文】

夫子说："我不是生来就懂得义理的人，我只是喜好古人的智慧，勤勉地探求它罢了。"

（二十一）

子不语怪[1]、力、乱、神[2]。

【注释】

［1］怪：怪异的传闻。《礼记·中庸》："子曰：'素（索）隐行怪，后世有述焉，吾弗为之矣。'"（素隐行怪，探求隐晦之事、行怪僻诡异之道。）《荀子·荣辱》："君子道其常，而小人道其怪。"（道，语，说。）

［2］神：鬼神。《淮南子·主术训》："（孔）子作为《春

秋》，不道鬼神。”《大戴礼记·曾子立事》：“君子乱言而弗殖，神言弗致也。”（乱言，涉及乱的话。殖，增，增加。神言，涉及神鬼的话。致，达，转达。）

【译文】

夫子不谈论怪异、暴力、悖乱、鬼神。

（二十二）

子曰：“三人行，必有我师[1]焉。择其善者而从之，其不善者而改之[2]。”

【注释】

［1］师：指随时随地可师法者，非指常师。《论语·子张》：“卫公孙朝问于子贡曰：‘仲尼焉学？’子贡曰：‘文武之道，未坠于地，在人。贤者识其大者，不贤者识其小者，莫不有文武之道焉。夫子焉不学？而亦何常师之有？’”

［2］择其善者而从之，其不善者而改之：选择那些优点而学习它们，注意那些缺点而改正它们。《论语·里仁》：“子曰：‘见贤思齐焉，见不贤而内自省也。’”

【译文】

夫子说："三人同行，其中一定有可以为我所师法的人。选择他们身上那些优点而学习它们，注意那些缺点而改正它们。"

(二十三)

子曰："天生德于予，桓魋[1]其如予何[2]？"

【注释】

[1] 桓魋（tuí）：宋国的司马向魋，因其是宋桓公的后代，所以又称桓魋。

[2] 其如予何：其奈我何。《史记·孔子世家》："孔子去曹，适宋，与弟子习礼大树下。宋司马桓魋欲杀孔子，拔其树。孔子去，弟子曰：'可以速矣。'孔子曰：'天生德于予，桓魋其如予何？'"

【译文】

夫子说："上天把大德赋予了我，桓魋又能把我怎么样呢？"

(二十四)

子曰："二三子以我为隐[1]乎？吾无隐乎尔。吾无行而不与二三子[2]者，是丘也。”

【注释】

［1］以我为隐：以为我有所隐匿。

［2］吾无行而不与二三子：我没有什么所行不曾晓示你们。与，示，晓示，示谕。《论语·阳货》：“子曰：‘予欲无言。’子贡曰：‘子如不言，则小子何述焉？’子曰：‘天何言哉？四时行焉，百物生焉，天何言哉？’”

【译文】

夫子说：“你们这些弟子以为我对你们隐匿了什么吗？我没有隐匿什么呀！我没有什么所行不曾晓示你们，这就是我孔丘的全部。”

（二十五）

子以四教：文[1]，行[2]，忠，信。

【注释】

［1］文：文献。《论语·公冶长》：“子贡曰：‘夫子之文章，可得而闻也……’”

［2］行：践行。《论语·卫灵公》："子张问行，子曰：'言忠信，行笃敬，虽蛮貊（mò）之邦行矣。言不忠信，行不笃敬，虽州里行乎哉？'"《荀子·修身》："道虽迩，不行不至；事虽小，不为不成。"

【译文】

夫子从四个方面教诲弟子：文献，践行，忠诚，守信。

（二十六）

子曰："圣人[1]，吾不得而见之矣，得见君子者，斯可矣。"子曰："善人[2]，吾不得而见之矣，得见有恒者[3]，斯可矣。亡而为有[4]，虚而为盈[5]，约而为泰[6]，难乎有恒矣。"

【注释】

［1］圣人：儒者以为通乎大道、辨乎万物而应变不穷的人。《孟子·尽心下》："可欲之谓善，有诸己之谓信，充实之谓美，充实而有光辉之谓大，大而化之之谓圣，圣而不可知之之谓神。"《荀子·哀公》："孔子曰：'人有五仪：有庸人，有士，有君子，有贤人，有大圣。'……哀公曰：'善！敢问何如斯可谓大圣矣？'孔子对曰：'所谓大圣者，知通乎大道，应变而不穷，辨

乎万物之情性者也。大道者，所以变化遂成万物也；情性者，所以理然不、取舍也。是故其事大辨乎天地，明察乎日月，总要万物于风雨，缪（mù）缪肫（zhūn）肫，其事不可循，若天之嗣，其事不可识，百姓浅然不识其邻，若此则可谓大圣矣。’”（仪，等，类。然不，然否，是与不是。总要，统领，总括。缪缪，穆穆，和而美。肫肫，精而密。嗣，通“司”，掌管。邻，界畔。）

［2］善人：德行高尚，堪称善之典范的人。

［3］有恒者：有恒心或有恒定操守的人。《孟子·梁惠王上》：“无恒产而有恒心者，惟士为能。”

［4］亡而为有：以没有冒充有。亡，无，没有。

［5］虚而为盈：以空虚冒充殷实。盈，丰足。

［6］约而为泰：以穷困强作富足。约，穷困。泰，富足，奢侈。

【译文】

夫子说：“圣人，我是见不着了，能够见到君子就可以了。”夫子又说：“善人，我是见不着了，能够见到有恒定操守的人就可以了。以没有冒充有，以空虚冒充殷实，以穷困强作富足，这样的人就难得说操守有恒了。”

（二十七）

子钓而不纲[1]，弋不射宿[2]。

【注释】

［1］钓而不纲：只以钓竿钓鱼，不以大绳系网绝流捕鱼。

［2］弋（yì）不射宿：以系着丝绳的箭射鸟，但不射栖于巢中的鸟。弋，以丝绳系箭而射。

【译文】

夫子只以钓竿钓鱼，不以大绳系网绝流捕鱼，以系着丝绳的箭射鸟，但不射栖于巢中的鸟。

（二十八）

子曰："盖有不知而作之者，我无是也。多闻，择其善者而从之，多见而识[1]之，知之次[2]也。"

【注释】

［1］识（zhì）：记，记住。

［2］知之次：历来学者多以"孔子曰：'生而知之者，上也；学而知之者，次也'"（《论语·季氏》）解这里的"次"，认为"知之次"为次于"生而知之者"。但从孔子所说"述而不作，信而好古"相推，这里的"知之次"或当指次于古圣贤创始之作。

【译文】

夫子说："大概有那种无知而妄意创作的人，我却从来没有这样做过。（我主张）多听各种见解，选择其中好的予以汲取；多看各种事物，记下它们，尽管这样获得的智慧比起古圣贤们的创制来次了一等。"

（二十九）

互乡[1]难与言，童子见，门人惑。子曰："与其进也，不与其退也，唯何甚？人洁己以进，与其洁也，不保其往也。"[2]

【注释】

［1］互乡：地名，现已难以确考。

［2］朱熹疑"子曰"句错简，认为"'人洁'至'往也'十四字，当在'与其进也'之前"。今依其说，将此句校改为："子曰：'人洁己以进，与其洁也，不保其往也。与其进也，不与其退也，唯何甚?'"与，赞成，赞同。保，守，可引申为"抓住"。甚，过分，可引申为"不妥当"。

【译文】

互乡这地方的人，多难以听人规劝。一次，这里的一个童子求见夫子，夫子见了他，弟子们感到疑惑。夫子说：“人家洁身以求上进，就应当肯定他这一点，不要只抓住他的以往。我赞许他上进，不希望他退堕，这有什么不妥当呢？”

（三十）

子曰：“仁远乎哉[1]？我欲仁，斯仁至矣[2]。”

【注释】

［1］仁远乎哉：仁离我们远吗？在这一设问中，其实已经隐含了答案。在孔子看来，“仁”在每个人的生命中都有其端倪或根荄，问题只在于对这端倪的觉悟和养润、提升。《论语·子罕》：“‘唐棣（dì）之华，偏其反而。岂不尔思？室是远而。’子曰：‘未之思也，夫何远之有？’”

［2］我欲仁，斯仁至矣：（只要）我想要仁，这仁就来了。《论语·颜渊》：“为仁由己，而由人乎哉？”

【译文】

夫子说：“仁离我们远吗？（只要）我想要仁，这仁就来了。”

（三十一）

陈司败[1]问："昭公[2]知礼乎？"孔子曰："知礼。"孔子退，揖巫马期[3]而进之，曰："吾闻君子不党[4]，君子亦党乎？君取于吴，为同姓，谓之吴孟子[5]。君而知礼，孰不知礼？"巫马期以告。子曰："丘也幸，苟有过[6]，人必知之。"

【注释】

[1] 陈司败：陈，指陈国；司败，即司寇，主管司法。《左传·文公十年》："（楚子西曰：）臣免于死，又有谗言，谓臣将逃，臣归死于司败也。"杜预注："陈、楚名司寇为司败。"亦有人谓陈司败是一姓陈名司败的人。现已不可考。

[2] 昭公：鲁昭公，名裯（chóu），襄公庶子。襄公死，裯继位为鲁君，"昭"为谥号。

[3] 巫马期：姓巫马，名施。孔子弟子。《史记·仲尼弟子列传》："巫马施，字子旗。少孔子三十岁。"

[4] 君子不党：君子不阿私，不偏袒。党，阿私，偏袒。《论语·卫灵公》："子曰：'君子矜而不争，群而不党。'"

[5] 君取于吴，为同姓，谓之吴孟子：鲁国君主（昭公）从吴国娶了一位夫人，鲁、吴公室皆姓姬，为掩饰其对"同姓

不婚”的礼制的违背，昭公称其夫人为“吴孟子”。《礼记·坊记》：“子云：取妻不取同姓，以厚别也。故买妾不知其姓，则卜之。”（厚别，大别。卜，占卜以问可否。）班固《白虎通·嫁娶》：“不娶同姓者，重人伦，防淫泆（yì），耻与禽兽同也。”（淫泆，淫乱。）《春秋·哀公十二年》：“夏五月甲辰，孟子卒。”《公羊传》曰：“孟子者何？昭公之夫人也。其称孟子何？讳娶同姓，盖吴女也。”

［6］过：过失，过错。这里孔子自称其过，是指为昭公违礼行为隐讳之事。孔子对昭公娶吴女这一同姓相婚的违礼行为并非不知，而是依礼为尊者讳，并把由此被指责的过失归于自己。《史记·仲尼弟子列传》：“臣不可言君亲之恶，为讳也，礼也。”（讳，避讳，隐瞒。）

【译文】

陈司败问孔子：“鲁昭公懂得礼吗？”孔子说：“懂礼。”孔子退出后，司败向巫马期作揖请他进去，说：“我听说君子是不偏袒什么人的，难道君子也会偏袒人吗？昭公从吴国娶了一个同姓的女人做夫人，为了掩饰这件事，称夫人为吴孟子。如果昭公也算懂得礼，那还有谁不懂礼呢？”巫马期把这些话告诉了夫子。夫子说：“我是幸运的，只要有了过错，别人一定会知道。”

（三十二）

子与人歌而善，必使反之[1]，而后和之[2]。

【注释】

[1] 反之：重复唱，再唱一遍。

[2] 和（hè）之：跟着唱，以声相应。

【译文】

夫子同别人一起唱歌，如果那个人唱得好，他一定会请他再唱一遍，然后跟着那个人相和而唱。

（三十三）

子曰："文[1]，莫[2]吾犹人也。躬行君子，则吾未之有得。"

【注释】

[1] 文：文献上的学问。

[2] 莫：或许，大约。

【译文】

夫子说："文献上的学问，我也许和别人差不多。就身体力行做一个君子而论，我还没有做到。"

（三十四）

子曰："若圣与仁，则吾岂敢[1]？抑[2]为之不厌，诲人不倦，则可谓云尔[3]已矣。"公西华曰："正唯弟子不能学也。"

【注释】

［1］若圣与仁，则吾岂敢：如果以圣和仁相称，那我如何敢当。《吕氏春秋·孟夏纪·尊师》："子贡问孔子曰：'后世将何以称夫子？'孔子曰：'吾何足以称哉？勿已者，则好学而不厌，好教而不倦，其惟此邪。'"（称，称道。勿已，不已，不能止。）

［2］抑：不过，只是。

［3］云尔：这样，如此。《孟子·公孙丑上》："昔者子贡问于孔子曰：'夫子圣矣乎？'孔子曰：'圣则吾不能，我学不厌而教不倦也。'子贡曰：'学不厌，智也；教不倦，仁也。仁且智，夫子既圣矣。'"

【译文】

夫子说："如果以圣和仁相称，那我如何敢当？不过，要是说向着圣与仁不厌地去做，用这样的道理教诲别人而不知怠倦，倒是可以如此说的。”公西华说：“这正是我们这些学生们学不到的。”

（三十五）

子疾病[1]，子路请祷。子曰：“有诸？”子路对曰：“有之。诔[2]曰：‘祷尔于上下神祇[3]。’”子曰：“丘之祷久矣[4]。”

【注释】

［1］疾病：病重，病势加重。疾，病。病，疾加重。

［2］诔（lěi）：祈祷文。诔，这里应作讄（lěi）。段玉裁注：“讄、絫（lěi）双声。按：讄，施于生者以求福；诔，施于死者以作谥。《论语》之‘讄曰’，字当从畾；《毛传》曰：‘桑纪能诔’，字当从耒（lěi），《周礼》六辞郑司农注，二字已不分矣”（段玉裁：《说文解字注》卷五）。

［3］神祇（qí）：天神与地神。祇，地神。

［4］丘之祷久矣：我孔丘的祈祷已经很久了。王充《论衡·感虚》：“圣人修身正行，素祷之日久，天地鬼神知其无罪，故曰：‘祷久矣。’”（素，平素，平时。）

【译文】

夫子病重，子路请求祈祷神祇以消除病患。夫子说：“有祈祷鬼神就可以消除病患这回事吗?”子路说:“有的,讄文中就有‘为你向天神地祇祈祷’这样的话。”夫子说:“要是那样,我的祈祷已经很久了。”

(三十六)

子曰:“奢则不孙[1],俭则固[2]。与其不孙也,宁固[3]。”

【注释】

[1] 奢则不孙(xùn):奢侈了就会不恭顺。孙,通“逊”,恭顺。刘向《说苑·权谋》:“孔子曰:‘奢则不逊。’夫不逊者必侮上,侮上者,逆之道也。”

[2] 俭则固:节俭了就会显得简陋。固,简陋。桓宽《盐铁论·通有》:“昔孙叔敖相楚,妻不衣帛,马不秣(mò)粟(sù)。孔子曰:‘不可,大俭极下。’此《蟋蟀》所为作也。”(衣帛,穿丝绸衣服;衣,穿;帛,丝绸。秣粟,喂粟谷,用粟谷喂养。大俭,太俭。极下,当作“偪[bī]下”,使下属感到难堪;偪,逼。《蟋蟀》,《诗·唐风》中的一篇,《毛诗序》谓其“刺晋僖公俭不中礼”。)

[3] 与其不孙也,宁固:与其不恭顺,宁可简陋。《论语·八佾》:“礼,与其奢也,宁俭。”

【译文】

夫子说："奢侈了就会不恭顺，节俭了就会显得简陋。与其不恭顺，宁可简陋。"

（三十七）

子曰："君子坦荡荡[1]，小人长戚戚[2]。"

【注释】

［1］荡荡：形容胸怀宽广。

［2］戚戚：形容内心忧惧。《荀子·子道》："子路问于孔子曰：'君子亦有忧乎？'孔子曰：'君子，其未得也，则乐其意；既已得之，又乐其治。是以有终身之乐，无一日之忧。小人者，其未得也，则忧不得；既已得之，又恐失之。是以有终身之忧，无一日之乐也。'"（意，意向，意趣。治，［心绪］宁静。）

【译文】

夫子说："君子胸怀坦荡，不以一己的利害得失为念；小人患得患失，常常忧虑不安。"

（三十八）

子温而厉[1]，威而不猛[2]，恭而安[3]。

【注释】

［1］温而厉：温和而严肃。厉，威严，严厉。《论语·子张》："子夏曰：'君子有三变：望之俨然，即之也温，听其言也厉。'"

［2］威而不猛：威严而不猛戾。《论语·尧曰》："君子正其衣冠，尊其瞻视，俨然人望而畏之，斯不亦威而不猛乎？"

［3］恭而安：恭谨而安详。

【译文】

夫子温和而严肃，威严而不猛戾，恭谨而安详。

疏　解

《述而》三十八章，皆在于述说孔子的志尚、情趣、仪容、举止。其中二十七章属于"夫子自道"，另十一章则是孔门弟子对先师形迹、神致的片断追忆。

"志于道，据于德，依于仁，游于艺"（第六章），这是孔子对自己一生志业的概括，也是对自己所创始的儒家教化终究得以成一家气象的底蕴的道破。"形而上者谓之道"（《易·系辞上》），"道"见之于人心或践履中的人于"道"有所得，谓之"德"。孔子是一位有"形而上"追求的人，不过这种对形而上的“道”的祈求始终显现于切已的“德”的修养，而且，那“道”也绝不就在德性修养者的心灵祈向之外。然而，单就“道”“德”而论“道”“德”，孔子的“志于道，据于德”并不能同老子的“尊道而贵德”（《老子》五十一章）真正区别开来，而把二者最后分辨开来的是“依于仁”和“法自然”。“自然”是老子之“道”的导向所在，“仁”是孔子之“道”的导向所在；“法自然”的取向排除了一切人为的价值，“依于仁”却带着人的性情自然的根荄把自然引向一种人所向慕的应然。因此，可以说，孔子和儒家之学所“志”之“道”、所“据”之“德”，毕竟是经由“仁”点化了的“道”“德”，并且，即使是“游于艺”，孔子和儒家之学的“游于艺”之所以有别于另一种旨趣的“游于艺”，也正在于这“游于艺”从一开始就笼罩于所谓“依于仁”。

孔子没有径直断言人性的善恶，但他所说“仁远乎哉？我欲仁，斯仁至矣”（第三十章）终是隐含了一种认可，一种对人的天性自然中所可能有的“仁”的端倪的认可。如果人的天性自然中没有这点善根善源，那么“仁”的求取就难免或多或少地指望外铄，而一旦多少有赖于外铄，那“欲仁”即“仁至”的话就很难说起了。其实，这里即使不援引孟子所说“恻隐之心，仁之端也”（《孟子·公孙丑上》）以抉发“欲仁”而“仁至”的意趣，孔子对“仁”的端倪内在于人的默认，也可以从他所谓“为仁由己”(《论语·颜渊》)得到印证。“由己”意味着不由他，因此也意味着由内而不由外，并且，正是因为这一点，“依于仁”才可能是精神重心自在的“依”，而不至于由依于外铄而使人的心志向外倾移。然而，对于孔子来说，值得相“依”的“仁”虽显现于“为仁”者的生命践履中，却又不局守于任何经验个体的践仁行为，它有至纯至高的境地，这“仁”的至境即是永在求仁、践仁者的祈想中而终究不可企及的“圣”境。在仁之至境为圣境而圣境只呈现于对圣者的追慕却不滞落于任何经验的意义上，孔子说：“若圣与仁，则吾岂敢？抑为之不厌，诲人不倦，则可谓云尔已矣”(第三十四章)。通常学人解读这句话，多以“若圣与仁，则吾岂敢”为孔子的自谦之词，但从“仁”而“圣”的义理看，孔子如此说原本同他对仁的至境为圣境而圣境又非人的践仁经验所可全然达致的理解一致。他以“为之不厌，诲人不倦”评价自己是贴切的，解读者所应属意的是，这里所说的“为之”即是向着“圣”境而“为仁”。孔子多次自谓其“学而不厌，诲人不倦”(第二章)或“学不厌，而教不倦”(见《孟子·公孙丑上》所引“子曰”)，他所说的“学”就是“为之”，亦即修仁而为仁，他所说的“教”或“诲人”就是教人以仁，亦即教诲弟子及他人修仁而为仁。所谓“其为人也，发愤忘食，乐以忘忧，不知老之将至”(第十九章)，其发愤忘食固然仍在于“学而不厌，诲人不倦”，而“乐以忘忧”之所乐也正在于向“圣”而“为仁”。

作为中国的第一位教师，孔子尽其天职所做的事不外两件，一是“学”或“为之”，一是“教”或“诲人”。“学”“教”都以向“圣”而“为仁”为标的，因而这样的“学”与“教”对于他总是“乐”在其中。“求仁而得仁，又何怨”（第十五章），这是孔子在评说伯夷、叔齐，也是在自白自己的心迹。“饭疏食，饮水，曲肱而枕之，乐亦在其中矣”，这一份“乐”不是为“疏食”“饮水”“曲肱”以枕而乐，而是为向“圣”“为仁”而乐，有了这一份“乐”，就不会在乎疏食、饮水、曲肱而枕的简陋自奉，也就不会在乎为世人所措意逐求的功名利禄，所以他也说：“不义而富且贵，于我如浮云”（第十六章）。他“述而不作，信而好古”（第一章），其“述”是向着“圣与仁”而述，其对“古”的“信”“好”亦是因着心中所向的“圣与仁”；他希望“加我数年，五十以学《易》”（第十七章），但他经心于《易》不是为了世俗所务的趋利避害或趋福避祸，而是为了从中引出“圣与仁”的价值意趣。“吾与史巫同途而殊归”（见马王堆出土帛书《要》篇），同是倾心于“易”道，史巫所专注的是卦爻变化所示的“吉凶休咎”的消息，孔子所萦萦于心的则在于“观其德义”——其自谓学《易》而“可以无大过”，显然是以“德义”为言，而不是就利害得失而论。

同其“学而不厌”终是自身不厌于向“圣”而“为仁”一

样，其“诲人不倦”乃在于不倦地导人于向“圣”而“为仁”。孔子承认自己“非生而知之者”，他的所知由“好古，敏以求之”（第二十章）而来。他懂得“学”对于一个人自觉向“圣”而“为仁”的必要，也因此懂得教育在他所处的“礼坏乐崩”时代的意义。诚然，如孟子所说，孔子施教即使终于“不得中道而与之”，也是有期于“狂狷”之士的（见《孟子·尽心下》），但孔子却也从未拒绝过任何一个前来求学的人，这用他的话说，即是“自行束脩以上，吾未尝无诲焉”（第七章）。他以“文”（文献，“博学于文”）、“行”（践行，“约之以礼”——《论语·雍也》）施教，陶养弟子们的“忠”（忠诚）、“信”（守信）品格（见第二十五章）。他喻理达意的方法是启发式的，此即所谓“不愤不启，不悱不发。举一隅不以三隅反，则不复”（第八章），而更重要的则是，他以自己的言、行、举、止示范于后学，引导弟子们由他的践履默识冥证儒家的义理。“二三子以我为隐乎？吾无隐乎尔。吾无行而不与二三子者，是丘也”（第二十四章），这可谓典型的以身作则的范本教育，在这样的教育中，施教者对人的“诲人不倦”与他本人的“学而不厌”或“为之不厌”是亦此亦彼而浑然一体的。

以“圣与仁”为终极价值取向，诉诸“学而不厌，诲人不倦”的人生践履，孔子垂示于后世的是一个有着真挚信仰而又率性、谨敬、“从心所欲不逾矩”的人的范本。孔子不谈论

“怪”（怪异）、“力”（暴力）、“乱”（悖乱）、“神”（鬼神）（第二十一章），这用宋儒谢良佐的话说，即是“语常而不语怪，语德而不语力，语治而不语乱，语人而不语神”（见朱熹：《四书集注·论语集注》卷四），看似一切归于平常，但在危厄时刻，他也会称“天”而呼：“天生德于予，桓魋其如予何？”（第二十三章）不过，他所说的“天”已经不再是殷商以至周代人们心目中的那种具有人格神意味的“帝”、“上帝”或“天帝”。他把“仁”而“圣”的价值投射给了具有“生”之“大德”的“天”（“天地之大德曰生”——《易·系辞下》），在“天”那里寄托了超出任何个人或群体的一隅之私的公义。“天”依然保留了先前人们所赋予它的那份神圣性，但孔子所称的“天”已经是赋有“天命之谓性，率性之谓道”（《礼记·中庸》）内涵的“道”的同义语。与此相应，同样有着真切的信仰，先前人们对“天”的信仰主要系于与吉凶、生死相关的“命”，而孔子的信仰则系于有着“圣与仁”价值取向的“道”。相对于俗语“与其媚于奥，宁媚于灶”，孔子有过“获罪于天，无所祷也”（《论语·八佾》）的告诫，这“天”其实是“奥”“灶”诸神不可比拟的公义之“天”或与“道”相通的“天”。而《述而》所谓“丘之祷久矣”（第三十五章），则可以说是“获罪于天，无所祷也”的另一种表达——这意思不外是说，若是一个人的言行总是求其尽可能合于有着“圣与仁”价值取向的“道”，那也就是合于公义意味上的“天”了，既然如此，何必临到患难之时向天祈祷？换一种说法，祈祷原在于向着一个神圣者悔过迁善，而孔子时时都在向着公义的“天”或神圣的“道”克己“为仁”，如此之为祈祷则“丘之祷久矣”。事实上，无论是颠沛、造次之时，还是临危历患之际，公义的“天”或取向于“圣与仁”的“道”一直都是孔子立身断事的最后凭借，这信仰在他这里从不曾动摇过。

孔子“梦见周公”出于对“圣与仁”的“道”的信仰，其“久矣吾不复梦见周公”（第五章）的感喟同样出于对“圣与仁”的“道”的信仰。有了这一信仰，“用之则行，舍之则藏”（第十一章），人生的进退、行止自会从容有节，不为境遇所迫，不为功利所诱。孔子一生待人处世始终是谨慎、恭敬的，而在这谨慎、恭敬中却极自然地涵养着自己的真性情。“暴虎冯河，死而无悔者，吾不与也。必也临事而惧，好谋而成者也”（第十一章）。这样的话是他用以训示子路的，却也是他的自勉语。他有“所慎”，而斋戒（“齐”）、战争（“战”）、瘟疫（“疾”）是他最要慎重对待的事情（第十三章）。他也有所戒，如他“不语怪、力、乱、神”。然而，他之所慎、所戒，皆无所造作，其言行总会透出一种性情之自然。“子之燕居，申申如也，夭夭如也”（第四章），闲居时的孔子是生命舒展而神情和悦的；“子食于有丧者之侧，未尝饱也”（第九章），“子于是日哭，则不歌”（第十章），遇丧或哀伤时的孔子是情动于中而从心随性的；“子钓而不纲，弋不射宿”（第二十七章），其钓、弋时性情的流露真切、自然而耐人体味；“子在齐闻《韶》，三月不知肉味”（第十四章），其品《韶》时全神贯注以至于仁心与童心、德守与美趣浑然一体于乐。孔子是一位胸襟坦荡的仁者（“君子坦荡荡”——第三十七章），却对于“德之不修，学之不讲，闻义不能徙，不善不能改”不能无忧（第三章）；他懂得“三人行，必有我师”（第二十二章），但他深知“有恒”的“君子”在世人中终是难得一见，因而也会有“圣人，吾不得而见之矣，得见君子者，斯可矣”“善人，吾不得而见之矣，得见有恒者，斯可矣”（第二十六章）之叹。这是一个有着高卓的心灵境界的人，但这高卓并不孤峭——高卓中养润了活生生的个性的亲切，而这份亲切却又是庄重而令人起敬的。

作为儒家教化的创立者，孔子留给弟子们的印象是“温而厉，威而不猛，恭而安”（第三十八章）：温和而庄重、肃穆，威严而没有暴戾之气，恭谨却又雍容、自若，这情态是对生命化于孔子的儒家成德之教的最切近的阐释，从这里可以直观与弘道者的生命践履同在的所谓儒者之“道”。

泰伯第八

（一）

子曰："泰伯[1]，其可谓至德也已矣。三以天下让[2]，民无得而称[3]焉。"

【注释】

[1] 泰伯：也称太伯，周先祖古公亶（dǎn）父之长子。古公亶父有三子，长子太伯，次子虞仲，三子季历。季历有子姬昌（后来的文王），古公见姬昌气象不凡，遂欲传位季历，以使季历传位姬昌。太伯为满足其父意愿，与其二弟虞仲一起出走

勾吴，后为吴国始祖。《史记·周本纪》："古公有长子曰太伯，次曰虞仲。太姜生少子季历，季历娶太任，皆贤妇人。生昌，有圣瑞。古公曰：'我世当有兴者，其在昌乎！'长子太伯、虞仲知古公欲立季历以传昌，乃二人亡如荆蛮，文身断发以让季历。古公卒，季历立，是为公季。公季修古公遗道，笃于行义，诸侯顺之。公季卒，子昌立，是为西伯，西伯曰文王。"（圣瑞，开国之君诞生时的祥瑞。我世，这里指周世，即作为一个朝代的周。兴，兴起，兴盛。笃，忠实。）

［2］三以天下让：多次让天下给季历。三，多。《国语·周语下》："昔史佚有言曰：'动莫若敬，居莫若俭，德莫若让，事莫若咨。'……居俭动敬，德让事咨，而能避怨，以为卿佐，其有不兴乎！"（让，谦让。咨，商议，征询。卿佐，辅佐国君的执政大臣。）

［3］民无得而称：让位的事做得没有迹象可寻，使人们无从赞美。称，称道，赞美。

【译文】

夫子说："泰伯可以称得上是德行至高的人了。多次让天下给季历，而且做得无迹可寻，让人们无从去赞美他。"

（二）

子曰："恭而无礼则劳[1]，慎而无礼则葸[2]，勇而无礼则乱[3]，直而无礼则绞[4]。君子笃于亲[5]，则民兴于仁；故旧不遗，则民不偷[6]。”

【注释】

［1］恭而无礼则劳：恭敬而不节制以礼就不免劳屈。无礼，不节制以礼。劳，劳屈。《礼记·仲尼燕居》：“敬而不中礼谓之野，恭而不中礼谓之给。”（野，鄙俚。给，过分。恭而不中礼，或即“足恭”，过分谦恭。）

［2］慎而无礼则葸（xǐ）：谨慎而不节制以礼就不免怯懦。葸，怯懦，胆怯。

［3］勇而无礼则乱：勇敢而不节制以礼就不免横暴。乱，横暴，暴戾。《论语·阳货》：“好勇不好学，其蔽也乱。”《礼记·仲尼燕居》：“勇而不中礼谓之逆。”（逆，逆乱。）

［4］直而无礼则绞：耿直而不节制以礼就不免偏激。绞，急切，偏激。《论语·阳货》：“好直不好学，其蔽也绞。”

［5］笃于亲：笃爱亲属。

［6］偷：刻薄，浇薄。

【译文】

夫子说：“恭敬而不节制以礼就不免劳屈，谨慎而不节制以礼就不免怯懦，勇敢而不节制以礼就不免横暴，耿直而不节制以礼就不免偏激。如果处在上位的君子笃爱自己的亲人，民间就会兴起仁厚之风；如果处在上位的君子不遗弃故交旧友，民间的习俗也就不至于浇薄。”

（三）

曾子有疾，召门弟子曰：“启予足！启予手[1]！《诗》云：‘战战兢兢，如临深渊，如履薄冰。’[2] 而今而后，吾知免夫！小子！”

【注释】

[1] 启予足！启予手：看看我的脚吧！看看我的手吧！启，即《说文》之“晵”，看。《孝经》：“身体发肤，受之父母，不敢毁伤，孝之始也。”

[2] “战战兢兢，如临深渊，如履薄冰”：此三句诗，出自《诗·小雅·小旻（mín）》。曾子以这三句诗叮嘱弟子谨慎小心地养护受之于父母的身体发肤，务使其不受损伤。王充《论衡·四讳》：“先祖全而生之，子孙亦当全而归之……曾子重慎，临绝效全，喜免毁伤之祸也。”（全，全身。临绝，临终。效，验证；显示。）不过，曾子告诫其弟子“战战兢兢”以呵护“手”“足”，其深意尚在启示其于举手投足间免于失礼而笃守德操。参见本篇“疏解”。

【译文】

曾子生病了，把他的弟子们召集到跟前说："看看我的脚吧！看看我的手吧！《诗》中说'小心啊再小心，谨慎啊再谨慎，就像面临着深渊，就像脚踩着薄冰。'（我就要辞别人世了，）从今往后，我知道我的这份谨慎小心终于可以免除了！弟子们！"

（四）

曾子有疾，孟敬子[1]问之。曾子言曰："鸟之将死，其鸣也哀；人之将死，其言也善。君子所贵乎道者三：动容貌[2]，斯远暴慢[3]矣；正颜色[4]，斯近信矣；出辞气[5]，斯远鄙倍[6]矣。笾豆之事[7]，则有司存[8]。"

【注释】

[1] 孟敬子：仲孙氏，名捷。鲁国大夫。

[2] 动容貌：严肃自己的容貌。

[3] 暴慢：粗暴，怠慢。

[4] 正颜色：端正自己的神色。

[5] 出辞气：注意自己吐辞说话的语气。《礼记·冠义》："礼义之始，在于正容体、齐颜色、顺辞令。容体正，颜色齐，辞令顺，而后礼义备。"（正容体，端正容貌体态；正，端正。

齐颜色，庄重表情神色；齐，庄重。顺辞令，和顺应对的言辞；顺，和顺。）

［6］鄙倍：鄙陋、背理。倍，通“背”。

［7］笾（biān）豆之事：指祭祀和典礼时的具体事宜。笾，盛果品的竹制礼器。豆，盛肉用的木制礼器。

［8］有司存：主管具体事务的官吏负责。有司，主管某一具体事务的官吏。存，掌管，留意。《礼记·乐记》：“铺筵席，陈尊俎，列笾豆，以升降为礼者，礼之末节也，故有司掌之。”（陈，陈列。尊俎，古时盛酒肉的器皿；尊，盛酒器；俎，置放肉的几案。）

【译文】

曾子生了病，孟敬子来探望他。曾子对他说：“鸟将死的时候，它的叫声是哀伤的；人将死的时候，他说的话是带着善意的。君子以道为尊，有三件事不可不看重：严肃自己的容貌，就会远离粗暴和怠慢；端正自己的神色，就会日近于诚信；注意自己吐辞说话的语气，就会避免鄙陋和背理。至于祭祀、典礼方面的具体事宜，则自有主管部门的官吏去操心。”

（五）

曾子曰：“以能问于不能，以多问于寡，有若无，实若虚，犯而不校[1]。昔者吾友[2]尝从事于斯矣。”

【注释】

[1] 犯而不校：被人触犯，也不与其计较。校，计较。《韩诗外传》卷九：“子路曰：‘人善我，我亦善之；人不善我，我不善之。’子贡曰：‘人善我，我亦善之；人不善我，我则引之进退而已耳。’颜回曰：‘人善我，我亦善之；人不善我，我亦善之。’三子所持各异，问于夫子，夫子曰：‘由之所持，蛮貊之言也；赐之所言，朋友之言也；回之所言，亲属之言也。’”（进退，应进而进，应退而退。蛮貊，指未开化部族。）

[2] 吾友：可能指颜回。

【译文】

曾子说：“自己有才能却向才能不如自己的人请教，自己懂得多却向比自己懂得少的人请教，自己有学问，却像是没有学问似的，自己很充实，却像是很空虚似的，被人触犯也不与人计较。先前我的朋友就是这样做的。”

（六）

曾子曰：“可以托六尺之孤[1]，可以寄百里之命[2]，临大节[3]而不可夺也，君子人与？君子人也。”

【注释】

［1］托六尺之孤：指托付未成年而继位的君主。托，托付。六尺之孤，指未成年而继位的君主。古时的六尺，约合现在的138厘米。孤，幼年丧父或父母双亡的孩童。

［2］寄百里之命：指委寄治理一个百里之国的使命。寄，寄托，委托。百里之命，治理方圆百里大的国家的使命。班固《白虎通·封公侯》："诸侯封不过百里，象雷震百里，所润云雨同也。"

［3］大节：事涉国家安危、个人生死的大关节。

【译文】

曾子说："可以把年幼继位的君主托付给他，可以把治理一个国家的使命委托给他，在国家安危、个人生死关头其心志不可摇夺，这样的人是君子了吧？这样的人是君子啊。"

（七）

曾子曰："士不可以不弘毅[1]，任重而道远[2]。仁以为己任，不亦重乎？死而后已，不亦远乎？"

【注释】

［1］弘毅：宽宏而坚毅。弘，宽宏，博大。

［2］任重而道远：责任重大而路途遥远。《礼记·表记》："子曰：'仁之为器重，其为道远；举者莫能胜也，行者莫能致也。取数多者，仁也。夫勉于仁者，不亦难乎！'"（胜，承受。致，通"至"，达到，尽。取数多者，这里指举得较重、行得较远者。勉，勉力，努力。）

【译文】

曾子说："士不可没有弘大的志向和坚毅的品格，因为他肩负重任而路途遥远。以奉行仁道为自己的责任，这责任还不重吗？不到生命终结而不停步，这路途还不远吗？"

（八）

子曰："兴于诗[1]，立于礼[2]，成于乐[3]。"

【注释】

［1］兴于诗：由诗的吟诵发起心志。兴，起，发起。

［2］立于礼：由礼的讲求而得以立身。立，立身。《论语·季氏》："不学礼，无以立。"《论语·尧曰》："不知礼，无以立也。"《左传·昭公七年》："礼，人之干也；无礼，无以立。"（干，躯体的主干。）

［3］成于乐：由乐的陶冶而得以完成“君子儒”的教养。《礼记·乐记》：“凡音者，生于人心者也。乐者，通伦理者也。是故知声而不知音者，禽兽是也；知音而不知乐者，众庶是也；唯君子为能知乐。”（众庶，众民，大众。）“乐由中出，礼自外作。”（中，内。）“乐也者，动于内者也；礼也者，动于外者也。”“是故先王本之情性，稽之度数，制之礼义，合生气之和，道五常之行，使之阳而不散，阴而不密，刚气不怒，柔气不慑，四畅交于中而发作于外，皆安其位而不相夺也。然后立之学等，广其节奏，省其文采，以绳德厚。律小大之称，比终始之序，以象事行，使亲疏、贵贱、长幼、男女之理，皆形见于乐。故曰：乐观其深矣。”（稽，合，相合。度数，道理，规则。生气，使万物生长发育之气。道，导。五常，指金、木、水、火、土五行。怒，超过。慑，沮丧。四畅，阴、阳、刚、柔四者协调而通畅。省，知晓。绳，通“譝”，称誉。）

【译文】

夫子说：“由诗的吟诵而发起心志，由礼的讲求而得以立身，由乐的陶冶而完成‘君子儒’的教养。”

（九）

子曰：“民可使由之[1]，不可使知之[2]。”

【注释】

［1］民可使由之：可以让百姓依礼而行。由，行，奉行；遵从。

［2］不可使知之：不可让百姓纠缠在礼仪的知识上。知，认知；指执着于认知性的知识。《孟子·尽心上》："行之而不著焉，习矣而不察焉，终身由之而不知其道者，众也。"（著，明了，了解。察，觉察，明白。）《史记·太史公自序》："儒者以六艺为法；六艺经传以千万数，累世不能通其学，当年不能究其礼。"（累世，接连几代。当年，这里指一生的岁月。）

【译文】

夫子说："可以让百姓依礼而行，不可以让百姓纠缠在繁多的礼仪知识上。"

（十）

子曰："好勇疾贫[1]，乱也。人而不仁，疾之已甚[2]，乱也。"

【注释】

［1］好勇疾贫：喜好逞强而厌恶贫困。疾，恨，痛恨，厌恶。见本篇第二章"勇而无礼则乱"。

[2] 疾之已甚：对不仁之举痛恨过分。甚，过分。《大戴礼记·曾子立事》："(君子) 恶人之为不善，而弗疾也。"(疾，过度。)

【译文】

夫子说："喜好逞强而厌恶贫穷，会生出祸患。对他人的不仁之举痛恨太过分，也会生出祸患。"

(十一)

子曰："如有周公之才之美，使骄且吝[1]，其余不足观[2]也已。"

【注释】

[1] 骄且吝：骄矜而悭 (qiān) 吝。骄，骄傲，矜夸。吝，鄙啬，吝啬。《韩诗外传》卷三："周公践天子之位七年，布衣之士所贽 (zhì) 而师者十人，所友见者十二人，穷巷白屋先见者四十九人，时进善百人，教士千人，宫朝者万人。成王封伯禽于鲁，周公诫之曰：'往矣！子无以鲁国骄士！吾，文王之子，武王之弟，成王之叔父也，又相天下，吾于天下亦不轻矣。然一沐三握发，一饭三吐哺 (bǔ)，犹恐失天下之士。吾闻：德

行宽裕，守之以恭者荣；土地广大，守之以俭者安；禄位尊盛，守之以卑者贵；人众兵强，守之以畏者胜；聪明睿知，守之以愚者善；博闻强记，守之以浅者智。夫此六者，皆谦德也……'”（贽，初次拜访他人时所携带的礼物。诫，告诫。一沐三握发，一次沐浴中不得不多次中断而握其已散之发，形容其只怕慢待了来访的贤士或耽误了紧要的政事。一饭三吐哺，一饭之间因忙于接待宾客多次停食，形容其礼贤下士；吐哺，把咀嚼中的食物吐出来。宽裕，宽大，宽厚。禄位，俸禄与爵位。尊盛，位高势盛。畏，忧患，谨慎。睿知，即睿智，聪慧明智。）

［2］不足观：不值得借鉴。观，借鉴。

【译文】

夫子说：“一个人即使有周公那样的可称之为美的才华，若是骄傲而悭吝，其余也就不值一提了。”

（十二）

子曰：“三年学，不至[1]于谷[2]，不易得也。”

【注释】

［1］至：或当为“志”。

[2] 谷：指俸禄。古时以谷米为官吏的俸禄。

【译文】

夫子说："为学三年，不动做官求俸禄的念头，这样的人不容易遇到。"

（十三）

子曰："笃信好学[1]，守死善道[2]。危邦不入，乱邦不居。天下有道则见，无道则隐。邦有道，贫且贱焉，耻也；邦无道，富且贵焉，耻也。"

【注释】

[1] 笃信好学：信念专一而喜好学习。笃，专一，真诚。《论语・子张》："子张曰：'执德不弘，信道不笃，焉能为有？焉能为亡？'"

[2] 守死善道：恪守善道而以至于死。

【译文】

夫子说："信念专一而喜好学习，恪守善道而以至于死。不要进入危殆的国家，不要住在动乱的国家。天下有道义可言，就施展自己的才德，天下没有道义可言，就隐居起来以求守住自己的志节。在一个讲道义的国家里自己又贫又贱，那是可耻的；在一个没有道义可言的国家里自己（居然）身处富贵，那也是可耻的。”

（十四）

子曰："不在其位[1]，不谋其政[2]。"

【注释】

［1］不在其位：不在一定的职位上。

［2］不谋其政：不考虑相应于某一职位的政事。亦即做自己职分内的事，不越职而谋。《礼记·中庸》："君子素其位而行，不愿乎其外。素富贵，行乎富贵；素贫贱，行乎贫贱；素夷狄，行乎夷狄；素患难，行乎患难。君子无入而不自得焉。在上位不陵下，在下位不援上，正己而不求于人，则无怨。上不怨天，下不尤人。"（素，在，现在。愿，羡慕。入，参与。自得，自足，自适。陵，凌驾，欺凌。援，攀附，攀缘。尤，责备。）

【译文】

夫子说："不在那个职位上，不去谋划那个职位上的政事。"

（十五）

子曰："师挚[1]之始，《关雎》之乱[2]，洋洋乎盈耳哉！"

【注释】

［1］师挚（zhì）之始：师挚，鲁国乐师之长，名挚。依周制，燕礼、大射礼等，其乐皆自乐官之长（大师）升歌始，"师挚之始"乃指乐歌演奏由师挚升歌开始。

［2］《关雎》之乱：《关雎》，《诗·国风·周南》之首篇，亦《诗》之首篇；这里，《关雎》代称以其为首的六篇乐歌组成的合乐——另五篇为《周南》中的《葛覃》《卷耳》和《召南》中的《鹊巢》《采蘩》《采蘋》。乱，古代乐歌之终篇或末章。刘宝楠《论语正义》引刘台拱《论语骈枝》云："始者，乐之始；乱者，乐之终。《乐记》曰：'始奏以文，复乱以武'又曰：'再始以著往，复乱以饬归。'皆以始乱对举，其义可见。凡乐之大节，有歌有笙，有间有合，是为一成。始于升歌，终于合乐。是故升歌谓之始，合乐谓之乱。《周礼·太师职》：'大祭祀，帅瞽登歌'。《仪礼·燕》及《大射》皆太师升歌，挚为太师，是以云：'师挚之始'也。合乐……而谓之《关雎》之乱者，举上以该下，犹之言《文王》之三，《鹿鸣》之三云尔。升歌言人，合乐言诗，互相备也。"

【译文】

夫子说："从师挚升歌开始，到《关雎》合乐的曲终，满耳都是盛大美妙的乐声啊!"

(十六)

子曰："狂而不直，侗而不愿[1]，悾悾而不信[2]，吾不知之矣。"

【注释】

[1] 侗（tóng）而不愿：无知而不谨厚。侗，幼稚无知。愿，谨厚，谨慎笃厚。

[2] 悾（kōng）悾而不信：貌似诚恳却不守信用。悾悾，诚恳的样子。

【译文】

夫子说："狂傲而不正直，无知而不谨厚，貌似诚恳却又不守信用，我不明白有的人竟会是这样。"

(十七)

子曰："学如不及[1]，犹恐失之[2]。"

【注释】

[1] 学如不及：求学如同追赶什么似的，唯恐赶不上。不及，赶不上。《淮南子·缪称训》："文王闻善如不及，宿不善如不祥。非为日不足也，其忧寻推之也。"（宿，处于。不祥，不吉利。非为，不是因为。日，时，时间。忧寻，忧患深长；寻，长。）

[2] 犹恐失之：（得到后）尚唯恐失去它。

【译文】

夫子说："求学就要像追赶什么似的，唯恐赶不上，得到了又唯恐失掉它。"

（十八）

子曰："巍巍[1]乎！舜禹之有天下也，而不与[2]焉。"

【注释】

[1] 巍巍：高大的样子。

[2] 不与：不曾有心求取，亦不据为己有。与，通"预"。王充《论衡·语增》："舜承安继治，任贤使能，恭己无为而天下治。故孔子曰：'巍巍乎！舜禹之有天下也，而不与焉。'"（承安继治，承接尧世的安定、继续前者的治理。任贤使能，委

任贤者、使用有才能的人。恭己，恭谨地律己。）

【译文】

夫子说：“高尚啊！舜禹得到天下，既非有心求取，也不据为己有。”

（十九）

子曰：“大哉尧之为君也！巍巍乎！唯天为大，唯尧则[1]之。荡荡乎！民无能名[2]焉。巍巍乎！其有成功也。焕乎！其有文章[3]。”

【注释】

［1］则：取法，效法。《孟子·滕文公上》：“尧以不得舜为己忧，舜以不得禹、皋陶为己忧。夫以百亩之不易为己忧者，农夫也。分人以财谓之惠，教人以善谓之忠，为天下得人者谓之仁。是故以天下与人易，为天下得人难。孔子曰：‘大哉尧之为君！惟天为大，惟尧则之，荡荡乎民无能名焉！君哉舜也！巍巍乎有天下而不与焉！’”（易，治；这里指种好地。得人，找到人才。）

［2］名：称说，可引申为“称赞”。

［3］文章：指礼仪典章制度。

【译文】

夫子说："伟大啊！尧这样的君主。崇高啊！唯有天算得上高大，唯有尧能效法于天。他的恩泽广被啊！百姓们都不知道该怎么称道他了。伟大啊！他曾取得的成功。光辉啊！那时曾有过的礼仪典章。"

（二十）

舜有臣五人[1]而天下治。武王曰："予有乱臣[2]十人。"孔子曰："才难，不其然乎？唐虞之际[3]，于斯为盛[4]。有妇人[5]焉，九人而已。"

【注释】

［1］舜有臣五人：相传为禹、稷、契、皋陶、伯益五人。《孟子·滕文公上》："当尧之时，天下犹未平，洪水横流，氾（sì）滥于天下。草木畅茂，禽兽繁殖，五谷不登，禽兽逼人，兽蹄鸟迹之道，交于中国。尧独忧之，举舜而敷治焉。舜使益掌火，益烈山泽而焚之，禽兽逃匿。禹疏九河，瀹（yuè）济、漯，而注诸海，决汝、汉，排淮、泗，而注之江，然后中国可

得而食也。当是时也，禹八年于外，三过其门而不入，虽欲耕，得乎？后稷教民稼穑，树艺五谷，五谷熟而民人育。人之有道也，饱食、暖衣、逸居而无教，则近于禽兽。圣人有忧之，使契为司徒，教以人伦：父子有亲，君臣有义，夫妇有别，长幼有序，朋友有信。”（汜滥，泛滥。畅茂，旺盛繁茂。登，成熟。敷治，治理；敷，治。逃匿，逃跑藏匿。瀹，疏浚。注，流入。决，掘口引水。排，疏通。树艺，种植，栽培。无教，没有教化。）

［2］乱臣：治国之臣。乱，本作“乿”，古“治”字。《说文》：“乱，治也。”《左传·襄公二十八年》：“叔孙穆子曰：‘必得之。武王有乱臣十人……’”《左传·昭公二十四年》：“（苌弘）对曰：‘何害？同德度（zhái）义。《大誓》曰：“纣有亿兆夷人，亦有离德；余有乱臣十人，同心同德”，此周所以兴也，君其务德，无患无人。’”（同德度义，共同的信念在于道义；德，信念；度，与“宅”通，居。夷人，指古代中国东部各部族之人。亦，借为“奕”，大。）

［3］唐虞之际：即尧舜之际。尧，陶唐氏，初居于陶，后封于唐。舜，有虞氏，姚姓，封于虞。

［4］于斯为盛：言唐虞之际人才繁盛，到了周初再度繁盛。斯，此，指周初。

［5］妇人：此处妇人指武王妻邑姜。亦有说，指文王后妃

太姒，似不妥。

【译文】

舜有贤臣五人使天下得到治理。武王说："我有善于治理国家的大臣十人。"孔子说："人才难得，难道不是这样吗？尧舜那个时候人才算得上繁盛了，到了周初人才也称得上繁盛了，武王说的十位大臣中有一位是妇人，此外只有九人罢了。"

(二十一)

(子曰：)[1]"三分天下有其二，以服事殷[2]。周之德，其可谓至德也已矣。"

【注释】

[1] 朱熹《四书集注·论语集注》及其前后诸多注本皆以此章与上章为一章，今依文意分其为两章，并于此章章首加"子曰"二字。

[2] 以服事殷：还以臣子的身份侍奉殷纣。以，尚，犹。《左传·襄公四年》："(韩献子) 言于朝曰：'文王帅殷之叛国以事纣，唯知时也……'"(帅，率。时，时机。)《吕氏春秋·仲夏纪·古乐》："周文王处岐，诸侯去殷三淫而翼文王。散宜生

曰：‘殷可伐也。’文王弗许。”（岐，周人发祥之地，在今陕西岐山一带。三淫，三种罪过。翼，辅助。弗许，不许。）

【译文】

夫子说：“周文王有了天下的三分之二，仍以臣子的身份侍奉殷纣，他的德行真可以说是至高的了。”

（二十二）

子曰：“禹，吾无间然[1]矣。菲饮食[2]而致孝乎鬼神，恶衣服而致美乎黻冕[3]，卑宫室而尽力乎沟洫[4]。禹，吾无间然矣。”

【注释】

[1] 无间（jiàn）然：指无可非议，无可挑剔。间，间隙，空隙。

[2] 菲（fěi）饮食：饮食菲薄、简陋。菲，菲薄，粗陋。

[3] 黻（fú）冕（miǎn）：古时祭祀所穿衣服称“黻”，所戴帽子称“冕”。

[4] 沟洫（xù）：沟渠。这里指兴修水利。

【译文】

夫子说：“禹，我对他是无可批评的了。他自己饮食菲薄而尽心孝敬鬼神，他平时衣服粗劣而祭祀时讲求衣冠华美，他所居宫室卑陋而尽力于兴修水利。禹，我对他是无可批评的了。”

疏　　解

《泰伯》二十二章，似不如前七篇各有或隐或显的义理主脉贯穿其中，但悉心玩索，仍可从中找出关涉诸章意趣的主导话语。从以“至德”称道泰伯（第一章）到以“至德”称道文王（第二十一章），进而上溯至尧、舜、禹，颂说其德业“巍巍”“荡荡”（第十八、十九、二十二章），此篇的中心话语乃在于“让”，由此而有孔子对其所创的“成德”“为己”之教的述说：“兴于诗，立于礼，成于乐”（第八章）。

读《论语》辑纂的所有章句，被孔子直接许以“至德”的人只有泰伯和文王。泰伯以隐而不露的方式成全其父古公亶父的意愿，把本可以自己承继的君位让给幼弟季历，这在孔子看来非德行至高的人难以做到。同样，文王在获得天下三分之二的诸侯拥戴、足以代商称王的情形下，仍以臣子的身份事奉殷纣，这做法非德行至高的人也决然难以想象。泰伯和文王各有自己的境况，但其德操相通：他们都能“让”，不仅做到了依“礼”相“让”，而且——尤其是泰伯——其让已可以说是乐于“让”，心甘情愿地“让”。“德莫若让”（史佚语），在“让”的后面是“天下为公”（《礼记·礼运》）的那种“公心”。正是这“公”“让”之德不再见于春秋乱世，孔子遂分外要称其为“至德”。

孔子没有直称尧、舜、禹为“至德”之人，但“大哉尧之为君也！巍巍乎！唯天为大，唯尧则之”（第十九章），“巍巍乎！舜禹之有天下也，而不与焉”（第十八章），如此不同寻常的称叹而非谓其有“至德”则不可思议。“大哉”“巍巍乎”，这是赞誉其功业，更是仰颂其美德。尧以天为法，其“有成功”而巍巍，“有文章”而焕然，其泽被天下而荡荡，却一切都在自然而然、“无伐善”（不夸示自己的所长）、“无施劳”（不表白自己的劳绩）中进行，以至于“民无能名”（百姓不知该怎样称扬他）。这里，成全其“大”、成全其“巍巍”的，说到底是缘于“天下为公”的那一份“让”德；不以大为大固然是“让”德的体现，而禅位以托天下于舜也正是这一伟大的“让”德使之然。舜和禹都是“不与”（非存心求取）而“有天下”的，而且，在“有天下”之后，仍以“不与”（不据其位为己有）的态度致身于天下。舜、禹的“不与”皆缘自“公”心，也都由这公心涵养了一种与尧一脉相续的“让”德。“不与”而“有天下”，舜受禅于尧，禹受禅于舜；“有天下”而“不与”，舜禅位于禹，禹又禅位于伯益。历来引为美谈的“禅让”也许终究只是一种传说，但孔子要借此提撕一种必要的人生价值，要把公天下的

"让"德启示给日益深陷于权力之争的人们。可以说，这是儒家成德之教的创始者所信从而不忍割舍的一个历史梦想，它带给人们的那种"知其不可而为之"的沉重感，饱含着孔子试图化政争为礼让的动人悲情。

诚然，即使像尧、舜、禹这样的人物，在孔子看来也未必就是"圣人"，这从他回答子贡所谓"如有博施于民而能济众，何如？可谓仁乎"的提问即可看出，他说"何事于仁，必也圣乎！尧舜其犹病诸"（《论语·雍也》）。不过，尧、舜、禹以至泰伯、文王，虽不可说即是"圣人"，却已经是近于"圣人"的"君子"了。"圣人，吾不得而见之矣，得见君子者，斯可矣"，"善人，吾不得而见之矣，得见有恒者，斯可矣"（《论语·述而》），孔子这样说，乃是要对儒家的成德之教（一种成全人的道德品操的教化）或为己之学（一种为着人的本己心灵安顿的学问）做某种定位："圣人"只是祈向中的一个真切而虚灵的目标，儒家之学或儒家之教乃是要向着这个目标把教化中的人们陶养成那种"有恒"的"君子"或所谓"君子儒"（《论语·雍也》）。君子是富于"仁"德之人，而"仁"德无论就"夫仁者，己欲立而立人，己欲达而达人"（同上）而言，还是就"己所不欲，勿施于人"（《论语·颜渊》）而言，都具有"让"的意蕴。因此，向"圣"而"为仁"或向"圣"而成"君子"的修养过程，在一定意义上也可以说是领悟"让"的道理而畜养"让"

德的过程。孔子说：“如有周公之才之美，使骄且吝，其余不足观也已”（第十一章）。他之所以如此痛切地贬斥“骄且吝”，乃是因为“骄”者不“让”，“吝”者亦不“让”，“骄且吝”者既然绝无“让”德，也便不再有“仁”德可言。

如果一个人有志于向“圣”而“为仁”或向“圣”而成“君子”，那么，依孔子创设的儒家教化，其生命陶埏（shān）的序次便应当是：“兴于诗，立于礼，成于乐”（第八章）。“诗”感于自然，发于性情，抑扬吟咏最能使人脱落形骸私欲之累，缘此所召唤的那种生命的真切最易引发灵府的回声。因此，对人——体会、践行“仁”而为人——的不失天趣的教化，理应由“诗”而“兴”。但诗情之兴不可不正，由真情涵养一种堪以中正、高尚相许的情操，还须衡之以“礼”。依孔子的看法，一个人的“仁”德的修养，除开须有“为仁由己”（《论语·颜渊》）的自觉外，还应以“礼”的规范自加约束。孔子所说的“礼”是“义以为质，礼以行之”（《论语·卫灵公》）的“礼”，这“礼”是以“义”为质地的，是对“义”的践行。所以，在孔子看来，唯有在“礼以行之”中人的德行才能真正有所“立”。如果说“兴于诗”主要在于以“诗”的感发涵养人的性情之真，那么，“立于礼”就在于使这真的性情得以由“礼”而导之以正。有了这一种真情贯注的正，人的心志才有可能不为外境的压迫或诱惑所摇夺，勉力做到卓然自立。但“礼”既然终于不能不诉诸节文度数，便不免使匡束中的中正、高尚之情失于孤峭。教化至此未臻完成，其成尚待于“乐”。“乐”是对“兴”于“诗”的性情之真的养护，“乐”又是对因“礼”而得以“立”的性情之“正”的陶冶。只是在“乐”这里，“情”（“诗”之根荄）才涵贯了“理”（“礼”之本然，“礼也者，理也”——《礼记·仲尼燕居》），“礼”才内蕴了“诗”，人性之“仁”才得以在葆有天真而祈向高尚的意趣上获得圆融的提升。

在成就“君子”或“君子儒”（《论语·雍也》）的儒家教化或教养中，“兴于诗”是始，“成于乐”是终，而最要修养者尽其一生努力的是处于终始之间、与始同始与终同终的“立于礼”。“礼”是以“让”为根柢的，孟子所说“辞让之心，礼之端也”（《孟子·公孙丑上》）可谓深中肯綮之语，而孔子批评子路“为国以礼，其言不让”（《论语·先进》）也正是基于“礼”所涵贯的“让”的义谛。然而，“礼”成其为“礼”，严格说来并不止于一般意义的“让”，它毋宁是对“让”向着其更高境地的成全。换句话说，“礼”作为一种规范使“让”在一定的分际上呈现以保证“让”的真切和中正。正是在这一意义上，孔子说：“恭而无礼则劳，慎而无礼则葸，勇而无礼则乱，直而无礼则绞”（第二章）。“恭”“慎”都有“让”的内涵，但如果不节制以礼，或者说不把其中“让”的德用操持在恰当的分际上，“恭”反倒会使人不免于劳屈，“慎”也反倒会使人不免于怯惧。

相反，“勇”“直”原本就少了几分“让”意，如果不节制以礼，不以礼所固有的“让”的德用对其有所制约，“勇”就有可能使人强横而生乱，“直”就有可能使人急切而偏激。

《泰伯》辑有曾子五段话，大体说来都与“立于礼”相关。曾子病重，把他的弟子们召到跟前说：“启予足！启予手！《诗》云：‘战战兢兢，如临深渊，如履薄冰。’而今而后，吾知免夫！小子！”（第三章）历来注家大都以《孝经》所谓“身体发肤，受之父母，不敢毁伤”为解，然而细审其与上下章文意的关联，似乎唯有明清之际学人李颙（yóng）对此章的疏解更恰当些。其《四书反身录》云：“孝以保身为本。身体发肤受之父母，不敢毁伤，故曾子启手足以免于毁伤为幸。然修身乃所以保身，手不举非义，足不蹈非礼，循理尽道，方是不毁伤之实。平日战兢恪守，固是不毁伤，即不幸而遇大难临大节……死于孝，死于忠，亦是保身不毁伤”（见程树德：《论语集释》卷十五）。李氏以“修身”解释“保身”而“免”，是要申明儒者的保身在于保其身不失于礼义或保其身免于失礼，这样不仅把曾子所言同杨朱的“贵生”“贵己”之说从根本上区别了开来，也使此章因旨归于“礼”而得以与前后诸章的意趣相贯而不相违。如果说曾子所谓“启予足！启予手”“而今而后，吾知免夫”，主要为着劝勉儒门弟子于平日恪慎守礼，那么，他所谓“可以托六尺之孤，可以寄百里之命，临大节而不可夺”（第六章）则更多地在于强调一个“立于礼”的君子在国家存亡、个人生死之际所当有的担待。他把“动容貌”“正颜色”“出辞气”称作“君子所贵乎道者三”（第四章），固然是从“立于礼”处说起的，而他对“以能问于不能，以多问于寡，有若无，实若虚，犯而不校”（第五章）的称道，就更可以看作他对“让”在其中的“礼”的倡导了。

一如“好勇疾贫，乱也”（第十章）与“勇而无礼则乱”几可视为同义语，“人而不仁，疾之已甚，乱也”（同上）也可谓为“直而无礼则绞”的另一种说法。“疾贫”而不能安于贫，其“勇”带来的“乱”是乱在“礼”上；同样，对不仁行为“疾之”诚然表现出其人的某种“直”来，但“已甚”则不合于礼，这样引起的“乱”也是乱在“礼”上。《泰伯》所辑录的孔子的话几乎无一不可纳入他的“兴于诗，立于礼，成于乐”的思路，而“立于礼”却是他要措意予以突出的。“不在其位，不谋其政”（第十四章），这当然是夫子依“礼”而说的，而他对“狂而不直，侗而不愿，悾悾而不信”（第十六章）的批评，却也未尝不是出于“立于礼”——人因“礼”而“立”——的角度。甚至，“三年学，不至于谷，不易得也”（第十二章）、“学如不及，犹恐失之”（第十七章）一类劝学的话语，似乎是就学而言学的，但同其他诸章连贯起来看，这里所说的“学”或许主要指“学礼”，尽管它可能也包括了“学诗”和“学乐”。

在孔子遭后人诟病最多的话语中，“民可使由之，不可使知之”（第九章）可能是较典型的一句。近人多以此句为“愚民”之说而责诮孔子，但至少宋儒已经指出：“圣人设教，非不欲人家喻而户晓也，然不能使之知，但能使之由之尔。若曰圣人不使民知，则是后世朝四暮三之术也，岂圣人之心乎？”（见朱熹：《四书集注·论语集注》卷四）其实，这里所说“由之”“知之”之“之”，从上一章“兴于诗，立于礼，成于乐”以至《泰伯》其他各章看，当主要指“礼”“乐”，尤其是“礼”。“礼，履也”（许慎：《说文解字》卷一上），重在践履以“由之”，不重知解、记诵以“知之”。《礼记·中庸》有谓：“礼仪三百，威仪三千。”从学识上精通“礼”或只是“以六艺为法”的儒者之事，而非一般百姓之事。对于一般百姓只须引导而使其“由之”，无须使其一一“知之”——倘使“知之”，则真可谓是“累世不能通其学，当年不能究其礼”（《史记·太史公自序》）了。依西周礼制，礼仪是不施用于处在社会下层的庶民的，刑律也不行施于处在上层的公、卿、大夫，此所谓“礼不下庶人，刑不上大夫”（《礼记·曲礼上》）。到了春秋末季，孔子倡说“道之以德，齐之以礼”乃是对传统礼法教条的一种冲决，这冲决出于对“道之以政，齐之以刑”的流行施治方式的否弃，也出于对庶民百姓有可能教化以“德”“礼”的信任。由此反观“民可使由之，不可使知之”，或不至于对孔子仁民爱物之心枉作猜度。

子罕第九

（一）

子罕言利[1]与[2]命与仁。

【注释】

[1] 罕言利：很少谈论“利”。罕，少。《史记·孟子荀卿列传》：“太史公曰：‘余读《孟子》书至梁惠王问何以利吾国，未尝不废书而叹也。曰：嗟乎！利诚乱之始也。夫子罕言利者，常防其原也。故曰：“放（fǎng）于利而行，多怨。”自天子至于庶人，好利之弊何以异哉?’”（废书，放下书；废，中止。

诚，确实。放，依据。）

［2］与：可有两解，一为连词，另一为动词。以连词解，与“和”“同”同义；以动词解，与《论语·先进》中所谓“吾与点也”之“与”同，义为“赞同”。今从前解。《史记·外戚世家》：“孔子罕称命，盖难言之也。非通幽明之变，恶能识乎性命哉?”朱熹《四书集注·论语集注》引程颐语云：“计利则害义，命之理微，仁之道大，皆夫子所罕言也。”（计，计较。微，微妙。）阮元《论语解·论仁》：“孔子言仁者详矣，曷（hé）为曰‘罕言’也？所谓罕言者，孔子每谦不敢自居于仁，亦不轻以仁许人也。”（曷为，为何。许人，称许他人。）（见刘宝楠：《论语正义》卷十）

【译文】

夫子（平日）很少（主动）谈论“利”、“命”和“仁”。

（二）

达巷党[1]人曰：“大哉孔子！博学而无所成名。”子闻之，谓门弟子曰：“吾何执[2]？执御[3]乎？执射[4]乎？吾执御矣。”

【注释】

［1］达巷党：达巷，地名；党，古代地方户籍编制单位，

五百家为一党。

[2] 执：掌握，从事。此处指专门致力（于某一技艺）。

[3] 御：驾车。古代所谓“六艺”（礼、乐、射、御、书、数）之一。

[4] 射：射箭。古代所谓“六艺”之一。

【译文】

达巷党有人说：“博大呀，孔子！他学识广博，可惜不能在一项专长上成名。”夫子听到这样的话后，对他的弟子们说：“我该有什么专长呢？是驾车呢？还是射箭呢？我还是专做赶车的事吧。”

（三）

子曰：“麻冕[1]，礼也；今也纯[2]，俭，吾从众。拜下[3]，礼也；今拜乎上[4]，泰[5]也。虽违众，吾从下。”

【注释】

[1] 麻冕：周代朝仪或祭祀时所戴的以麻布制作的礼帽。《书·周书·顾命》：“王麻冕黼（fǔ）裳，由宾阶隮（jī）；卿士邦君麻冕蚁裳，入即位；太保、太史、太宗皆麻冕彤裳。”（黼

裳，有黑白相间斧形图案的礼服。隮，登上。蚁裳，黑色礼服。彤裳，朱红色礼服。）班固《白虎通·绋（fú）冕》：“麻冕者何？周宗庙之冠也。《礼》曰：‘周冕而祭。’……冕所以用麻为之者，女功之始，示不忘本也。”（女功，妇女从事的纺织、刺绣、缝纫等。）

[2] 纯：丝。这里指以丝制作的礼帽。

[3] 拜下：依古制，臣见君须拜于堂下，君辞让，方拜于堂上。

[4] 拜乎上：指臣见君不拜于堂下，径直拜于堂上。

[5] 泰：傲慢。

【译文】

夫子说：“戴麻布做成的礼帽，是合于礼节的；现在大家都戴丝做的礼帽，这样要节俭些，我服从大家的做法。臣子见君主，按礼制须拜于堂下，君辞让，方拜于堂上；现在臣子们直接拜于堂上，这显得有些傲慢了。即使是与大家的做法相违背，我还是赞成先拜于堂下。”

(四)

子绝四——毋意[1]，毋必[2]，毋固[3]，毋我[4]。

【注释】

［1］毋意：不凭空猜测。毋，通“无”。意，通“臆”，臆测，猜测。《论语·宪问》：“子曰：‘不逆诈，不亿不信，抑亦先觉者，是贤乎！’”《礼记·少仪》：“毋测未至。”（测，臆度。）

［2］毋必：不一意孤行。必，坚持，坚决。

［3］毋固：不固执己见。固，固执，顽固。

［4］毋我：不自以为是。我，自以为是。

【译文】

夫子在自己身上杜绝了四种弊病——不凭空猜测，不一意孤行，不固执己见，不自以为是。

（五）

子畏于匡[1]。曰：“文王既没，文不在兹乎？天之将丧斯文也，后死者不得与于斯文[2]也；天之未丧斯文也，匡人其如予何[3]？”

【注释】

［1］子畏于匡：孔子被围困在匡地。畏，通“围”，围困。匡，邑名，在今河南省长垣（yuán）县西南。据《史记·孔子世家》，匡地百姓曾备受鲁国大夫季孙氏之家臣阳虎的欺凌，孔

子相貌与阳虎相像，由卫国去陈国经过匡地时被误认为阳虎而受到围困。《荀子·赋》："比干见刳，孔子拘匡。"

［2］后死者不得与于斯文：我这样后死于文王的人是不能有助于礼乐之文的。后死者，孔子以文王为先辈，自称"后死者"。与，参与。

［3］如予何：奈我何，能把我如何。

【译文】

夫子被围困于匡地，说："文王既已去世，传承礼乐之文的责任不就落在我这里了吗？上天若是要丧亡这礼乐之文，像我这样后死于文王的人是不能为这礼乐之文做点儿什么的；如今我既然参与了这礼乐之文的复兴，那就意味着上天并不要让它丧亡。要是这样，匡人又能把我怎么样呢？"

（六）

大宰[1]问于子贡曰："夫子圣者与？何其多能也？"子贡曰："固天纵之将圣[2]，又多能也。"子闻之，曰："大宰知我乎？吾少也贱，故多能鄙事[3]。君子多乎哉？不多也。"

【注释】

［1］大（tài）宰：官名，即太宰。这里所说太宰可能是吴

国太宰伯嚭（pǐ）。刘向《说苑·善说》：“子贡见太宰嚭，太宰嚭问曰：‘孔子何如?’对曰：‘臣不足以知之。’太宰曰：‘子不知，何以事之?’对曰：‘惟不知，故事之。夫子其犹大山林也，百姓各足其材焉。’太宰曰：‘子增夫子乎?’对曰：‘夫子不可增也。夫赐其犹一累壤也，以一累壤增大山，不益其高，且为不知。’”（惟，因为。足，满足。增，增添，添加。累，古代重量单位，量微小。益，增加。）

[2] 固天纵之将圣：原本是上天让他成为大圣。纵，纵任，不予限制。将，大。

[3] 鄙事：鄙俗琐细之事，卑下的技艺。

【译文】

太宰问子贡说：“夫子称得上是圣人了吧？怎么这样多才多艺呢?”子贡说：“这原本是上天让他成为圣人，又让他多才多艺的。”夫子听到后说：“太宰了解我吗？我小时候家境贫贱，所以学会了许多卑下的技艺。（做一个）君子要有这么多技艺吗？不要这么多呀。”

（七）

牢[1]曰：“子云：‘吾不试[2]，故艺。’”

【注释】

[1] 牢：姓琴，名牢，字子开。孔子弟子。《史记·仲尼弟子列传》未载。《孔子家语·七十二弟子解》："琴牢，卫人，字子开，一字张。"

[2] 不试：未见用于世。试，用；用世，出仕。

【译文】

琴牢说："夫子说过：'我（年少时）没有见用于世，所以才学了那么多技艺。'"

（八）

子曰："吾有知乎哉？无知也。有鄙夫[1]问于我，空空[2]如也，我叩其两端[3]而竭焉。"

【注释】

[1] 鄙夫：乡野之人。

[2] 空空：了无所知的样子。

[3] 叩其两端：叩问问题内在的相对待的两面。叩，叩问，询问。两端，相对待的两面。《礼记·中庸》："舜好问而好察迩言，隐恶而扬善，执其两端，用其中于民，其斯以为舜乎！"

（迩言，浅近之言。）

【译文】

夫子说："我有知吗？我没有知呀！有个乡下人来向我讨教，我对他的所问一无所知，我只是就他所问问题的两端不断询问他，一直问到从中找出答案为止。"

（九）

子曰："凤鸟[1]不至，河不出图[2]，吾已矣夫！"

【注释】

[1] 凤鸟：传说中的一种灵鸟。据传，舜时凤鸟曾出现过，文王时凤鸟也曾鸣于岐山。班固《白虎通·封禅》："凤凰者，禽之长也。上有明王，太平乃来，居广都之野。"（禽之长，禽中居首位者；长，居首位。广都，传说中的地名，《山海经·海内西经》有载。）

[2] 图：指河图。传说伏羲时黄河中有龙马负图而出。与凤鸟一样，河出图被古人视为祥泰的征兆。《史记·孔子世家》："鲁哀公十四年春，狩大野，叔孙氏车子钼（jǔ）商获兽，以为不祥。仲尼视之，曰：'麟也，取之。'曰：'河不出图，雒不出

书，吾已矣夫！’颜渊死，孔子曰：‘天丧予！’及西狩见麟，曰：‘吾道穷矣。’”（车子钼商，一位名叫子钼商的驾车之人；车，车士，驾车的人。麟，麒麟，传说中的仁兽。）

【译文】

夫子说：“凤鸟不来了，大河中再也不能见到龙马负图而出了，看来我这一生就要这么过去了。”

（十）

子见齐衰者[1]、冕衣裳者[2]与瞽者[3]，见之，虽少，必作[4]；过之，必趋[5]。

【注释】

［1］齐（zī）衰（cuī）者：穿丧服的人。齐衰，古时以麻布做的丧服。

［2］冕衣裳者：指穿礼服的人。冕，周时天子、诸侯、大夫朝仪或祭祀时所戴的礼帽。衣，上衣。裳，下服。

［3］瞽者：盲人。《论语·乡党》：“见齐衰者，虽狎必变。见冕者与瞽者，虽亵必以貌。”

［4］作：起，由坐席而起身。

［5］趋：快步走。古人以此示敬。

【译文】

夫子见到穿丧服的人、穿礼服的人和盲人，都会庄重示意。他们来见夫子，即使是年轻人，夫子也一定会从坐席上起来；夫子从他们身边经过，一定会快步走。

（十一）

颜渊喟然叹曰："仰之弥高，钻之弥坚，瞻之在前，忽焉在后。夫子循循然[1]善诱人，博我以文，约我以礼[2]，欲罢不能。既竭吾才，如有所立卓尔[3]。虽欲从之，末由[4]也已。"

【注释】

［1］循循然：有次序貌，有条不紊貌。

［2］博我以文，约我以礼：以文献丰富我的学养，以礼仪约束我的行为。《论语·雍也》："子曰：'君子博学于文，约之以礼，亦可以弗畔矣夫。'"

［3］卓尔：卓然，高卓的样子。

［4］末由：找不到路径。末，无。由，途径，办法。

【译文】

颜渊感叹地说："夫子的道德学问，抬头瞻望，愈望愈高，悉心钻研，愈钻愈深，看着似乎在眼前，忽而又出现在后面。夫子一步一步地诱导我，以文献丰富我的学养，以礼节约束我的行为，使我想停下来都不可能。我已经穷尽了我的才能，而前方却像是有一个高大的目标树立在那里，即使想追随不舍，也不知道该用什么办法。"

（十二）

子疾病[1]，子路使门人为臣[2]。病间[3]，曰："久矣哉，由之行诈也！无臣而为有臣，吾谁欺？欺天乎！且予与其死于臣之手也，无宁死于二三子之手乎！且予纵不得大葬[4]，予死于道路乎？"

【注释】

［1］子疾病：孔子病重。疾，病。病，疾病加重，病重。

［2］子路使门人为臣：子路让夫子的弟子们像大夫家的家臣那样预备葬礼。由家臣置办葬礼，是当时大夫的待遇；孔子曾为大夫，有家臣，后去位，不能仍依大夫之礼。子路尊孔子，以夫子弟子为家臣，是以大夫之礼对待夫子。王充《论衡·感

类》："子疾病，子路遣门人为臣。病间，曰：'久矣哉！由之行诈也！无臣而为有臣，吾谁欺？欺天乎！'孔子罪子路者也。己非人君，子路使门人为臣，非天之心，而妄为之，是欺天也。"

［3］病间：病势转轻。间，病好转。

［4］大葬：依礼制举行的隆重葬礼。这里指大夫待遇的葬仪。

【译文】

夫子病重，子路让夫子的弟子们像大夫家的家臣那样准备操办丧事。夫子病情好转后知道了这件事，说："仲由啊，你干这种骗人的勾当很久了吧！没有家臣而做出有家臣的样子，我欺瞒谁呢？欺瞒上天吗？况且，我死在你们这些弟子之手，不比死在家臣之手更好吗？我即使不能按大夫的礼仪安葬，也不至于死在路上没有人掩埋吧？"

（十三）

子贡曰："有美玉于斯，韫椟[1]而藏诸？求善贾[2]而沽诸？"子曰："沽之哉！沽之哉！我待贾者也。"

【注释】

［1］韫（yùn）椟（dú）：收藏在匣子中。韫，收藏。椟，

匣子。

［2］善贾（gǔ）：识货的商人。班固《白虎通·商贾》："商之为言，商也。商其远近，度其有亡，通四方之物，故谓之商也。贾之为言，固也。固其有用之物，以待民来，以求其利者也。行曰商，止曰贾。"（商，估量，审度。度，揣测，估计。亡，无。固，安守，固守。）现买卖人通称为"商"。

【译文】

子贡说："有一块美玉在这里，是放在匣子里收藏呢，还是找一个识货的商人卖出去呢？"夫子说："卖它吧！卖它吧！我等待有眼力的商人呢。"

（十四）

子欲居九夷[1]。或曰："陋，如之何？"子曰："君子居之，何陋之有[2]？"

【注释】

［1］九夷：泛指东方众多未开化部族。《后汉书·东夷传》："夷有九种：曰畎（quǎn）夷，于夷，方夷，黄夷，白夷，赤夷，玄夷，风夷，阳夷。故孔子欲居九夷也。"

［2］君子居之，何陋之有：君子住在那里，那里还会偏僻、闭塞吗？陋，偏僻，边远。王充《论衡·问孔》："孔子疾道不行于中国，志恨失意，故欲之九夷也。或人难之曰：'夷狄之鄙陋无礼义，如之何？'孔子曰：'君子居之，何陋之有？'言以君子之道，居而教之，何为陋乎？"（疾，恨。中国，指华夏族群所居地区。之九夷，去九夷之地。）

【译文】

夫子想住到九夷之地去。有人说："那里偏僻、闭塞，怎么住？"夫子说："君子住在那里，那里还会偏僻、闭塞吗？"

（十五）

子曰："吾自卫反鲁[1]，然后乐正[2]，《雅》《颂》各得其所[3]。"

【注释】

［1］自卫反鲁：孔子于鲁哀公十一年（公元前 484 年）冬自卫国返回鲁国，结束了他长达十三年的列国之游。

［2］乐正：乐曲得到订正。

［3］《雅》《颂》各得其所：《雅》乐、《颂》乐的曲调都有了得其所称的配置。

【译文】

夫子说："我从卫国返回鲁国后，对乐做了订正，《雅》乐、《颂》乐的曲调都有了得其所称的配置。"

（十六）

子曰："出则事公卿，入则事父兄，丧事不敢不勉[1]，不为酒困[2]，何有于我哉[3]？"

【注释】

［1］勉：勉力，尽心尽力。

［2］不为酒困：不沉湎于酒馔。《论语·乡党》："惟酒无量，不及乱。"

［3］何有于我哉：（这些事）我做了多少呢？《礼记·中庸》："子曰：'君子之道四，丘未能一焉：所求乎子以事父，未能也；所求乎臣以事君，未能也；所求乎弟以事兄，未能也；所求乎朋友先施之，未能也。'"（朋友先施之，先行施恩惠于朋友。）

【译文】

夫子说："出仕就侍奉公卿，在家就侍奉父兄，有丧事不敢不尽心尽力，不沉湎于酒馔，这些事我做到了多少呢？"

（十七）

子在川上，曰："逝者如斯夫[1]！不舍昼夜[2]。"

【注释】

[1] 逝者如斯夫：光阴的消逝就像这样啊！逝，去，往，消逝。如斯，像这样，这里显然是以流水比喻光阴的去而不返。

[2] 不舍昼夜：日夜不息。舍，止息，休息。《孟子·离娄下》："徐子曰：'仲尼亟称于水，曰："水哉！水哉！"何取于水也？'孟子曰：'原泉混混，不舍昼夜。盈科而后进，放乎四海，有本者如是，是之取尔。'"（亟称，屡次称赞。盈科，充满坑坎；盈，满；科，坎。放，奔流。本，本源。是之取，即"取是"，取其这一点。）

【译文】

夫子在河岸上，感叹地说："光阴的消逝就像这河水啊！日夜不息地流去。"

（十八）

子曰："吾未见好德如好色[1]者也。"

【注释】

［1］好德如好色：像喜好美色那样喜好美德。《史记·孔子世家》："（孔子）居卫月余，灵公与夫人同车，宦者雍渠参乘，出，使孔子为次乘，招摇市过之。孔子曰：'吾未见好德如好色者也。'于是丑之，去卫过曹。"（雍渠，人名，卫灵公身边的宦官。参乘，陪乘，又称车右。次乘，从车。招摇，张扬，炫耀。市过，即过市，从街市走过，以引起人们注意。丑，辱；厌恶。去，离。过，到。）

【译文】

夫子说："我不曾见过像喜好美色那样喜好美德的人。"

（十九）

子曰："譬如为山，未成一篑[1]，止，吾止也。譬如平地，虽覆一篑，进，吾往[2]也。"

【注释】

［1］篑（kuì）：盛土的竹筐。

［2］往：前往。

【译文】

夫子说："比如用土堆出一座山来，差一筐土没能堆成，就这样停了下来，那是我使它停下来的。比如用土垫平地面，即使是倒上去一筐土，那也是向前进了一步，这进是靠了我自己。”

（二十）

子曰：“语[1]之而不惰[2]者，其回也与！”

【注释】

［1］语：答述，谈论。朱熹注“食不语，寝不言”（《论语·乡党》）曰：“答述曰语。自言曰言”（朱熹：《四书集注·论语集注》卷五）。

［2］不惰：不倦怠。《论语·先进》：“子曰：‘回也，非助我者也，于吾言无所不说。’”

【译文】

夫子说：“听我讲述能始终不倦怠的，大概只有颜回了吧！”

（二十一）

子谓颜渊，曰：“惜乎[1]！吾见其进也，未见其止也。”

【注释】

［1］惜乎：这是孔子为颜回早死而叹。《说文》：“惜，痛也。”

【译文】

夫子谈到颜渊时说：“可惜啊！这个人死得太早了。我只看到他不断进取，从来没有看到他止步过。”

（二十二）

子曰：“苗而不秀[1]者有矣夫！秀而不实[2]者有矣夫！”

【注释】

［1］苗而不秀：长成了苗而没有抽穗扬花。秀，禾苗抽穗扬花。刘勰《文心雕龙·哀吊》：“苗而不秀，自古斯恸。”

［2］秀而不实：抽穗扬花了而没有结籽成熟。实，结籽（结果）成熟。

【译文】

夫子说：“（就像种庄稼）长成了苗而没有抽穗扬花，这是有的啊！抽穗扬花了而没有结籽成熟，这也是有的啊！”

（二十三）

子曰："后生[1]可畏，焉知来者之不如今也？四十、五十而无闻[2]焉，斯亦不足畏也已。"

【注释】

[1] 后生：年少的人。

[2] 无闻：没有作为而不为人知。《大戴礼记·曾子立事》："三十、四十之间而无艺，即无艺矣；五十而不以善闻，则无闻矣。"

【译文】

夫子说："年轻人是可畏的，怎么知道他们将来的成就不如现在我们这一辈人呢？不过，一个人到了四十、五十岁依然没有作为而不为世人所闻，那也就没有什么可畏的了。"

（二十四）

子曰："法语之言[1]，能无从乎？改之为贵。巽与之言[2]，能无说乎？绎[3]之为贵。说而不绎，从而不改，吾末如之何[4]也已矣！"

【注释】

[1] 法语之言：合于礼法的告诫。法语，合乎礼法的言语。

[2] 巽（xùn）与之言：恭顺委婉的言词。巽与，顺从，附和；巽，卑顺，谦让。

[3] 绎：寻绎，推求，辨析。

[4] 末如之何：不知该怎么办；拿他没有办法。《大戴礼记·曾子立事》："惧之而不恐，说之而不听，虽有圣人，亦无若何矣。"（恐，畏。听，从。）

【译文】

夫子说："合于礼法的告诫，能不听从吗？有了过失就改正那才可贵。听了恭维、顺从的话能不怡悦吗？能从中辨析出其意所在那才可贵。只是怡悦而不分辨其意所在，只是听从而不改正自己的过失，对这种人我就不知道该怎么办了。"

（二十五）

子曰："主忠信，毋友不如己者，过则勿惮改。"

【注释】

此章已见于《学而》第八章："子曰：'君子不重则不威，

学则不固。主忠信，无友不如己者，过则勿惮改。’”

【译文】

夫子说：“要注重忠诚和守信，不要结交那些品德不如自己的人，有了过错就不要怕改正。”

（二十六）

子曰：“三军[1]可夺帅也，匹夫[2]不可夺志[3]也。”

【注释】

［1］三军：周制，诸侯国中的大国可有三军。《周礼·夏官·司马》：“凡制军，万有二千五百人为军。王六军，大国三军，次国二军，小国一军。”这里所谓“三军”，泛指军队。

［2］匹夫：古代指平民中的男子。这里以“匹夫”泛指一般人，普通人。

［3］不可夺志：志在我，不为外力所宰制，我不变志，他人不可强夺。《礼记·缁衣》：“子曰：‘言有物而行有格也，是以生则不可夺志，死则不可夺名。’”（物，事验，证据。格，标准。）

【译文】

夫子说：“一支军队的主帅可以斩获，一个普通人的志节不可强夺。”

（二十七）

子曰：“衣敝缊袍[1]，与衣狐貉[2]者立，而不耻者，其由也与？‘不忮不求，何用不臧？’[3]”子路终身诵之。子曰：“是道也，何足以臧？”

【注释】

［1］衣敝缊（yùn）袍：穿破旧的以粗丝为絮的袍子。衣，穿。敝，破旧。缊，旧絮，败絮。

［2］衣狐貉（hé）：穿狐皮貉皮做的袍子。貉，与狸（狸猫，野猫）相似的一种兽，毛皮珍贵。

［3］“不忮（zhì）不求，何用不臧（zāng）”：语出《诗·邶（bèi）风·雄雉》。原意为：不嫉妒，不贪求，何为而不善呢？忮，嫉妒。臧，善，好。《论语·里仁》：“子曰：‘士志于道，而耻恶衣恶食者，未足与议也。’”

【译文】

夫子说：“穿着破旧的以粗丝为絮的袍子，和以狐貉皮为裘的人站在一起，而不以为耻，大概只有仲由能做到吧？‘不嫉妒，不贪求，何为而不善呢?’”子路听了，从此总念叨这两句诗。夫子说：“只是这样，哪里足以称之为善呢?”

（二十八）

子曰：“岁寒[1]，然后知松柏之后凋[2]也。”

【注释】

[1] 岁寒：比喻面临危局或遭遇事变的非常时刻。

[2] 松柏之后凋：比喻志士仁人守持节操于最后。凋，凋零，萎谢。《荀子·大略》：“岁不寒，无以知松柏；事不难，无以知君子。”《史记·伯夷列传》：“岁寒，然后知松柏之后凋。举世混浊，清士乃见。”（清士，高洁之人。乃，始，才。见，现。）

【译文】

夫子说：“要到严寒季节，方知松柏直到最后才凋落。”

（二十九）

子曰：“知者不惑[1]，仁者不忧[2]，勇者不惧[3]。”

【注释】

[1] 知者不惑：通晓道义的人不会陷于惑乱。知者，即智者。

[2] 仁者不忧：有仁爱之德的人不会为私利忧虑不安。仁者，有仁德之人。

[3] 勇者不惧：勇于依道而行的人心无畏惧。《论语·宪问》："子曰：'君子道者三，我无能焉：仁者不忧，知者不惑，勇者不惧。'子贡曰：'夫子自道也。'"《礼记·中庸》："知、仁、勇三者，天下之达德也，所以行之者一也。"（达德，通行不变的德行。一，这里指"诚"。）

【译文】

夫子说："通晓道义的人不会陷于惑乱，有仁爱之德的人不会为利害忧虑不安，勇于依道而行的人心无畏惧。"

（三十）

子曰："可与共学，未可与适道[1]；可与适道，未可与立；可与立，未可与权[2]。"

【注释】

[1] 适道：归从于道。适，归向，归从。

［2］权：权变，权时制宜。《孟子·离娄上》：“淳（chún）于髡（kūn）曰：‘男女授受不亲，礼与？’孟子曰：‘礼也。’曰：‘嫂溺（nì）则援之以手乎？’曰：‘嫂溺不援，是豺狼也。男女授受不亲，礼也；嫂溺援之以手者，权也。’”（淳于髡，姓淳于，名髡，齐国人，稷下名士，曾仕于齐威王、宣王及梁惠王之朝。溺，沉没于水中。援，挽，拉。权，权变。）

【译文】

夫子说：“可以一起问学的人，未必可以一起致力于道；可以一起致力于道的人，未必可以一起守道而立；可以一起守道而立的人，未必可以一起权时制宜。”

(三十一)

“唐棣之华，偏其反而。岂不尔思？室是远而。”[1] 子曰：“未之思也，夫何远之有[2]？”

【注释】

［1］此四句为逸诗，不在今本的《诗》中。其意为：唐棣的花儿，随着风儿翩翩翻动，我难道会不思念你？只是住处相距太远了啊！唐棣，植物名，亦称棠棣，或称常棣。华，通

"花"。偏，翩。反，翻。尔思，思念你。室，住处。

［2］未之思也，夫何远之有：怕不是真的思念，倘是真的思念，怎么会觉得远呢？孔子或在借"唐棣之华"喻说"仁"。《论语·述而》："子曰：'仁远乎哉？我欲仁，斯仁至矣。'"

【译文】

"唐棣的花儿，随着风儿翩翩翻动，我难道会不思念你？只是住处相距太远了啊！"夫子说："怕不是真的思念吧，要是真的思念，怎么会觉得远呢？"

疏　　解

犹如《述而》，《子罕》所辑三十一章多是对孔子性情、好恶、襟怀、信念的称举。其中不多几章所记述的是孔子留给弟子们的印象，其他大都属于孔子自白心迹或对其弟子行止的评说。相较于《述而》，此篇中夫子的某些言谈似更多些自勉或警示的语气。

相应于《述而》所谓"子不语怪、力、乱、神"，《子罕》有"子罕言利与命与仁"（第一章）的载述。"不语"意味着绝口不谈，"罕言"则可谓很少说起。从《论语》所载孔子说过的话看，"利"是相对于"义"而言的，这"罕言"的"利"是

"君子喻于义，小人喻于利"（《论语·里仁》）的"利"，而不是唐人孔颖达所撰《周易正义》引《子夏易传》解释乾卦卦辞时说的"利者，义之和"之"利"；对于前一种"利"，严于"义""利"之辨的孔子很少说起，那原因可能正如程颐所说"计利则害义"（见朱熹：《四书集注·论语集注》卷五）。"命"的情形不同，孔子对其"罕言"或因程颐所说"命之理微"，或如司马迁所说"孔子罕称命，盖难言之也"（《史记·外戚世家》）。至于"仁"，《论语》中所记孔子涉及"仁"的话语不在少数，谓其也在"罕言"之列，颇令人费解。清人阮元解释说："所谓罕言者，孔子每谦不敢自居于仁，亦不轻以仁许人也"（见刘宝楠：《论语正义》卷十）。近人程树德则认为："解此章者多未了解'言'字之义。盖'言'者，自言也。记者旁窥已久，知夫子于此三者皆罕自言，非谓以此立教也。说者徒见弟子问答多问仁，遂疑'命''仁'为夫子所常言，实则皆非此章之义也。《论语》中如'小人喻于利''放于利而行''君子畏天命''不知命无以为君子''我欲仁而仁至''当仁不让于师'之类，出于夫子自言者实属无几"（程树德：《论语集释》卷十七）。的确，"命""仁"关涉人生的终极眷注，孔子"罕言"（很少主动说）原出于谨慎；"命"的话题易于引发人对某种神秘力量的执念，这是孔子所警虑的，而"仁"较少被孔子主动提起，则很可能缘于他对所谓"君子欲讷于言而敏于行"（《论语·里仁》）

或“君子耻其言而过其行”（《论语·宪问》）的信念的笃守。

诚然，“罕言”并非不言；孔子时而“称命”，并且总是把“命”同“道”的行废关联在一起。“道之将行也与，命也；道之将废也与，命也。公伯寮其如命何！”（《论语·宪问》）这可以说是典型的由称“命”而论“道”。与这种以人不可宰制的“命”抗衡某种逆道而行的人间势力之旨趣相通，孔子有时也称“天”而说“文”：“文王既没，文不在兹乎？天之将丧斯文也，后死者不得与于斯文也；天之未丧斯文也，匡人其如予何？”（第五章）其实，这里所说的“文”乃是“道”的代称，而其所谓“天”也正相应于某种人力非可奈何的“命”。孔子自谓“天生德于予”（《论语·述而》），由此切入“天之将丧斯文”“天之未丧斯文”的说法，“匡人其如予何”则可以理解为“匡人其如天何”，而这又恰恰相通于所谓“公伯寮其如命何”。称“命”、称“天”，而以“道”“文”自任，表明孔子是一个宗教感很重的人，但这宗教感并不导向对“天”“命”的盲目崇拜或一味仰赖，它在更大程度上是受德性之“仁”熏炙的。这一份富于“仁”之德性内涵的宗教感，支撑着孔子的“人能弘道，非道弘人”（《论语·卫灵公》）的信仰，养润着其“知其不可而为之”（《论语·宪问》）、“造次必于是，颠沛必于是”（《论语·里仁》）的殉道精神。

与称“命”、称“天”相比，孔子以“道”自任或以“文”

自任，更多还在于发其“志”。有“志于道”（《论语·述而》）之“志”，才能把“天”“命”用来酝酿一种甘于殉道的宗教感，也才可能有“文不在兹乎”那样的自信和“公伯寮其如命何”“匡人其如予何”的气概。“岁寒，然后知松柏之后凋也”（第二十八章），这是以后凋的松柏励其志节；同样，“三军可夺帅也，匹夫不可夺志也”（第二十六章），则是以“三军”“匹夫”而“夺帅”“夺志”之比勘励其志节。“帅”固然尊贵，却毕竟属于孟子所谓的“人爵”；凡“人爵”都是对待性的或“有待”的，其予夺在人，一如孟子所说：“赵孟之所贵，赵孟能贱之”（《孟子·告子上》）。“帅”要有人任命，也要有“三军”可统领，一旦不再被任命，或是所统率的“三军”被击垮，那“帅”就被“夺”了。而“志”却不同，“志”属于孟子所谓的“天爵”，“天爵”是“贵于己者”，是非对待性的或“无待”的，就是说，它对外部条件无所依赖，只要心存此志的人自己不放弃，外部条件无论怎样改变都不能使“志”像“帅”那样被夺去。当然，为孔子所称道的“志”——诚如前面已经指出——是“志于道”之“志”。有此“志”的人忧乐皆在于“道”，不会以衣食的优劣精粗为念，所以在孔子看来，“士志于道，而耻恶衣恶食者，未足与议”（《论语·里仁》），而且，正因为这样，他也才如此称赞子路：“衣敝缊袍，与衣狐貉者立，而不耻者，其由也与？‘不忮不求，何用不臧？’”（第二十七章）

老子主张“道法自然”（《老子》二十五章）而“为道日损”（《老子》四十八章），与老子不同，在孔子这里，“道”依“仁”由“义”而“致道”以“学”（“学以致其道”——《论语·子张》）。因此，对于孔子和整个儒家来说，“志于学”自始就同“志于道”相即不离。“学”当然包括“游于艺”，甚至也不排除掌握某些属于“鄙事”的具体技能，但“学”的重心则总在于致“道”。所以，当孔子听到达巷党人对他所做的“博学而无所成名”的评价时，他才会以诙谐的口吻说：“吾何执？执御乎？执射乎？吾执御矣”（第二章）。孔子显然并不认为一位“学以致其道”的君子应当“执御”、“执射”或“多能”，他解释他所以“多能鄙事”是因为“少也贱”（第六章），所以颇多技艺是因为自己“不试”（不见用于世）（第七章），而真正说来，君子致道是不必要谙习那么多技艺的（“君子多乎哉？不多也”）。“子以四教：文，行，忠，信”（《论语·述而》），从“四教”可以推知，孔子所倡导的“致道”之“学”当在于培壅人的德性以成全或造就儒者的君子人格。“吾未见好德如好色者也”（第十八章）。“好色”出于人的天性自然，“好德”虽然在人身上不无潜在的天赋因素，却终须后天努力不辍地涵养和提毓（yù），而其最切实的途径则在于“学《诗》”“学礼”（由“子所雅言，《诗》、《书》、执礼，皆雅言也”可知，学《书》或当与“学《诗》”“学礼”同样被看重）。“不忮不求，何用不臧”原是《诗·

邶风·雄雉》中的最后两句，本在于诉说思妇对出征在外的丈夫不必贪图功名的期待，却被孔子引来肯定子路不耻于“衣敝缊袍，与衣狐貉者立”的德行；逸诗“唐棣之华，偏其反而。岂不尔思？室是远而”，或是抒发男女之间的怨慕之情的，孔子借此做“未之思也，夫何远之有”（第三十一章）的感慨，则意在诱导弟子领会“仁远乎哉？我欲仁，斯仁至矣”（《论语·述而》）的道理。孔门“学《诗》”感于性情而旨归于“好德”，由此两例可见其一斑。至于“学礼”，《子罕》并没有再度明确强调，但所载孔子的言行仍可说是在为“学礼”须诉诸践履的教义提示某种可直观的见证。“出则事公卿，入则事父兄，丧事不敢不勉，不为酒困，何有于我哉？”（第十六章）孔子这样的话似乎并没有高深的理致，但它让我们从一个礼的笃行者身上多少知晓了“礼”何以要“学”或何谓之“学礼”。“子见齐衰者、冕衣裳者与瞽者，见之，虽少，必作；过之，必趋”（第十章），从孔子行止的这些细节，甚至略可体悟“礼”之所以为“礼”、“学礼”何以使人得以立的儒门义理之大端。

“志于道”而“志于学”者，在孔子看来，须对所学锲而不舍、孜孜以求。“譬如为山，未成一篑，止，吾止也。譬如平地，虽覆一篑，进，吾往也”（第十九章）。这是孔子对其弟子们的告诫，也可以视为夫子的自我策励之词。同样，岸边观水，“逝者如斯”（第十七章）之叹，亦是孔子对自己和自己弟子所做的时不我待的提醒和学而不已的督勉。孔子赞赏颜回“语之而不惰”（第二十章）及其为学“进”而不“止”（见第二十一章）的进取精神，而他所谓“苗而不秀者有矣夫！秀而不实者有矣夫”（第二十二章），固然表达了他对颜回早逝的惋惜，但更多地还在于对“学以致其道”途中的弟子们做一种警示，以敦促其趁时努力而尽可能做到苗而能秀，秀而能实。他以“后生可畏”催趱（zǎn）自己、激励晚辈，更以“四十、五十而无闻焉，斯亦不足畏也”（第二十三章）这样的话正告年轻学子：不可虚度光阴，以免老大“无闻”（无所作为而不为人知）。《论语》诸篇多有孔子劝学的章句，《子罕》这类章句的特点在于其夫子自勉的成分更重些，此外，较多地由“学”而导人致“道”也确实构成了对“利”“命”“仁”的“罕言”的一种陪衬。

而且，依孔子的看法，由进学而入道是一个不无阶次的过程，这过程并不是每个人都能完成的。孔子说：“可与共学，未可与适道；可与适道，未可与立；可与立，未可与权”（第三十章）。这所谓“共学”“适道”，以至于“立”“权”，都既是关联着“学”而言的，也是关联着“道”而言的。不学无以致道，但学可能相关于道，也可能与道无关，学而与道相关方可以趋赴于道，学而与道无关则不会向道而行，因此，虽然“共学”，却未必能够一起“适道”；再则，即使可以由“共学”而一起“适道”，向道而行者却未必都能最终立身于道，这即是说虽

"可与适道"，却也"未可与立"；同样，即使可以由"共学""适道"而一起立身于道，立身于道者又未必都能以道为权衡，在不同的际遇中随机应变，于是，又可以说虽"可与立"，却还"未可与权"。"学"而至于"适道"、"立"于道、"权"于道，这是孔子对"志于道"而"志于学"的儒门弟子的期待，也是对他自己"志于学"（"吾十有五而志于学"）而"志于道"的生命践履的剖白。一个真正做到"学"而至于"适道"、"立"于道、"权"于道的人，才可能真正做到"绝四——毋意，毋必，毋固，毋我"（第四章），也才会是一个不惑的"知者"、不忧的"仁者"、不惧的"勇者"（第二十九章）。颜回对孔子之道的"仰之弥高，钻之弥坚，瞻之在前，忽焉在后"（第十一章）的感喟是动人肺腑的，这位孔子最得意的弟子同其夫子在"学"而"适道"、"立"于道、"权"于道上达到的生命的共感，为同门人中的其他人无从企及。然而，无论怎样步趋孔子，他还是留下了"虽欲从之，末由也已"之叹。

孔子对其一以贯之的"道"的"适""立""权"是彻底的，他以一生的探求就此为"人能弘道"做了见证。但"道"与"命"毕竟是相错落的，前者因"依于仁"而在更大程度上是"由己"（"为仁由己"）的，后者作为某种难以逆测的变数却非一个"志于道"者所能主宰。儒家之"道"行之于世须得"立"于道、"权"于道的人见用于世，孔子终于不为"有国者"所用固如颜回所说“是有国者之丑”(《史记·孔子世家》),却还是为儒门教化涂染了一种崇高而悲郁的色调。“我待贾者也”(第十三章),可以想见孔子如此说时尚一直抱有见用而行道的一线希望,而当他“欲居九夷”(第十四章)以至于嗟叹“凤鸟不至,河不出图,吾已矣夫”(第九章)时,他已经全然是另一种心态了——这也许正是他在罕言“利”的同时亦罕言“命”的一重背景。

乡党第十

此篇原为一章，现分其为二十九节注译。

（一）

孔子于乡党[1]，恂恂如[2]也，似不能言者。其在宗庙朝廷，便便言[3]，唯谨尔。

【注释】

［1］乡党：周制，一万二千五百家为乡，五百家为党。“乡党”在这里指家乡或乡亲。

［2］恂（xún）恂如：温和恭顺的样子。

[3] 便（pián）便言：说话明白晓畅的样子。

【译文】

孔子在家乡，温和而恭顺，像是不善言辞似的。一到宗庙、朝廷，他说话明白晓畅，只是很有分寸罢了。

（二）

朝，与下大夫[1]言，侃侃如[2]也；与上大夫言，訚訚如[3]也。君在，踧踖如[4]也，与与如[5]也。

【注释】

[1] 下大夫：周时官职中的一级。下文“上大夫”亦为官职中的一级。《礼记·王制》：“王者之制禄爵，公、侯、伯、子、男，凡五等。诸侯之上大夫卿、下大夫、上士、中士、下士，凡五等。”

[2] 侃侃如：和乐而直率的样子。

[3] 訚（yín）訚如：说话和悦而明辨是非的样子。

[4] 踧（cù）踖（jí）如：恭敬而不安的样子。

[5] 与与如：威仪合度的样子。

【译文】

孔子上朝，与下大夫说话，和乐而率直；与上大夫说话，诚恳而不阿。在君主面前，显得恭敬而不安，举止谨慎而得体。

（三）

君召使摈[1]，色勃如[2]也，足躩如[3]也。揖所与立，左右手，衣前后，襜如[4]也。趋进，翼如[5]也。宾退，必复命曰："宾不顾[6]矣。"

【注释】

[1] 摈（bìn）：通"傧"，做傧相，接待宾客。《史记·孔子世家》："（孔子）由中都宰为司空，由司空为大司寇。定公十年春，及齐平……会于夹谷。鲁定公且以乘车好往，孔子摄相事。"（好往，前往参加"好会"，"好会"为诸侯间友好的会盟。摄，代理。相事，相礼之事。）

[2] 色勃如：骤然变色的样子。

[3] 足躩（jué）如：快步行走的样子。

[4] 襜（chān）如：（衣服前后摆动）整齐的样子。

[5] 翼如：鸟儿展翅的样子。

[6] 宾不顾：宾客不再回头看。《仪礼·聘礼》："摈者出

请，宾告事毕。摈者入告，公出送宾。及大门内，公问君，宾对，公再拜。公问大夫，宾对。公劳宾，宾再拜稽首，公答拜。公劳介，介皆再拜稽首，公答拜。宾出，公再拜送，宾不顾。”（出请，出来请示宾客。君，这里指宾客所在国的君主。劳，慰劳。介，副手，助手；这里指主宾的副手。）

【译文】

君主召孔子做傧相，孔子的神色骤然变得庄重起来，脚步也快了起来。向站在一起的其他傧相作揖，左右连连拱手，衣袍前后襟的摆动整齐有致。快步前行时，那样子就像鸟儿展翅。宾客送走后，他一定会向君主回报：“宾客已经走远，不再回头看了。”

（四）

入公门，鞠躬如[1]也，如不容。立不中门[2]，行不履阈[3]。过位[4]，色勃如也，足躩如也，其言似不足者。摄齐升堂[5]，鞠躬如也，屏气似不息者。出，降一等，逞颜色[6]，怡怡如[7]也。没阶，趋进，翼如也。复其位，踧踖如也。

【注释】

[1] 鞠躬如：恭敬谨慎的样子。

［2］立不中门：不站立在门的正中间。《礼记·曲礼上》：“为人子者，居不主奥，坐不中席，行不中道，立不中门。”（主，寓居。奥，室内西南角。中席，正中的席位。中道，路的正中间。）

［3］行不履阈（yù）：进门不踩门槛。阈，门槛。《礼记·曲礼上》：“大夫、士出入君门，由闑（niè）右，不践阈。”（闑，竖于门中间的短木。）

［4］过位：经过君主的座位。

［5］摄齐（zī）升堂：提起衣裳下摆到堂上去。摄齐，提起衣裳下摆。

［6］逞颜色：面色放松。逞，舒展，放任。

［7］怡怡如：安适自得的样子。《仪礼·聘礼》：“下阶，发气怡焉。”（发气，呼气。）

【译文】

孔子进朝廷大门，仪容恭敬谨慎，像是没有自己的容身之地。他从不站立在门的正中间，而进门从不踩门槛。经过君主的座位时，脸色骤然变得庄重起来，迈步急促起来，说话像是中气不足的样子。提起衣裳下摆到堂上去时，恭敬谨慎，屏住气像是没有了呼吸。出来，下了一个台阶，面色才放松下来，一副怡然安适的样子。下完台阶，快步向前走，就像鸟儿舒展开了翅膀。一回到自己的位子上，又开始恭谨不安起来。

（五）

执圭[1]，鞠躬如也，如不胜。上如揖，下如授，勃如战色[2]，足蹜蹜如有循[3]。享礼[4]，有容色。私觌[5]，愉愉如也。

【注释】

［1］圭（guī）：古时天子、诸侯举行朝聘（诸侯国君主派使臣或亲自朝见天子，或朝见霸主国君主）、祭祀、丧葬等仪式时，所用的一种玉制礼器。长条形，上尖下方。其名称、大小因爵位与用途不同而各异。在仪式上，君臣皆执圭。《仪礼·聘礼》："执圭，入门，鞠恭焉，如恐失之。"

［2］勃如战色：神色庄重像是在战栗。战色，战战兢兢的样子。

［3］足蹜（sù）蹜如有循：双脚小步快行，有如沿着一条线走。蹜蹜，小步快走。循，沿。《礼记·玉藻》："执龟玉，举前曳（yè）踵，蹜蹜如也。"（龟玉，龟甲与宝玉；古时被认为是国家重器。举前，翘起脚前掌。曳踵，拖着脚后跟。）

［4］享礼：使臣向朝聘国君主进献礼物的仪式。

［5］私觌（dí）：私下相见。《仪礼·聘礼》："及享，发气

焉，盈容……私觌，愉愉焉。”（盈容，面色庄重。愉愉，轻松愉快。）

【译文】

孔子做朝聘使者，手持鲁国君主的圭，恭敬而谨慎，像是不胜其重的样子。执圭上举，有如向人作揖；向下，有如要交给别人。神情庄重，像是在战栗，双脚小步快行，有如沿着一条线走。在进献礼物的仪式中，容色肃然。私下与朝聘国君臣相见，一副轻松愉快的样子。

（六）

君子[1]不以绀緅饰[2]，红紫不以为亵服[3]。当暑，袗絺绤[4]，必表而出之[5]。缁衣羔裘[6]，素衣麑裘[7]，黄衣狐裘。亵裘长，短右袂。必有寝衣[8]，长一身有半。狐貉之厚以居[9]。去丧，无所不佩[10]。非帷裳，必杀之[11]。羔裘玄冠不以吊[12]。吉月，必朝服而朝[13]。

【注释】

［1］君子：这里指孔子。

［2］不以绀（gàn）緅（zōu）饰：不以天青色和青赤色的

布镶边。绀，天青色。緅，青赤色。

[3] 红紫不以为亵服：不以红色、紫色的布做家居时的便服。亵服，家居时穿的便服。

[4] 袗（zhěn）絺（chī）绤（xì）：穿细葛麻布、粗葛麻布做的单衣。袗，单衣；指穿单衣。絺，细葛麻布。绤，粗葛麻布。

[5] 必表而出之：出门一定要穿上外衣。表，外衣。出，出门。

[6] 缁衣羔裘：黑色罩衣配黑色羔羊皮袍。古人服裘，毛朝外，外面的罩衣当与毛色相配。

[7] 素衣麑裘：白色罩衣配白色的小鹿皮袍。麑，小鹿，毛白色。

[8] 寝衣：小卧被或略相当于今之睡衣的卧具。

[9] 狐貉之厚以居：用狐貉的厚毛皮做坐褥。居，坐。

[10] 去丧，无所不佩：出了丧期，各种装饰品无所不佩戴。《礼记·玉藻》："凡带必有佩玉，唯丧否。佩玉有冲牙。君子无故玉不去身。君子于玉比德焉。"（冲牙，古代佩玉的一种部件。）

[11] 非帷裳（cháng），必杀（shài）之：不是上朝或祭祀时穿的用整幅布做的下服，一定要裁边。帷裳，上朝或祭祀时穿的下服，用整幅布做成，不加剪裁。

［12］羔裘玄冠不以吊：不穿黑色的羔羊皮袍戴黑色的礼帽去吊丧。古时吉服为黑色，丧服为白色。《礼记·檀弓上》："夫子曰：'始死，羔裘玄冠者，易之而已。'羔裘玄冠，夫子不以吊。"（易，换。）

［13］吉月，必朝服而朝：每年正月初一，一定身穿朝服去朝贺。吉月，始月，这里指农历正月初一。

【译文】

君子不用青中透红和黑中带赤的布镶衣领或袖口，不用红色、紫色的布做家居时穿的便服。夏天，穿细葛麻布或粗葛麻布做的单衣，出门时一定要罩件外衣。冬天，穿黑色羔羊皮做的袍子要配黑色罩衣，穿白色小鹿皮做的袍子要配白色罩衣，穿黄色狐狸皮做的袍子要配黄色罩衣。平时家居穿的皮袍要长些，右边的袖子要短些。一定要有寝衣，有一身半那么长。要用厚厚的狐貉皮做坐褥。出了丧期，各种饰物无所不佩戴。除开朝祭时穿的整幅布做的礼裳，其他所穿的裳一定要剪裁。不穿黑色羔羊裘戴黑色礼帽去吊丧。正月初一，一定身穿朝服去朝贺。

（七）

齐[1]，必有明衣[2]，布。齐必变食[3]，居必迁坐[4]。

【注释】

［1］齐（zhāi）：通“斋”，斋戒。

［2］明衣：古人在斋戒期间沐浴后所穿的干净内衣。

［3］变食：改变饮食。斋戒期间不饮酒，不茹荤。

［4］居必迁坐：居住一定要从内室迁到外室。《礼记·玉藻》：“将适公所，宿齐戒，居外寝。”（公所，官府。）

【译文】

斋戒时，一定要有浴后穿的干净内衣，这内衣应是麻布做的。斋戒期间务必要改变饮食（不茹荤，不饮酒），寝所也一定要从内室迁到外室。

（八）

食不厌精[1]，脍不厌细[2]。食饐而餲[3]，鱼馁而肉败[4]，不食。色恶，不食。臭恶，不食。失饪[5]，不食。不时，不食。割不正，不食。不得其酱，不食。肉虽多，不使胜食气[6]。惟酒无量，不及乱[7]。沽酒市脯[8]，不食。不撤姜食，不多食。

【注释】

［1］食不厌精：食物烹饪不嫌其精善。厌，嫌，嫌弃。这

里所说的“不厌精”当指食物烹饪、加工，非就食物本身的精粗而言，否则便会与所谓“士志于道，而耻恶衣恶食者，未足与议也”（《论语·里仁》）相扞格。有学者将此句与下句释为“不因食脍之精细而特饱食”，意虽可顺，但于句词本身有所勉强，似欠妥。

[2] 脍不厌细：鱼、肉切丝不嫌其工细。这里所说的“不厌细”与上句“不厌精”意味相同，主要指加工。《礼记·少仪》：“牛与羊鱼之腥，聂而切之为脍。”

[3] 食饐（yì）而餲（ài）：食物经久发馊发臭。饐、餲，皆指食物经久腐臭变味。《尔雅·释器》：“食饐谓之餲……肉谓之败，鱼谓之馁。”

[4] 鱼馁而肉败：鱼和肉腐烂。馁、败，皆为腐烂。

[5] 失饪：烹调失当。《尔雅·释器》：“抟者谓之糷（làn），米者谓之糵（niè）。”（抟，凝聚成团。糷，糊。糵，饭中有腥味。）

[6] 胜食气（xì）：超过主食的量。气，通“饩”（xì）。

[7] 乱：因醉酒而神志迷乱。

[8] 市脯（fǔ）：买来的肉干。脯，肉干。

【译文】

食物烹饪不嫌其精善，鱼、肉切丝不嫌其工细。食物久置发馊变味，鱼腐烂了，肉霉臭了，不吃。颜色变得不正常的食物，不吃。气味变得难闻的食物，不吃。烹调失当的食物，不吃。不到该吃饭的时间，不吃。肉割得不合规矩，不吃。没有相配称的酱、醋，不吃。即使肉再多，也不吃得超过了主食米、面的分量。只有酒不限量，以不至于醉而神志迷乱为度。从街市买来的酒和肉干，不吃。每顿饭都要有姜料，但不多吃。

（九）

祭于公[1]，不宿肉[2]。祭肉[3]不出三日。出三日，不食之矣。

【注释】

［1］祭于公：参加公家祭祀。《礼记·杂记上》："大夫冕而祭于公，弁（biàn）而祭于已。士弁而祭于公，冠而祭于已。"（冕、弁，皆礼帽。）

［2］不宿肉：不把（分到的祭）肉留下来过夜。

［3］祭肉：自己家祭祀用的肉。

【译文】

参加公家祭祀，不让分到的祭祀用的肉过夜。自家祭祀用的肉在三天内吃完。过了三天，就不吃它了。

（十）

食不语，寝不言。

【译文】

进食的时候不交谈，就寝的时候不说话。

（十一）

虽疏食[1]、菜羹，瓜祭[2]，必齐如[3]也。

【注释】

[1] 疏食：粗陋的食物。

[2] 瓜祭："瓜"为"必"之误，必祭。

[3] 齐（zhāi）如：像斋戒那样虔诚恭敬。齐，通"斋"，斋戒。《礼记·杂记下》：孔子曰："吾食于少施氏而饱，少施氏食我以礼，吾祭，作而辞曰：'疏食不足祭也。'吾飧（sūn），作而辞曰：'疏食也，不敢以伤吾子。'"（少施氏，传说是最初发明饮食的人。作，起立。飧，吃，食用。）

【译文】

即使是糙米做的饭，青菜做的羹，吃之前也一定要祭一下饮食之祖，一定要像斋戒那样虔诚恭敬。

（十二）

席[1]不正[2]，不坐。

【注释】

［1］席：坐席。古人不坐椅凳，坐于贴地的席子上。

［2］正：端正。或谓合于礼制：古人坐席，天子五重，诸侯三重，大夫两重；南北向，以西为上；东西向，以南为上。合于这一规矩，谓之席正。

【译文】

坐席摆放得不端正，不坐。

（十三）

乡人饮酒[1]，杖者[2]出，斯出矣。

【注释】

[1] 乡人饮酒：指行乡饮酒礼。

[2] 杖者：拄拐杖的老者。《礼记·王制》："五十杖于家，六十杖于乡，七十杖于国，八十杖于朝。"

【译文】

行完乡人饮酒之礼后，等持杖的老者离席了，自己才离席。

（十四）

乡人傩[1]，朝服而立于阼阶[2]。

【注释】

[1] 傩（nuó）：古代的一种迎神而驱除疫鬼的风俗。多在腊日（农历十二月初八）前举行。《后汉书·礼仪志中》："先腊一日，大傩，谓之逐疫。"

[2] 阼（zuò）阶：大堂前东边的台阶。阼为主人之位，临朝觐、揖宾客、承祭祀，升降皆由此。

【译文】

乡人举行迎神驱疫鬼的傩礼仪式，夫子总会穿着朝服肃立在大堂前的东边台阶上。

（十五）

问人于他邦[1]，再拜而送之[2]。

【注释】

[1] 问人于他邦：托人探问他邦的友人。问，问候。

[2] 再拜而送之：对受委托的人再拜而为其送行。

【译文】

夫子托人问候他邦友人，对受委托的人再拜而为其送行。

（十六）

康子馈药[1]，拜而受之[2]。曰："丘未达[3]，不敢尝。"

【注释】

[1] 馈药：赠送药物。

[2] 拜而受之：拜谢后收下来。《礼记·玉藻》："大夫亲赐士，士拜受，又拜于其室。"

［3］未达：不了解（药性）。

【译文】

季康子赠药给夫子，夫子拜谢后收了下来，说："我对这药的药性不了解，不敢尝受。"

（十七）

厩焚[1]。子退朝，曰："伤人乎？"不问马[2]。

【注释】

［1］厩焚：马厩失火。《礼记·杂记下》："厩焚，孔子拜。乡人为火来者，拜之，士壹，大夫再，亦相吊之道也。"（壹，拜一次。再，再拜。吊，慰问。）

［2］不问马：没有问到马。桓宽《盐铁论·刑德》："《传》曰：'凡生之物，莫贵于人；人主之所贵，莫重于人。'故天之生万物以奉人也，主爱人以顺天也。闻以六畜禽兽养人，未闻以所养害人者也。鲁厩焚，孔子罢朝，问人不问马，贱畜而重人也。"（罢朝，退朝。）

【译文】

马厩失火了。夫子退朝后，问："伤着人没有？"没有问到马。

（十八）

君赐食，必正席先尝之。君赐腥[1]，必熟而荐[2]之。君赐生[3]，必畜之。侍食于君，君祭，先饭[4]。

【注释】

［1］腥：生肉。

［2］荐：进献，上供。

［3］生：这里指活物（鱼、龟、牲畜等）。

［4］君祭，先饭：在君主举行饭前祭礼仪式时孔子会依礼先尝一尝。《仪礼·士相见礼》："若君赐之食，则君祭先饭，遍尝膳饮而俟。君命之食，然后食。若有将食者，则俟君之食然后食。"（膳饮，饮食。俟，等候。）

【译文】

君主赐给熟食，孔子一定会摆正坐席先尝一尝。君主赐给生肉，孔子一定会在煮熟后先供奉祖先。君主赐给活物，孔子一定会先养起来。侍奉君主吃饭，在君主举行饭前祭礼仪式时孔子一定会依礼先尝一尝。

（十九）

疾，君视之，东首[1]，加朝服，拖绅[2]。

【注释】

[1] 东首：头朝东（而卧）。《礼记·丧大记》："疾病，外内皆埽。君大夫彻县，士去琴瑟。寝，东首于北牖下。"（疾病，病重。埽，同"扫"。彻县，撤去悬挂的钟磬一类乐器；县，悬。去，撤去。）

[2] 加朝服，拖绅：（身上）加盖拖着一条束腰的大带子的朝服。拖绅，拖着束腰的带子。

【译文】

生病，君主来看望，孔子就头朝东卧，身上加盖拖着一条束腰的大带子的朝服。

（二十）

君命召[1]，不俟驾[2]行矣。

【注释】

［1］君命召：君主有命召见（孔子）。

［2］不俟驾：不等车马备好。俟，等，等候。《礼记·玉藻》："凡君召，以三节，二节以走，一节以趋。在官不俟屦（jù），在外不俟车。"（节，君召臣用作信物的玉制符节，依情势缓急传唤者所持节之数有别。走，跑。趋，快步走。官，朝廷治事之所。屦，鞋，穿鞋。）

【译文】

君主有命召见孔子，孔子不等车马备好就先步行走了。

（二十一）

入太庙，每事问。

【注释】

此章已见于《八佾》第十五章："子入太庙，每事问。或曰：'孰谓鄹人之子知礼乎？入太庙，每事问。'子闻之，曰：'是礼也。'"

【译文】

夫子进太庙，每件事都会向别人讨教。

（二十二）

朋友死，无所归[1]，曰："于我殡[2]。"

【注释】

［1］无所归：这里指死者孤身，没有亲属为其殓葬。

［2］于我殡：由我为其办理丧事。殡，入殓、停柩、出殡、埋葬。《礼记·檀弓上》："宾客至，无所馆。夫子曰：'生于我乎馆，死于我乎殡。'"（馆，留宿，住宿。）

【译文】

朋友死了，没有亲属为他殓葬，夫子就说："由我来为他办理丧事吧。"

（二十三）

朋友之馈[1]，虽车马，非祭肉[2]不拜。

【注释】

［1］馈：馈赠，赠品。

［2］祭肉：祭祀时供奉之肉，祭毕可分赠亲友。

【译文】

朋友的馈赠，如果不是祭肉，即使是像车马那样贵重的东西，夫子也不行拜礼。

（二十四）

寝不尸[1]，居不容[2]。

【注释】

［1］寝不尸：寝卧时不像死尸那样直挺着四肢。

［2］居不容：平日家居不像在严肃场合那样仪容庄重。容，仪容。陆德明《经典释文》以“居不容”为“居不客”，唐开成石经亦作“居不客”，意为“居”（坐）不拘泥于庄敬的客礼。如此，“客”“容”略相通，今姑以“容”（“居不容”）解。《论语·述而》：“子之燕居，申申如也，夭夭如也。”

【译文】

寝卧时不像死尸那样直挺着四肢，平日起坐不像在严肃场合那样仪容庄重。

（二十五）

见齐衰[1]者，虽狎必变[2]。见冕者[3]与瞽者[4]，虽亵必以貌[5]。凶服者式之[6]，式负版者[7]。

【注释】

［1］齐（zī）衰（cuī）：用麻布做的丧服。

［2］虽狎（xiá）必变：即使平时很亲近，（这时）也一定会变得神情庄重。狎，亲近。

［3］冕者：穿礼服戴礼帽的人。冕，周时天子、诸侯、大夫在礼仪场合戴的礼帽。

［4］瞽者：盲人。

［5］虽亵必以貌：即使平时很熟悉，（这时）也一定会面色严肃起来。亵，亲近，熟悉。《论语·子罕》："子见齐衰者、冕衣裳者与瞽者，见之，虽少，必作；过之，必趋。"

［6］凶服者式之：（乘车）遇到身穿丧服的人俯身凭轼示意。凶服，丧服。式之，乘车人俯身凭轼（手扶车前横木）示意。

［7］式负版者："版"或为"贩"之误。与上句相接，意为：即使是身份卑下的负贩，当其身着凶服，夫子亦会凭轼示

意。何晏《论语集解》引孔安国注云：“负版者，持邦国之图籍。”似牵强，今不从。《礼记·曲礼上》：“夫礼者，自卑而尊人，虽负贩者必有尊也，而况富贵乎?”

【译文】

夫子见到穿丧服的人，哪怕平时很亲近，这时也一定会变得神情庄重。看见身着礼服礼帽的人或盲人，即使是平时已经很熟悉，这时也一定会面色严肃起来。乘车遇到穿丧服的人，即使是负贩那样的身份卑下的人，夫子也会俯身凭轼示意。

（二十六）

有盛馔[1]，必变色而作[2]。

【注释】

［1］盛馔：丰盛的菜肴，丰盛的饭菜。

［2］作：起立，站起来。《礼记·曲礼上》：“食至，起。”

【译文】

每逢盛宴，夫子一定会神色恭敬地站起来。

（二十七）

迅雷风烈[1]，必变[2]。

【注释】

［1］迅雷风烈：即迅雷烈风——迅猛的雷鸣和剧烈的风色。

［2］必变：一定会因敬畏而变其常态。《礼记·玉藻》："若有疾风迅雷甚雨，则必变。虽夜，必兴，衣服冠而坐。"（甚，大。兴，起身。衣服冠，穿衣、戴帽。）

【译文】

偶有迅雷、大风，夫子会为之动容而对天的怒态报以敬畏之情。

（二十八）

升车，必正立执绥[1]。车中不内顾[2]，不疾言，不亲指[3]。

【注释】

［1］执绥（suí）：手挽上车用的绥绳。绥，供上车时手抓的

短绳。

［2］不内顾：不回头看。崔骃《车左铭》："虞夏作车，取象机衡。君子建左，法天之阳。正位受绥，车不内顾。尘不出轨，鸾以节步。彼言不疾，彼指不躬。玄览于道，永思厥（jué）中。"（虞夏，舜、禹。机衡，北斗七星中第三星天玑［天机］与第五星玉衡的合称，代指北斗。左，指驾车之人，即所谓车左。轨，车轮；车轮的印迹。鸾，铃，车铃。节，节制；节奏。步，行走，这里指车行。言不疾，即不疾言，不大声说话。指不躬，即不亲指，不用手指指点点。玄览，远眺，远望。厥，其。中，双关语，既指路之中，也隐含"中庸"之中的意味。）

［3］不亲指：不用手指指点点。上引《车左铭》"彼指不躬"即就此而言。《礼记·曲礼上》："车上不广欬（kài），不妄指。"（广欬，大声咳嗽；欬，通"咳"，咳嗽。）

【译文】

夫子上车，一定先站立端正，然后挽着登车用的绥绳上去。在车中，不回头看，不大声说话，不用手指指点点。

（二十九）

色斯举[1]矣，翔而后集[2]。曰："山梁雌雉[3]，时哉[4]！时哉!”子路共[5]之，三嗅而作[6]。

【注释】

［1］色斯举：（野雉）惊恐地飞起来。色斯，形容惊恐的样子；举，飞，飞起。王引之《经传释词》：“色斯者，状鸟举之疾也。色斯，犹色然，惊飞貌也。”（状，摹状，形容。疾，快。）《吕氏春秋·审应览·审应》：“孔思请行，鲁君曰：‘天下主亦犹寡人也，将焉之?’孔思对曰：‘盖闻君子犹鸟也，骇则举。’”（请行，请求离去。焉之，前往哪里。骇，惊骇。）

［2］翔而后集：飞起后又栖止。集，鸟栖止于树。

［3］雌雉：母野鸡。雉，野鸡。

［4］时哉：知其时啊！这里“时”有应机随时、通权达变之义。《易·随象》：“随时之义大矣哉。”（随，《易》六十四卦之一，卦象为震下兑上或雷下泽上；随有“从”意，可引申为通权达变，应时而行。）

［5］共：通“拱”，拱手。

［6］三嗅而作：张开双翅拍打了三下飞走了。朱熹《四书集注·论语集注》引宋儒刘勉之注：“嗅，当作狊（jú），古阒（qù）反。张两翅也。见《尔雅》。”三嗅，即三狊。

【译文】

野雉（见有人来）惊恐地向上飞去，乍飞上去又栖止在山梁。夫子感叹地说："山梁上的雌雉哟，知其时啊！知其时啊！"子路向它拱拱手，那野雉张开双翅拍打了几下飞走了。

疏　解

《乡党》编录文句于一章，所记皆孔子平时举止、容色、神情、气度。此篇与《述而》《子罕》颇相类，但其中涉及夫子的言说极少，仅"宾不顾矣""丘未达，不敢尝""伤人乎""于我殡""山梁雌雉，时哉！时哉"等寥寥数语，而且所言之旨趣只有关联于相应的背景性陈述才可能真正为会心者所悟。朱熹《四书集注》在《乡党》的题注中引宋儒杨时的话说："圣人之所谓道者，不离乎日用之间也。故夫子之平日，一动一静，门人皆审视而详记之。"又引宋儒尹焞（tūn）的话说："甚矣孔门诸子之嗜学也！于圣人之容色言动，无不谨书而备录之，以贻后世。今读其书，即其事，宛然如圣人之在目也。虽然，圣人岂拘拘而为之者哉？盖盛德之至，动容周旋，自中乎礼耳。学者欲潜心于圣人，宜于此求焉。"依宋儒的提示，把握《乡党》之意致，可留心于两点：（1）"道"不在人伦日用之外，孔子对儒家所谓"道"的指点固然不能不诉诸"近取譬"式的言喻，而重要的还在于他这位"闻道"者的行迹；（2）见于人伦日用的"道"更多是由"中乎礼"的践履体现的，"执礼"（《论语·

述而》）、“约之以礼”（《论语·雍也》）或当作为“道”生命化于每个个人的路径视之。

孔子在家乡父老、邻里面前温和、谦恭以至于“似不能言者”（第一节），这是其“亲亲”而仁爱之情的自然流露。乡党是父兄所居、宗族所聚之地，孔子幼年失怙、少小丧母，在“事父母能竭其力”（《论语·学而》）以履行孝道方面留下了无从弥补的遗憾，但从他对宗族、乡里的那种敬重和诚挚的态度仍可以感受到其由“孝弟”而进于“仁”心体证的真切。孔子是循礼而行的，但其践礼的行为中所涵养的情愫亲切而由衷。乡人饮酒，他一定会等到持杖的长者离席后自己才离席（第十三节），这当然在情理之中，而遇到乡人举行迎神驱鬼的傩礼，他也总会穿着朝服肃立在大堂前的东边台阶上毕恭毕敬地迎侍（第十四节）。就他“不语怪、力、乱、神”（《论语·述而》）而言，他未必相信传说中的傩神、疫鬼，然而，对傩礼的尊重，也许并非完全出于“从众”（《论语·子罕》）的考虑，这与其说是对相沿成习的俗尚的容受，不如说是对乡亲父老眷顾之情的笃诚。

与对乡人“恂恂如”而“似不能言”相比照，孔子在宗庙朝廷说话明白晓畅（“便便言”），却又很有分寸感。上朝时，君主莅临前，孔子与地位略低的下大夫交谈和乐而率直（“侃侃如也”），与地位高于自己的上大夫说话和悦而不阿（“訚訚如也”)；而君主一出现，他会显得恭敬而不安（“踧踖如也”），举止庄重而得体（“与与如也”）（第二节）。孔子尊奉君主一如尊奉宗族的长者（“杖者”），不是因为君主的权势，而是由于君主和自己间的君臣的名分，他对君臣名分的看重既包含了其对君主所当有的君的天职的敬畏和期待，也内蕴了自己作为臣子对臣所当有的天职的承诺和笃守。鲁昭公娶了吴国公室（与鲁国公室同姓姬）的女子做夫人，这有违同姓不婚之礼的做法孔子并不是不知道，但当陈国的司败问他“昭公知礼乎”时，他却要说“知礼”，而事后，则又坦然承认这种不合于“君子不党”规训的答话是“有过”的（《论语·述而》）。这是一种两难中的无奈：他作为臣子，依礼不能不为他的君主有所隐匿；他作为君子，却又不能不对自己隐匿事实的言论有所检讨。宁可让自己“有过”，也要回护本国君主，但承认这种回护“有过”本身已经是对君主过失的委婉规谏。“君召（孔子）使摈，（其）色勃如也，足躩如也”（第三节），“君赐（孔子）食，（其）必正席先尝之”，“（孔子）侍食于君，君祭，（其）先饭”（第十八节），“（孔子）疾，君视之，东首，加朝服，拖绅”（第十九节），“君命召，（孔子）不俟驾行矣”（第二十节），如此对待君主，不免有人以“谄”相讥（“人以为谄”），但对于孔子来说，所有这些不过是“事君尽礼”（《论语·八佾》）罢了。礼是孔子事上接下的规范，同这规范相应的是由“君君，臣臣，父父，子子”（《论语·颜渊》）表达的所谓“正名”——君、臣、父、子各正其名分以求处于不同政治、伦理地位上的人所行之实合于其名，而“正名”的指归则在于《大学》所说的“自天子以至于庶人，壹是皆以修身为本”。孔子“事君”正像孔子“于乡党”一样，从这里可以直观其修身的真切。

孔子重礼，却也还是个分外重友情友谊的人。“有朋自远方来，不亦乐乎”（《论语·学而》），这“乐”是乐在志同道合的情谊上。朋友间或常在交往中相互馈赠，但馈赠只是情谊极自然的表达，情谊之外别无所企，所以孔子对友人的赠遗往往坦然受纳，“虽车马，非祭肉不拜”（第二十三节）。同样，孔子施助于朋友也视其为当然，以至于“朋友死，无所归，曰：‘于我殡’”（第二十二节）。对于孔子来说，待友亦有其礼，不过礼在朋友间终是融于不显节文圭角的情谊的。“康子馈药，（孔子）拜而受之”（第十六节），“拜而受之”表明孔子对季康子所施用的是士对大夫的一般礼节，却并不以朋友相看。“（孔子）问人于他邦，再拜而送之”（第十五节），对受托人的“再拜”实际上是对所要托人探望的他邦故人的再拜，既然如此不苟于礼，这故人要么不是那种相互间有通财之义的朋友，要么虽为朋友却必当是须得分外示敬的某一长者或具有某种尊贵地位的人。孔子待人、交友是笃守真诚的，不同的情境下，礼总会被他生命化在自然而没有矫情的行为中。

“厩焚。子退朝，曰：‘伤人乎?’不问马”（第十七节）。《乡党》记载的这个情节不详的故事是耐人寻味的。马厩失火，最易伤亡的是马和马夫，马是古人以财物视之的牲畜中的贵重者，马夫是人中的地位低贱者，问人不问马这一得知厩焚后的极自然的反应，清楚不过地表明了人和物在孔子心目中的位置与分量。儒家之爱并非不顾及物类，然而及物之爱是由对人之爱推扩而出的，这用孟子的话说即是：“君子之于物也，爱之而弗仁；于民也，仁之而弗亲。亲亲而仁民，仁民而爱物”（《孟子·尽心上》）。由“亲亲”之爱推扩到“仁民”之爱，由“仁民”之爱推扩到“爱物”之爱，爱并不落于褊狭，但由层层推扩所产生的序次则显出爱的差等。差等之爱发于自然而率真的性情；孔子问人不问马，非不爱马，只是爱人胜于或先于爱马，这中间的差等温煦于人的是一种由衷的亲切。

《乡党》记录孔子衣、食、居、寝细节的文字是近于繁冗的，但随处可见这位儒家教化的创始者如何在日常举止中履礼以“践形”（《孟子·尽心上》：“形色，天性也；惟圣人，然后可以践形”）。他对吃、穿似乎是异常讲究的，讲究到时人难以尽从而今人难以想象的地步。就穿而论，他不用青中透红和黑中带赤的布镶衣领或袖口，不用红色、紫色的布做家居的便服；夏天穿细葛麻布或粗葛麻布做的单衣，但出门时一定要罩件外衣；冬天穿黑色羔羊皮做的袍子要配黑色的罩衣，穿白色小鹿皮做的袍子要配白色罩衣，穿黄色狐狸皮做的袍子要配黄色罩衣；平时家居，穿的皮袍要长些，右边的袖子要短些；一定要有寝衣，要一身半那么长的；要用狐貉厚厚的毛皮做坐褥；除开丧期，总会佩戴各式装饰品；朝祭时穿整幅布做的礼裳，其他场合穿的裳一定要剪裁；不穿黑色羔羊裘戴黑色礼帽去吊丧；每年正月初一，一定身着朝服去朝贺（第六节）。就吃而论，他食不厌精，脍不厌细；食物久置发馊变味，鱼腐烂了，肉霉臭了，不吃；颜色变得不正常的食物，不吃；气味变得难闻的食物，不吃；烹调失当的食物，不吃；不到该吃饭的时间，不吃；肉割得不合规矩，不吃；没有相配称的酱、醋，不吃；即使肉再多，也不吃得超过主食的分量；只有酒不限量，以不至于醉而神志迷乱为度；从街市上买来的酒和肉干，不吃；每顿饭都要有姜料，但不多吃（第八节）。参加公家祭祀，不让分到的祭肉过夜；自家祭祀用的肉一定要在三天内吃完，过了三天，就不吃它了（第九节）。这样一丝不苟地对待饮食、穿戴，所求不在于吃穿的精美、奢靡，乃在于使其尽可能中规中矩地合于礼，而依礼约束自己的一举一动最终则在于陶冶性灵以立于生命之正。

无论如何，孔子不是那种一味谨小慎微的人。“立于礼”的谨慎在他这里是要“成于乐”。“乐者乐也”（《礼记·乐记》），成于乐（yuè）也是成于“乐”（lè）。孔子有大乐，这与天籁之大乐（yuè）相应的大乐（lè）是由仁而圣的“弘道”之乐，是“亲亲而仁民，仁民而爱物”之乐。它酝酿于一衣一食的常守中，酝酿于“食不语，寝不言”（第十节）的缄默中，酝酿于“虽疏食、菜羹，瓜（必）祭，必齐如也”（第十一节）、“席不正，不坐”（第十二节）的不苟中，酝酿于“见齐衰者，虽狎必变。见冕者与瞽者，虽亵必以貌。凶服者式之，式负版（贩）者”（第二十五节）、“有盛馔，必变色而作”（第二十六节）、“迅雷风烈，必变”（第二十七节）的容貌之变中，却又确然见之于其身心——此所谓“君子所性，仁义礼智根于心；其生色也，睟（suì）然见于面，盎于背，施于四体，四体不言而喻”（《孟子·尽心上》）。如果说《乡党》前二十八节所记无非孔子如何循礼而行，因而不免给人以琐细而拘谨之感，那么，最后一节则可以说是对儒者宗师蕴大乐于身而通权达变的透露。“色斯举矣，翔而后集。曰：‘山梁雌雉，时哉！时哉！’子路共之，三嗅而作”（第二十九节）。这“山梁雌雉，时哉！时哉”的感喟非仁义礼智根于心而胸有大乐者不可发，夫子对雌雉随时“举”（起飞）、“集”（栖止）的吁叹自是其用行、舍藏以因时而为的出处态度的宣吐，却也透露了他所谓“吾与点也”（《论语·先进》）的心曲。

先进第十一

（一）

子曰："先进于礼乐[1]，野人[2]也；后进于礼乐[3]，君子[4]也。如用之，则吾从先进。"

【注释】

［1］先进于礼乐：指先修习礼乐而后出仕从政，略相当于"学而优则仕"（《论语·子张》）。

［2］野人：指平民出身的人。

［3］后进于礼乐：指先出仕从政而后修习礼乐，略相当于

“仕而优则学”(《论语·子张》)。

[4] 君子：这里指凭着其贵族出身得以承袭爵禄的人。

【译文】

夫子说：“先修习礼乐而后才得以出仕从政的是平民出身的‘野人’，凭着世袭得以先做官而后才修习礼乐的是那些出身高贵的‘君子’。如果由我选用人才，我愿选那些先修习礼乐而后出仕的人。”

(二)

子曰：“从我于陈、蔡者[1]，皆不及门[2]也。”

【注释】

[1] 从我于陈、蔡者：指孔子被困于陈国、蔡国之间时跟随在孔子身边的人。《史记·孔子世家》：“孔子迁于蔡三岁，吴伐陈，楚救陈，军于城父。闻孔子在陈、蔡之间，楚使人聘孔子，孔子将往拜礼。陈、蔡大夫谋曰：‘孔子贤者，所刺讥皆中诸侯之疾，今者久留陈、蔡之间，诸大夫所设行皆非仲尼之意。今楚，大国也，来聘孔子。孔子用于楚，则陈、蔡用事大夫危矣。’于是，乃相与发徒役围孔子于野。不得行，绝粮。从者

病，莫能兴……于是使子贡至楚。楚昭王兴师迎孔子，然后得免。”（拜礼，行拜谢或致敬之礼。疾，缺点，毛病。设行，施行。用事，执政，当权。相与，共同，一道。兴，起。）

［2］不及门：不在门内，指当年跟随孔子的学生们现在都已不在孔子身边。

【译文】

夫子说：“曾经跟随我在陈国、蔡国之间受围困的那些人，现在都不在我身边了。”

（三）

德行[1]：颜渊，闵子骞，冉伯牛，仲弓。言语[2]：宰我，子贡。政事[3]：冉有，季路。文学[4]：子游，子夏。

【注释】

［1］德行：这里指以道德品行见长。《孟子·公孙丑上》：“冉牛、闵子、颜渊善言德行。”

［2］言语：这里指以辞令见长。《孟子·公孙丑上》：“宰我、子贡善为说辞。”

［3］政事：这里指以处理政事见长。《论语·雍也》：“由也

果，于从政乎何有？”“赐也达，于从政乎何有？”“求也艺，于从政乎何有？”《论语・公冶长》：“由也，千乘之国，可使治其赋也。不知其仁也。”“求也，千室之邑，百乘之家，可使为之宰也。不知其仁也。”“赤也，束带立于朝，可使与宾客言也。不知其仁也。”

［4］文学：这里指对孔子传授而发明其意的古代文献《诗》《书》《礼》、礼、乐、《易》等的把握有所长。《论语・阳货》：“子之武城，闻弦歌之声。夫子莞尔而笑，曰：‘割鸡焉用牛刀？’子游对曰：‘昔者偃也闻诸夫子曰：“君子学道则爱人，小人学道则易使也。”’子曰：‘二三子！偃之言是也。前言戏之耳。’”《论语・八佾》：“子曰：‘起予者商也！始可与言《诗》已矣。’”《孟子・公孙丑上》：“子夏、子游、子张，皆有圣人之一体。”（一体，一部分。）《后汉书・徐防传》：“（徐防）上疏曰：‘臣闻，《诗》《书》《礼》《乐》，定自孔子，发明章句始于子夏。’”

【译文】

在夫子的弟子中，以德行见长的有颜渊、闵子骞、冉伯牛、仲弓；以辞令见长的有宰我、子贡；以处理政事见长的有冉有、季路；以传述古代文献见长的有子游、子夏。

（四）

子曰：“回也，非助我者[1]也，于吾言无所不说[2]。”

【注释】

［1］非助我者：不是那种由问难而有助于我的人。这里“助我”与“子曰：‘起予者商也’”（《论语·八佾》）中的“起予”相当。正如朱熹所云：“颜子于圣人之言，默识心通，无所疑问。故夫子云然，其辞若有憾焉，其实乃深喜之”（朱熹：《四书集注·论语集注》卷六）。《论语·为政》：“子曰：‘吾与回言终日，不违，如愚。退而省其私，亦足以发，回也不愚。’”

［2］无所不说：无所不予悦纳。说，悦。徐幹《中论·智行》：“仲尼亦奇颜渊之有盛才也。故曰：‘回也，非助我者也，于吾言无所不说。’颜渊达于圣人之情，故无穷难之辞，是以能独获亹（wěi）亹之誉，为七十子之冠。曾参虽质孝，原宪虽体清，仲尼未甚叹也。”（亹亹，美好而不绝。质，资质。体，禀性。叹，称叹。）

【译文】

夫子说：“颜回呀，不是那种由问难而有助于我的人，他对于我说的话无所不予悦纳。”

（五）

子曰：“孝哉闵子骞！人不间[1]于其父母昆弟[2]之言。”

【注释】

［1］间（jiàn）：非难，非议。欧阳询《艺文类聚》卷二十引刘向《说苑》云："闵子骞兄弟二人，母死，其父更娶，复有二子。子骞为其父御车，失辔（pèi），父持其手，衣甚单。父则归，呼其后母儿，执其手，衣甚厚温。即谓其妇曰：'吾所以娶汝，乃为吾子，今汝欺我，去，无留！'子骞前曰：'母在，一子单；母去，四子寒。'其父默然。故曰：孝哉闵子骞，一言其母还，再言三子温。"（更娶，再娶。失辔，抓不住马缰；辔，马缰绳。）

［2］昆弟：兄弟。昆，兄。

【译文】

夫子说："闵子骞真是个孝顺的人啊！人们对他父母兄弟夸奖他的话一向没有异议。"

（六）

南容三复白圭[1]，孔子以其兄之子妻之[2]。

【注释】

［1］南容三复白圭：南容再三诵读"白圭"诗句。《诗·大

雅·抑》："白圭之玷，尚可磨也；斯言之玷，不可为也。"（圭，帝王、诸侯朝会、祭祀时用的一种玉制礼器。）意思是说：白圭上的斑点，还可以磨去；一个人说错了话，那是再也没法挽回的了。

［2］孔子以其兄之子妻之：此说已见于《论语·公冶长》。《大戴礼记·卫将军文子》："独居思仁，公言言义，其闻之《诗》也，一日三复'白圭之玷'，是南宫绦（tāo）之行也。夫子信其仁，以为异姓。"（异姓，指姻亲，这里指以其兄之子妻之。）

【译文】

南容反复诵读"白圭"诗："白圭之玷，尚可磨也；斯言之玷，不可为也。"孔子以为这是一个言行谨慎的人，就把自己的侄女嫁给了他。

（七）

季康子问："弟子孰为好学[1]？"孔子对曰[2]："有颜回者好学，不幸短命死矣！今也则亡。"

【注释】

［1］"弟子孰为好学"之问已于《雍也》有所记，不过，前为鲁哀公问，此为季康子问，孔子的回答详略稍有不同。《论语·雍

也》："哀公问：'弟子孰为好学？'孔子对曰：'有颜回者好学，不迁怒，不贰过。不幸短命死矣！今也则亡，未闻好学者也。'"

［2］《论语》前十篇凡记孔子回答君主的问话皆谓"孔子对曰"，例如"定公问：'君使臣，臣事君，如之何？'孔子对曰：'君使臣以礼，臣事君以忠'"（《论语·八佾》）、"哀公问：'弟子孰为好学？'孔子对曰：'有颜回者好学，不迁怒，不贰过。不幸短命死矣！今也则亡，未闻好学者也'"（《论语·雍也》）等；凡记孔子回答大夫或弟子的问话皆谓"子曰"，如"孟懿子问孝，子曰：'无违'"（《论语·为政》）、"季康子问：'仲由可使从政也与？'子曰：'由也果，于从政乎何有'"（《论语·雍也》）等。从《先进》始，记孔子回答大夫的问话则谓"孔子对曰"，例如此章及《颜渊》所记"季康子问政于孔子，孔子对曰：'政者，正也。子帅以正，孰敢不正'"等。这种差别与学者们将《论语》作为上编（前十篇）、下编（后十篇）之分大致相应。近人蒋伯潜解释说："盖上论编者，去圣未远，犹明礼制；而下论为后来所续编，其时卿之位益尊而权益重，盖有习于当世之俗，而未尝详考上论之体例者也"（蒋伯潜：《十三经概论·论语题解下》）。

【译文】

季康子问孔子："你的弟子中谁称得上是好学之人？"孔子回答说："有个叫颜回的弟子是位好学的人，不幸短命死了。现在再也没有这样的人了。”

（八）

颜渊死，颜路[1]请子之车以为之椁[2]。子曰：“才不才，亦各言其子也。鲤[3]也死，有棺而无椁。吾不徒行以为之椁，以吾从大夫之后，不可徒行[4]也。”

【注释】

［1］颜路：姓颜，名无繇。《史记·仲尼弟子列传》：“颜无繇，字路。路者，颜回父，父子尝各异时事孔子。颜回死，颜路贫，请孔子车以葬。”

［2］椁（guǒ）：古代套于棺外的大棺，外棺。

［3］鲤：姓孔，名鲤，字伯鱼。孔子儿子，年五十死，其时孔子年七十。

［4］以吾从大夫之后，不可徒行：因为我尚随于大夫行列之后，（出门）是不可以徒步行走的。这里所谓“从大夫之后”，指孔子曾做过鲁国的司空、司寇。《礼记·王制》：“君子耆（qí）老不徒行。”（耆老，年老。徒行，步行。）

【译文】

颜渊死了，他的父亲颜路请求夫子卖掉乘坐的车为颜渊置办一副外棺（棺外之椁）。夫子说："不论有才能还是没有才能，说来都是各自的儿子。我的儿子鲤死的时候，也只有棺而没有椁。我并没有卖掉车自己步行而为他买椁，因为我尚随于大夫行列之后，（出门）是不可以徒步行走的。"

（九）

颜渊死。子曰："噫[1]！天丧予[2]！天丧予！"

【注释】

[1] 噫：哀伤的叹息声。

[2] 天丧予：天要丧我。这里的"丧"含有夫子之道因颜渊死而无传的意味。《春秋·哀公十四年》："春，西狩获麟。"《公羊传》云："麟者，仁兽也。有王者则至，无王者则不至。有以告者曰：'有麏（jūn）而角者。'孔子曰：'孰为来哉？孰为来哉？'反袂拭面，涕沾袍。颜渊死，子曰：'噫，天丧予！'子路死，子曰：'噫，天祝予！'西狩获麟，孔子曰：'吾道穷矣！'"（麏，同"麇"［jūn］，似鹿而小，獐子。祝，断，断送。）

【译文】

颜渊死了。夫子说："噫！这是天要丧我啊！天要丧我啊！"

(十)

颜渊死，子哭之恸[1]。从者曰："子恸矣！"曰："有恸乎？非夫人[2]之为恸而谁为？"

【注释】

[1] 恸（tòng）：极度悲痛，悲痛过度。

[2] 夫人：这人。夫，这。

【译文】

颜渊死了，夫子哭得很伤心。随从他的人说："夫子悲痛过度了。"夫子说："是悲痛过度了吗？我不为这样的人悲痛，还为谁悲痛呢？"

(十一)

颜渊死，门人[1]欲厚葬[2]之。子曰："不可。"门人厚葬之。子曰："回也，视予犹父也，予不得视犹子也。非我也，夫二三子也。"

【注释】

[1] 门人：指孔子的弟子们。

［2］厚葬：不惜财力为死者办理丧葬。《礼记·檀弓上》："子游问丧具。夫子曰：'称家之有亡。'子游曰：'有亡恶乎齐？'夫子曰：'有，毋过礼。苟亡矣，敛首足形，还葬，县棺而封，人岂有非之者哉！'"（称家之有亡，与家产的有无状况相称。恶乎齐，怎么一致。毋过礼，不越礼。苟亡，如果没有财力。还葬，速葬。县，拴系。封，聚土为坟，埋葬。）

【译文】

颜渊死了，夫子的弟子们想厚葬他。夫子说："不可以这样做。"弟子们终究还是厚葬了颜渊。夫子感叹说："回呀，你像看待父亲那样看待我，我却不能像看待儿子那样看待你。这怪不得我，是他们要那样做的啊。"

（十二）

季路问事鬼神[1]，子曰："未能事人，焉能事鬼[2]？""敢问死。"曰："未知生，焉知死[3]？"

【注释】

［1］事鬼神：侍奉鬼神。

［2］未能事人，焉能事鬼：不能侍奉人，又怎么能侍奉鬼？

桓宽《盐铁论·论邹》："文学曰：'……孔子曰："未能事人，焉能事鬼神？"近者不达，焉能知瀛（yíng）海？故无补于用者，君子不为；无益于治者，君子不由。'"（由，做；依从。）

［3］未知生，焉知死：不懂得生，怎么能懂得死呢？刘向《说苑·辨物》："子贡问孔子：'死人有知无知也？'孔子曰：'吾欲言死者有知也，恐孝子顺孙妨生以送死也；欲言无知，恐不孝子孙弃不葬也。赐欲知死人有知将无知也，死徐自知之，犹未晚也。'"（妨，伤害。将，抑或，还是。徐，慢慢地。）

【译文】

子路问："如何侍奉鬼神？"夫子说："不能侍奉人，又怎么能侍奉鬼？"子路又说："冒昧讨教，死是怎么回事？"夫子说："不懂得生，又怎么能懂得死呢？"

（十三）

闵子侍侧，訚訚如[1]也；子路，行行如[2]也；冉有、子贡，侃侃如[3]也。子乐。"若由也，不得其死然[4]。"

【注释】

［1］訚（yín）訚如：说话和悦而持正不阿的样子。

［2］行（hàng）行如：刚强而负气的样子。

［3］侃侃如：和乐而从容不迫的样子。

［4］不得其死然：（怕是）不得尽其天年而死。“不得其死然”，原是孔子对子路的告诫，不料竟被言中。《史记·仲尼弟子列传》：“（卫）出公立十二年，其父蒉（kuài）（蒯）聩（kuì）居外，不得入。子路为卫大夫孔悝之邑宰。蒉（蒯）聩乃与孔悝作乱，谋入孔悝家，遂与其徒袭攻出公。出公奔鲁而蒉（蒯）聩入，立，是为庄公。方孔悝作乱，子路在外，闻之而驰往。遇子羔出卫城门，谓子路曰：‘出公去矣，而门已闭，子可还矣，毋空受其祸。’子路曰：‘食其食者不避其难。’子羔卒去。有使者入城，城门开，子路随而入，造蒉（蒯）聩。蒉（蒯）聩与孔悝登台。子路曰：‘君焉用孔悝？请得而杀之。’蒉（蒯）聩弗听。于是子路欲燔（fán）台，蒉（蒯）聩惧，乃下。石乞、壶黡（yǎn）攻子路，击断子路之缨。子路曰：‘君子死而冠不免。’遂结缨而死。孔子闻卫乱，曰：‘嗟乎！由死矣！’已而果死。”（谋，设法。方，正，正值。空，白白地。造，往；往见。燔，焚烧。缨，系冠的带子。免，脱掉。已而，不久。）

【译文】

闵子侍奉在夫子身边，显得和悦而持正不阿，子路显得刚强而负气，冉有、子贡显得和乐而从容。夫子乐了，说：“像仲由这样，怕是不得好死哩!”

（十四）

鲁人为长府[1]。闵子骞曰：“仍旧贯[2]，如之何？何必改作？”子曰：“夫人不言，言必有中[3]。”

【注释】

［1］鲁人为长府：鲁国有人要改建长府。鲁人，指鲁国的权臣。为，改作，改建。长府，府名；藏财货之地称府。

［2］仍旧贯：照原来的样子。仍，依照，沿袭。旧贯，原来的样子。

［3］中（zhòng）：中肯，切中要害。

【译文】

鲁国的权臣要改建长府。闵子骞说：“照原来的样子如何？何必改建呢?”夫子说：“这人不轻易说话，一开口就一定能切中要害。”

（十五）

子曰：“由之瑟，奚为于丘之门[1]？”门人不敬子路。子曰：

“由也升堂矣，未入于室也[2]。”

【注释】

[1] 由之瑟，奚为于丘之门：仲由鼓瑟，那声音哪里像是出自我孔丘的门下？孔子因为子路的瑟声与其刚勇气质相应而缺乏中和气象，遂对子路有所责诮。刘向《说苑·修文》：“子路鼓瑟，有北鄙之声。孔子闻之，曰：‘信矣由之不才也！’冉有侍，孔子曰：‘求来！尔奚不谓由？夫先王之制音也，奏中声，为中节，流入于南，不归于北。南者，生育之乡；北者，杀伐之域。故君子执中以为本；务生以为基。故其音温和而居中，以象生育之气。忧哀悲痛之感不加乎心，暴厉淫荒之动不在乎体。夫然者，乃治存之风，安乐之为也。彼小人则不然，执末以论本，务刚以为基。故其音湫（qiū）厉而微末，以象杀伐之气。和节中正之感不加乎心，温俨恭庄之动不存乎体。夫杀者，乃乱亡之风，奔北之为也。昔舜造南风之声，其兴也勃焉，至今王公述而不释。纣为北鄙之声，其废也忽焉，至今王公以为笑。彼舜以匹夫积正合仁、履中行善而卒以兴，纣以天子好慢淫荒、刚厉暴贼而卒以灭。今由也，匹夫之徒，布衣之丑也，既无意乎先王之制，而又有亡国之声，岂能保七尺之身哉！’冉有以告子路。子路曰：‘由之罪也！小人不能耳陷而入于斯。宜矣夫子之言也！’遂自悔，不食，七日而骨立焉。孔子

曰：‘由之改过矣。’”（北鄙，北方边境地区。不才，不成材。谓，告诉。执中，把握中道。务生，致力于生。象，象征。执末，抓住末节。湫厉，凄厉。微末，卑微。奔北，败逃。废，灭亡。忽，迅速。骨立，形容人消瘦到了极点。）

［2］升堂矣，未入于室也：以升堂入室比喻悟道的程度。是说子路之学已经“造乎正大高明之域”，但尚“未深入精微之奥”（朱熹语）。

【译文】

夫子说：“仲由鼓瑟，那声音哪里像是出于我孔丘的门下？”听了这话，弟子们对子路起了不敬之心。于是夫子又说：“由这个人呀，他的学识已经算得上‘升堂’那样的正大高明了，只是还没有做到‘入室’那样的精深微妙罢了。”

（十六）

子贡问：“师与商也孰贤[1]？”子曰：“师也过，商也不及。”曰：“然则师愈与？”子曰：“过犹不及[2]。”

【注释】

［1］贤：胜过，超过。

［2］过犹不及：过和不及在没有达到中这一点上是一样的。《礼记·仲尼燕居》："子曰：'师尔过，而商也不及。子产犹众人之母也，能食（sì）之，不能教也。'子贡越席而对曰：'敢问将何以为此中者也？'子曰：'礼乎礼，夫礼所以制中也。'"（食之，使其有饭吃。制中，即执中，恪守中正之道。）

【译文】

子贡问夫子："颛孙师（子张）和卜商（子夏）谁强些？"夫子说："师呀，过了些；商呢，有些不及。"子贡说："那么，是师强点么？"夫子说："过和不及在没有达到中这一点上是一样的。"

（十七）

季氏富于周公[1]，而求也为之聚敛而附益之[2]。子曰："非吾徒也！小子鸣鼓而攻之可也。"

【注释】

［1］季氏富于周公：季孙氏已经比周公都富有了。季孙氏，鲁国的卿。周公，周公旦长子被封于鲁，次子及其后裔世袭其公爵而为周王朝之公，称之为"周公"。这里的"周公"非指周

公旦，而指周公旦的后裔被时人称作周公者。

［2］求也为之聚敛而附益之：冉求急于为季氏敛取赋税以增益其财帛。聚敛，急于敛取赋税；聚，通“骤”。附益，增加，增益。《左传·哀公十一年》：“季孙欲以田赋，使冉有访诸仲尼。仲尼曰：‘丘不识也。’三发，卒曰：‘子为国老，待子而行，若之何子之不言也?’仲尼不对，而私于冉有曰：‘君子之行也，度于礼：施取其厚，事举其中，敛从其薄。如是，则以丘亦足矣。若不度于礼，而贪冒无厌，则虽以田赋，将又不足。且子季孙若欲行而法，则周公之典在，若欲苟而行，又何访焉?’弗听。”（以田赋，以田出赋，这里指按田地的亩数加赋。识，懂得，知道。三发，三次发问。卒，终于。国老，告老退职的卿、大夫、士。待，依靠，依恃。度，衡量。施，施惠于人。举，实施。贪冒，贪得。典，典章制度。苟，苟且。）《孟子·离娄上》：“求也为季氏宰，无能改于其德，而赋粟倍他日。孔子曰：‘求非我徒也，小子鸣鼓而攻之可也。’由此观之，君不行仁政而富之，皆弃于孔子者也。”

【译文】

季孙氏已经比周公都富有了，而冉求还急于敛取赋税为他增益财帛。夫子说：“冉求不再是我的门徒了，你们这些同门师兄弟可以大张旗鼓地去指责他。”

（十八）

柴也愚[1]，参也鲁[2]，师也辟[3]，由也喭[4]。

【注释】

［1］柴也愚：高柴（子羔）戆（zhuàng）直。愚，戆直，愚而刚直。《大戴礼记·卫将军文子》："自见孔子，入户未尝越屦（jù），往来过人不履影；开蛰不杀，方长不折；执亲之丧，未尝见齿。是高柴之行也。孔子曰：'高柴执亲之丧，则难能也；开蛰不杀，则天道也；方长不折，则恕也，恕则仁也。汤恭以恕，是以日跻（jī）也。'"（自见，主动往见。越屦，越次，越出位次。履影，踩踏他人之影。开蛰，蛰虫结束冬眠，开始活动。方长不折，不折损正生长的草木。汤，人名，即商朝开国之君成汤。恭以恕，恭谨而宽恕。日跻，日升；跻，升。）

［2］参也鲁：曾参迟钝。鲁，迟钝。《礼记·檀弓上》："有子问于曾子曰：'问丧于夫子乎？'曰：'闻之矣。丧欲速贫，死欲速朽。'有子曰：'是非君子之言也。'曾子曰：'参也闻诸夫子也。'有子又曰：'是非君子之言也。'曾子曰：'参也与子游闻之。'有子曰：'然。然则夫子有为言之也。'曾子以斯言告于子游。子游曰：'甚哉！有子之言似夫子也。昔者夫子居于宋，

见桓司马自为石椁，三年而不成。夫子曰：“若是其靡也，死不如速朽之愈也。”死之欲速朽，为桓司马言之也。南宫敬叔反，必载宝而朝。夫子曰：“若是其货也，丧不如速贫之愈也。”丧之欲速贫，为敬叔言之也。’曾子以子游之言告于有子，有子曰：‘然。吾固曰：非夫子之言也。’曾子曰：‘子何以知之？’有子曰：‘夫子制于中都，四寸之棺，五寸之椁，以斯知不欲速朽也。昔者夫子失鲁司寇，将之荆，盖先之以子夏，又申之以冉有，以斯知不欲速贫也。’”（有为言之，所言有针对性。桓司马，宋国司马桓魋。靡，靡费，浪费。愈，更好。丧，丧失。制，节制，治理。荆，楚。）

［3］师也辟：颛孙师（子张）偏执。《论语·子张》：“子游曰：‘吾友张也，为难能也，然而未仁。’”“曾子曰：‘堂堂乎张也，难与并为仁矣。’”《大戴礼记·卫将军文子》：“业功不伐，贵位不善，不侮可侮，不佚可佚，不敖无告，是颛孙之行也。孔子言之曰：‘其不伐则犹可能也，其不弊百姓者则仁也。《诗》云：“恺悌君子，民之父母。”’”（伐，夸耀。善，喜。侮，慢。佚，逸乐。敖，傲。弊，劳困，困顿。恺悌，和乐简易。）

［4］由也喭（yàn）：仲由（子路）鲁莽。喭，鲁莽，粗野。《论语·述而》：“子谓颜渊曰：‘用之则行，舍之则藏，惟我与尔有是夫！’子路曰：‘子行三军则谁与？’子曰：‘暴虎冯河，死而无悔者，吾不与也。必也临事而惧，好谋而成者也。’”《论

语·子路》："子路曰：'卫君待子而为政，子将奚先？'子曰：'必也正名乎！'子路曰：'有是哉，子之迂也！奚其正？'子曰：'野哉，由也！君子于其所不知，盖阙如也……'"

【译文】

高柴（子羔）戆直，曾参迟钝，颛孙师（子张）偏执，仲由（子路）鲁莽。

（十九）

子曰："回也其庶乎，屡空[1]。赐不受命而货殖焉，亿则屡中[2]。"

【注释】

[1] 回也其庶乎，屡空：颜回的学问与道相近了，可他往往陷于贫困。庶，将近，差不多。空，穷困，贫乏。

[2] 赐不受命而货殖焉，亿则屡中：端木赐不安于命而经商牟利，他臆测行情，却总能够猜中。受命，指安于命。货殖，经商牟利。亿，通"臆"，臆测。《汉书·货殖传》："子赣（贡）既学于仲尼，退而仕卫，发贮（zhù）鬻（yù）财曹、鲁之间。七十子之徒，赐最为饶。而颜渊箪食瓢饮，在于陋巷。子赣

（贡）结驷连骑，束帛之币，聘享诸侯，所至，国君无不分庭与之亢礼。然孔子贤颜回而讥子赣（贡），曰：'回也其庶乎，屡空。赐不受命而货殖焉，意则屡中。'"（发贮，囤积财物，物贱时买进，物贵时卖出。鬻财，做生意，赚钱。饶，富。结驷连骑，高车大马连接成队。束帛，捆为一束的五匹帛；古时用作聘问、馈赠之礼物。币，馈赠；用作礼物的帛。聘享，聘问献纳。分庭，分处庭中，以示平等。亢礼，以对等的礼节相待。）桓宽《盐铁论·贫富》："文学曰：'孔子云："富而可求，虽执鞭之士，吾亦为之；如不可求，从吾所好。"君子求义，非苟富也。故刺子贡不受命而货殖焉。君子遭时则富且贵，不遇，退而乐道。不以利累己，故不违义而妄取。隐居修节，不欲妨行，故不毁名而趋势。'"（遭时，遇到好时势。妨行，妨害品行。趋势，趋附于权势。）

【译文】

夫子说："颜回的学问与道相近了，可他往往陷于穷困。端木赐不安于命而经商牟利，他臆测行情，却总能如其所料。"

（二十）

子张问善人之道[1]，子曰："不践迹[2]，亦不入于室[3]。"

【注释】

［1］善人之道：朱熹所说“善人，质美而未学者也”（朱熹：《四书集注·论语集注》卷六），未尽妥。在孔子这里，“善人”在“善”之德行的较高格位上。或如清人孔广森所言：“善人上不及圣，而又非中贤以下所及，故苟践迹，斯必入于室；若不践迹，亦不能入于室耳”（孔广森：《经学卮言》，见程树德：《论语集释》卷二十三）。所谓“善人之道”，或可理解为向圣之路。《论语·述而》：“子曰：‘圣人，吾不得而见之矣，得见君子者，斯可矣。’子曰：‘善人，吾不得而见之矣，得见有恒者，斯可矣。’”《论语·子路》：“子曰：‘善人为邦百年，亦可以胜残去杀矣。’诚哉是言也！”

［2］不践迹：不踩着前人的足迹走。

［3］不入于室：不能进到道理的深奥精微处。这里，“入于室”是比喻，可参照本篇第十五章“由也升堂矣，未入于室也”的说法会其意。

【译文】

子张向夫子询问“善人之道”（亦即所谓向圣之路），夫子说：“（即使是秉性向善的人，）不踩着前贤的足迹走，那也难以进入由仁而圣的堂奥。”

（二十一）

子曰："论笃是与[1]，君子者乎？色庄者[2]乎？"

【注释】

［1］论笃是与：凭其言论笃实就予以推许。论笃，言论笃切。与，赞同，赞许。

［2］色庄者：做出一副神色庄重姿态的人。

【译文】

夫子说："要是只凭一个人言论的笃切就推许他，那怎么能够知道他是一个真正的君子呢？抑或只是一个做出一副神色庄重姿态的人呢？"

（二十二）

子路问："闻斯行诸[1]？"子曰："有父兄在，如之何其闻斯行之？"冉有问："闻斯行诸？"子曰："闻斯行之。"公西华曰："由也问：'闻斯行诸？'子曰：'有父兄在。'求也问：'闻斯行诸？'子曰：'闻斯行之。'赤也惑，敢问。"子曰："求也退[2]，故进之。由也兼人[3]，故退之。”

【注释】

［1］闻斯行诸：一听到（有道理的话）就该去做吗？诸，之乎。

［2］求也退：冉求是个遇事容易退缩的人。《论语·雍也》：“冉求曰：‘非不说子之道，力不足也。’子曰：‘力不足者，中道而废。今汝画。’”

［3］由也兼人：仲由是个勇气倍于他人的人。兼人，胜过他人，勇气倍于他人。《论语·公冶长》：“子路有闻，未之能行，唯恐有闻。”《论语·雍也》：“由也果。”

【译文】

子路问：“一听到（有道理的话）就该去做吗？”夫子说：“上有父兄在，怎么可以一听到就行动呢？”冉有问：“一听到（有道理的话）就该去做吗？”夫子说：“听到了就该去做。”公西华说：“仲由问：‘一听到（有道理的话）就该去做吗？’夫子说：‘上有父兄在，怎么可以一听到就行动呢？’冉求问：‘一听到（有道理的话）就该去做吗？’夫子说：‘听到了就该去做。’我感到很困惑，请问这是什么道理？”夫子说：“冉求是个遇事容易退缩的人，我那样说是要鼓励他向前。仲由是个勇气倍于他人的人，我那样说是要他退一步想想。”

(二十三)

子畏于匡[1]，颜渊后。子曰：“吾以女为死矣。”曰：“子在，回何敢死[2]？”

【注释】

[1] 子畏于匡：孔子被匡人所围困。畏，通“围”。其事《史记·孔子世家》有记载，见《论语·子罕》第五章注。

[2] 子在，回何敢死：夫子还健在，我（颜回）哪里敢轻易就死呢？《吕氏春秋·孟夏纪·劝学》：“师必胜理行义然后尊。曾子曰：‘君子行于道路，其有父者可知也，其有师者可知也。夫无父而无师者，余若夫何哉？’此言事师之犹事父也。曾点使曾参，过期而不至，人皆见曾点曰：‘无乃畏邪？’曾点曰：‘彼虽畏，我在，夫安敢畏。’孔子畏于匡，颜渊后。孔子曰：‘吾以汝为死矣。’颜渊曰：‘子在，回何敢死。’颜回之于孔子也，犹曾参之事父也。古之贤者与，其尊师若此。故师尽智竭道以教。”（胜理，尽理。知，辨别。使，派，这里指派出去做事。无乃畏，该不会死了吧；畏，死。）

【译文】

夫子在匡地被围困，颜渊失散了，随后赶来。夫子说："我以为你已经死了。"颜渊说："夫子还健在，我哪里敢轻易就死呢？"

（二十四）

季子然[1]问："仲由、冉求可谓大臣与？"子曰："吾以子为异之问[2]，曾由与求之问[3]。所谓大臣者，以道事君，不可则止[4]。今由与求也，可谓具臣[5]矣。"曰："然则从之者与？"子曰："弑父与君，亦不从也。"

【注释】

［1］季子然：季孙氏家族子弟。《史记·仲尼弟子列传》："子路为季氏宰，季孙问曰：'子路可谓大臣与？'孔子曰：'可谓具臣矣。'"

［2］吾以子为异之问：我以为您问的是别的什么人。异，其他，别的。

［3］曾由与求之问：原来是问仲由和冉求。曾，乃，竟。

［4］以道事君，不可则止：以道侍奉君主，若行不通，就辞去职位。《礼记·内则》："道合则服从，不可则去。"《孟子·

万章下》："君有过则谏，反复之而不听，则去。"（去，离职。）

［5］具臣：备位充数之臣。也泛指一般臣子。

【译文】

季子然问夫子："仲由、冉求可以称得上大臣吗？"夫子说："我以为您问的是别的什么人，原来是问仲由和冉求啊！所谓大臣，是这样一种人，他们能以道侍奉君主，倘若道不能推行，他们就会辞去职位。至于如今的仲由和冉求，可以说只是备位充数的臣子罢了。"季子然又问："那么，他们听从任用他们的人吗？"夫子说："如果做弑父弑君的事，他们也是不会服从的。"

（二十五）

子路使子羔为费宰。子曰："贼夫人之子[1]。"子路曰："有民人焉，有社稷焉，何必读书，然后为学？"子曰："是故恶夫佞者[2]。"

【注释】

［1］贼夫人之子：害这个做人子的人。贼，害。王充《论衡·量知》："郑子皮使尹何为政，子产比于未能操刀使之割也；

子路使子羔为费宰，孔子曰：‘贼夫人之子。’皆以未学不见大道也。”

［2］是故恶夫佞者：所以（我）厌恶那些徒逞口辩的人。佞者，巧言善辩的人。

【译文】

子路让子羔去做费（bì）邑的邑长。夫子说：“这是在害这个做人子的人。”子路说：“那地方有百姓需要治理，有土地神和五谷神需要侍奉，何必以为只有读书才是求学呢？”夫子说：“（正是因为你这样强词夺理，）所以我厌恶那些徒逞口辩的人。”

（二十六）

子路、曾皙[1]、冉有、公西华侍坐。子曰：“以吾一日长乎尔，毋吾以也[2]。居[3]则曰：‘不吾知也。’如或知尔，则何以哉[4]？”子路率尔而对[5]曰：“千乘之国，摄乎大国之间[6]，加之以师旅，因之以饥馑，由也为之，比及[7]三年，可使有勇，且知方[8]也。”夫子哂[9]之。“求，尔何如？”对曰：“方六七十，如五六十，求也为之，比及三年，可使足民。如其礼乐，以俟[10]君子。”“赤，尔何如？”对曰：“非曰能之，愿学焉。宗庙之事，如[11]会同[12]，端章甫[13]，愿为小相[14]焉。”“点，尔何如?”鼓瑟希[15]，铿尔，舍瑟而作，对曰：“异乎三子者之撰[16]。”子曰：“何伤[17]乎！亦各言其志也。”曰：“莫春[18]者，春服既成，冠者五六人，童子六七人，浴乎沂[19]，风乎舞雩[20]，咏而归。”夫子喟然叹曰：“吾与点也[21]！”三子者出，曾皙后。曾皙曰：“夫三子者之言何如?”子曰：“亦各言其志也已矣。”曰：“夫子何哂由也?”曰：“为国以礼，其言不让，是故哂之。”“唯求则非邦也与?”“安见方六七十，如五六十，而非邦也者?”“唯赤则非邦也与?”“宗庙会同，非诸侯而何? 赤也为之小，孰能为之大?”

【注释】

[1] 曾皙：姓曾，名点。曾参之父，孔子弟子。《孔子家语·七十二弟子解》：“曾点，曾参父，字子皙。疾时礼教不行，欲修之，孔子善焉。”

[2] 以吾一日长乎尔，毋吾以也：我比你们要年长些，不要因为这一点就不便开口说话。尔，汝，你们。以，做，为。

[3] 居：平时家居，平日。

[4] 则何以哉：将做些什么呢? 则，将。以，做，为。

[5] 率尔而对：急切地对答。率尔，急遽的样子；率，急速，直率。

［6］摄乎大国之间：夹在大国之间。摄，夹处。

［7］比及：及至，等到。

［8］知方：懂得道义。方，道理，规范。

［9］哂（shěn）：微笑，讥笑。

［10］俟（sì）：等待。

［11］如：和，以及。

［12］会同：古代诸侯朝见天子称会同。这里指诸侯相会或众人富有礼仪性的相聚。诸侯相见称“会”，众人相聚称“同”。

［13］端章甫：穿礼服，戴礼帽。端，周代礼服。章甫，周代礼帽。

［14］小相：傧相的谦称。相，诸侯祭祀、盟会时的司仪官。《大戴礼记·卫将军文子》：“志通而好礼，摈相两君之事；笃雅其有礼节也，是公西赤之行也。孔子曰：‘礼仪三百，可勉能也；威仪三千，则难也。’公西赤问曰：‘何谓也？’孔子曰：‘貌以摈礼，礼以摈辞，是之谓也。主人闻之以成。’孔子之语人也，曰：‘当宾客之事则通矣。’谓门人曰：‘二三子欲学宾客之礼者，于赤也。’”（摈，通“傧”，导引宾客或迎宾以礼。）

［15］希：通“稀”。

［16］撰：讲述。陆德明《经典释义》：“撰，郑（玄）作僎。”

［17］伤：妨碍。

［18］莫春：暮春。农历三月末，春近其末，称作暮春。莫

(mù)，暮之古字。

［19］浴乎沂：在沂水边盥（guàn）洗。

［20］风乎舞雩（yú）：到祈雨的雩台上沐浴暖风。舞雩，古代求雨时举行的伴有乐舞的祭祀，这里指舞雩台。

［21］吾与点也：我赞同曾点的做法。

【译文】

（一天，）子路、曾皙、冉有、公西华陪侍在夫子身旁。夫子说："我比你们要年长些，你们不要因为这一点就不便开口说话。你们平日总抱怨没有人了解你们，如果现在有人了解你，你将会做些什么呢?"子路接过话来冲口就说："一个有一千辆兵车的国家，夹在几个大国之间，常有他国军队侵犯，再加上连年的灾荒；要是由我来治理它，只须三年，可以使人们变得勇敢，而且懂得礼义。"夫子微微笑了笑。"求呀，你怎么样?"冉求回答说："一个方圆六七十里或者五六十里的地方，要是我去治理，三年后，可以使百姓衣食丰足。至于礼乐教化，就有待贤明的君子了。"夫子又问公西华："赤，你怎么样?"公西华回答说："我不敢说自己能做些什么，只是愿意学习罢了。宗庙祭祀或是诸侯盟会时，我愿穿上礼服，戴上礼帽，做个小小的司仪官。"于是，夫子回过头来问曾皙："点，你怎么样?"一旁鼓瑟的曾皙手下一慢，瑟声变得稀落起来。接着，铿的一声，曾晳推开瑟，站起身来说："我的想法和他们三位说的不同。"夫子说："说说看，有什么妨碍呢？也只是各言其志嘛！"曾晳说："到了暮春时节，穿上春服，约五六个成年的朋友和六七个童子，结伴去沂水边盥洗，到祈雨的雩台上沐浴春天的暖风，然后唱着歌回家去。"夫子长叹一声，说："我是赞同曾点的啊！"子路、冉有、公西华出去了，曾晳后走。他问夫子："他们三位说的那些话如何？"夫子说："也不过是各说各的志向罢了。"曾晳问："夫子为什么要笑仲由呢？"夫子说："治理国家要讲求礼，可他那样说话一点儿都不懂得谦让，所以我笑了笑。"曾晳问："冉求说的不也是国家（的治理）吗？"夫子说："何以见得方圆六七十里或五六十里的地盘不算一个国家呢？"曾晳又问："公西赤所说的不也是国家（的治理）吗？"夫子说："宗庙祭祀和诸侯盟会这样的事，不是诸侯国的事又是什么事呢？像赤那样的人自称做小司仪官，又有谁能做大司仪官呢？"

疏　　解

《论语》从《先进》到《尧曰》，通常被学者们称为"下编"。同"上编"中的十篇相比，"下编"记孔子答问对孔子的称谓体例不一，一些篇章的文字风格也有较大变化，而所涉及的某些背景性史料则常有可疑之处。这些情形表明，"下编"当可视为有着相对独立性和完整性的“上编”的续编，上、下编间或已相隔了某个风气移易着的时段，因此编纂“下编”的可能是不同于“上编”辑录者的另一些人。

《先进》是对《公冶长》和《雍也》前十六章的承续，其二十六章无不在评说人物，而且所评的对象都是孔子的亲炙弟子。首章“先进于礼乐，野人也；后进于礼乐，君子也。如用之，则吾从先进”，似乎并未评及孔门的任何人，却又毋宁是孔子对其弟子由品题而督勉的总体引导。这里，“君子”“野人”是就人的与社会地位相关的出身而言的，并非以德行高下对评说对象所做的分辨。孔子是主张以“礼乐”对人施以教化的，此即所谓“进于礼乐”，而“进于礼乐”有“先进于礼乐”（先修习礼乐后出仕从政）和“后进于礼乐”（因着贵族出身先出仕为官而后修习礼乐）两种情形，孔子则更赞可“先进于礼乐”。孔子的学生中有贵族出身的，然而即便是这一类学生，他仍认为他们应当先修习礼乐，况且其学生里更多的还是没有贵族身份的“野人”，对这些学生他尤其要以“先进于礼乐，野人也……如用之，则吾从先进”予以勉励。有学者认为，“先进”“后进”是指孔门弟子中的先辈、后辈，并认为“德行：颜渊，闵子骞，冉伯牛，仲弓。言语：宰我，子贡。政事：冉有，季路。文学：子游，子夏”（第三章）中列于前三科者属于“先进”或“先辈”，列于后一科的子游、子夏属于“后进”或“后辈”，这样理解“先进”“后进”显然与所谓“先进于礼乐，野人也；后进于礼乐，君子也”的“野人”“君子”之分不相应。其实，《先进》所品评的人，无论是由“德行”“言语”“政事”“文学”四科明确提到的，还是未明确提到的，可以说都属于“先进于礼乐”的“野人”，孔子分外要说“如用之，则吾从先进”，乃在于策励他们在“礼乐”的修习上多所用心。

子张问“善人之道”，孔子说：“不践迹，亦不入于室”（第二十章）。这个看似直白却还含蓄的回答，可以说是对他的所有弟子的规诫。一个人即使有向善而至于向圣的心志，如果不能效法前贤，踩着前贤的足迹走，那也终究难以由“升堂”而“入于室”，领会“善人之道”的深奥与精微。这里所谓“践迹”应有两重含义，它既意味着以前贤的生命形态为范本而克己修身，也意味着学习前贤留下的文献以通过对其精义的悟知达到与其心灵的感通。无论在怎样的意趣上，孔子都是在诲示自己的学生“讲学”“修德”“就有道而正焉”（《论语·学而》），并且，较之于言论，他显然更看重践行，所以他也说：“论笃是与，君子者乎？色庄者乎？”（第二十一章）

除上述第一、二十、二十一章外，其他各章所记或为孔子、孔门对某个或某几个弟子的品题，或为孔子相关于某个或某几个弟子的言语、行谊。其中涉及颜渊的有八章：所谓“有颜回者好学”（第七章）、“回也，非助我者也，于吾言无所不说”

（第四章），是就颜渊好学且善解孔子教喻而说的，孔子对颜渊的“非助我”似不无憾意，但毕竟为师生间的默然相契怡悦而欣喜；“子畏于匡，颜渊后。子曰：‘吾以女为死矣。’曰：‘子在，回何敢死？’”（第二十三章）颜渊如此师事孔子，诚如孔子所言“回也，视予犹父也”（第十一章），而颜渊死，孔子不卖其车“以为之椁”（第八章），且依礼不让门人靡财厚葬，则又正表明孔子对颜渊“视（之）犹子”；“回也其庶乎”（第十九章），是孔子对颜氏之子学而近乎道的由衷赞叹，而以“屡空”衬托“其庶乎”则又隐隐道出了儒者以道自任而置死生、富贵于度外的那种悲剧感；“颜渊死，子哭之恸”（第十章），以至于“子曰：‘噫！天丧予！天丧予！’”（第九章）——这呼嗟是痛彻肺腑的，它述说着孔子的系于“天”“命”的悲情之真切。孔子之前，人们对“天”的一个沿袭已久的信念是：“为善者天报之以福，为不善者天报之以祸”（见《荀子·宥坐》所引子路语）。但“不迁怒，不贰过”“其心三月不违仁”（《论语·雍也》）的颜渊的早逝，使孔子却不能不面对这一德福并不配称的典型事实重新反省天人之际的消息。孔子的“天丧予”的嗟叹是为着颜渊，也是为着人类命运中的太多不幸。“天”有其“四时行焉，百物生焉”的常德，“天”也有其难以测度的无常之时。对“天”的好生之德有所参而会之于心，对“遇不遇者时也，死生者命也”有所悟而不为其所羁牵，如此则能“知祸福终始而心不惑”，“博学深谋，修身端行，以俟其时”（《荀子·宥坐》），“命”的忐忑方可因此转为“道”之从容。孔子哭颜渊意味着一种诀别，从此，为儒者孜孜以趋的德性境界在穿透命运感后，把人们引向另一个时代。

与颜渊同以“德行”见长的闵子骞，也是时而受到孔子或同门好评的人物，《先进》记载品藻闵子骞气质、素养和为人的前后共有三章。一如孔子在朝廷与上大夫相处，子骞侍于夫子之侧“訚訚如也”（第十三章），其神情亲切、和悦而持正不阿。他曾断然回绝季孙氏的聘用，一生甘为处士，但对于国家大事他一向是系念于心而敏于辨察的。当鲁国权臣要改建昭公曾居留的长府时，他微言讽喻以“仍旧贯，如之何？何必改作”，孔子为此称许他“夫人不言，言必有中”（第十四章）。然而就是这样一个立身刚正、不为权势所倾的人，在同家人的相处中却能委曲求全，以至于用亲情感染其继母和同父异母的兄弟，孔子遂以“孝哉闵子骞！人不间于其父母昆弟之言”（第五章）而赞叹不置。闵子骞生逢衰世，在常人看重的所谓事业上并无显著的作为，不过做人、行事如此亦足可以见证孔门教化对人的灵府的濡养和对人的情志的启导。

孔子及孔门弟子对同样以“德行”见长的冉伯牛、仲弓以至未尝不可名列“德行”的公冶长、南容等人的评说不多，但凡说到这些人则无不以肯定的口吻，而且评价也都较高。《先进》所记“南容三复白圭，孔子以其兄之子妻之”（第六章），实际上可视为对《公冶长》辑录的孔子所谓“（南容）邦有道，不废；邦无道，免于刑戮”的话的印证。一个反复记诵“白圭之玷，尚可磨也；斯言之玷，不可为也”（《诗·大雅·抑》）的儒者，其在言行举止上的谨敕（chì）可想而知，不过南容并不只是一个谨小慎微的人，重要的在于他悟到了“羿（yì）善射，奡（ào）荡舟，俱不得其死然。禹稷躬稼而有天下”的道理，因此孔子赞美他说：“君子哉若人！尚德哉若人!”（《论语·宪问》）与对南容的品评相比照，孔子对冉求的批评要更多些，而且有些批评是分外严厉的，尽管总的说来，这些批评本身即意味着一种殷切的期待。“求也退，故进之”（第二十二章），孔子以“退”评点冉求，这同他斥责冉求所谓“非不说子之道，力不足也”为“今汝画”（《论语·雍也》）是相印合的，但孔子训饬（chì）冉求最重的话则莫过于“（求）非吾徒也！小子鸣鼓而攻之可也”（第十七章）。在孔子看来，季孙氏越礼祭祀泰山，冉求不能劝谏尚情有可原，而作为大夫的季孙氏已经比位列三公的周公都富有了，冉求竟仍在设法征敛赋税为其增益财帛，这衡之以孔门之教是决然难以置辩的。孔子说过“求也艺，于从政乎何有”（《论语·雍也》）这样的话，不过他终是认为像冉求这样的臣子是不能以那种“以道事君，不可则止”的“大臣”相许的，而仅仅“可谓具臣矣”（第二十四章）。

孔子也把子路归于“具臣”之列，但对子路的评说要更复杂些。子路是率直而不免鲁莽（“喭”）、果敢而常能“兼人”（第二十二章）的人，孔子每对子路有所赞许总会从某个侧面予以规砭，每对其有所责备又都会取其大端予以肯定。孔子引《诗·邶风·雄雉》的句子“不忮不求，何用不臧”称赞子路“衣敝缊袍，与衣狐貉者立，而不耻”，而当子路为此沾沾自喜、常把夫子的赞语挂在嘴边时，孔子则提醒他“是道也，何足以臧?”（《论语·子罕》）子路鼓瑟有杀伐之声，孔子斥责说“由之瑟，奚为于丘之门”（仲由的瑟声哪里像出于我孔丘的门下），而当门人们由此对子路起了不敬之心时，孔子又连忙解释说：“由也升堂矣，未入于室也”（第十五章）。子路显然对鬼神之事有所执着，这从“子疾病，子路请祷”（《论语·述而》）即可看出，孔子则“不语怪、力、乱、神”（同上）而主张“敬鬼神而远之”（《论语·雍也》），因此，子路向夫子请教如何侍奉鬼神、如何了解“死”时，他得到的回答是：“未能事人，焉能事鬼?”“未知生，焉知死?”（第十二章）孔子赞赏子路的勇气，说他“好勇过我”（《论语·公冶长》），但他又诫敕其说：“暴虎冯河，死而无悔者，吾不与也。必也临事而惧，好谋而成者也”（《论语·述而》）。大约总是“子路有闻，未之能行，唯恐有闻”（子路听说了一个道理，如果还没有来得及履行，就唯恐又听到一个道理）的缘故，孔子有感于“道不行”而欲“乘桴浮于海”

时会极自然地想到“从我者，其由与”（《论语·公冶长》）。他对子路侍侧“行行如也”（刚强而负气的样子）有“若由也，不得其死然”（第十三章）之讥，但当他得知子路死于卫国内乱的消息后，他甚至像哭颜渊那样为自己这位同样以道自任的弟子而痛哭：“噫，天祝予！”（噫，天要断送我啊！）（见《公羊传·哀公十四年》）

与《公冶长》“颜渊、季路侍”章略可比拟，《先进》的“子路、曾皙、冉有、公西华侍坐”章（第二十六章）记孔子与其随侍弟子“各言其志”颇耐人寻味。子路有志于治理一个摄于大国之间而被战争和饥荒所困的千乘之国，自称可在三年时间里使其民众变得勇敢而懂得礼义。冉有则谨慎得多，他认为自己可以让一个方圆六七十里或五六十里的地方在三年后丰衣足食，而礼乐教化尚有待于贤明的君子。公西华显得更谦退些，他只是说自己愿意在宗庙祭祀或诸侯盟会时勉力充任一名赞礼的小司仪官（“小相”）。与上述三人志趣不侔，曾皙所愿乃在于晚春时节携友结伴“浴乎沂，风乎舞雩，咏而归”。孔子哂笑子路“为国以礼，其言不让”，对冉有、公西华未予悉评，唯独深许曾皙，喟然而叹“吾与点也”。事实上，对于孔子来说，为有国者所用而以其所能治理一方并不就是人生的至高追求；他的确说过“苟有用我者，期月而已可也，三年有成”（《论语·子路》）之类的话，但依他的真性情，绝不至于被世俗的事用所牵累。盥洗于沂水之滨，沐风于雩台之上，可以说是没有任何实用意义的，然而在“浴”“风”“咏”的“无用”处，性情的抒达恰好就是礼乐的尽致。孔子从来就不是囿于事功的人，那种天人浑化、亦人亦天而从心所欲不逾矩的境地才是孔子心神所寄而努力求取的境地。

颜渊第十二

（一）

颜渊问仁，子曰："克己复礼为仁[1]。一日克己复礼，天下归仁焉[2]。为仁由己，而由人乎哉[3]？"颜渊曰："请问其目[4]。"子曰："非礼勿视，非礼勿听，非礼勿言，非礼勿动[5]。"颜渊曰："回虽不敏，请事斯语矣。"

【注释】

［1］克己复礼为仁：《左传·昭公十二年》："仲尼曰：'古也有志：克己复礼，仁也。'"由此可知，孔子所谓"克己复礼

为仁”乃是借古人之语而赋予了新意。其大意为：约束自己，使自己的言行合于礼的规范，那就是对仁德的践行了。复，履行。

［2］一日克己复礼，天下归仁焉：如果有一天人们做到了约束自己，使自己的言行合于礼的规范，天下人就会心归于仁德了。有学者以“称仁”释这里的“归仁”，于是“天下归仁”遂被理解为“天下的人都会称许你是仁人”。但谛当的诠疏或应参酌于孟子对所谓“民之归仁”的阐释——《孟子·离娄上》：“得天下有道：得其民，斯得天下矣；得其民有道：得其心，斯得民矣；得其心有道：所欲与之聚之，所恶勿施，尔也。民之归仁也，犹水之就下、兽之走圹也。”（与，给予。聚，聚积。圹，原野。）

［3］为仁由己，而由人乎哉：践行仁德在于自己，哪里是靠别人呢？由，由于，在于，取决于。此句与《论语·述而》所谓“仁远乎哉？我欲仁，斯仁至矣”相通，强调“仁”的根荄在每个人自己身上，仁德的修养只须自致，毋庸外求。

［4］目：条目，要目。这里指“克己复礼”的具体做法。

［5］非礼勿视，非礼勿听，非礼勿言，非礼勿动：不合于礼的规范的东西不看，不合于礼的规范的声音不听，不合于礼的规范的话语不说，不合于礼的规范的事情不做。依孔子的看法，仁德的修养虽在于自律，却仍有必要对人“约之以礼”，以

促其自觉，所以孔子应颜渊之问而有如此诲示。

【译文】

颜渊向夫子问“仁”，夫子说：“约束自己，使自己的言行合于礼的规范，那就是对仁德的践行了。如果有一天人们都做到了这一点，天下人就会心归于仁德。践行仁德取决于每个人自己，哪里在于别人呢?”颜渊说：“请问具体的做法。”夫子说：“不合于礼的规范的东西不看，不合于礼的规范的声音不听，不合于礼的规范的话语不说，不合于礼的规范的事情不做。”颜渊说：“我虽然不是个才思机敏的人，却情愿照着夫子所说的这些话去做。”

(二)

仲弓问仁，子曰：“出门如见大宾[1]，使民如承大祭[2]。己所不欲，勿施于人[3]。在邦无怨，在家无怨。”仲弓曰：“雍虽不敏，请事斯语矣。”

【注释】

[1] 出门如见大宾：出门待人像迎见国宾那样恭谨。大宾，周王朝对来朝觐的要服以内的诸侯称作大宾。后泛指国宾。（要

服，古时五服之一。古代王畿［jī］外围以五百里为一区划，由近及远划分为侯服、甸服、绥服、要服、荒服。）

［2］使民如承大祭：役用百姓像承当重大的祭祀那样审慎。使民，役使百姓或遣用百姓。《左传·僖公三十三年》："臼季使，过冀，见冀缺耨（nòu），其妻馌（yè）之，敬，相待如宾。与之归，言诸文公曰：'敬，德之聚也。能敬必有德。德以治民，君请用之！臣闻之：出门如宾，承事如祭，仁之则也。'"（臼季，晋国大夫。冀，晋国邑名；冀曾是小国，灭于晋。冀缺，人名，后被用为下军大夫。耨，锄草农具，这里用作动词，意为锄草。馌，给田间耕作的人送饭。）

［3］己所不欲，勿施于人：自己不想要的，不要强加给别人。《论语·卫灵公》："子贡问曰：'有一言而可以终身行之者乎？'子曰：'其恕乎！己所不欲，勿施于人。'"《礼记·中庸》："忠恕违道不远，施诸己而不愿，亦勿施于人。"（违，离。）

【译文】

仲弓向夫子问"仁"，夫子说："出门待人像迎见国宾那样恭谨，役用百姓像承当重大祭祀那样慎重。自己不想要的，就不要强加给别人。无论在邦国还是在家族，都不怨天尤人。能做到这样，就称得上有仁德了。"仲弓说："我虽然不是个才思机敏的人，却情愿照着夫子所说的这些话去做。"

（三）

司马牛[1]问仁，子曰："仁者，其言也讱[2]。"曰："其言也讱，斯谓之仁已乎？"子曰："为之难，言之得无讱乎？"

【注释】

［1］司马牛：姓司马，名耕。孔子弟子。《史记·仲尼弟子列传》："司马耕，字子牛。牛多言而躁，问仁于孔子，孔子曰：'仁者，其言也讱。'"

［2］仁者，其言也讱：一个有仁德的人，出口说话迟缓。讱，出言谨慎迟缓。《论语·里仁》："子曰：'古者言之不出，耻躬之不逮也。'"《论语·宪问》："子曰：'君子耻其言而过其行。'"

【译文】

司马牛向夫子问"仁"，夫子说："一个有仁德的人，出言谨慎迟缓。"司马牛说："出言谨慎迟缓，就可以说他有仁德了吗？"夫子说："践行不易，说起来能不谨慎迟缓吗？"

（四）

司马牛问君子，子曰："君子不忧不惧[1]。"曰："不忧不惧，斯谓之君子已乎？”子曰：“内省不疚[2]，夫何忧何惧？”

【注释】

[1] 君子不忧不惧：那种称得上君子的人不忧愁，不胆怯。《论语·子罕》：“子曰：‘知者不惑，仁者不忧，勇者不惧。’”

[2] 内省不疚：内心自作反省而没有愧疚。《礼记·中庸》：“《诗》云：‘潜虽伏矣，亦孔之昭！’故君子内省不疚，无恶于志。君子之所不可及者，其唯人之所不见乎。”（昭，光，光明。无恶于志，无愧于心；恶，羞耻，羞愧。其，大概，或许。唯，只，只在于。人之所不见，指其内省的功夫。）

【译文】

司马牛问夫子怎样才称得上君子，夫子说：“那种称得上君子的人不忧愁，不胆怯。”司马牛说：“不忧愁，不胆怯，就称得上君子了吗？”夫子说：“内心自作反省而没有愧疚，那还会有什么忧愁和胆怯？”

（五）

司马牛忧曰：“人皆有兄弟，我独亡[1]。”子夏曰：“商闻之[2]矣：死生有命，富贵在天[3]。君子敬而无失[4]，与人恭而有礼[5]。四海之内，皆兄弟也。君子何患乎无兄弟也？”

【注释】

[1] 人皆有兄弟，我独亡：别人都有自己的兄弟，而唯独我没有。自汉孔安国以来，学者多以为孔子弟子司马牛即宋国司马向魋（桓魋）之胞弟司马牛；此司马牛有兄向魋、向巢，有弟子颀（qí）、子车，皆在宋国谋反作乱，其遂因此而叹“人皆有兄弟，我独亡”（亡，没有）。亦有学者据《史记》所载对此说提出质疑，认为孔子弟子之司马牛与《左传·哀公十四年》所记向魋之胞弟可能是两人。二者相比，后说似较妥当。

[2] 商闻之：指闻于孔子。商，子夏以其名自称。

[3] 死生有命，富贵在天：死生、富贵听任“命”“天”之自然。孔门所重在于“仁”“义”取向上的“道”，不执着于死生、富贵，因此，这里所称说的“有命”“在天”，不落在宿命处，而表达的是一种“志于道，据于德，依于仁”、不以夭寿利害为念的人生的洒脱。《孟子·万章上》：“孟子曰：‘（孔子）于卫主颜雠由。弥子之妻与子路之妻兄弟也。弥子谓子路曰：“孔子主我，卫卿可得也。”子路以告。孔子曰：“有命。”孔子进以礼，退以义，得之不得曰“有命”。’”（主，寓居。颜雠由，人名，待考。弥子，卫灵公宠臣弥子瑕。兄弟，姐妹。得之不得，指能否得到任用。）

［4］君子敬而无失：君子时时警策自己而避免过失。敬，警策。无失，避免过失。

［5］与人恭而有礼：对人恭谨而讲求礼让。由“敬而无失”与“恭而有礼”说“四海之内，皆兄弟”，这“兄弟”是从“道”上讲，不再是从“命”上讲。刘向《说苑·杂言》：“（孔子曰：）敏其行，修其礼，千里之外，亲如兄弟；若行不敏，礼不合，对门不通矣。”（礼不合，于礼不相合。对门，门户相对；对面。）

【译文】

司马牛忧愁地说：“人们都有自己的兄弟，唯独我没有啊。”子夏劝慰他说：“我听夫子说过：死生有命，富贵在天。君子时时警策自己而避免过失，对人恭谨而讲求礼让。这样，四海之内到处都会有自己的兄弟。君子又何必忧虑自己没有兄弟呢？”

（六）

子张问明[1]，子曰：“浸润之谮[2]，肤受之诉[3]，不行焉，可谓明也已矣。浸润之谮，肤受之诉，不行焉，可谓远[4]也已矣。”

【注释】

[1] 明：明智，明达。《逸周书·谥法》："谮诉不行曰明。"

[2] 浸润之谮（zèn）：像水慢慢浸润于物那样的谗言。谮，谗毁，诬陷。

[3] 肤受之诉：给人以切肤之痛般感受的那种诽谤。诉，谗毁，诽谤。

[4] 远：远见，有远见。

【译文】

子张问怎样才称得上"明"（明智），夫子说："能察觉那种像水慢慢浸润于物一样的（不易察觉的）谗言，能辨别那种激起人切肤之痛般感受的（不易辨别其真伪的）诬陷，使它们在你这里都行不通，你就可以称得上是一个明智的人了。能察觉那种像水慢慢浸润于物一样的（不易察觉的）谗言，能辨别那种激起人切肤之痛般感受的（不易辨别其真伪的）诬陷，使它们在你这里都行不通，你就可以称得上是一个有远见的人了。"

（七）

子贡问政，子曰："足食[1]，足兵[2]，民信之[3]矣。"子贡曰："必不得已而去，于斯三者何先？"曰："去兵。"子贡曰："必不得已而去，于斯二者何先？"曰："去食。自古皆有死，民无信不立。"

【注释】

［1］足食：使粮食丰足。《书·周书·洪范》："八政：一曰食。"《礼记·王制》："国无九年之蓄，曰不足；无六年之蓄，曰急；无三年之蓄，曰国非其国也。三年耕，必有一年之食；九年耕，必有三年之食；以三十年之通，虽有凶旱水溢，民无菜色。"（一年之食，这里指够一年食用的积蓄。通，合计，总计。菜色，饥色；人无粮吃，仅以菜蔬充饥，面色青黄，谓之菜色。）

［2］足兵：使武备充实。《穀梁传·襄公二十五年》："古者虽有文事，必有武备。"刘向《说苑·指武》："夫兵不可玩，玩则无威；兵不可废，废则召寇。"（玩，玩弄，戏弄。召寇，召来入侵者。）《汉书·艺文志》："《洪范》八政，八曰师。孔子曰为国者'足食足兵'，'以不教民战，是谓弃之'。明兵之重也。"（师，军队。）

［3］民信之：让百姓信任你。取信于民。《大戴礼记·主言》："（孔子曰：）其礼可守，其信可复，其迹可履。其于信也，如四时春秋冬夏；其博有万民也，如饥而食，如渴而饮，下土

之人信之。夫暑热冻寒，远若迩，非道迩也，及其明德也。是以兵革不动而威，用利不施而亲。此之谓明王之守也，折冲乎千里之外，此之谓也。”（复，践行诺言。迹，功业。履，履行，实行。守，治理。折冲，制敌取胜。）

【译文】

子贡问如何治理国政，夫子说：“使粮食丰足，武备充实，百姓信任你。”子贡说：“如果不得已，一定要在三者中去其一，先去掉哪一个？”夫子说：“去掉武备。”子贡又问：“如果不得已，一定要在剩下的二者中去其一，先去掉哪一个？”夫子说：“去掉粮食。自古以来，人皆有死；失信于百姓，国家就无从立足了，而百姓不讲诚信，也无从自立。”

（八）

棘子成[1]曰：“君子质而已矣，何以文为？”子贡曰：“惜乎，夫子之说君子也！驷不及舌[2]。文犹质也，质犹文也[3]。虎豹之鞟[4]犹犬羊之鞟。”

【注释】

[1] 棘（jí）子成：卫国大夫。

［2］驷（sì）不及舌：即所谓“一言既出，驷马难追”之意。驷，古指一车所驾的四匹马或四匹马所拉的车。刘向《说苑·说丛》：“一言而非，四马不能追；一言不急，四马不能及。”（急，疾速。）

［3］文犹质也，质犹文也：文对于质就像质对于文一样（重要）。《论语·雍也》：“子曰：‘质胜文则野，文胜质则史。文质彬彬，然后君子。’”

［4］鞟（kuò）：去毛后的皮，皮革。

【译文】

棘子成说：“君子只要有质朴的品格就可以了，何必还要学文呢？”子贡说：“可惜啊，夫子这样谈论君子！这样的话一出口真是驷马难追啊！其实文对于质就像质对于文一样重要。如果只要质（质朴），不要文（文雅），这不就像只要皮不要毛吗？要是这样，去了毛的虎豹的皮和去了毛的犬羊的皮又有什么两样呢？”

（九）

哀公问于有若曰：“年饥[1]，用不足，如之何？”有若对曰：“盍彻[2]乎？”曰：“二，吾犹不足，如之何其彻也？”对曰：“百姓足，君孰与不足[3]？百姓不足，君孰与足？”

【注释】

[1] 年饥：年成荒歉。

[2] 彻：依周朝的田税制度，从收成中十取其一交公为“彻”。《孟子·滕文公上》：“夏后氏五十而贡，殷人七十而助，周人百亩而彻，其实皆什一也。”（贡，相传为夏代田赋名；依其规定，耕地五十亩，将五亩地的收成上贡。助，殷代劳役租税制度；依其规定，凡耕七十亩地者，为公家助耕七亩地。什一，十中取其一。）

[3] 百姓足，君孰与不足：百姓丰足了，君主哪里会不足？刘向《说苑·政理》：“鲁哀公问政于孔子。对曰：‘政有使民富且寿。’哀公曰：‘何谓也？’孔子曰：‘薄赋敛则民富，无事则远罪，远罪则民寿。’公曰：‘若是则寡人贫矣。’孔子曰：‘《诗》云：“恺悌君子，民之父母”，未见其子富而父母贫者也。’”（恺悌，和乐平易。）

【译文】

鲁哀公问有若：“年成荒歉，国家用度不足，该怎么办？”有若说：“何不按十取其一的比率收取田税呢？”哀公说：“十取其二，我还不够，怎么能十取其一呢？”有若回答说：“百姓够了，您哪里会不够？百姓不够，您哪里会够？”

（十）

子张问崇德[1]辨惑[2]，子曰：“主忠信[3]，徙义[4]，崇德也。爱之欲其生，恶之欲其死，既欲其生，又欲其死，是惑也。”“诚不以富，亦祇以异[5]。”

【注释】

［1］崇德：崇尚德行。

［2］辨惑：辨别疑惑以求解除。

［3］主忠信：注重忠诚守信。《论语·学而》：“子曰：‘君子不重则不威，学则不固。主忠信，无友不如己者，过则勿惮改。’”

［4］徙义：指见义即信而从之；唯义是从。《论语·述而》：“子曰：‘德之不修，学之不讲，闻义不能徙，不善不能改，是吾忧也。’”

［5］诚不以富，亦祇以异：《诗·小雅·我行其野》中的两句诗。宋儒程颐指出：“此错简，当在第十六篇‘齐景公有马千驷’之上。因此下文亦有齐景公字而误也”（见朱熹：《四书集注·论语集注》卷六）。其说当从。今移至《论语·季氏》“齐

景公有马千驷”章，本章译文不予译出。

【译文】

子张问夫子怎样才算是崇尚德性、辨别疑惑，夫子说：“注重忠诚守信，讲求唯义是从，这就是崇尚德性。喜爱一个人时就巴不得他长生不死，憎恶这个人时又巴不得他当即死去，这就是一种愚惑。”

（十一）

齐景公[1]问政于孔子，孔子对曰：“君君，臣臣，父父，子子[2]。”公曰：“善哉！信如君不君，臣不臣，父不父，子不子，虽有粟，吾得而食诸[3]？”

【注释】

［1］齐景公：名杵（chǔ）臼（jiù），齐国君主。《史记·齐太公世家》：“（崔杼弑庄公。）丁丑，崔杼立庄公异母弟杵臼，是为景公。”

［2］君君，臣臣，父父，子子：君要做得合于君的名分，臣要做得合于臣的名分，父要做得合于父的名分，子要做得合于子的名分。或所谓君守君道，臣守臣道，父守父道，子守子

道。《礼记·大学》:“为人君,止于仁;为人臣,止于敬;为人子,止于孝;为人父,止于慈;与国人交,止于信。”(止,居,处。)《孟子·离娄上》:“欲为君,尽君道;欲为臣,尽臣道。二者皆法尧舜而已矣。不以舜之所以事尧事君,不敬其君者也;不以尧之所以治民治民,贼其民者也。”(贼,害。)

[3] 虽有粟,吾得而食诸:即使有粟米,我吃得下去吗?

【译文】

齐景公问孔子如何治理国家,孔子回答说:“君要做得合于君的名分,臣要做得合于臣的名分,父要做得合于父的名分,子要做得合于子的名分。”景公说:“讲得好啊!要真是君不守君道,臣不守臣道,父不守父道,子不守子道,即使有粟米,我吃得下去吗?”

(十二)

子曰:“片言可以折狱者,其由也与[1]!”子路无宿诺[2]。

【注释】

[1] 片言可以折狱者,其由也与:凭着一面的说法即可以裁断案件的,大概只有仲由了吧!子路以正直著称,在他面前

无人敢诬妄陈词，所以即使是一面的说法，由于其无妄，亦可以凭以断案。这是对子路忠直的称赞。片言，单辞，一面之言。折狱，断案；狱，诉讼案件。

［2］宿诺：未及时履行的承诺。宿，久，长久。

【译文】

夫子说：“凭着一面之言就可以裁断案件的，大概只有仲由（这样忠直而别人不敢对其诬妄陈词的人）了吧！”子路没有久拖而不履行的诺言。

（十三）

子曰：“听讼[1]，吾犹人也。必也使无讼[2]乎！”

【注释】

［1］听讼：审理诉讼案件。听，审理。

［2］必也使无讼：务必使诉讼案件不再发生。《大戴礼记·礼察》：“礼者，禁于将然之前；而法者，禁于已然之后。是故法之用易见，而礼之所为生难知也。若夫庆赏以劝善，刑罚以惩恶，先王执此之正坚如金石，行此之信顺如四时，处此之功无私如天地尔，岂顾不用哉！然如曰礼云礼云，贵绝恶于未萌，

而起敬于微眇，使民日徙善远罪而不自知也。孔子曰：‘听讼，吾犹人也。必也使无讼乎！’此之谓也。”（岂顾，何必。绝恶，杜绝恶行。未萌，尚未萌芽。微眇，微小，细微。）

【译文】

夫子说：“（秉公）审理案件，我和别人没什么两样。（我所致力的在于，）务必使天下不再发生诉讼案件。”

（十四）

子张问政，子曰：“居之无倦[1]，行之以忠[2]。”

【注释】

［1］居之无倦：处在自己的职位上勤勉不倦。居，处，处于。《论语·子路》：“子路问政，子曰：‘先之，劳之。’请益，曰：‘无倦。’”

［2］行之以忠：执行政令要忠心耿耿。

【译文】

子张问如何从政，夫子说：“处在自己的职位上勤勉不倦，执行政令要忠心耿耿。”

（十五）

子曰："博学于文，约之以礼，亦可以弗畔矣夫。"[1]

【注释】

[1] 此章已见于《雍也》第二十七章："子曰：'君子博学于文，约之以礼，亦可以弗畔矣夫。'"

【译文】

夫子说："广博地修习《诗》《书》等典籍，以礼仪规范约束自己的行为，这样也就可以不至于违背那为仁之道了。"

（十六）

子曰："君子成人之美[1]，不成人之恶[2]。小人反是。"

【注释】

[1] 成人之美：成全别人实现美好愿望。美，善，好。《大戴礼记·曾子立事》："君子己善，亦乐人之善也；己能，亦乐人之能也；己虽不能，亦不以援人……不说人之过，（而）成人

之美，存往者，在来者，朝有过夕改则与之，夕有过朝改则与之。”（援，愠，怨恨。存往，省察既往。在来，察来，观其来日。与，赞许。）

［2］成人之恶：助长别人去做不善的事情。

【译文】

夫子说：“君子成全人实现美好愿望，不助长人去做不善的事情。小人却与此相反。”

（十七）

季康子问政于孔子[1]，孔子对曰：“政者，正也。子帅以正[2]，孰敢不正？”

【注释】

［1］近人蒋伯潜指出：“下论《先进》《子路》二篇，记人之问，尚不称‘问于孔子’。《颜渊》篇三记季康子问，一记齐景公之问政，《卫灵公》篇首记灵公之问陈，皆曰‘问于孔子’矣”（蒋伯潜：《十三经概论·论语题解下》）。

［2］子帅以正：子（指季康子）以端正自己为他人做表率。子，对季康子的尊称。帅，通“率”。《论语·子路》：“子曰：

‘其身正，不令而行；其身不正，虽令不从。’”《孟子·离娄上》：“君仁莫不仁，君义莫不义，君正莫不正。一正君而国定矣。”《礼记·哀公问》：“公曰：‘敢问，何谓为政？’孔子对曰：‘政者，正也。君为正则百姓从政矣。君之所为，百姓之所从也。君所不为，百姓何从？’”（从政，从正，随之而正。）

【译文】

季康子向孔子询问为政之道，孔子回答说：“政意味着正。您以端正自己为他人做表率，还有哪个敢行为不正呢？”

（十八）

季康子患盗[1]，问于孔子。孔子对曰：“苟子之不欲，虽赏之不窃[2]。”

【注释】

［1］患盗：为盗贼滋生而忧虑。患，忧虑。

［2］苟子之不欲，虽赏之不窃：如果您不贪求财帛，即使是悬赏，也不会有人去偷窃。《荀子·正论》：“天下有道，盗其先变乎。”刘向《说苑·贵德》：“天子好利则诸侯贪，诸侯贪则大夫鄙，大夫鄙则庶人盗。上之变下，犹风之靡草也。”（鄙，

贪吝。靡，倒伏；使倒伏。）

【译文】

季康子为盗贼滋生而忧虑，问孔子有什么办法。孔子回答他说：“如果您不贪求财帛，即使是悬赏，也不会有人去偷窃。”

（十九）

季康子问政于孔子曰：“如杀无道以就有道[1]，何如？”孔子对曰：“子为政，焉用杀[2]？子欲善而民善矣。君子之德，风；小人之德，草。草上之风，必偃[3]。”

【注释】

［1］杀无道以就有道：杀掉那些无道者以趋向于道。就，趋向，接近。

［2］子为政，焉用杀：您处理政事，哪里用得着杀戮？《孟子·梁惠王上》：“若民，则无恒产，因无恒心。苟无恒心，放辟邪侈，无不为已。及陷于罪，然后从而刑之，是罔民也。焉有仁人在位，罔民而可为也？”（因，于是，就。苟，如果。放辟邪侈，肆意为非作歹；辟，邪辟；侈，胡作非为。罔，陷害。）桓宽《盐铁论·申韩》：“所贵良吏者，贵其绝恶于未萌，

使之不为非；非贵其拘之囹圄而刑杀之也。”（囹圄，监狱。）

[3] 偃（yǎn）：倒伏。

【译文】

季康子向孔子询问为政之道，说：“如果杀掉那些无道者以趋向于道，如何？”孔子回答说：“您处理政事，哪里用得着杀戮？您想做善事，百姓就会跟着做善事。君子的德行就像风，小民的德行就像草。风吹到草上，草就随着风向一边倒伏。”

（二十）

子张问：“士何如，斯可谓之达[1]矣？”子曰：“何哉，尔所谓达者？”子张对曰：“在邦必闻[2]，在家必闻。”子曰：“是闻也，非达也。夫达也者，质直而好义[3]，察言而观色，虑以下人[4]。在邦必达，在家必达。夫闻也者，色取仁而行违[5]，居之不疑。在邦必闻，在家必闻。”

【注释】

[1] 达：通达，亨通显达。

[2] 闻：有名声，有名望。

[3] 质直而好义：朴实正直而崇尚礼义。

［4］虑以下人：（总）想着如何谦下做人。刘向《说苑·尊贤》："孔子闲居，喟然而叹曰：'铜鞮（dī）伯华而无死，天下其有定矣。'子路曰：'愿闻其为人也何若。'孔子曰：'其幼也，敏而好学；其壮也，有勇而不屈；其老也，有道而能以下人。'子路曰：'其幼也敏而好学，则可；其壮也有勇而不屈，则可；夫有道，又谁下哉？'孔子曰：'由不知也，吾闻之，以众攻寡，而无不消也；以贵下贱，无不得也。昔在周公旦制天下之政，而下士七十人；岂无道哉？欲得士之故也。夫有道而能下于天下之士，君子乎哉。'"（铜鞮伯华，铜鞮，地名，晋国大夫羊舌赤之封邑；世人因其封邑称羊舌赤为铜鞮伯华。下贱，屈己以结交地位低贱的人。下士，屈身以接纳贤士。）

［5］色取仁而行违：表面上取一种仁者的姿态，实际行为却背道而驰。色，外表，表面。《论语·先进》："子曰：'论笃是与，君子者乎？色庄者乎？'"《汉书·王莽传》："王莽始起外戚，折节力行以要名誉。宗族称孝，师友归仁。及其居位辅政，成、哀之际，勤劳国家，直道而行，动见称述。岂所谓'在家必闻，在国必闻，色取仁而行违'者邪？"（折节，屈己下人。动见称述，常常被称道；动，常常。）

【译文】

子张问夫子："士怎样就可以称得上'达'了呢？"夫子说：

“你所说的‘达’是什么意思?”子张回答说:“在诸侯之邦一定有名望,在大夫之家一定有名望。”夫子说:“这是‘闻’,不是‘达’。称得上‘达’的人朴实正直而讲求信义,慎于察言观色而善解他人心意,而且总会想着如何谦下做人。他们在诸侯之邦一定通达,在大夫之家一定通达。与‘达’不同,那些要出名的人,往往表面上取一种仁者的姿态,而实际行为却与仁相违背,如此处世而从不质疑。他们在诸侯之邦一定徒有其名,在大夫之家一定徒有其名。”

(二十一)

樊迟从游于舞雩之下,曰:“敢问崇德、修慝[1]、辨惑。”子曰:“善哉问!先事后得[2],非崇德与?攻其恶,无攻人之恶[3],非修慝与?一朝之忿,忘其身,以及其亲,非惑与?”

【注释】

[1] 修慝(tè):清除恶念、邪念。修,治,纠正而消除。慝,恶念,邪念。修慝与崇德、辨惑可能都是雩祭时的祷告之词。

[2] 先事后得:先勤勉做事,后考虑所得。《论语·雍也》:“(樊迟)问仁,子曰:‘仁者先难而后获,可谓仁矣。’”

［3］攻其恶，无攻人之恶：摈绝自身的邪念，不去（一味）指责别人的过错。攻，指责。《大戴礼记·曾子立事》：“君子攻其恶，求其过，强其所不能，去私欲，从事于义，可谓学矣。”（求，纠正。强，努力。去，除去，抛弃。）董仲舒《春秋繁露·仁义法》：“君子攻其恶，不攻人之恶。不攻人之恶，非仁之宽与？自攻其恶，非义之全与？此谓之仁造人，义造我，何以异乎？故自称其恶谓之情，称人之恶谓之贼；求诸己谓之厚，求诸人谓之薄；自责以备谓之明，责人以备谓之惑。”（称，声言，称说。情，诚实。贼，谗毁。备，完备。）

【译文】

樊迟跟从夫子游观于舞雩台下，对夫子说：“请问怎样才算是崇德、修慝、辨惑？”夫子说：“问得好啊！先勤勉做事，后考虑所得，不就是崇德吗？摈绝自身的邪念，不要一味指责别人的过错，不就是修慝吗？因为一时的怨忿就忘了自身的安危，以至于祸及自己的亲人，这不就是要辨别而消除的那种惑吗？”

（二十二）

樊迟问仁，子曰：“爱人。”问知，子曰：“知人[1]。”樊迟未达，子曰：“举直错诸枉[2]，能使枉者直。”樊迟退，见子夏曰："乡[3]也，吾见于夫子而问知，子曰：'举直错诸枉，能使枉者直。'何谓也?"子夏曰："富哉言乎！舜有天下，选于众，举皋陶[4]，不仁者远矣。汤有天下，选于众，举伊尹[5]，不仁者远矣。"

【注释】

［1］知人：识别人，辨别人。《大戴礼记·主言》："是故仁者莫大于爱人，知者莫大于知贤，政者莫大于官贤。"（知贤，识别有德有才之人。官贤，以贤者为官。）

［2］举直错诸枉：起用那些正直的人，弃置那些不正直的人。举，提拔，推荐，起用。错，通"措"，舍弃，置而不用。

［3］乡：通"向"，这里指刚才，方才。

［4］皋（gāo）陶（yáo）：相传为舜时的贤臣。

［5］伊尹：商初大臣。名伊，尹为官职名。曾辅佐汤灭夏桀。

【译文】

樊迟问何谓"仁"，夫子说："爱人。"樊迟问何谓"知"，夫子说："善于识别人。"樊迟没能听懂。夫子说："选拔那些正直的人，弃用那些不正直的人，就能促使不正直的人变得正直。"樊迟从夫子那里退出，见了子夏说："方才，我见到夫子，问夫子何谓'知'，夫子说：'选拔那些正直的人，弃用那些不正直的人，就能促使不正直的人变得正直。’这是什么意思?”子夏说：“这话的含义丰赡啊！舜有了天下，从众人中选用了皋陶，（人们以皋陶为榜样，自觉履行仁德，）那些不仁的行为就都离开众人远去了。汤有了天下，从众人中选用了伊尹，（人们以伊尹为榜样，自觉履行仁德，）那些不仁的行为也都离开众人远去了。”

(二十三)

子贡问友[1]，子曰：“忠告而善道之[2]，不可则止，无自辱[3]焉。”

【注释】

[1] 友：指交友之道，即如何对待朋友。

[2] 忠告而善道之：忠诚劝告而善于开导。道，通“导”，引导，开导。

[3] 不可则止，无自辱：不听从就适可而止，不要自取其辱。《论语·里仁》：“子游曰：‘事君数，斯辱矣；朋友数，斯疏矣。’”

【译文】

子贡向夫子请教交友之道，夫子说：“对（有了过错的）朋友，要忠诚劝告而善于开导，若是他不愿听从，就应适可而止，不要自取其辱。”

（二十四）

曾子曰：“君子以文会友[1]，以友辅仁[2]。”

【注释】

［1］以文会友：以文章的讲习与朋友相交游。文，指文章或文献的讲习。《礼记·学记》：“独学而无友，则孤陋而寡闻。”

［2］以友辅仁：以友人间的切磋辅助自身仁德的修养。刘向《说苑·说丛》：“贤师良友在其侧，《诗》《书》《礼》《乐》陈于前，弃而为不善者，鲜矣。”（侧，旁边，身旁。陈，陈列，放置。弃，背弃，违背。）

【译文】

曾子说：“君子以文章的讲习与友人相交游，以友人间的切磋辅助自身仁德的修养。”

疏　　解

《颜渊》从“颜渊问仁”始，以曾子告语“君子以文会友，以友辅仁”终，二十四章中一个约略可贯通的线索是由“问仁”而引出“问政”，虽然其间也有“问明”“问达”“问知”“问君子”，以至于对“崇德”“修慝”“辨惑”的讨论，但孔子及其弟子所言大都属意于“仁”而重心归落于“政”。“政者，正也”（第十七章），如此说乃是要为政者正之以“仁”，而孔子所谓“听讼，吾犹人也。必也使无讼乎”（第十三章），看似在谈论诉讼，却仍是在以“仁”论“政”：“听讼”当然属于“政”，而“使无讼”（使天下不再发生诉讼）则必得有待于“天下归仁”（天下之人心归于仁德）。

颜渊、仲弓、司马牛、樊迟都曾问“仁”于孔子，孔子随机做出的回答乍看起来是互不相干的，这当然可以从夫子以“近取譬”（切近各人自身的生命体验选取相应的譬喻予以启迪）为“仁之方”（悟识而践行仁的方法）而因人施教获得相当的理解，但重要的还在于如何从看似各不相同的说法中找出共通之处。其实，孔子说“仁”总是关联着人生践履的，“克己复礼”（约束自己而履行礼的规范）（第一章）是一种践履，“己所不欲，勿施于人”（第二章）也是一种践履，“其言也讱”是因为“为之难”（第三章）这一践履，而“爱人”（第二十二章）同样是人的发之于由衷之情的一种践履。为“仁”或行“仁”的践履当然首先意味着本己的德行修养，而在“为政在人，取人以身，修身以道，修道以仁”（《礼记·中庸》）的意义上，这为

“仁”或行“仁”的践履本身就已经是所谓“为政”。唯“爱人”之政才可称之为“仁”政；“己所不欲，勿施于人”作为一种律己的通则是适用于任何人的，但这里用在“出门如见大宾，使民如承大祭”（第二章）之后，显然主要在于提示那些有“使民”权力的当政者，而“一日克己复礼，天下归仁”之说，不仅表明孔子所谓“克己复礼”重在规劝身系“天下”的“为政”者，而且也道出了“克己复礼”所必当产生的“天下归仁”的政治结果。对于当政者或“有国者”来说，修一己之“仁”德同时即是治国平天下的“为政”，而“仁”的根荄就在每个人自己身上，修养“仁”德只须自致，毋庸外求，所以孔子又分外要说——是对所有人说更是对位高权重的那些人说：“为仁由己，而由人乎哉?”（践行仁德取决于自己，哪里在于别人呢?）

“克己复礼为仁”，而如此为仁的具体做法是“非礼勿视，非礼勿听，非礼勿言，非礼勿动”。这当然是孔子借着颜渊之问用以诲导颜渊、诲导他的所有弟子和天下所有人的，不过，没有疑问的是，它也更大程度地针对着僭礼亵乐以至于造成天下礼坏乐崩的公、卿、大夫们。因此，当鲁国的权臣季康子问政于孔子时，孔子回答他：“政者，正也。子帅以正，孰敢不正?”（第十七章）季康子因盗贼滋生寻谋于孔子，孔子则说：“苟子之不欲，虽赏之不窃”（第十八章）。季康子以“杀无道以就有道”的想法征询孔子，孔子告诉他：“子为政，焉用杀？子欲善而民善矣。君子之德，风；小人之德，草”（第十九章）。孔子显然是不赞成以杀戮的手段治理国家的，他心目中理想的政治在于“道之以德，齐之以礼”（《论语·为政》），而欲以德行修养引导人们、以礼仪规范约束人们使其行动一致，则首先须有“德”“礼”的引导或倡行者自身修其德、循其礼。依孔子的信念，处在上位的人有向善之心，处在下层的人就会仿效他去做善事，处在上位的君子的德行就像风，处在下层的小民的德行就像草，风向哪里吹，草就朝着哪里倒。“风”“草”之喻似有鄙薄百姓之嫌，但这与其说是对庶民的轻蔑，不如说是对当权者或在位者的德行、礼用的督策。

齐景公问政，孔子对以“君君，臣臣，父父，子子”（第十一章）。这言简意赅的应答所隐含的，仍不外是“克己复礼”的旨趣。君要做得合于君的名分，臣要做得合于臣的名分，父要做得合于父的名分，子要做得合于子的名分；君、臣、父、子各承其责而各当其分，如此为政可以说是以礼求治，其上下“约之以礼”所依凭的不是外在的强制，而是内在的“克己”，亦即所谓“修身以道，修道以仁”。鲁哀公因“年饥，用不足”（年成荒歉而公室用度不足）问计于有若，有若劝告他不可加派田赋，仍当按例规从百姓的收成中十取其一（“彻”）。哀公以十取其二尚且不足相诘，有若回答说：“百姓足，君孰与不足？百姓不足，君孰与足？”（第九章）这对哀公之问的应对并非只是强调对周代田赋例行规定的履行，它把“百姓足”视为“君足”的前提，也因此暗示了君主应该“约之以礼”以达于“君君”的道理。歉收之年，公室用度不足，百姓衣食更是难以为继，君主若能考虑到与百姓共同承受饥年的困苦，就理当在财用上有所节制，而这“克己”的自觉事实上已经蕴蓄了体恤民生的“爱人”之“仁”。同样是问政，子张从孔子那里得到的回答是“居之无倦，行之以忠”（第十四章）；仍然是八个字，但不同于孔子对齐景公说的“君君，臣臣，父父，子子”。不过，两者的意趣全然相通。如果说有若答哀公之问是对“克己复礼”之说的一种具体化，这具体化在于“君君”，那么，孔子答子张之问则可视为对“克己复礼”之说的另一种具体化，这具体化即是“臣臣”。齐景公、鲁哀公问政是为君者问政，子张问政却是为臣者或将为臣者问政。作为臣子，处在一定的职位上应勤勉不倦，推行既经发布的政令要忠心不二。勤勉不倦、忠心不二可谓之“正”，这为臣者以其“正”从“政”，也是“政者，正也”的体现，而且也同孔子的另一个说法相应和，此即所谓“君使臣以礼，臣事君以忠”（《论语·八佾》）。单就君臣间的“使”“事”而言，能够以礼使臣的君可以说做到了“君君”，能够以忠事君的臣可以说做到了“臣臣”，但无论是哪一方，能够如此，都须得凭着“克己”而“归仁”作为保证。

子贡问政是另一种情形，他问的是全局意义上的国家治理，所以孔子以“足食，足兵，民信之矣”（第七章）答其所问。三者相比，在孔子看来，粮食充足、取信于民比起武备充实来更重要些，而取信于民比起粮食充足来又更根本些。“自古皆有死，民无信不立”，这是别一种意趣上的“义”“利”之辨：粮食是否充足关系到人的生死，但信义的有无则裁量着人是否成其为人。这里出现的是终极意味上的两难抉择，在生死和信义之间，依孔子的断制，为了笃守后者，宁可舍弃前者。如果说“无求生以害仁，有杀身以成仁”（《论语·卫灵公》）是就志士仁人个人而言的一种必要弃取，那么，“自古皆有死，民无信不立”则是一定意义上就人类而言的一种不能不有的弃取。在逻辑的彻底处，这两种弃取是相通的。儒家教化绝非不顾人之生死，孔子这样决绝地置信义于生死之上，乃是因为在他看来生死问题无论怎样重要，人始终都应以人的名义去决断。然而，“仁者，人也”（《礼记·中庸》），既然“为政在人，取人以身”，那便理当“修身以道，修道以仁”。信，立于“礼”而归于“仁”；它体现“克己复礼”之“仁”，它也因此使人得以立，使人得以有其“仁”而为人。

子张问“明”、问“达”，甚至也更多地出自从政或为政的考虑，孔子就“明”“达”所做的回答，则表明了这位由“克己复礼”而称述“天下归仁”的夫子对堪称明智而通达的从政人才的期待。像水慢慢浸润于物那样的谗言（“浸润之谮”）是不易察觉的，能骤然激起人的切肤之痛般感觉的诬陷（“肤受之诉”）是不易辨别的，如果能察觉常人难以察觉、辨别常人难以辨别的这些不实之词，使其不能得逞（“不行焉”），孔子认为那就可以称得上明智（“明”）了；有了这种明智，眼光便不易被遮蔽，因此明智者也正可以称得上是富于远见（“远”）者（第六章）。子张把通达（“达”）和闻名（“闻”）混为一谈，在他看来，一个人闻名于诸侯的邦国或是卿大夫的封邑那就称得上“达”了，孔子纠正说，单是闻名只能算作“闻”，“闻”与“达”不可相提并论。孔子指出：那些只图出名的闻人，往往表面上取一种仁者的姿态，而实际行为却与此相悖，并且他们以仁人自居而从不自我质疑，这种人虽在诸侯之邦或卿大夫之家可能会有相当的名望，但也只是徒有虚名而已；与通常的闻人不同，一个达者质朴、正直而讲求信义，慎于察言观色而善解他人心意，而且总会想着如何律己而谦下做人，这样的人一定会通达于诸侯的邦国或卿大夫的封邑，他们也可能因此而获得一定的名望，但他们不会为名而名，被名所累（见第二十章）。孔子是把“达”关联于“仁”的，否则，他就不至于贬责与“达”不同的“闻”只是“色取仁”了；同时，孔子也把“达”关联于“政”，所以他也说那种通达的人“在邦必达，在家必达”。孔子论“政”向来以“仁”为本，并且以“礼”中介其间，他看重当政者“为政以德”而“克己复礼”，看重对百姓

“道之以德，齐之以礼”（《论语·为政》）。

与子张“问明”略相近，樊迟在“问仁”后也向孔子“问知”。这是樊迟再次“问知”于孔子。《雍也》中记有樊迟“问知”，孔子告诉樊迟：“务民之义，敬鬼神而远之，可谓知矣”（致力于对百姓来说相宜的事，对鬼神敬而远之，就可以称得上“知”了）。对同样的问题，《颜渊》所记孔子的回答是：“知人”（善于识别人），“举直错诸枉，能使枉者直”（第二十二章）。同是关联着“仁”说“知”（智），而且所说的“知”（智）都是“为政”之“知”（智），前者所重在于“务民之义”，后者则重在选用品格正直的人才。依孔子所示，选拔那些正直的人，弃用那些不正直的人，如此就能促使不正直的人变得正直。这是在说“为政”的智慧：用人也是一种引导，用人以“直”即是用人以“德”，亦即对所用者和包括那些因“不直”而被弃之不用的所有人“道之以德”。从子夏就孔子的话向樊迟所做的解释亦即所谓舜“举皋陶，不仁者远矣”、汤“举伊尹，不仁者远矣”看，孔子倡言“举直错诸枉”的为政之“知”（智），乃是本着儒家致治所欲达到的“天下归仁”这一终极性目标的。

《颜渊》尚有记孔子、子贡、子夏谈论“君子”的若干章节，这些章节所说的“君子”都在德行修养的意义上，借用后来《孟子·告子上》中的话说，其格位都属于“天爵”（所谓“仁义忠信，乐善不倦，此天爵也”）。不过，没有疑问的是，孔子和他的弟子们也都认为或希望“天爵”意义上的君子能够成为“人爵”（所谓“公、卿、大夫，此人爵也”）意义上的“君子”。因此，对他们来说，成为一个君子既是个人在德行修养上的境界追求，同时也是对某个时候可能出仕而被用于政事的一种必要准备。“有美玉于斯，韫椟而藏诸？求善贾而沽诸？”当子贡这样问孔子时，孔子说：“沽之哉！沽之哉！我待贾者也”（《论语·子罕》）。这个隐喻式的答问是孔子自己心迹的剖露，也是孔子对其弟子所应持有的用行、舍藏（“用之则行，舍之则藏”）态度的一种喻示。司马牛“问君子”，孔子说：“君子不忧不惧”（第四章）。从所谓“知者不惑，仁者不忧，勇者不惧”（《论语·子罕》）可知，孔子心目中的君子既是一个勇者，更是一个仁者。这里尤其应当注意的是，儒者所说的不忧不惧固然会表现于人生的对待性向度，但重要的是它最终根植于一个人的“内省不疚”，而这“内省不疚”的可能则毕竟在于“克己复礼”。司马牛曾为“人皆有兄弟，我独亡”而忧抑，子夏一面以“死生有命，富贵在天”——与“仁”的非对待性或无待性相对，“死生”“富贵”体现人生对待性向度上的价值——之说开导他，一面则以所谓“君子敬而无失，与人恭而有礼。四海之内，皆兄弟也”（第五章）勉励他。“敬而无失”“恭而有礼”，即是下“克己”的功夫以求“复礼”而“归仁”，一个人能做到这样，就会以兄弟视天下人，而天下人也会视其为兄弟。“四海之内，皆兄弟”是一种由“克己复礼”所可能达到的贤者的胸襟，也未尝不是某种可予期许的“为政”的目标。孔子说“君子成人之美，不成人之恶”（第十六章），这“成人之美，不成人之恶”在个人那里是一种修养，其以“美”“恶”为标准成全他人即是在成全自己的德操，成全自己的人格，但在处于当政者地位的人那里，它同时便也是对人“道之以德”的“为政”。这后一种“成人之美，不成人之恶”者就既会是道德人格上的那种“君子”，又会是其“德”不无“风”的作用的那种以社会政治地位而言的“君子”。

卫国大夫棘子成谈“君子”，可以说是以社会地位（“人爵”）上的君子身份讨论道德品操（“天爵”）格位上的君子。依他的看法，君子只须保持质朴（“质”）的禀性就可以了，全然不必用心于学文（“文”）；这在“文胜质”的春秋末造或是一种矫枉之见，但矫枉过正以至于偏宕则又可能引出“质胜文”的弊端。子贡匡纠棘子成的偏颇并没有径直援引孔子的“文质彬彬”的诲示，他只是打比方说：如果只要“质”，不要“文”，那不就像只要皮不要毛了吗？若是这样，去了毛的虎豹的皮和去了毛的犬羊的皮又有什么两样呢？其实，孔子所谓“我欲仁，斯仁至矣”的“仁”，既同“质”关联着，也同“文”关联着。就“仁”在人禀受于天的自然性情（“天命之谓性”）中有其根柢而言，这根柢构成“仁”——使人成其为人——的“质”或质地，但就这根柢毕竟只是“仁”的端倪，一如后来孟子所说“恻隐之心，仁之端也”而言，“仁”成其为“仁”还须从其根柢或端倪处予以扩充和提升，这扩充和提升则在于相应于“质”的人为之“文”。人在“文质彬彬”（“文”与“质”相配称、兼相成）中得以成全为君子，而使人成其为人的“仁”也在“文质彬彬”中得以成全为“仁”。与“质”构成一种张力的“文”见之于现实，其最典型的方式即是“诗”“礼”“乐”，所以孔门对人的教化由此也被归结为“兴于诗，立于礼，成于乐”（《论语·泰伯》），而且就“礼”终究是“文”的中心环节而言，孔子的另一个说法也当由此得到切近其真际的理解，此即提示《颜渊》之主导命意的话语：“克己复礼为仁。”

子路第十三

（一）

子路问政，子曰："先之[1]，劳之[2]。"请益[3]，曰："无倦。"

【注释】

[1] 先之：身先于属吏和百姓。本篇下章："仲弓为季氏宰，问政，子曰：'先有司，赦小过，举贤才。'"《大戴礼记·子张问入官》："欲政之速行也者，莫若以身先之也；欲民之速服也者，莫若以道御之也。故不先以身，虽行必邻也；不以道御之，虽服必强矣。"（服，顺从，服从。御，治理，统治。邻，

通“吝”，艰难。强，勉强。）

[2] 劳之：使属下和百姓勤于劳作。《论语·子张》：“子夏曰：‘君子信而后劳其民；未信，则以为厉己也。’”《论语·尧曰》：“子曰：‘……劳而不怨。’”“子曰：‘……择可劳而劳之，又谁怨？’”

[3] 益：增加；多。

【译文】

子路问夫子如何管理政事，夫子说：“身先于属下和百姓，使属下和百姓勤于劳作。”子路请求再多说一点，夫子说：“不可怠倦。”

（二）

仲弓为季氏宰，问政，子曰：“先有司[1]，赦小过[2]，举贤才[3]。”曰：“焉知贤才而举之？”子曰：“举尔所知。尔所不知，人其舍诸？”

【注释】

[1] 先有司：身先于属下各官吏。古代设官分职，各有所司，遂对官吏有“有司”之称。司，职掌，掌管；官吏，官署。

［2］赦小过：赦免有小过错的人。赦，宽免。《大戴礼记·子张问入官》：“民有小罪，必以其善，以赦其过，如死使之生，其善也。”

［3］举贤才：举荐德才出众的人。《论语·卫灵公》：“子曰：‘臧文仲其窃位者与！知柳下惠之贤而不与立也。’”《礼记·大学》：“见贤而不能举，举而不能先，命也；见不善而不能退，退而不能远，过也。”（朱熹《四书集注·大学章句》：“命，郑氏云，当作慢。程子云，当作怠。”）

【译文】

仲弓将做季氏的费邑之宰，问夫子如何处理政事，夫子说：“身先于属下的官吏，宽恕别人的小过错，举荐德才出众的人。”仲弓说：“怎么知道哪些是贤才而举荐他们呢？”夫子说：“举荐你所了解的，你所不了解的，难道别人会舍弃而不举荐吗？”

（三）

子路曰：“卫君[1]待子而为政，子将奚先？”子曰：“必也正名[2]乎！”子路曰：“有是哉，子之迂也！奚其正？”子曰：“野哉，由也！君子于其所不知，盖阙如[3]也。名不正则言不顺，言不顺则事不成，事不成则礼乐不兴，礼乐不兴则刑罚不中[4]，刑罚不中则民无所措手足。故君子名之必可言[5]也，言之必可行也。君子于其言，无所苟[6]而已矣。”

【注释】

[1] 卫君：指卫出公。出公名辄（zhé），其父蒯聩得罪灵公夫人南子，逃亡在外，灵公死，卫人立辄为出公。《史记·孔子世家》：“孔子自楚反乎卫，是岁也，孔子年六十三，而鲁哀公六年也。其明年……是时卫君辄父不得立，在外，诸侯数以为让。而孔子弟子多仕于卫，卫君欲得孔子为政。子路曰：‘卫君待子而为政，子将奚先？’孔子曰：‘必也正名乎！’”

[2] 正名：辨正名分，以名正实。《吕氏春秋·审分览·审分》：“有道之主，其所以使群臣者亦有辔（pèi）。其辔何如？正名审分是治之辔已。故按其实而审其名，以求其情；听其言而察其类，无使放悖。夫名多不当其实，事多不当其用者，故人主不可以不审名分也。不审名分，是恶壅而愈塞也……今有人于此，求牛则名马，求马则名牛，所求必不得矣；而因用威怒，有司必诽怨矣；牛马必扰乱矣。百官，众有司也；万物，群牛马也。不正其名，不分其职，而数用刑罚，乱莫大焉！……故名不正则人主忧劳勤苦，而官职烦乱悖逆矣。国之亡也，名之伤也，从此生矣。”（辔，马缰绳。情，真实。放悖，悖逆。壅，堵塞。威怒，震怒，盛怒。诽怨，责备怨恨。数，屡次。）

［3］阙如：存疑不论。

［4］中（zhòng）：得当，恰当。

［5］名之必可言：确定名分一定可以讲出道理。

［6］无所苟：不苟且，不随便。苟，随便，马虎，不审慎。

【译文】

子路说："卫国的国君等待您去治理国政，您打算从哪里着手?"夫子说："那一定是正名这件事了。"子路说："有这么做的吗？夫子也太迂了吧！为什么要正名呢?"夫子说："如此粗野啊，仲由！君子对他所不懂的事情，大都持存疑不论的态度。名分不正，说话就不顺当；说话不顺当，事情就难以办成；事情办不成，礼乐就难以兴起；礼乐不能兴起，刑罚就难以得当；刑罚不得当，百姓就会惶惶然不知所措。因此，君子确定名分一定可以讲出道理，这些道理一定可以行得通。君子对自己的言论，一点儿都不能苟且、含糊。"

（四）

樊迟请学稼[1]，子曰："吾不如老农。"请学为圃[2]，曰："吾不如老圃。"樊迟出。子曰："小人哉，樊须也！上好礼，则民莫敢不敬；上好义，则民莫敢不服；上好信，则民莫敢不用情[3]。夫如是，则四方之民襁负其子[4]而至矣，焉用稼？”

【注释】

［1］稼：耕作，种植。这里指务农。

［2］为圃：种菜。圃，种蔬菜或花草的园地。

［3］民莫敢不用情：百姓不敢不以真诚相待。用情，以真诚相待；情，真诚，诚实。《左传·僖公二十七年》：“晋侯始入而教其民，二年，欲用之。子犯曰：‘民未知义，未安其居。’于是乎出定襄王，入务利民，民怀生矣。将用之。子犯曰：‘民未知信，未宣其用。’于是乎伐原以示之信。民易资者不求丰焉，明征其辞。公曰：‘可矣乎？’子犯曰：‘民未知礼，未生其共（恭）。’于是乎大蒐（sōu）以示之礼，作执秩以正其官。民听不惑，而后用之。出穀戍，释宋围，一战而霸，文之教也。”（晋侯，晋文公。始入，刚刚回国即君主位。定，安定。襄王，周襄王，当时避难于郑国。怀生，安于生计；怀，安。宣，明白。伐原，讨伐原国；原，春秋时诸侯国，姬姓。易资，买卖。明征其辞，明码实价。蒐，检阅，军事演习。作执秩，设立主管爵秩的官。）

［4］襁负其子：背负其孩子。襁，背负婴儿用的宽带子。

【译文】

樊迟请求学种庄稼，夫子说：“我不如老农。”樊迟又请求学种菜，夫子说："我不如老圃。"樊迟出去后，夫子说："真是小人见识啊，这个樊须！（要知道，）居于上位的人讲究礼节，百姓就不敢不恭敬；居于上位的人信奉道义，百姓就不敢不服从；居于上位的人恪守信用，百姓就不敢不以真诚相待。如果能做到这样，四方的百姓就会背着他们的孩子到你这里来，哪里用得着你自己去种庄稼？"

（五）

子曰："诵《诗》三百，授之以政，不达[1]；使于四方，不能专对[2]。虽多，亦奚以为？"

【注释】

[1] 达：通晓。这里指通晓治理国家的道理。

[2] 专对：指任使节时独自随机应答。专，单独。对，应答。

【译文】

夫子说："背熟了《诗》三百篇，把政事交付给他，却不通晓治理国家的道理；派其出使四方，而不能独自随机应答——这样的人，即使书读得再多，又有什么用呢？"

(六)

子曰:“其身正[1],不令而行[2];其身不正,虽令不从。”

【注释】

[1] 身正:自身言行端正。

[2] 不令而行:即使不下命令,下面的人也会跟着行动。《论语·颜渊》:“季康子问政于孔子,孔子对曰:‘政者,正也。子帅以正,孰敢不正?’”《孟子·离娄上》:“君仁莫不仁,君义莫不义,君正莫不正。一正君而国定矣。”(一,一旦。)《礼记·大学》:“尧舜帅天下以仁,而民从之;桀纣帅天下以暴,而民从之;其所令反其所好,而民不从。是故君子有诸己而后求诸人,无诸己而后非诸人。所藏乎身不恕,而能喻诸人者,未之有也。”(帅,率,表率。其所令反其所好,其所下命令与其所喜好相反。恕,推己及人。喻诸人,让别人明白。)

【译文】

夫子说:“当政者自身端正,即使不下命令,下面的人也会跟着行动。相反,如果当政的人自身不正,即使下了命令,下面的人也未必就会听从。”

(七)

子曰："鲁、卫之政[1]，兄弟[2]也。"

【注释】

[1] 鲁、卫之政：鲁国与卫国的（衰乱）政局。

[2] 兄弟：这里指鲁国与卫国的政局相似，如兄弟一般。朱熹注："鲁，周公之后。卫，康叔之后。本兄弟之国，而是时衰乱，政亦相似，故孔子叹之。"可谓中肯之说。《史记·孔子世家》："孔子自楚反乎卫，是岁也，孔子年六十三，而鲁哀公六年也。其明年，吴与鲁会缯（zēng），征百牢。太宰嚭召季康子，康子使子贡往，然后得已。孔子曰：'鲁、卫之政，兄弟也。'"（缯，春秋时的小国。征百牢，索取一百份牢；牢，古时祭祀或宴享时用的牲畜。）

【译文】

夫子说："鲁国和卫国的政局，真像是一对难兄难弟啊！"

(八)

子谓卫公子荆[1]："善居室[2]。始有，曰：'苟合矣[3]。'少有，曰：‘苟完矣[4]。’富有，曰：‘苟美矣[5]。’”

【注释】

［1］公子荆：字南楚。卫献公之子，卫国大夫。有“君子”之名。《左传·襄公二十九年》：“（吴公子札）适卫，说蘧（qú）瑗、史狗、史鳅（qiū）、公子荆、公叔发、公子朝，曰：‘卫多君子，未有患也。’”（公叔发，依杜预注，即公叔文子。）

［2］善居室：善于居家过日子。居室，居家过日子。

［3］苟合矣：将就着够了。苟，勉强。合，通“给”，足够。

［4］苟完矣：差不多齐备了。完，齐全，齐备。

［5］苟美矣：算得上完美了。

【译文】

夫子评论卫国的公子荆说：“他善于居家过日子。刚刚有了点儿家产，就说：‘将就着够了。’财帛稍有增加，就说：‘差不多齐备了。’财帛多起来了，就说：‘算得上完美了。’”

（九）

子适卫，冉有仆[1]。子曰：“庶[2]矣哉！”冉有曰：“既庶矣，又何加焉？”曰：“富之[3]。”曰：“既富矣，又何加焉？”曰：“教之[4]。”

【注释】

[1] 仆：车夫；驾车。

[2] 庶：众多。

[3] 富之：使其富足。《管子·治国》：“凡治国之道，必先富民。民富则易治也，民贫则难治也。奚以知其然也？民富则安乡重家，安乡重家则敬上畏罪，敬上畏罪则易治也；民贫则危乡轻家，危乡轻家则敢陵上犯禁，陵上犯禁则难治也。”（危乡，不安于乡里。陵上，犯上。）《孟子·梁惠王上》：“是故明君制民之产，必使仰足以事父母，俯足以畜妻子，乐岁终身饱，凶年免于死亡，然后驱而之善，故民之从之也轻。”（畜，蓄养。驱，驱使。轻，易，容易。）

[4] 教之：使其受到教育感化。《孟子·滕文公上》：“人之有道也，饱食暖衣逸居而无教，则近于禽兽。圣人有忧之，使契（xiè）为司徒，教以人伦：父子有亲，君臣有义，夫妇有别，长幼有序，朋友有信。”（有忧之，又忧之。契，相传为殷代祖先。）《荀子·大略》：“不富无以养民情，不教无以理民性。故家五亩宅，百亩田，务其业而勿夺其时，所以富之也。立太学，设庠（xiáng）序，修六礼，明十教，所以道之也。《诗》曰：

‘饮之食之，教之诲之。’王事具矣。”（夺，失去。太学，古时设于京城的最高学府。庠序，古时的地方学校。道，导，引导。具，完备。）

【译文】

夫子到了卫国，冉有为他驾车。夫子感叹说：“卫国人口真多啊！”冉有说：“人口多起来了，还要做些什么呢？”夫子说：“要让百姓富足。”冉有说：“百姓富足了，又该做些什么呢？”夫子说：“教化、开导他们。”

（十）

子曰：“苟有用我者，期月[1]而已可也，三年有成[2]。”

【注释】

[1] 期（jī）月：即一周年。

[2] 三年有成：三年可见成效。《史记·孔子世家》：“（卫）灵公老，怠于政，不用孔子。孔子喟然叹曰：‘苟有用我者，期月而已，三年有成。’”《荀子·宥坐》：“故先王既陈之以道，上先服之；若不可，尚贤以綦（qí）之；若不可，废不能以单之。綦三年而百姓往矣。”（陈，陈述。道，这里指治国之原则。服，

实行。綦，教。废不能，废黜无能者。单，通“禅”，更换。）

【译文】

夫子说：“如果有人任用我治理国家，一年也就可以了，三年就会见到成效。”

（十一）

子曰：“‘善人为邦[1]百年，亦可以胜残去杀[2]矣。’诚哉是言也！”

【注释】

[1] 为邦：治理国家。

[2] 胜残去杀：使残暴者化而为善，从而使世间废除刑杀。

【译文】

夫子说：“古人曾说：‘由善人（相继）治理国家一百年，可以使残暴的人化而为善，使世间废除刑杀。’这话说得真对啊！”

（十二）

子曰：“如有王者[1]，必世而后仁[2]。”

【注释】

［1］王者：以王道治天下的君主。《孟子·公孙丑下》："五百年必有王者兴，其间必有名世者。由周而来，七百有余岁矣。以其数则过矣，以其时考之则可矣。"（名世，命世，著称于当世，这里指辅佐"王者"的大贤之臣。时，时势。考，考量。）

［2］必世而后仁：必得经过三十年后才会使世风归于仁。世，三十年，古以三十年为一世。《汉书·食货志上》："三考黜陟（zhì），余三年食；进业曰登，再登曰平，余六年食；三登曰泰平，二十七岁遗九年食。然后王德流洽，礼乐成焉。故曰：'如有王者，必世而后仁。'繇此道也。"（三考，古代官吏考绩之制，经三次考核决定升降；三年一考，三考须九年。黜陟，官吏的升降；黜，贬降；陟，提拔。流洽，流通，遍及。繇，通"由"。）

【译文】

夫子说："如果有推行王道的君主出现，那也一定要在经过三十年后才会使世风归于仁。"

（十三）

子曰："苟正其身矣，于从政乎何有[1]？不能正其身，如正人何[2]？”

【注释】

[1] 于从政乎何有：从政（还）会有什么难处呢？

[2] 如正人何：如何使别人正而不邪呢？如，奈。本篇第六章：“子曰：‘其身正，不令而行；其身不正，虽令不从。’”

【译文】

夫子说：“如果（当政者）能端正自身，治理国家还会有什么难处？如果不能自正其身，又如何能使别人正而不邪呢？”

（十四）

冉子退朝[1]，子曰：“何晏[2]也？”对曰：“有政。”子曰：“其事也。如有政，虽不吾以[3]，吾其与闻之。”

【注释】

[1] 冉子退朝：冉有从季氏议事的地方回来。冉子，即冉有，时为季氏的家臣。朝，指季氏召集家臣议事的地方。《国语·鲁语下》：“自卿以下，合官职于外朝，合家事于内朝。”（合，共同商议，共商。官职，官吏的职责、职分。外朝，这里

指国君之公朝。内朝，这里指家朝。）

［2］晏（yàn）：迟，晚。

［3］不吾以：不以吾，不用我。以，用。

【译文】

冉子从季氏议事的地方回来，夫子问：“怎么这么晚才回来？”冉子回答说：“有政事。”夫子说：“怕是（季氏家的）私事吧。如果有关涉国家的公事，我虽然不被任用了，还是会听说的。”

（十五）

定公问：“一言而可以兴邦，有诸？”孔子对曰：“言不可以若是，其几[1]也。人之言曰：‘为君难[2]，为臣不易。’如知为君之难也，不几乎一言而兴邦乎？”曰：“一言而丧邦，有诸？”孔子对曰：“言不可以若是，其几也，人之言曰：‘予无乐乎为君，唯其言而莫予违也[3]。’如其善而莫之违也，不亦善乎？如不善而莫之违也，不几乎一言而丧邦乎？”

【注释】

［1］几：近，将近，几乎。

［2］为君难：做君主责任重大，做好是件难事。《韩诗外传》卷十：“为王之不易也。大命之至，其太宗、太史、太祝斯素服执策北面而吊乎天子，曰：‘大命既至矣。如之何，忧之长也。’授天子策一矣，曰：‘敬享以祭，永主天命，畏之无疆，厥躬无敢宁。’授天子策二矣，曰：‘敬之夙夜，伊祝厥躬无怠，万民望之。’授天子策三矣，曰：‘天子南面，受于帝位，以治为忧，未以位为乐也。’《诗》曰：‘天难忱斯，不易惟王。’”（大命，天年。太宗，官名，即大宗伯，掌管邦国祭祀、典礼事宜。太史，官名，掌管记载史事、编写史书、起草文书等事宜。太祝，官名，掌管祭祀、祈祷之事。素服，本色或白色衣服，这里指居丧或遭遇凶事时所穿服。执策，手持简策。畏，敬畏。躬，身体。宁，安适，停息。夙夜，朝夕，日夜。“天难忱斯，不易惟王”，是《诗·大雅·大明》的第三、四句；忱，信从；易，容易。）

［3］予无乐乎为君，唯其言而莫予违也：我做君主没有什么快乐，只是我说的话没有人敢违抗。《韩非子·难一》：“晋平公与群臣饮，饮酣，乃喟然叹曰：‘莫乐为人君，惟其言而莫之违。’师旷侍坐于前，援琴撞之。公披衽而避，琴坏于壁。公曰：‘大师谁撞？’师旷曰：‘今者有小人言于侧者，故撞之。’公曰：‘寡人也。’师旷曰：‘哑，是非君人者之言也！’左右请除之。公曰：‘释之，以为寡人戒。’”（援，拿，持。披衽，将

衣袖扬起搭在肩上遮挡。君人者，治理人的人，统治人的人。除，杀掉。释，赦免。）

【译文】

鲁定公问："一句话就可以让邦国兴盛起来，有这回事吗？"孔子回答说："话不可以这样说，不过接近于一言兴邦的话还是有的。有人说：'做君主难，做臣子不易。'如果（由这句话）懂得了做君主的难处（而努力去做个好君主），这不就接近于所谓一言兴邦了吗？"定公说："一句话就可以使邦国丧亡，有这回事吗？"孔子回答说："话不可以这样说，不过接近于一言丧邦的话还是有的。有人说：'我做君主没有别的什么乐趣，只是我说的话没有什么人敢违抗。'如果君主说得对而没有人违抗，当然好了，如果说得不对也没有人违抗，（那么信从这样的话）不就接近于所谓一言丧邦了吗？"

（十六）

叶公[1]问政，子曰："近者说，远者来[2]。"

【注释】

[1] 叶公：姓沈，名诸梁，字子高。楚国大夫。

［2］近者说，远者来：近者乐意跟从，远者闻风投奔。说，通“悦”。《墨子·耕柱》：“叶公子高问政于仲尼曰：‘善为政者若之何？’仲尼对曰：‘善为政者，远者近之，而旧者新之。’”（远者近之，亲近疏远你的人。旧者新之，让故旧觉得像新交一样。）《韩非子·难三》：“叶公子高问政于仲尼，仲尼曰：‘政在悦近而来远。’……仲尼曰：‘叶都大而国小，民有背心，故曰：政在悦近而来远。’”（悦近，即近者悦。来远，即远者来。背心，背离之心。）

【译文】

叶公问为政之道，夫子说：“让近者乐意跟从你，让远者闻风投奔你。”

（十七）

子夏为莒父[1]宰，问政。子曰：“无欲速，无见小利。欲速则不达[2]，见小利则大事不成[3]。”

【注释】

［1］莒（jǔ）父：鲁国的城邑，在今山东莒县境内。

［2］欲速则不达：想速见成效反而达不到目的。本篇第十

一章："子曰：'善人为邦百年，亦可以胜残去杀矣。'诚哉是言也！"本篇第十二章："子曰：'如有王者，必世而后仁。'"《孟子·离娄上》："今也小国师大国而耻受命焉，是犹弟子而耻受命于先师也。如耻之，莫若师文王。师文王，大国五年，小国七年，必为政于天下矣。"（小国师大国，小国以大国为师。耻受命，以接受命令为耻。）

［3］见小利则大事不成：贪图眼前小利就办不成大事。见，寻求，觅取。《吕氏春秋·慎大览·权勋》："利不可两，忠不可兼。不去小利，则大利不得；不去小忠，则大忠不至。故小利，大利之残也；小忠，大忠之贼也。圣人去小取大。"（残，祸害。贼，祸害。）《大戴礼记·四代》："好见小利，妨于政。"（见，寻觅，追求。妨，妨碍，妨害。）

【译文】

子夏做了莒父邑的邑长，向夫子问为政之道。夫子说："不求速见成效，不图眼前小利。想速见成效反而达不到目的，图眼前小利往往办不成大事。"

（十八）

叶公语孔子曰："吾党有直躬者[1]，其父攘羊而子证之[2]。"

孔子曰：“吾党之直者异于是：父为子隐，子为父隐，直在其中矣[3]。”

【注释】

[1] 直躬者：躬行直道的人。

[2] 父攘（rǎng）羊而子证之：父亲偷了羊，儿子告发了他。攘，偷窃。《韩非子·五蠹》：“楚之有直躬，其父窃羊而谒（yè）之吏。令尹曰：‘杀之！’以为直于君而曲于父，报而罪之。”（谒，告，告发。罪，治罪，惩处。）《吕氏春秋·仲冬纪·当务》：“楚有直躬者，其父窃羊而谒之上。上执而将诛之，直躬者请代之。将诛矣，告吏曰：‘父窃羊而谒之，不亦信乎？父诛而代之，不亦孝乎？信且孝而诛之，国将有不诛者乎？’荆王闻之，乃不诛也。孔子闻之曰：‘异哉！直躬之为信也。一父而载取名焉。’故直躬之信，不若无信。”（载，通“再”，再次。）

[3] 父为子隐，子为父隐，直在其中矣：父亲（出于不忍之心）为儿子隐其过错，儿子（出于不忍之心）为父亲隐其过错，立身以直就在这（心有不忍的）隐讳之中了。《孟子·尽心上》：“桃应问曰：‘舜为天子，皋陶为士，瞽瞍杀人，则如之何？’孟子曰：‘执之而已矣。’‘然则舜不禁与？’曰：‘夫舜恶得而禁之？夫有所受之也。’‘然则舜如之何？’曰：‘舜视弃天

下犹弃敝屣（xǐ）也。窃负而逃，遵海滨而处，终身䜣然，乐而忘天下。’”（士，掌刑狱之官。禁，阻止。受，通“授”，授权。敝屣，破草鞋。遵，循，沿着。）班固《白虎通·谏诤》：“君不为臣隐，父独为子隐何？以为父子一体，荣耻相及。故《论语》曰：‘父为子隐，子为父隐，直在其中矣。’”（相及，相关联。）

【译文】

叶公对孔子说：“我的家乡有个躬行直道的人，他的父亲偷了羊，他告发了他父亲。”孔子说：“我的家乡躬行直道的人与你说的不同：父亲（出于不忍之心）为儿子隐其过错，儿子（出于不忍之心）为父亲隐其过错，那躬行的直道就在这（出于不忍之心的）隐讳之中了。”

（十九）

樊迟问仁，子曰：“居处恭[1]，执事敬[2]，与人忠。虽之夷狄，不可弃[3]也。”

【注释】

[1] 居处恭：平时仪容举止谦恭有礼。居处，平日仪容举止。

［2］执事敬：做事谨慎尽职。执事，行事，做事。

［3］虽之夷狄，不可弃：即使到了偏远的夷狄之地，也不可背弃（这些做人的准则）。《论语·卫灵公》："子张问行，子曰：'言忠信，行笃敬，虽蛮貊之邦行矣。言不忠信，行不笃敬，虽州里行乎哉？……'"

【译文】

樊迟问怎样才称得上仁，夫子说："平时仪容举止谦恭有礼，做事谨慎尽职，对人忠厚诚实，即使到了偏远的夷狄之地也不可背弃（这些做人的准则）。"

（二十）

子贡问曰："何如斯可谓之士矣？"子曰："行己有耻[1]，使于四方，不辱君命[2]，可谓士矣。"曰："敢问其次。"曰："宗族称孝焉，乡党称弟焉。"曰："敢问其次。"曰："言必信，行必果，硁硁然[3]小人哉！抑[4]亦可以为次矣。"曰："今之从政者何如？"子曰："噫！斗筲之人[5]，何足算也！"

【注释】

［1］行己有耻：立身行事有知耻之心。《孟子·尽心上》：

“人不可以无耻；无耻之耻，无耻矣。”《大戴礼记·曾子制言上》：“君子不贵兴道之士，而贵有耻之士也。若由富贵兴道者与贫贱，吾恐其或失也；若由贫贱兴道者与富贵，吾恐其嬴骄也。夫有耻之士，富而不以道，则耻之；贫而不以道，则耻之。”（兴，喜，喜好。与，参与，涉及。或，通“惑”。嬴骄，自满；嬴，通“盈”。）

［2］不辱君命：不使君主赋予的使命受辱。《汉书·苏武传》：“武留匈奴凡十九岁，始以强壮出，及还，须发尽白……赞曰：……孔子称：‘志士仁人有杀身以成仁，无求生以害仁’，‘使于四方，不辱君命’，苏武有之矣。”

［3］硁（kēng）硁然：浅陋固执的样子。

［4］抑：但，然而。

［5］斗筲（shāo）之人：才识短浅、气量狭窄之人。斗筲，斗与筲。斗为木制容器，容量为十升；筲为竹制容器，容量为一斗二升。皆为小容器。

【译文】

子贡问夫子：“怎样就可以称得上士了呢？”夫子说：“立身行事有知耻之心，出使四方能做到不辱君命，（这种人）就可以称为士了。”子贡说：“请问次一等的如何？”夫子说：“那些孝顺父母、尊敬兄长因而受到宗族和乡里称赞的人，也可以称为士。”子贡说：“请问再次一等的如何？”夫子说：“那种出言恪守信用而行为果决不移的人，虽也可以说是又下一等的士，但就他不问其他、只求自己言出必行这一点看，已经落在浅陋固执的小人的格位上了。”子贡说：“当今的那些从政者如何？”夫子说：“噫！这般才识短浅、气量狭窄的人，哪里值得一提啊！”

（二十一）

子曰：“不得中行而与之[1]，必也狂狷[2]乎！狂者进取，狷者有所不为也。”

【注释】

［1］不得中行而与之：不能遇到行为合乎中庸要求的人与其交往。中行，行为合乎中庸要求的人。

［2］狂狷：志高勇进的人和洁身自守的人。志高勇进者为狂，洁身自守者为狷。《孟子·尽心下》：“孟子曰：‘孔子（曰：）“不得中道而与之，必也狂狷乎！狂者进取，狷者有所不为也。”孔子岂不欲中道哉？不可必得，故思其次也。’（万章曰：）‘敢问，何如斯可谓狂矣？’曰：‘如琴张、曾皙、牧皮者，孔子之所谓狂矣。’‘何以谓之狂也？’曰：‘其志嘐（xiāo）嘐

然，曰：“古之人，古之人。”夷考其行而不掩焉者也。狂者又不可得，欲得不屑不絜之士而与之，是狷也，是又其次也。’”（中道，中正之道。嘐嘐然，高傲骄矜的样子。夷考其行而不掩焉，考察其行为而与其所言不相吻合；掩，合。）

【译文】

夫子说：“不能遇到行为合乎中庸要求的人而与之交往，那就一定要结交那些狂放、狷介之士！狂放的人（志向高远，）勇于进取，狷介的人（洁身自好，）不入流俗。”

（二十二）

子曰：“南人[1]有言曰：‘人而无恒[2]，不可以作巫医[3]。’善夫！‘不恒其德，或承之羞[4]。’”子曰：“不占而已矣！”

【注释】

［1］南人：南方人。

［2］无恒：没有恒心，没有恒常之德。《论语·述而》：“子曰：‘善人，吾不得而见之矣，得见有恒者，斯可矣。亡而为有，虚而为盈，约而为泰，难乎有恒矣。’”

［3］巫医：古时巫与医不分，其为从事祈祷、卜筮、占星

并兼用药物为人求福、祛灾、治病的人。

［4］不恒其德，或承之羞：《易·恒》九三爻辞，意为：若不能持久恪守自己的德操，常不免承受由此带来的羞耻。或，时常。承，承受。《礼记·缁衣》："子曰：'南人有言曰："人而无恒，不可以为卜筮。"古之遗言与？龟筮犹不能知也，而况于人乎？《诗》云："我龟既厌，不我告猶。"《兑命》曰："爵无及恶德，民立而正事""纯而祭祀，是为不敬。事烦则乱，事神则难。"《易》曰："不恒其德，或承之羞""恒其德，贞。妇人吉，夫子凶。"'"（告猶，告以吉凶之道；猶，通"猷"，道。《兑命》即《尚书·商书》中的《说命》，《礼记·缁衣》所引文字与《尚书·商书·说命》略有不同，《说命》曰："爵罔及恶德，惟其贤……黩［dú］于祭祀，时谓弗钦。礼烦则乱，事神则难。"《缁衣》所引"纯而祭祀，是为不敬"，其义当与"黩于祭祀，时（是）谓弗钦"略通。黩，轻慢。）

【译文】

夫子说："南方人有句话说：'人若是没有恒心，不可以做巫医。'这话说得好啊！'一个不能持久恪守自己德行的人，常不免承受由此带给他的羞耻。'"夫子说："这句话不过是告诉那些没有恒常德行的人不必占卦罢了（因为后果不用占卦就已经知道了）！"

（二十三）

子曰："君子和而不同[1]，小人同而不和[2]。"

【注释】

[1] 和而不同：和谐相处而各存己见。《国语·郑语》载史伯语："夫和实生物，同则不继。以他平他谓之和，故能丰长而物归之。若以同裨同，尽乃弃矣。故先王以土与金、木、水、火杂，以成百物。是以和五味以调口，刚四支以卫体，和六律以聪耳，正七体以役心，平八索以成人，建九纪以立纯德，合十数以训百体。出千品，具万方，计亿事，材兆物，收经入，行姟（gāi）极。故王者居九畡（gāi）之田，收经入以食兆民。周训而能用之，和乐如一。夫如是，和之至也。于是乎先王聘后于异姓，求财于有方，择臣取谏工，而讲以多物，务和同也。声一无听，色一无文，味一无果，物一不讲。王将弃是类也，而与剸（zhuān）同，天夺之明，欲无弊，得乎？"（继，增益。裨，益。杂，合。刚四支，强四肢。七体，人体之七窍。役心，养心。八索，与八卦相应的八体，即所谓乾为首、坤为腹、震为足、巽为股、离为目、兑为口、坎为耳、艮为手。九纪，九脏，即心、肺、肝、脾、肾、胃、肠、胆、膀胱。训，解释，

训导。百体，百官之体属。材，裁。经入，常规赋税收入；经，常。姟，通“垓”，数之极，古以十亿为兆，十兆为经，十经为垓。九畡，九州之极数；畡，同“垓”。周训，以忠信教导；周，忠信；训，教导。如一，如一家。有方，四方；各方。谏工，谏官。讲，通“顜”[jiǎng]，和谐。果，美。类，善，好。剸，通“专”，专擅，独断。）

[2] 同而不和：所求在于人同于我而排斥异己。

【译文】

夫子说：“君子所求在于和谐相处而各存己见，小人所求在于人同于我而排斥异己。”

（二十四）

子贡问曰：“乡人皆好之[1]，何如？”子曰：“未可[2]也。”“乡人皆恶之，何如？”子曰：“未可也。不如乡人之善者好之，其不善者恶之。”

【注释】

[1] 乡人皆好之：一乡的人都称赞他。好，喜好，喜爱。

[2] 未可：不能认可。可，许可，认可。《论语·卫灵公》：

“子曰：‘众恶之，必察焉；众好之，必察焉。’”《论语·里仁》：“子曰：‘唯仁者能好人，能恶人。’”

【译文】

子贡问夫子：“一乡的人都称赞他，这个人如何？”夫子说：“这还不能认可。”子贡又问：“一乡的人都厌恶他，这个人如何？”夫子说：“这还不能认可。无论是一乡的人都称赞，还是一乡的人都厌恶，都不如乡里的那些好人都称赞他，乡里的那些不善的人都厌恶他。”

（二十五）

子曰：“君子易事而难说也。说之不以道，不说也。及其使人也，器之[1]。小人难事而易说也。说之虽不以道，说也。及其使人也，求备[2]焉。”

【注释】

［1］器之：依其能力或才具而合理任用。器，才能，能力。《淮南子·主术训》：“是故贤主之用人也，犹巧工之制木也……无小大修短，各得其所宜；规矩方圆，各有所施。”（施，用。）

［2］求备：求全责备。备，完备。《论语·微子》：“周公谓

鲁公曰：‘君子不施其亲，不使大臣怨乎不以。故旧无大故，则不弃也。无求备于一人！’”

【译文】

夫子说：“与君子共事容易，但难以讨他喜欢。不按正道讨他喜欢，他不会喜欢。到他用人的时候，他会依所用人的才具让他们各得其所。与小人共事难，但讨他喜欢很容易。即使讨他喜欢的方式不正当，他也会喜欢的。到他用人的时候，他会对所用的人百般挑剔，求全责备。”

（二十六）

子曰：“君子泰而不骄[1]，小人骄而不泰。”

【注释】

[1] 君子泰而不骄：君子安泰而不骄矜。泰，安舒，安泰。骄，骄矜，傲慢。“君子喻于义”（《论语·里仁》），其通于义，因而通达而没有骄矜之态。《论语·尧曰》：“君子无众寡，无小大，无敢慢，斯不亦泰而不骄乎？”

【译文】

夫子说：“君子安泰而不骄矜，小人傲慢而不安泰。”

(二十七)

子曰："刚、毅、木[1]、讷[2]，近仁。"

【注释】

[1] 木：质朴，拙直。

[2] 讷（nè）：出言迟钝。《论语·学而》："子曰：'巧言令色，鲜矣仁！'"

【译文】

夫子说："刚强、坚毅、质朴、出言谨慎，这四种品质接近于仁。"

(二十八)

子路问曰："何如斯可谓之士矣?"子曰："切切[1]，偲偲[2]，怡怡[3]如也，可谓士矣。朋友切切、偲偲，兄弟怡怡。"

【注释】

[1] 切切：恳切，诚挚。

[2] 偲（sī）偲：相互勉励。

[3] 怡怡：和顺，安适自得。《大戴礼记·曾子立事》："宫中雍雍，外焉肃肃，兄弟憘（xī）憘，朋友切切。远者以貌，近者以情。友以立其所能而远其所不能，苟无失其所守，亦可与终身矣。"（宫中，在家。雍雍，和洽貌。肃肃，恭敬貌。憘憘，和乐貌。貌，指恭敬之貌。情，指诚挚之情。以立其所能，能立其所能；以，能。）

【译文】

子路问夫子："怎样做就可以称作士了？"夫子说："诚恳待人、相互勉励而亲切和顺，能做到这样，就可以称得上士了。朋友之间要诚恳相待、相互勉励，兄弟之间要亲切互爱、和睦相处。"

（二十九）

子曰："善人[1]教民七年，亦可以即戎[2]矣。"

【注释】

[1] 善人：这里指德行、才能可称道的人。

[2] 即戎：用兵，作战。即，就。戎，兵。

【译文】

夫子说："百姓由善人教导七年左右，就可以从军作战了。"

(三十)

子曰："以不教民战[1]，是谓弃[2]之。"

【注释】

[1] 以不教民战：让没有经过训练的百姓去作战。教，训练。《汉书·刑法志》："二伯之后，寖以陵夷。至鲁成公作丘甲，哀公用田赋，搜狩治兵大阅之事，皆失其正。《春秋》书而讥之，以存王道。于是师旅亟动，百姓罢敝，无伏节死难之谊。孔子伤焉，曰：'以不教民战，是谓弃之。'"（二伯，指齐桓公、晋文公。寖，通"浸"，逐渐。陵夷，由盛而衰，衰落。丘甲，依古代军赋制度，四丘谓甸，每甸出甲士三人，步卒七十二人；《春秋·成公元年》："三月，作丘甲。"杜预注："《周礼》：'九夫为井，四井为邑，四邑为丘。'丘十六井，出戎马一匹，牛三头。四丘为甸，甸六十四井，出长毂一乘，戎马四匹，牛十二头，甲士三人，步卒七十二人。此甸所赋，今鲁使丘出之，讥重敛。"亟，急。罢敝，疲敝，疲劳困敝。伏节，殉节。）

［2］弃：抛弃，毁弃。《孟子·告子下》："鲁欲使慎子为将军。孟子曰：'不教民而用之，谓之殃民。殃民者不容于尧舜之世。'"（慎子，慎滑厘，赵岐注称其为"善用兵者"，事已不可考。）

【译文】

夫子说："让没有经过训练的百姓去作战，这可以说是毁弃他们。"

疏　解

《子路》三十章，所记多为孔子应答"问政"或论说"为政"的语句，虽有若干章谈及"直""仁""士""君子""中行""狂狷"等话题，但隐伏于其中的关注仍在于"政"。与孔子以"足食，足兵，民信之矣"回答子贡问政（见《论语·颜渊》）相呼应，本篇"子适卫，冉有仆"章孔子与冉有的对话再度说到了儒家为政的总体设想，不过这是用另一些语词表述的，此即所谓："庶""富之""教之"（第九章）。对《子路》某种隐约牵动诸章意趣的致思敏感点的把握，或正应当从这里开始。

"庶"是"足兵"（充实武备）的前提之一，只有人口繁滋才可能保证足够的兵员；“富”在古代最重要的标志是“仓廪实”，而这又可以说是“足食”的同义语；至于“教”，则涉及人心的归向和风化的淳厚，它同“民信之”息息相关而构成“为政”的又一要端。所不同的是：《颜渊》“子贡问政”章以“足食”重于“足兵”，以“民信之”重于“足食”，因而在相继设定的两难选择中宁可首先舍弃“足兵”，然后舍弃“足食”，最终也要留住为政之命脉所系的“民信之”；本篇“子适卫，冉有仆”章则以“富之”难于“庶”，又以“教之”难于“富之”而把人心的教化视为政治中最难做好的一件事。“教之”，说到底就是要对百姓“道之以德，齐之以礼”（《论语·为政》），但对百姓“道之以德，齐之以礼”并不是通常所谓说教就能奏效的，重要的还在于当政者以身作则，为百姓昭示一种可供仿效的范本。所以，孔子也如此直言规谏那些处在社会上层而握有权柄的人：“苟正其身矣，于从政乎何有？不能正其身，如正人何？”（第十三章）“其身正，不令而行；其身不正，虽令不从”（第六章）。

樊迟请学稼、请学为圃，孔子不以为然，这与其说是因为孔子鄙视老农、老圃，不如说是由于他身负启示人们“克己复礼”以使“天下归仁”的使命而对为政更看重些。因此，由之而申说的“上好礼，则民莫敢不敬；上好义，则民莫敢不服；上好信，则民莫敢不用情”（第四章），也终是寄望那些居上位者或可能居上位者，在“礼”“义”“信”的教化上以“正其身”而担当起更重大的责任。子路问政，孔子答以“先之，劳之”而“无倦”（第一章），仲弓问政，孔子答以“先有司，赦小过，举贤才”（第二章），其所谓“先之”“先有司”“无倦”，无不趣归于为政者“正其身”以使百姓、有司“不令而行”。孔子说过“为政以德”（《论语·为政》）；一如德行是一种践履，为政也是一种践履，它们所需要的智慧是生命形态的，而非知识形态的。“诵《诗》三百，授之以政，不达；使于四方，不能专对”（第五章），其原因就在于未能将所诵诗句生命化，未能让《诗》的精义活在被“授之以政”或奉命“使于四方”者的切己生命中，而知识化了的或同真实生命并不相干的诗句即使记诵得再多，也最终不过是无益于身、无助于政的外在的牵累。

当政者“正其身”，意味着“人爵”（公、卿、大夫）意义上的“君子”也应成为“天爵”（仁、义、忠、信）意义上的“君子”；《子路》中孔子谈论“士”“君子”，以至于“仁”“直”，大都循着“苟正其身矣，于从政乎何有”这一“从政”者必得“正其身”的理路。子路和子贡曾向孔子提到同一个问题：一个人怎样做才可以称得上“士”？他们得到的指点却不尽相同。孔子对子路说：待人诚恳（“切切”）、与人相互劝勉（“偲偲”）而和睦相处（“怡怡”），能做到这样，就可以称得上“士”了（第二十八章）。他对子贡则说：一个人立身行事有知耻之心（“行己有耻”），出使四方能做到“不辱君命”（第二十章），方可以称之为“士”。这两种关于“士”的说法诚然各有一定的针对性，但大体而言是相通于“正其身”的，前者或重在强调“士”对兄弟、朋友间的恩义的顾念，后者则重在对人立身行事作知耻的提示和策励。出仕者应可谓之“士”，其“行己有耻”与“使于四方，不辱君命”的关联所述说的乃是儒家“士”而方可为“仕”的逻辑。“君子和而不同，小人同而不和”（第二十三章）、“君子泰而不骄，小人骄而不泰”（第二十六章），这里以与“小人”对举的方式称道“君子”似只是在通常意趣上就人的德行修养所做的训导，然而这训导终究是以当政者为主要对象的，因此其未尝不可以某种讽谏视之。关于这一点，相邻的另一章显得更典型些：“子曰：‘君子易事而难说也。说之不以道，不说也。及其使人也，器之。小人难事而易说也。说之虽不以道，说也。及其使人也，求备焉’”（第二十五章）。从“及其使人也，器之”（到他用人的时候，他会依所用人的才具让他们各得其所）、“及其使人也，求备”（到他用人的时候，他会百般挑剔，求全责备）可以看出，这里的“君子”“小人”明显是就“为政”者中的两种人而言的。孔子当然希望从政的那些要人同时也是道德人格上的“君子”，但春秋衰世的现实则是另一种情形，以至于他有时会径直称“今之从政者”为“斗筲之人”（第二十章）。

孔子有时会很在意出仕者的某些生活细节或处事方式，但这与其说是求全责备于某人，不如说是出于对政事的那种见微知著的敏感。卫国的大夫公子荆是个生活上很容易知足的人，当他刚刚有了点儿家产的时候，他说这些将就着足够用了（“苟合矣”）；当财产略有增加时，他觉得差不多一应俱全，可以说是齐备了（“苟完矣”）；当财产多起来时，他自以为能达到这种地步，已经算得上完美了（“苟美矣”）。孔子没有对公子荆做更多的评论，只是说他“善居室”（善于居家过日子）（第八章）。“善居室”不能算是多么高的赞誉之词，但它毕竟诱导人们这样去思考：一个生活上如此容易知足的人，其待人宽谨、为官清俭可想而知。一次，在季氏那里做家臣的冉求很晚才退朝回来，当孔子问他时他敷衍着说有公事（“有政”），孔子接过他的话就说：怕是季氏家的私事吧（“其事也”），要是真有关涉邦国的公事，我虽然不在任上了，却还是会听说的（第十四章）。应该说孔子这次批评冉求是算不上严厉的，但隐示于这段近于平淡的答话中的是一个郑重得多的提醒：一个人若是出于公心从政，那就不应该一味地迁就以至于依附那种时常僭礼越位的权臣。对于孔子来说，所谓“为政”终究在于为人，而为人则终究在于“为仁”。对百姓“教之”是要教之以“仁”，而教人为仁者首先须得自己躬行于为仁。所以，孔子也就此再一次说到“仁”：“刚、毅、木、讷，近仁”（第二十七章）；“仁”者，“居处恭，执事敬，与人忠”（第十九章）。这样说“仁”也许无意专指什么人，不过显然也绝非泛泛而论。从《论语》下编的编纂者把这两章同诸多“问政”而论政的章句辑于一篇看，这里无论讲“刚”“毅”“木”“讷”，还是讲“恭”“敬”“忠”，可能在很大程度上都是针对那些有待成为德行上的“君子”的从政者的。

与《颜渊》关联着看，“正其身”以求在位（“人爵”）的“君子”同时而为修德（“天爵”）的“君子”，最相宜的途径当是“克己复礼”（约束自己而履行礼法），而“克己复礼”的一种切实可行的方式则是所谓“正名”。“正名”出现于《子路》，它是孔子阐述其礼治思想最富特色的术语，其意在于辨正名分，以督责处在不同政治和伦理地位上的人所行之实合于其名。依孔子的推理，“名不正则言不顺，言不顺则事不成，事不成则礼乐不兴，礼乐不兴则刑罚不中，刑罚不中则民无所措手足”（第三章）。孔子说这番话是在卫国的特殊政局背景下，但他赋予“正名”在“为政”上的意义有着更大的普遍性。“上者，民之仪；有司执政，民之表也”（《大戴礼记·子张问入官》）。“仪”，标准之谓；“表”，表率之谓。为百姓立标准、做表率的“上者”和“有司”必得言行之实与其名分相符，才可能有效地施教（“教之”）于民，否则就会政事不成、礼乐不兴、刑罚不当而百姓不知所措、无所适从。名分与天职观念或所谓职分上的某种极高境地相通，“正名”就是要以一个应然的标准衡量并督导一定名分下的“上者”或“有司”的实际所行，因此它具有超越和批判当下的性质，而这超越和批判的契机则在于当位者的德行、人格的自律性提升。

不过，无论如何，比起“庶”和“富之”来，“教之”——从王、公、卿、大夫“正其身”到百姓“有耻且格”（《论语·为政》）——要难得多，因而其见效的过程也要长得多。子路曾自称，如果自己见用于邦国的治理，他可以用三年时间使一个摄乎大国之间、战事不断而饥馑连年的千乘之国发生根本改变，可以让这里的人们变得勇敢善战，并且懂得礼义。孔子听后，微微笑了笑。他哂笑子路“为国以礼，其言不让”（《论语·先进》），这“不让”就“不让”在所谓三年能使一个千乘之国的人懂得礼义（由“教之”而“知方”）。当冉有谈到自己的抱负时，他只是说他可以用三年时间使一个方圆六七十里或五六十里的地方丰衣足食（“足民”），至于“礼乐”教化他却说“以俟君子”（有待于贤明的君子）。孔子对冉有的志向没有明确置评，但冉有对“礼乐”教化（“教之”）难于“足民”（“庶”而“富之”）的看法则是孔子所默许的（见《论语·先进》）。《子路》所辑章句近三分之一是强调“教之”之难的，然而，正是被视为难题和要端的“教之”把儒家的“为政”观念就此成其一格地确定了下来。子夏问政，孔子告诉他：“无欲速，无见小利。

欲速则不达，见小利则大事不成”（第十七章）。这些话中没有礼乐教化一类的字眼，但所谓不求速见成效、不图眼前小利，其所指在很大程度上即是被视为治国之“大事”的“教之”。战争往往是一个国家最急切的事，然而让百姓投身战事仍须足够长的时间施之以“教”。在孔子看来，“以不教民战，是谓弃之”（第三十章），而“教民”赴战（“即戎”）这件事即使是让“善人”（德、才皆可以善称道的人）去做，也须长达“七年”的时间（第二十九章）。孔子向来有救世济民之心，其学已涵淹一以贯之之道，且有过做中都宰、司空、司寇的阅历，但即便如此，当他设想“苟有用我者”时，也只是说“期月而已可也，三年有成”（第十章）。孔子没有像子路那样说“比及三年，可使有勇，且知方也”，而是说三年会见到成效，可见其心目中的“为政”并非易事，这不易就不易在以礼乐“教之”上。面对鲁国、卫国政局的衰陵，孔子有“鲁、卫之政，兄弟也”（第七章）之叹；尽管他曾寄望于鲁国，为此他甚至说过“齐一变，至于鲁；鲁一变，至于道”（《论语·雍也》）这样的话，但他清醒地意识到“天下归仁”之政非历经岁月漫长的努力而不可企及。想要“胜残去杀”，即使“善人为邦”也须得“百年”之久（第十一章），想要“仁”道行于天下，即使是“王者”也必须经过三十年（“必世”）方有可能（第十二章）。由孔子所叹“甚矣吾衰也！久矣吾不复梦见周公”（《论语·述而》）相推度，这里所谓

“善人为邦百年，亦可以胜残去杀矣”“如有王者，必世而后仁”，虽然仍寓有相当程度的德治信念，但理想与现实的差距也使其中隐含了若干“知其不可而为之”的感喟。然而无论是信念，还是感喟，所透露的都是孔子对为政必当“教之”以礼乐而达于“仁”道的执着。

本篇中义趣堪称幽渺而亦最耐人寻味之语，是孔子由“父为子隐，子为父隐”，而谓之“直在其中”（第十八章）。这以父子相“隐”为“直”，自先秦以迄明清，除韩非对之有切责之词外，罕有人着意质难。至清末民初，在西方法制观念东渐的背景下，近人对此“隐”而“直”之说致诘以至诟斥者渐多。然而，依孔子本意，“隐”原出于心有不忍，这不忍之心用后来孟子的话说即所谓“不忍人之心”或“恻隐之心”（《孟子·公孙丑上》）；人皆有之的不忍之心或“不忍人之心”往往见之于人与人的交际，其在有着亲亲之爱的父子之间最易率性或率情显现。而此不忍之心的率情显现乃是“人之生也直”（《雍也》）的那种“直”的油然而发。同是主张“为政”以“直”，叶公以“其父攘羊而子证之”为“直”，其所诱导于人的是“道之以政，齐之以刑”，孔子以父子相“隐”为“直”，其所导示于人的是“道之以德，齐之以礼”。正如孟子所言，“有不忍人之心，斯有不忍人之政”（《孟子·公孙丑上》），孔子所欲为之政既然是“仁”政或后来孟子所申示的“不忍人之政”，便不能不对父子相隐中那种心有不忍的“直”有所看重，因为“我欲仁，斯仁至矣”（《述而》）的“仁”终究养润于人生而有之的不忍之心或“不忍人之心”。诚然，“父为子隐，子为父隐”未尝没有父以其“隐”感化儿子、子以其“隐”感化父亲而使之自正其咎之意，但这已是亲亲相“隐”而“直”在其中之微义的引申或推绎了。

宪问第十四

(一)

宪问耻，子曰："邦有道，谷[1]；邦无道，谷，耻[2]也。"

【注释】

[1] 谷：指俸禄。

[2] 耻：这里"耻"当仅就"邦无道，谷"而论，意即：国家没有道义可言，仍贪求俸禄而不舍仕途，那就可耻了。《论语·泰伯》："天下有道则见，无道则隐。邦有道，贫且贱焉，耻也；邦无道，富且贵焉，耻也。"

【译文】

原宪问夫子何谓“耻”，夫子说：“国家有道义可言，固然可以出仕而领取俸禄；国家没有道义可言，仍贪求俸禄而不舍仕途，那就可耻了。”

(二)

(子思曰：)[1]“克[2]、伐[3]、怨、欲不行焉，可以为仁矣?”子曰：“可以为难矣，仁则吾不知也。”

【注释】

[1] 原宪字子思，“子思曰”三字今本《论语》无，现据《史记·仲尼弟子列传》添加。

[2] 克：好胜。

[3] 伐：自夸。《论语·公冶长》：“颜渊曰：‘愿无伐善，无施劳。’”

【译文】

(子思问：)“不好胜，不自夸，不怨恨，不贪求，能做到这些可以称得上‘仁’了吧?”夫子说：“可以称得上难能可贵，至于能不能称得上‘仁’，那我就不知道了。”

(三)

子曰："士而怀居[1]，不足以[2]为士矣。"

【注释】

[1] 怀居：贪恋家室的安逸。居，住所，安居。《论语·里仁》："子曰：'君子怀德，小人怀土；君子怀刑，小人怀惠。'"《左传·僖公二十三年》："（晋公子重耳）及齐，齐桓公妻（qì）之，有马二十乘，公子安之……（齐）姜曰：'行也！怀与安，实败名。'"（安，图安逸。怀，眷恋。）

[2] 足以：够得上，配。

【译文】

夫子说："士如果贪恋家室的安逸，那就不配做士了。"

(四)

子曰："邦有道，危[1]言危行；邦无道，危行言孙[2]。"

【注释】

[1] 危：正直，端正。

[2] 言孙（xùn）：说话谨慎。孙，通“逊”，顺，恭顺。《荀子·臣道》：“迫胁于乱时，穷居于暴国，而无所避之，则崇其美，扬其善，违其恶，隐其败，言其所长，不称其所短，以为成俗。《诗》曰：‘国有大命，不可以告人，妨其躬身。’此之谓也。”（迫胁，困厄。暴国，乱国。违，离，避。败，弊，弊病。成俗，固有的习俗。大命，大事，要事。躬身，自身。）

【译文】

夫子说：“国家有道，就直言直行；国家无道，要行为正直而说话谨慎。”

（五）

子曰：“有德者必有言[1]，有言者不必有德。仁者必有勇[2]，勇者不必有仁。”

【注释】

[1] 有德者必有言：一个有德行的人一定有相应的言论。《荀子·非相》：“法先王，顺礼义，党学者，然而不好言，不乐言，则必非诚士也。故君子之于言也，志好之，行安之，乐言

之。故君子必辩。”（党，亲近。诚士，诚实之士。安，乐意。）

［2］仁者必有勇：一个有仁德的人一定有勇敢的品质。《老子》六十七章：“慈故能勇。”《荀子·性恶》：“仁之所在无贫穷，仁之所亡无富贵；天下知之，则欲与天下同苦乐之，天下不知之，则傀（guī）然独立天地之间而不畏，是上勇也。”（傀然，独立貌。上勇，大勇。）

【译文】

夫子说：“一个有德行的人一定有相应的言论，一个有言论的人不一定有相应的德行。一个有仁德的人一定有勇敢的品质，一个勇敢的人不一定有仁德。”

（六）

南宫适[1]问于孔子曰：“羿[2]善射，奡[3]荡舟，俱不得其死然。禹稷躬稼[4]而有天下。”夫子不答。南宫适出，子曰：“君子哉若人[5]！尚德哉若人！”

【注释】

［1］南宫适（kuò）：即《公冶长》第二章夫子所评说的南容，姓南宫，名适，字子容。

［2］羿（yì）：传说中夏代有穷国的国君，善射，不修民事，被家臣寒浞（zhuó）所杀。其事见《左传·襄公四年》。

［3］奡（ào）：又作浇，夏代有穷国寒浞之子，力士，相传能陆地行舟。《竹书纪年》："浇伐斟寻，大战于潍（wéi），覆其舟，灭之。"（斟寻，古国名；夏同姓诸侯国。潍，水名，即流经今山东东部的潍河。）

［4］禹稷躬稼：禹稷亲自种田。禹，姒姓，名文命，鲧之子。原为夏后氏部落领袖，奉舜命治理洪水，后舜禅位于他。稷，相传为周的先祖，教民稼穑（sè），被尊为谷神。《孟子·滕文公上》："禹疏九河，瀹（yuè）济、漯（tà），而注诸海；决汝、汉，排淮、泗，而注之江，然后中国可得而食也。"（瀹，疏通。决，开掘引水。）"后稷教民稼穑，树艺五谷，五谷熟而民人育。"（稼穑，务农；耕种与收获。树艺，栽培。育，养育。）

［5］若人：此人，这个人。若，这。

【译文】

南宫适问孔子："羿善于射箭，奡擅长水战，都不得好死。禹稷亲自种田而得到天下。（这该怎么理解？）"夫子没有回答。南宫适出去后，夫子说："这个人是君子啊！这个人崇尚德行啊！"

（七）

子曰："君子而不仁者[1]有矣夫，未有小人而仁者[2]也。"

【注释】

［1］君子而不仁者：君子偶尔做不合仁德的事。

［2］未有小人而仁者：没有哪个小人会成为有仁德之人。

【译文】

夫子说："（志于仁的）君子偶尔陷于不仁的事是有的，而（喻于利的）小人却终究不会成为有仁德的人。"

（八）

子曰："爱之，能勿劳[1]乎？忠焉，能勿诲[2]乎？"

【注释】

［1］劳：勉励，劝勉。

［2］诲：劝谏，诱导。

【译文】

夫子说："爱一个人，能不勉励他吗？忠于一个人，能不劝谏他吗?"

（九）

子曰："为命[1]，裨谌[2]草创之，世叔讨论之，行人[3]子羽修饰之，东里子产[4]润色之。"

【注释】

［1］为命：制定政策法令。命，政令，法令。

［2］裨（pí）谌（chén）：与世叔、子羽、子产等，皆为郑国的大夫。世叔，名游吉，《左传》称其为大（tài）叔。子羽，公孙挥，字子羽。

［3］行人：掌管朝觐聘问的官员，有外交职能。

［4］东里子产：住在东里的子产。东里，地名，子产居住的地方。《左传·襄公三十一年》："子产之从政也，择能而使之：冯简子能断大事；子大叔美秀而文；公孙挥能知四国之为，而辨于其大夫之族姓、班位、贵贱、能否，而又善为辞令；裨谌能谋，谋于野则获，谋于邑则否。郑国将有诸侯之事，子产乃问四国之为于子羽，且使多为辞令，与裨谌乘以适野，使谋

可否，而告冯简子使断之。事成，乃授子大叔使行之，以应对宾客。是以鲜有败事。”（子大叔，即世叔。四国，四方邻国；各国。为，治理，治理状况。谋，谋划。获，得，得当。否，不得，不得当。）

【译文】

夫子说：“（郑国每）制定法令，（总是）由裨谌起草，经世叔提出意见，再经外交官子羽斟酌修改，最后交给家在东里的子产为之润色。”

（十）

或问子产，子曰：“惠人[1]也。”问子西[2]，曰：“彼哉！彼哉！”问管仲，曰：“人也。夺伯氏[3]骈邑三百，饭疏食，没齿无怨言。”

【注释】

[1] 惠人：对百姓有恩惠的人，施恩惠于他人的人。这里，孔子以“惠人”评价子产。《礼记·仲尼燕居》：“子曰：‘师尔过，而商也不及。子产犹众人之母也，能食（sì）之，不能教也。’子贡越席而对曰：‘敢问将何以为此中者也？’子曰：‘礼

乎礼，夫礼所以制中也。’”（食之，让［百姓］有饭吃。制中，执中，恪守中正之道。）

［2］子西：楚公子申，曾为楚国令尹，辅佐楚昭王。昭王欲用孔子，因他从中作梗未果。

［3］伯氏：齐国大夫，其食邑在骈（pián）。

【译文】

有人问子产是个什么样的人，夫子说：“他是一个对百姓有恩惠的人。”又问子西是个什么样的人，夫子说：“他呀！他呀！”又问管仲是个什么样的人，夫子说：“他是个人物啊！他削夺了伯氏的骈邑三百户，使伯氏吃粗粮陋食，而伯氏至死没有怨言。”

（十一）

子曰：“贫而无怨[1]，难；富而无骄[2]，易。”

【注释】

［1］贫而无怨：虽贫困却没有怨言。《论语·学而》：“子贡曰：‘贫而无谄，富而无骄，何如？’子曰：‘可也，未若贫而乐、富而好礼者也。’”

［2］富而无骄：即使富有也不骄矜。《晏子春秋·内篇·杂下》："晏子相齐三年，政平民说（yuè）。梁丘据见晏子中食，而肉不足，以告景公。旦日，封晏子以都昌，晏子辞而不受。曰：'富而不骄者，未尝闻之；贫而不恨者，婴是也。所以贫而不恨者，以若为师也。今封，易婴之师，师已轻，封已重矣。敢辞。'"（政平，政治清平。中食，寻常饮食。旦日，第二天。以若为师，即以贫为师；若，其，指"贫"。）

【译文】

夫子说："要做到贫困而没有怨言，很难；做到富有而不骄矜，会容易些。"

（十二）

子曰："孟公绰[1]，为赵、魏老[2]则优[3]，不可以为滕、薛大夫。"

【注释】

［1］孟公绰（chuò）：鲁国大夫。廉静寡欲，但短于才智。《史记·仲尼弟子列传》："孔子之所严事，于周则老子，于卫蘧伯玉，于齐晏平仲，于楚老莱子，于郑子产，于鲁孟公绰。"

（严事，师事。）

［2］为赵、魏老：做晋国大夫赵氏、魏氏的家臣。老，古时对公、卿、大夫及其家臣的尊称，这里指大夫的家臣。

［3］优：有余力。

【译文】

夫子说："让孟公绰做晋国大夫赵氏或魏氏的家臣，其德才是绰绰有余的，但不可以让他去做滕、薛这样的小国的大夫。"

（十三）

子路问成人[1]，子曰："若臧武仲[2]之知，公绰[3]之不欲，卞庄子[4]之勇，冉求之艺，文之以礼乐，亦可以为成人矣。"曰："今之成人者何必然？见利思义，见危授命，久要[5]不忘平生之言，亦可以为成人矣。"

【注释】

［1］成人：德才兼备的理想形态的人，犹全人或完人。

［2］臧武仲：鲁国大夫臧孙纥（hé）。他在齐国时，曾预见齐庄公将被杀，设法辞去了庄公给他的封地，因而在这场事变中没有受到牵连。

［3］公绰：即上章提到的鲁国大夫孟公绰。

［4］卞（biàn）庄子：鲁国大夫，以勇力著称。

［5］要（yāo）：约，约言。

【译文】

子路问怎样才称得上“成人”，夫子说：“像臧武仲那样聪智，孟公绰那样廉静，卞庄子那样勇敢，冉求那样多才多艺，再以礼乐予以陶冶，（这样的人）就可以称得上‘成人’了。”夫子又说：“至于当今，（切近地谈）‘成人’何必这样要求呢？能做到见利思义、见危授命而对平日与人相约的诺言历久不忘，如此也就算得上‘成人’了。”

（十四）

子问公叔文子[1]于公明贾[2]，曰：“信乎？夫子[3]不言、不笑、不取乎？”公明贾对曰：“以[4]告者过也。夫子时然后言[5]，人不厌其言；乐然后笑，人不厌其笑；义然后取，人不厌其取。”子曰：“其然？岂其然乎？”

【注释】

［1］公叔文子：卫国大夫。卫献公之孙，名拔（或作发）。

《左传·襄公二十九年》："（吴公子札）适卫，说蘧瑗、史狗、史鳅、公子荆、公叔发、公子朝，曰：'卫多君子，未有患也。'"（公叔发，依杜预注，即公叔文子。）

［2］公明贾：姓公明，名贾（jiǎ），卫国人，公叔文子的使臣。

［3］夫子：这里指公叔文子。

［4］以：此，这。

［5］时然后言：该说话的时候说话。《太平御览·人事部·言语》："子禽问曰：'多言有益乎？'墨子曰：'虾蟆蛙黾（mǐn）日夜而鸣，舌干擗（pǐ）然，而（人）不听。今鹤鸡时夜而鸣，天下振动。多言何益？唯其言之时也。'"（黾，蛙的一种。舌干擗然，舌干欲裂的样子；擗，开裂。）

【译文】

夫子向公明贾问起公叔文子，说："是真的吗？听说这位老夫子不说、不笑、不取于人，是这样吗？"公明贾回答说："这是告诉您的人说得过头了。他老夫子是该说话的时候才说，所以别人不讨厌他说；他乐了才笑，所以别人不讨厌他笑；取财合于道义他才取，所以别人不讨厌他取。"夫子说："是这样吗？难道真是这样吗？"

（十五）

子曰："臧武仲以防[1]求为后于鲁[2]，虽曰不要[3]君，吾不信也。"

【注释】

［1］防：臧武仲的封地，在今山东费县东北。

［2］求为后于鲁：要求立其家族子弟为鲁国大夫以继其后。臧武仲因得罪仲孙氏、季孙氏逃到邻国邾（zhū），后又由邾回到他的封邑防，凭借防邑派人向鲁国国君请求立其家族子弟为大夫，得允可后才由防邑逃亡到齐国。其辞有："纥非能害也，知不足也。非敢私请，苟守先祀，无废二勋，敢不辟邑"（《左传·襄公二十三年》）。（纥，臧武仲名。知，即"智"。先祀，对祖先的祭祀。二勋，指臧氏的两位先人臧文仲、臧宣叔。辟，避，指离防邑而他去。）

［3］要（yāo）：要挟。

【译文】

夫子说："臧武仲以防邑为凭借请求鲁国国君立其家族子弟继他为鲁国大夫，虽声称不是要挟国君，我却是不相信的。"

（十六）

子曰："晋文公[1]谲[2]而不正，齐桓公[3]正而不谲。"

【注释】

[1] 晋文公：姓姬，名重耳，晋国国君，春秋五霸之一。

[2] 谲（jué）：诡异，奇异。

[3] 齐桓公：姓姜，名小白，齐国国君，春秋五霸之一。

【译文】

夫子说："晋文公行诡异而不行常道，齐桓公行常道而不行诡异。"

（十七）

子路曰："桓公杀公子纠[1]，召忽[2]死之，管仲不死[3]。"曰："未仁乎？"子曰："桓公九合诸侯，不以兵车[4]，管仲之力也。如[5]其仁！如其仁！"

【注释】

[1] 公子纠：齐桓公（公子小白）之兄。齐襄公死后，公

子纠与公子小白争夺君位，被公子小白杀死。

[2] 召忽：公子纠之家臣，公子纠被杀后，他自杀殉主。

[3] 管仲不死：管仲原为公子纠的家臣，与召忽一起辅助公子纠同公子小白争夺君位。公子纠被杀后管仲归服于桓公，被桓公任为相，后辅佐桓公成就了霸业。《左传·庄公九年》："夏，（鲁庄）公伐齐，纳子纠。（齐）桓公自莒（jǔ）先入。秋，（鲁）师及齐师战于乾时，我师败绩。公丧戎路，传乘而归。秦子、梁子以公旗辟于下道，是以皆止。鲍叔帅师来言曰：'子纠，亲也，请君讨之。管、召，仇也，请受而甘心焉。'乃杀子纠于生窦。召忽死之。管仲请囚，鲍叔受之，及堂阜而税之。归而以告曰：'管夷吾治于高傒（xī），使相可也。'公从之。"（莒、乾时、生窦、堂阜，皆地名。戎路，兵车。传乘，弃兵车转乘其他车。止，被擒获，被俘。受，通"授"，授予，交出。税，放，释放。治于高傒，治国之才在高傒之上；高傒，高敬仲，高氏世为齐国上卿。）

[4] 不以兵车：不凭借武力。

[5] 如：乃，是。

【译文】

子路说："齐桓公杀了公子纠，家臣召忽自杀殉主，同样做公子纠家臣的管仲却没有死。"接着说："像管仲这样怕是算不得一个有仁德的人吧?”夫子说:“桓公九次会合诸侯,订立盟约,不凭借武力就做到了这一点,这全是管仲出的力啊。这就是他的仁德!这就是他的仁德!”

(十八)

子贡曰:“管仲非仁者与?桓公杀公子纠,不能死,又相之。”子曰:“管仲相桓公,霸诸侯,一匡天下[1],民到于今受其赐。微[2]管仲,吾其被发左衽[3]矣。岂若匹夫匹妇之为谅[4]也,自经[5]于沟渎[6]而莫之知也?”

【注释】

[1] 一匡天下:使天下得到匡正。《吕氏春秋·离俗览·贵信》:“(桓公)归而欲勿予(鲁汶南之地)。管仲曰:‘不可。人特劫君而不盟,君不知,不可谓智;临难而不能勿听,不可谓勇;许之而不予,不可谓信。不智、不勇、不信,有此三者,不可以立功名。予之,虽亡地,亦得信;以四百里之地见信于天下,君犹得也。庄公,仇也;曹翙(huì),贼也。信于仇贼,又况于非仇贼者乎!’夫九合之而合,一匡之而听,从此生矣。”(劫,劫持。亡地,失地。)

[2] 微:无,没有。

［3］被（pī）发左衽（rèn）：披散头发而衣襟朝左边开。“被发左衽”是当时夷狄的习俗。《春秋·僖公四年》：“公会齐侯、宋公、陈侯、卫侯、郑伯、许男、曹伯侵蔡，蔡溃。遂伐楚，次于陉（xíng）……楚屈完来盟于师，盟于召陵。”（次，军队临时驻扎。屈完，楚国使臣。）《公羊传》曰：“其言盟于师，盟于召陵，何？师在召陵也。师在召陵，则曷为再言盟？喜服楚也。何言乎喜服楚？楚有王者则后服，无王者则先叛。夷狄也，而亟病中国，南夷与北狄交，中国不绝若线。桓公救中国而攘夷狄，卒怗（tiē）荆，以此为王者之事也。”（怗，平定，平服。荆，楚国的别称。）

［4］谅：诚实，诚信。这里指小信用。《论语·卫灵公》：“子曰：‘君子贞而不谅。’”

［5］自经：自缢（yì），上吊自杀。

［6］沟渎：沟洫（xù），沟渠。

【译文】

子贡说：“管仲怕不能算是一个仁者吧？桓公杀了公子纠，他不自杀殉主，反倒做了桓公的相。”夫子说：“管仲做齐桓公的相，使其称霸诸侯，匡正天下，百姓至今仍受惠于他。要是没有管仲，我们可能会被夷狄所陷，以至于依从夷狄的习俗而披发左衽。难道管仲应当像匹夫匹妇那样，为了一点儿小信用就上吊自杀于僻野而不为人知吗?”

(十九)

公叔文子之臣[1]大夫僎，与文子同升诸公[2]。子闻之，曰：“可以为‘文’矣。”

【注释】

[1] 臣：这里指家臣。

[2] 同升诸公：一同进为公朝之臣。诸，于。公，公朝。

【译文】

公叔文子的家臣大夫僎（zūn）（由于文子的引荐）与文子一同做了卫国的大臣。夫子听说这件事后说：“他可以配得上‘文’这个谥号。”

(二十)

子言卫灵公之无道也，康子[1]曰：“夫如是，奚而不丧?”孔子曰：“仲叔圉[2]治宾客，祝鮀治宗庙，王孙贾治军旅，夫如是，奚其丧?”

【注释】

［1］康子：鲁国大夫季康子。

［2］仲叔圉（yǔ）：即孔文子，他与祝鮀（tuó）、王孙贾都是卫国大夫。《论语·公冶长》："子贡问曰：'孔文子何以谓之"文"也？'子曰：'敏而好学，不耻下问，是以谓之"文"也。'"

【译文】

夫子谈到卫灵公的昏昧无道，季康子说："要是这样，灵公为什么会不失君位呢？"孔子说："卫国有仲叔圉负责礼宾事宜，祝鮀主管宗庙祭祀，王孙贾统率国家军队，像这样，灵公怎么会失其君位呢？"

（二十一）

子曰："其言之不怍[1]，则为之也难[2]。"

【注释】

［1］言之不怍（zuò）：说起话来大言不惭。怍，惭愧。《老子》六十三章："夫轻诺者，必寡信；多易，必多难。"（轻诺，轻易许诺。寡信，少信用。多易，把事情看得太容易。）

[2] 为之也难：难以成事。

【译文】

夫子说："若是哪个人说起话来大言不惭，那他一定难以成事。"

（二十二）

陈成子[1]弑简公，孔子沐浴而朝，告于哀公曰："陈恒弑其君，请讨之。"公曰："告夫三子[2]！"孔子曰："以吾从大夫之后，不敢不告也。君曰'告夫三子'者。"之三子告，不可。孔子曰："以吾从大夫之后，不敢不告也！"

【注释】

[1] 陈成子：姓陈，名恒。齐国大夫。鲁哀公十四年六月甲午日，陈恒弑其君齐简公（姜壬）于舒州。《左传·哀公十四年》："甲午，齐陈恒弑其君壬于舒州。孔子三日齐，而请伐齐三。公曰：'鲁为齐弱久矣，子之伐之，将若之何？'对曰：'陈恒弑其君，民之不与者半。以鲁之众加齐之半，可克也。'公曰：'子告季孙。'孔子辞，退而告人曰：'吾以从大夫之后也，故不敢不言。'"

[2] 三子：指鲁国操持国政的三位权臣季孙氏、仲孙氏、

叔孙氏。

【译文】

齐国大夫陈成子杀了齐简公，孔子听说这件事后沐浴斋戒朝见鲁国国君。他奏告哀公："陈恒杀了他的君主，请出兵讨伐他。"哀公说："你去告诉季孙、仲孙、叔孙三位大夫吧！"退出后孔子对人说："因为我忝（tiǎn）列大夫之后，所以不敢不向君主奏告，君主却说：'去告诉三位大夫吧。'"于是，他又去报告了三位大夫，结果他们不肯出兵讨伐。孔子对人说："因为我忝列大夫之后，所以不敢不来报告啊！"

（二十三）

子路问事君，子曰："勿欺[1]也，而犯[2]之。"

【注释】

［1］欺：欺瞒。

［2］犯：犯颜直谏，犯颜规劝。《礼记·檀弓上》："事君有犯而无隐。"

【译文】

子路问怎样侍奉君主，夫子说："对君主不可欺瞒，而要

（敢于）犯颜直谏。”

（二十四）

子曰：“君子上达[1]，小人下达[2]。”

【注释】

［1］上达：通于德义，德义为上。达，犹“通”。《论语·里仁》：“子曰：‘君子喻于义，小人喻于利。’”

［2］下达：通于财利，财利为下。

【译文】

夫子说：“君子通于上，晓达德义；小人通于下，以财利为务。”

（二十五）

子曰：“古之学者为己[1]，今之学者为人[2]。”

【注释】

［1］为己：把所学的道理用在自己身上，提高自己的品操。

虞世南撰《北堂书钞》卷八十三引刘向《新序》云："齐王问墨子曰：'古之学者为己，今之学者为人，何如？'对曰：'古之学者得一言以附身，今之学者得一善言务以悦人。'"（附身，让自身受益。悦人，取悦于他人。）《荀子·劝学》："古之学者为己，今之学者为人。君子之学也，以美其身；小人之学也，以为禽犊。"（禽犊，家禽、牛犊，古时常被作为送人的礼品，这里借以喻说取悦于人的卖弄。）

[2] 为人：以所学的道理炫耀于人，取悦于人。

【译文】

夫子说："古代学者把所学的道理用在自身道德品操的修养上，当今的学者以所学的道理炫耀于人，取悦于人。"

（二十六）

蘧伯玉[1]使人于孔子，孔子与之坐而问焉。曰："夫子[2]何为？"对曰："夫子欲寡其过而未能也。"使者出，子曰："使乎！使乎！"

【注释】

[1] 蘧（qú）伯玉：姓蘧，名瑗，字伯玉。卫国大夫。孔子到卫国时在他家中住过，返鲁后蘧伯玉曾派人探望孔子。《史

记·仲尼弟子列传》："孔子之所严事……于卫蘧伯玉。"《淮南子·原道训》："凡人中寿七十岁，然而趋舍指凑，日以月悔也，以至于死。故蘧伯玉年五十，而有四十九年非。"（趋舍，取舍。指凑，行止。悔，悔过。）

[2] 夫子：这里指蘧伯玉。

【译文】

蘧伯玉派人探望孔子，孔子让来人坐下并问来人："蘧老夫子在做些什么呢?"来人回答说："夫子想让自己的过错少一些，却总觉得还没有做到。"那人出去后，孔子说："好一位使者啊！好一位使者啊!"

（二十七）

子曰："不在其位，不谋其政。"

【注释】

此章已见于《泰伯》第十四章："子曰：'不在其位，不谋其政。'"

【译文】

夫子说："不在那个职位上，不去谋划那个职位上的政事。"

（二十八）

曾子曰："君子思不出其位[1]。"

【注释】

[1] 思不出其位：所思不越出自己的位分。位，位分，职位权限。《易·艮·象》："兼山，艮。君子以思不出其位。"（艮，《周易》六十四卦之一，其卦象为两山相重或两山相连，所以其象辞有"兼山"之说。）《礼记·中庸》："君子素其位而行，不愿乎其外。素富贵，行乎富贵；素贫贱，行乎贫贱；素夷狄，行乎夷狄；素患难，行乎患难。君子无入而不自得焉。在上位不陵下，在下位不援上，正己而不求于人，则无怨。上不怨天，下不尤人。"（素，在，现在。愿，羡慕。入，参与。陵，通"凌"，欺凌。援，攀附，攀缘。尤，责备。）

【译文】

曾子说："君子的所思不越出他的位分。"

（二十九）

子曰："君子耻[1]其言而过其行[2]。"

【注释】

［1］耻：以为耻辱，以……为耻。

［2］言而过其行：所说超出其所做。《论语·里仁》："子曰：'古者言之不出，耻躬之不逮也。'""子曰：'君子欲讷于言而敏于行。'"《礼记·杂记下》："君子有五耻：居其位，无其言，君子耻之；有其言，无其行，君子耻之；既得之而又失之，君子耻之；地有余而民不足，君子耻之；众寡均而倍焉，君子耻之。"（倍，通"背"，背离。）

【译文】

夫子说："君子以其所说超出其所做为耻。"

（三十）

子曰："君子道者三，我无能焉：仁者不忧[1]，知者不惑[2]，勇者不惧。"子贡曰："夫子自道[3]也。"

【注释】

［1］仁者不忧：仁者不生忧怨。《论语·述而》："叶公问孔子于子路，子路不对。子曰：'女奚不曰："其为人也，发愤忘食，乐以忘忧，不知老之将至云尔。"'"《易·系辞上》："乐天

知命，故不忧。”

［2］知者不惑：智者不陷于困惑。《论语·为政》：“四十而不惑。”

［3］自道（dǎo）：自己开导自己，自己策勉自己。道，开导，教导。

【译文】

夫子说：“君子之道有三，我都未能做到：仁者不生忧怨，智者不陷于困惑，勇者无所畏惧。”子贡说：“这是夫子在自己策勉自己啊！”

（三十一）

子贡方人[1]。子曰：“赐也贤乎哉？夫我则不暇[2]。”

【注释】

［1］方人：品评人的长短。朱熹注：“方，比也……比方人物而较其短长，虽亦穷理之事。然专务为此，则心驰于外，而所以自治者疏矣。”（自治，修养自身的德性。疏，松弛，松懈。）

［2］不暇：没有空闲。

【译文】

子贡喜欢品评人的长短。夫子说："赐啊，你已经很好了吗？我可没有空闲去谈论别人。"

（三十二）

子曰："不患[1]人之不己知[2]，患其不能也。"

【注释】

[1] 患：忧虑，担心。

[2] 人之不己知：别人不了解自己。不己知，不知己。《论语·里仁》："不患莫己知，求为可知也。"《论语·学而》："人不知而不愠，不亦君子乎？"

【译文】

夫子说："不必担心别人不了解自己，要担心的倒是自己没有能力。"

（三十三）

子曰："不逆诈[1]，不亿不信[2]，抑亦先觉者[3]，是贤乎！"

【注释】

［1］不逆诈：不预想别人有欺诈行为。逆，预想，预料。

［2］不亿不信：不揣测别人不诚信。亿，通“臆”，揣度，臆测。《大戴礼记·曾子立事》：“君子不先人以恶，不疑人以不信。”（先，预想，预测。）

［3］抑亦先觉者：但也能及早察觉。抑，但，可是。《荀子·非相》：“圣人何以不欺？曰：圣人者，以己度（duó）者也。故以人度人，以情度情，以类度类，以说度功，以道观尽，古今一度也。类不悖，虽久同理，故乡乎邪曲而不迷，观乎杂物而不惑，以此度之。”（不欺，不可欺。以己度，以切身感受做推断；度，推测，推度。以说度功，以所说道理推测其功用。以道观尽，以道观尽万物之理。乡，向。）

【译文】

夫子说：“不在事前预想别人有欺诈行为，不揣测别人不守信用，但又能及早察觉出一切，这样才算是贤人啊！”

（三十四）

微生亩[1]谓孔子曰：“丘！何为是栖栖[2]者与？无乃为佞[3]乎？”孔子曰：“非敢为佞也，疾固[4]也。”

【注释】

［1］微生亩：姓微生，名亩，可能是一位隐士。

［2］栖（xī）栖：忙碌不安的样子。

［3］佞（nìng）：善辩；巧言取媚。

［4］疾固：厌恶世俗固塞鄙陋。固，固塞，固执。桓宽《盐铁论·散不足》："孔子栖栖，疾固也；墨子遑遑，闵世也。"（闵世，忧世。）《吕氏春秋·开春论·爱类》："贤人之不远海内之路，而时往来乎王公之朝，非以要（yāo）利也，以民为务故也。"（不远，不嫌其远，不以为远。要利，求利。）

【译文】

微生亩对孔子说："丘！为什么要这样栖栖遑遑的呢？如此岂不成了一个巧言取媚的人了吗？"孔子说："我不敢巧言取媚，只是痛感世俗的固塞鄙陋（而想改变它）罢了。"

（三十五）

子曰："骥[1]不称[2]其力，称其德也。"

【注释】

［1］骥：骏马。

［2］称：称道，称扬。

【译文】

夫子说："骥值得称道的不是它的力气，而是它的德性。"

（三十六）

或曰："以德报怨[1]，何如？"子曰："何以报德？以直报怨[2]，以德报德。"

【注释】

[1] 以德报怨：以恩德回报怨恨。《老子》六十三章："大小多少，报怨以德。"

[2] 以直报怨：以正直回报怨恨。《论语·公冶长》："匿怨而友其人，左丘明耻之，丘亦耻之。"

【译文】

有人问："以恩德回报怨恨，如何？"夫子说："那又怎样报答恩德呢？应该以正直回报怨恨，以恩德报答恩德。"

（三十七）

子曰："莫我知也夫！"子贡曰："何为其莫知子也？"子曰：

“不怨天，不尤人[1]，下学而上达[2]。知我者其天乎[3]！”

【注释】

[1] 不怨天，不尤人：不抱怨天，不责怪人。尤，埋怨，责备。《礼记·中庸》：“正己而不求于人则无怨。上不怨天，下不尤人。”《孟子·公孙丑下》：“君子不怨天，不尤人。”

[2] 下学而上达：在人伦日用中学习以求上达仁道的至高境地。本篇第二十四章：“子曰：‘君子上达，小人下达。’”

[3] 知我者其天乎：懂得我的大概只有天了吧。《史记·孔子世家》：“及西狩见麟，曰：‘吾道穷矣。’喟然叹曰：‘莫知我夫！’子贡曰：‘何为莫知子？’子曰：‘不怨天，不尤人，下学而上达，知我者其天乎！’”（穷，困厄。）

【译文】

夫子说：“没有人懂得我啊！”子贡说：“为什么说没有人能懂得您呢？”夫子说：“不抱怨天，不责怪人，在人伦日用中学习，以求上达仁道的至高境地。懂得我的大概只有天了吧！”

（三十八）

公伯寮[1]诉[2]子路于季孙。子服景伯[3]以告，曰：“夫子固有惑志[4]于公伯寮，吾力犹能肆诸市朝[5]。”子曰：“道之将行也与，命也；道之将废也与，命也。公伯寮其如命何！”

【注释】

[1] 公伯寮（liáo）：姓公伯，名寮，鲁国人。孔子弟子。《史记·仲尼弟子列传》：“公伯僚，字子周。周诉子路于季孙，子服景伯以告孔子。”

[2] 诉：诋毁，诽谤。

[3] 子服景伯：姓子服，名何，字伯，谥景。鲁国大夫。

[4] 惑志：疑心。

[5] 肆诸市朝：陈尸于街市。肆，陈尸。市朝，市场与朝廷，这里指街市。《礼记·檀弓下》：“君之臣不免于罪，则将肆诸市朝而妻妾执。”（郑玄注：“肆，陈尸也。大夫以上于朝，士以下于市。”执，捉，逮捕。）

【译文】

公伯寮在季孙氏面前诋毁子路。子服景伯把这件事告诉了夫子，说：“他老夫子受公伯寮的迷惑已经疑心子路了，不过凭我的能力还能够向老夫子辩明是非，让他杀了公伯寮，陈尸于街市。”夫子说：“道如果行得通，（这除开人为的努力，）那一定是（我们无法宰制的时运或）‘命’起了作用；道如果废而不行，那也一定是（我们无法宰制的时运或）‘命’起了作用。公伯寮能把这人所不能宰制的‘命’怎么样呢!”

（三十九）

子曰：“贤者辟世[1]，其次辟地[2]，其次辟色[3]，其次辟言[4]。”子曰：“作者七人[5]矣。”

【注释】

[1] 辟世：避开污浊之世而隐居不出。《论语·泰伯》：“天下有道则见，无道则隐。”《孟子·离娄上》：“伯夷辟纣，居北海之滨”，“太公辟纣，居东海之滨”。（太公，即姜太公。）

[2] 辟地：避开一个地方而选择另一个地方。《论语·泰伯》：“危邦不入，乱邦不居。”

[3] 辟色：避开别人不礼貌的脸色。《孟子·告子下》：“虽未行其言也，迎之致敬以有礼，则就之；礼貌衰，则去之。”（衰，衰减。）

[4] 辟言：避开别人难听的话语。

[5] 作者七人：这样做的已经有七个人了。七人，指伯夷、叔齐、虞仲、夷逸、朱张、柳下惠、少连七人（见《论语·微子》第八章）。亦有人认为七人为《论语》中先后提到的长沮、

桀溺、丈人、晨门、荷蒉、仪封人、楚狂接舆等。

【译文】

夫子说："贤者避开污浊之世而隐居不出，其次避开一个地方而选择另一个地方，再次避开别人不礼貌的脸色，再次避开别人难听的话语。"夫子说："像这样做的已经有七个人了。"

（四十）

子路宿于石门[1]。晨门[2]曰："奚自？"子路曰："自孔氏。"曰："是知其不可而为之者与？"

【注释】

[1] 石门：地名，《春秋》有载。

[2] 晨门：晨开夜闭城门的人。

【译文】

子路在石门露宿。清晨，开城门的人问他："你从哪里来？"子路说："从孔子那里来。"看管城门的人说："就是明知做不成还要去做的那个人吧？"

（四十一）

子击磬[1]于卫。有荷蒉[2]而过孔氏之门者，曰："有心哉，击磬乎！"既而曰："鄙哉，硁硁[3]乎！莫己知也，斯己而已矣。'深则厉[4]，浅则揭[5]。'"子曰："果哉！末之难矣。"

【注释】

[1] 磬（qìng）：古时一种打击乐器，形如曲尺，用玉、石或金属制成。

[2] 蒉（kuì）：草编的筐。

[3] 硁硁（kēng）：敲击石磬的声音。

[4] 厉：不脱衣涉水。

[5] 揭（qì）：撩衣过河。"深则厉，浅则揭"，语出《诗·卫风·匏（páo）有苦叶》。

【译文】

夫子在卫国，有一天正在那里击磬，一个挑着草筐的人从门前走过。那人说："这击磬的人有心思啊！"一会儿，又说："鄙固啊，这铿铿的磬声！那像是在说没有人知道我——没有人知道自己，就自己安顿自己吧。'水深就不妨连衣而过，水浅就撩起衣服渡河。'"夫子说:"说得果决啊!若如此忘世,那也就没有什么难办的了!"

(四十二)

子张曰:"《书》云:'高宗谅阴,三年不言[1]。'何谓也?"子曰:"何必高宗,古之人皆然。君薨[2],百官总己以听于冢宰[3]三年。"

【注释】

[1]"高宗谅阴,三年不言":语出《书·周书·无逸》。意为:殷高宗守丧,住在凶庐,三年不过问政事。谅阴,即亮阴或谅暗,居丧期间住的房子。《礼记·丧服四制》:"《书》曰:'高宗谅暗,三年不言。'善之也。王者莫不行此礼,何以独善之也?曰:高宗者,武丁。武丁者,殷之贤王也。继世即位而慈良于丧。当此之时,殷衰而复兴,礼废而复起,故善之。"(善,赞美,褒扬。继世,继承先世。慈良,孝顺。)

[2]薨(hōng):周代称诸侯死为薨。《礼记·曲礼下》:"天子死曰崩,诸侯曰薨,大夫曰卒,士曰不禄,庶人曰死。"

[3]百官总己以听于冢(zhǒng)宰:百官总摄己职听命于冢宰。总己,总摄己职;总摄,主持。冢宰,周代官名,六卿

之首，亦称太宰。《书·周书·周官》："冢宰掌邦治，统百官，均四海。"（均四海，使四海均平。）

【译文】

子张问夫子："《书》说：'高宗谅阴，三年不言。'说的什么意思？"夫子说："哪里只是高宗，古人都是这样。国君死了，百官各司其职而听命于冢宰，新立的国君三年不过问政事。"

（四十三）

子曰："上[1]好礼，则民易使[2]也。"

【注释】

[1] 上：指当政者，居于上位的人。

[2] 民易使：容易让百姓听从指使。使，指使，役使。《论语·子路》："上好礼，则民莫敢不敬；上好义，则民莫敢不服；上好信，则民莫敢不用情。"

【译文】

夫子说："居于上位的人崇尚礼仪，就容易让百姓听从指使。"

(四十四)

子路问君子[1]，子曰："修己以敬。"曰："如斯而已乎？"曰："修己以安人。"曰："如斯而已乎？"曰："修己以安百姓。修己以安百姓，尧舜其犹病[2]诸！"

【注释】

[1] 君子：这里的君子指德行可称道而社会地位也较高的人。

[2] 病：难，不易。《论语·雍也》："子贡曰：'如有博施于民而能济众，何如？可谓仁乎？'子曰：'何事于仁，必也圣乎！尧舜其犹病诸！……'"

【译文】

子路问夫子怎样才能成为一个君子，夫子说："修养自身而恭敬谨慎。"子路又问："这样就够了吗？"夫子说："修养自身而使家人、友朋得以安乐。"子路又问："这样就够了吗？"夫子说："修养自身而使百姓得以安和。修养自身而使百姓得以安和，怕是尧舜也不容易做到呢！"

（四十五）

原壤[1]夷俟[2]。子曰："幼而不孙弟[3]，长而无述[4]焉，老而不死，是为贼。"以杖叩其胫。

【注释】

［1］原壤：孔子的故交。其母亲去世，放歌如常，自外于礼法。见孔子来，蹲（dūn）踞（jù）以待。

［2］夷俟（sì）：蹲踞着等待。夷，蹲踞。俟，等待。

［3］孙（xùn）弟（tì）：即逊悌，敬顺长者。《大戴礼记·曾子立事》："少称'不弟'焉，耻也；壮称'无德'焉，辱也；老称'无礼'焉，罪也。"

［4］无述：没有可称道的事迹。

【译文】

原壤张开双腿蹲着，等待夫子到来。夫子说："（你）年幼时，不懂得敬顺长者，长大后没做过一件值得别人称道的事，老了还苟且地活着，真是个祸害人的家伙。"说完，用手杖敲了敲他的小腿。

(四十六)

阙党[1]童子将命[2]。或问之曰："益[3]者与?"子曰："吾见其居于位[4]也，见其与先生并行[5]也。非求益者也，欲速成者也。"

【注释】

［1］阙党：孔子所居之地。《荀子·儒效》："(仲尼)居于阙党，阙党之子弟罔不分，有亲者取多，孝弟以化之也。"(罔不分，捕获的鱼兽一同分享；罔，通"网"，用于捕鱼；不，通"罘"［fú］，用于猎兽。)

［2］将命：传命，传话。

［3］益：进益，长进。

［4］居于位：坐在位子上。童子"居于位"不合当时礼节。《礼记·玉藻》："(童子)无事则立主人之北，南面。见先生，从人而入。"(从，跟从。)

［5］与先生并行：与长辈并行。先生，长辈。童子年幼，依礼不得与长辈并行。

【译文】

阙党一个童子传话给夫子。有人问夫子说："这是个求上进的孩子吗?”夫子说:“我见他坐在不该坐的位子上,又见他和长辈们并行。这不是那种求上进的孩子,而是一个想尽快和成年人平起平坐的孩子。”

疏　解

从首章“宪问耻”这一记述方式看,本篇的辑录者可能是做过孔府家宰的孔子弟子原宪。原宪字子思,倘是他人记述原宪问耻,依《论语》的体例当为“子思问耻”,有如“子夏问孝”“子路问政”,而不记作“商问孝”“由问政”。像这样略去姓氏而径直以名相称在《论语》中不外乎两种情形:一是孔子称其弟子,如“子曰:‘吾与回言终日,不违,如愚’”(《论语·为政》)、“子曰:‘师也过,商也不及’”(《论语·先进》)、“由也果”、“赐也达”、“求也艺”(《论语·雍也》)等;另一是说话人自称,如“子曰:‘丘也幸,苟有过,人必知之’”(《论语·述而》)、“子曰:‘巧言、令色、足恭,左丘明耻之,丘亦耻之’”、“(子贡)曰:‘赐也何敢望回’”(《论语·公冶长》),等等。据此或可断言,《宪问》诸章大多应是自称其名的原宪所辑。其实,宋儒胡寅就曾指出:“此篇疑原宪所记”(见朱熹:《四书集注·论语集注》卷七),而此后,清儒刘宝楠、近人钱穆等也对此一再做了申示(见刘宝楠:《论语正义》卷十七;钱穆：《论语新解》卷十四）。不过，这里可略加补正的是，此篇多数章句或为“原宪所记”，而有些章（如第二十八章）的纂集则明显非出于原宪之手。

与《子路》的章句多为孔子应答“问政”或论说“为政”略不相袭，《宪问》的侧重在于“修己”。诚然，由“修己以敬”也会推及“安人”“安百姓”（见第四十四章），但就全篇隐寓的指归而言，其最切要的话题乃在于对所谓“古之学者为己”（第二十五章）之“为己”的强调。这也许并非出于偶然，它同原宪的某种“贤者辟世”的倾向大体相应。原宪属于孔子说的那种“有所不为”的“狷者”（《论语·子路》）。《史记》记载，孔子去世后，原宪以敝衣陋食隐居于草泽。据说，闻达诸侯于一时的子贡曾结驷连骑到野鄙之地探望原宪，他见原宪衣冠敝素，遂以“夫子岂病乎”的诮词相讥嘲，原宪却回答他说：“吾闻之，无财者谓之贫，学道而不能行者谓之病，若宪贫也，非病也”（《史记·仲尼弟子列传》）。从原宪对“贫”“病”的分辨——这一分辨使能言善辩的子贡惭疚终身——或可窥见其学思局量之一斑，亦可由此多少看出他同孔子致道之学的别一种缘契。

狷介之士最显著的品格在于知“耻”，原宪乃是孔门弟子中分外看重“耻”德的人。他向孔子问“耻”，孔子说：“邦有道，谷；邦无道，谷，耻也”（第一章）。以在一个无道义可言的邦国受职食禄为耻，这同孔子关于“耻”的另一个说法全然相合，此即所谓“天下有道则见，无道则隐。邦有道，贫且贱焉，耻也；邦无道，富且贵焉，耻也”（《论语·泰伯》）。显然，在孔子看来，贪求禄位、富贵而不以“有道”“无道”为念，这对于一个士人来说是可“耻”的。“耻”是一种油然而发的情愫，是一种“羞恶之心”，诚如孟子所说“羞恶之心，义之端也”（《孟子·公孙丑上》）；同“耻”这一情愫关联着的理致是相对于“利”的“义”，“义”倘不至于沦为外在的信条，而始终留在本己生命的亲切处，它便不能不时时回溯“羞恶之心”以养润于其生机所由出的源头活水。同是“修己”以达“义”而致“道”，原宪这样的狷介之士在唤起那份切己的知耻感上做得更富有典型性些，“耻”遂因此在他们这里成了“道”“义”见证于人的生命践履的一个重要契机。这一点对孟子的启迪是显而易见的，他在把“羞恶之心”视为人性的四大善端之一时，也这样说到“耻”：“耻之于人大矣”（耻对于人成其为人来说关系重大），“人不可以无耻；无耻之耻，无耻矣”（《孟子·尽心上》）。

像孔子的其他弟子一样，原宪也向夫子问到“仁”，不过这位“狷者”是从“有所不为”处问起的：“克、伐、怨、欲不行焉，可以为仁矣？”孔子告诉他说：“可以为难矣，仁则吾不知也”（第二章）。依孔子的意思，能做到不争胜（不“克”）、不自夸（不“伐”）、不怨恨（不“怨”）、不贪求（不“欲”），已经是难能可贵了，但还不能说这样就是“仁”了，因为“仁者”除开“有所不为”，还应当有所为。换句话说，有如“狂者”还不就是“仁者”，“狷者”也同样不能等同于“仁者”；与“仁”相应的不是“狂狷”，而是“中行”，尽管孔子说过“不得中行而与之，必也狂狷乎”（《论语·子路》）。不过，无论是“狂者”还是“狷者”，就其性情之真切和心志之所向而言，都更接近于“仁者”。由“狂”“狷”而求“仁”，未必总能够恰到好处而不免于这样那样的过失，但这趋求所成全的毕竟是一种君子人格，因此毕竟可能就此把所谓君子和小人从根本价值取向上区别开来。所以，孔子也说：“君子而不仁者有矣夫，未有小人而仁者也”（第七章）。

求仁未必都能时时、事事避免不仁，但不求仁一定不会相契于仁。所谓“君子上达，小人下达”（第二十四章），从一定意义上说，即是君子上达于“仁”，小人下达于“不仁”。孔子厌恶巧言的佞者，但从其施教以“德行”“言语”“政事”“文学”四科看，他并不轻觑“言语”。然而，在孔门义理中，由“仁”确定了其内涵的“德”是至为重要的，无论“狂”如曾皙、琴张，还是“狷”如原宪，在这一点上绝无二致。孔子说：“君子耻其言而过其行”（第二十九章），这“行”首先是德行的践履；与这一说法相呼应，孔子又说：“有德者必有言，有言者不必有德”（第五章）。孔子以“仁者不忧，知者不惑，勇者不惧”为“君子道者三”（第三十章），不过，“仁”“知”“勇”——被《中庸》称作通行于天下之三“达德”——并非平分秋色，“仁”在孔子这里更被看重是因为它规定着“知”和“勇”可称道的运作取向。所以，孔子又说：“仁者必有勇，勇者不必有仁”（第五章）。“知”（智）与“勇”当然皆可以“德”相称，但为儒家所赞誉的“知”“勇”是“仁者”的“知”“勇”。当南宫适说了“羿善射，奡荡舟，俱不得其死然。禹稷躬稼而有天下”这样的话后，孔子称赞他说：“君子哉若人！尚德哉若人!”（第六章）——既然“君子”“尚德”是从南宫适鄙弃羿、奡之勇力而崇尚禹、稷之躬耕说起的，这“德”在很大程度上也就被归结于“仁”了。与之相印证，孔子借骥以喻人，他说：“骥不称其力，称其德也”（第三十五章）。

诚然，“称其德”“不称其力”是孔子在判说“德”与“力”二者孰先时所下的一种断制，但孔子并未因此否认“骥”在有“德”可称的前提下亦当有“力”可称，所以他也谈到全人或完人意义上的“成人”。孔子设想，一个人如果能有臧武仲那样的聪智、孟公绰那样的廉静、卞庄子那样的勇力、冉求那样的多才多艺，再以礼乐予以陶冶，那他就可以称得上“成人”了。同时，他又指出，在礼坏乐崩的当时之世，要是有人能做到“见利思义，见危授命，久要（约）不忘平生之言”，则“亦可以为成人矣”（第十三章）。显然，这前一种意义上的“成人”

是更具普遍性的理想的人，亦即德才兼备而文质配称的那种人，后一种意义上的“成人”则是对理想的人多少降格求之的人，亦即具备了理想的人的最不可少的几种品质的人。前一种意义上的“成人”在现实中永远不可能出现，但其作为评说、衡量乃至于批判现实的人的一个虚灵的标准是不可或缺的；后一种意义上的“成人”是现实中可能出现的，以其为春秋末造人们“修己以敬”，“修己以安人”，“修己以安百姓”的某种范本，会显得更切近实际些。

《宪问》约有十五章涉及人物评价，所评人物大都是鲁、卫、郑、齐等国的闻人，而所用的标准则是孔子在两重意义上提出的“成人”。在构想“成人”时，所提到的“臧武仲之知”“公绰之不欲”“卞庄子之勇”“冉求之艺”，已经可以说是对臧武仲、孟公绰、卞庄子、冉求各得“成人”之一端的品评，而对郑国制定法令须经“裨谌草创之，世叔讨论之，行人子羽修饰之，东里子产润色之”（第九章）的评说，本身亦是对裨谌、世叔、子羽、子产等人德才之所长的指出。“仲叔圉治宾客，祝鮀治宗庙，王孙贾治军旅。夫如是，奚其丧”（第二十章），这是对卫灵公无道的情形下何以不失其位的缘由的申述，同时隐含了对仲叔圉、祝鮀、王孙贾等人品行、才具的褒扬；“晋文公谲而不正，齐桓公正而不谲”（第十六章），“正”“谲”二字褒贬有度，可谓以最简赅的用语对春秋时期最富影响力的两位霸主做了判别。孔子评子产为“惠人”，评管仲为“人”，对做过楚国令尹的子西只以“彼哉！彼哉”相叹（见第十章），然而即使是感叹，其中仍藏了某种不易察觉的讽诫。在对诸多人物的品题中，最值得玩味的是关于管仲的评度：依子路、子贡之见，管仲曾和召忽一起辅佐公子纠而与桓公争夺齐国的君位，桓公杀了公子纠后召忽自杀殉主，管仲却归附桓公做了桓公的相，这属于“未仁”或“非仁”的行为，孔子则矫正这一看法说：“管仲相桓公，霸诸侯，一匡天下，民到于今受其赐。微管仲，吾其被发左衽矣”（第十八章）。因此，他反倒认为“桓公九合诸侯，不以兵车，管仲之力也。如其仁！如其仁！”（第十七章）孔子不以匹夫匹妇所恪遵的小节细谨为绳墨，而从大关节处肯定了管仲的旷世之功，并许之以“仁”，这表明主张“修己以敬”，“修己以安人”，“修己以安百姓”的儒家之道，在“外王”事业上并不一般地反对“霸诸侯”而“一匡天下”的霸道，乃是要包容霸道却又不落于霸道以求施行托始于尧舜的那种王道。“成人”和王道的一致寄托着儒家内圣外王的理想，孔子立于“仁”而论人是着眼于这一大端的。

然而，诚如孔子所说，“道之将行也与，命也；道之将废也与，命也”（第三十八章）。道如果行得通，这除开人为的努力，那一定是人们无法宰制的时运或“命”起了作用；同样，道如果废而不行，那也一定是人们无法宰制的时运或“命”起了作用。当然，“命”只是在“外王”这一对待性领域才会对“道”的“行”“废”有所制约，而在“内圣”这一非对待性心灵境界上是无从施加影响的。正因为如此，孔子才有了所谓“天下有道则见，无道则隐”之说。“见”“隐”，用孔子的另一句话说即是“用之则行，舍之则藏”（《论语·述而》），用后来孟子的话说则是“穷则独善其身，达则兼善天下”（《孟子·尽心上》）。单就“隐”而论，儒家与道家式的隐者未始没有相通之处，但恰恰由于相通，二者之间反倒有了更深刻的差异。孔子说：“贤者辟世，其次辟地，其次辟色，其次辟言”（第三十九章）。并指出这样做的人已经有七位了。“辟”即是“隐”，“辟世”“辟地”“辟色”“辟言”是“隐”的不同层次；既然孔子称这样的隐者为“贤者”，他所说的“七人”便当是有一定代表性而多少被世人闻知的人，此唯《论语·微子》提到的七位“逸民”（伯夷、叔齐、虞仲、夷逸、朱张、柳下惠、少连）方可与之相称。七位“逸民”或者“不降其志，不辱其身”，或者“降志辱身矣，言中（符合）伦，行中虑（谋虑）”，或者“隐居放言，身中清，废中权（时宜）”，都有一定的执着，而孔子则“无可无不可”（不执着于可，不执着于不可），其“见”“隐”唯以他所奉行的“道”是从。孔子所谓“隐”，遂由此有了其独特的指谓。当道家式的隐者微生亩问他“何为是栖栖者与？无乃为佞乎？”（为什么要这样栖栖遑遑的呢？如此岂不成了巧言取媚的人了吗?）时，孔子回答他说：“非敢为佞也，疾固也”（不敢去做那种巧言取媚的事，只是痛感世人的固陋而想改变它罢了）（第三十四章）；当“荷蒉而过孔氏之门者”规劝孔子淡去忧世之心而对一切听之任之——所谓“深则厉，浅则揭”（水深不妨连衣而过，水浅就撩起衣服渡河）时，他则感叹地说：“果哉！末之难矣”（第四十一章）。“知其不可而为之者”（第四十章）——这是当时道家式的隐者“晨门”对孔子的多少带有讥贬之意的称谓，但倘能对儒家教化做一种同情理解，这称谓未尝不可以转其意而被理解为一种富有悲剧感的评价：明知难以施为而为其所当为，非有某种崇高、伟大之心灵境界者不可能做如此选择。

孔子自叹：“莫我知也夫!”这对身在春秋末造而不为当世所知的嗟叹，与其说是出于人生不遇之怅憾与无奈，不如说是这位于心灵极高境界有所触悟的圣哲在抒发某种不落尘轨的精神寄托。“不怨天，不尤人，下学而上达。知我者其天乎!”（第三十七章）孔子以此自勉，也以此策励他的弟子和所有甘愿追随他“学以致其道”的人们：下学于人伦日用，以贤者为楷范唤起内在的“欲仁”之心，在“修身以道，修道以仁”（《礼记·中庸》）的践履中提升、扩充这“我欲”之“仁”，从而祈向虚灵之“圣”境——此“圣”境即后来孟子所谓“大而化之”而“圣而不可知之”（《孟子·尽心下》）之境，亦即所谓“尽其心者，知其性也；知其性，则知天矣”（《孟子·尽心上》）的“知天”之境。唯“知天”而“与天地合其德”（《易·乾·文言》），方可谓之相“知”于“天”；孔子喟然而谓“知我者其天乎”，自是充满了难以言述的宗教感，然这勉可称作宗教感的情愫却终是在“欲仁”者趣向“仁”之至境的内在超越的限度内。

卫灵公第十五

（一）

卫灵公问陈[1]于孔子，孔子对曰："俎豆之事[2]，则尝闻之矣；军旅之事，未之学也。"明日遂行。

【注释】

[1] 陈（zhèn）：同"阵"，布阵，列阵。《左传·哀公十一年》："孔文子之将攻大叔也，访于仲尼。仲尼曰：'胡簋（guǐ）之事，则尝学之矣；甲兵之事，未之闻也。'退，命驾而行。"（孔文子，卫国大夫孔圉。大叔，卫国大夫大叔疾，后奔宋。胡

簋之事，即礼仪之事；胡簋，古时祭祀时盛粮食的器皿。命驾，命人驾车马，指立即动身。）

［2］俎（zǔ）豆之事：礼仪事宜。俎豆，礼器；俎，祭祀、宴飨时盛放牲体的礼器；豆，盛放肉食的木制礼器。刘向《新序·杂事五》："昔卫灵公问阵，孔子言俎豆，贱兵而贵礼也。"

【译文】

卫灵公问孔子如何布阵打仗，孔子回答说："礼仪上的事，我曾听说过；军队布阵打仗的事，我从没有学过。"第二天，孔子一行就离开卫国走了。

（二）

在陈绝粮，从者病，莫能兴[1]。子路愠见曰："君子亦有穷乎？"子曰："君子固穷[2]，小人穷斯滥[3]矣。"

【注释】

［1］莫能兴：站不起来。兴，起身。

［2］固穷：安于穷困；固，安守。信守道义，不为穷困所动。《荀子·宥坐》："孔子南适楚，厄于陈、蔡之间。七日不火食，藜（lí）羹不糂（sǎn），弟子皆有饥色。子路进，问之曰：

‘由闻之：为善者天报之以福，为不善者天报之以祸。今夫子累德、积义、怀美，行之日久矣，奚居之隐也?’孔子曰：‘由不识，吾语女。女以知者为必用邪？王子比干不见剖心乎！女以忠者为必用邪？关龙逢不见刑乎！女以谏者为必用邪？吴子胥不磔（zhé）姑苏东门外乎！夫遇不遇者，时也；贤不肖者，材也。君子博学深谋不遇时者多矣！由是观之，不遇世者众矣！何独丘也哉?’”（厄，困，困顿。藜羹不糁，野菜汤里没有米粒；藜，一种嫩叶可食的植物；糁，以米加入菜汤。居之隐，处于贫困中；居，处；隐，贫困。关龙逢，夏桀的大臣，被桀处死。磔，一种割裂肢体的酷刑。遇，得志，见赏。时，时运。）

［3］滥：过度，没有节制。

【译文】

夫子一行在陈国断了粮，随行的弟子们都饿病了，起不来了。子路心怀怨忿来见夫子，说：“君子也有穷困的时候吗?”夫子说：“君子安于穷困，不像小人那样一遇困窘就不再能节制自己。”

(三)

子曰：“赐也！女以予为多学而识[1]之者与?”对曰：“然。

非与？”曰：“非也。予一以贯之[2]。”

【注释】

［1］多学而识（zhì）：博学而强记。识，通“志”，记住。《论语·述而》：“子曰：‘盖有不知而作之者，我无是也。多闻，择其善者而从之，多见而识之，知之次也。’”

［2］一以贯之：一种义理贯穿始终。《论语·里仁》：“子曰：‘参乎！吾道一以贯之。’曾子曰：‘唯。’子出，门人问曰：‘何谓也？’曾子曰：‘夫子之道，忠恕而已矣。’”

【译文】

夫子说：“赐呀！你以为我是那种博学而强记的人吗？”子贡说：“是啊，难道不对吗？”夫子说：“不对。我是一个在义理上一以贯之的人。”

(四)

子曰：“由[1]！知德[2]者鲜矣。”

【注释】

［1］由：仲由，子路之名。

［2］知德：懂得德之谓德。朱熹注："德，谓义理之得于己者。非己有之，不能知其意味之实也。"

【译文】

夫子说："由啊！懂得德的人太少了。"

（五）

子曰："无为而治者，其舜也与！夫何为哉？恭己[1]正南面[2]而已矣。"

【注释】

［1］恭己：恭谨地律己。

［2］正南面：正君主的名分以求所谓"君君"。这里"南面"指君主。"君君"，使君主的言行合于君主的名分。《礼记·中庸》："《诗》曰：'不显惟德，百辟其刑之。'是故君子笃恭而天下平。"（"不显惟德，百辟其刑之"，语出《诗·周颂·烈文》，意为：不夸示自己的恩德，百官们自然会效法你；百辟，百官；刑，效法。）《吕氏春秋·季春纪·先己》："昔者先圣王成其身而天下成，治其身而天下治。故善响者不于响，于声；善影者不于影，于形；为天下者不于天下，于身。《诗》曰：

‘淑人君子，其仪不忒（tè）。其仪不忒，正是四国。’言正诸身也。故反其道而身善矣，行义则人善矣。乐备君道而百官已治矣，万民已利矣。三者之成也，在于无为，无为之道曰胜天。”（于，在乎。淑人，善人；淑，善。仪，仪表，仪态。忒，差，差错。四国，四方邻国，泛指四方、天下。乐备君道，乐于遵从为君之道；备，通“服”，服从。）

【译文】

夫子说：“能做到无为而治的大概只有舜吧！他做了什么呢？只不过恭谨地律己，而使自己的言行合于君主的名分罢了。”

（六）

子张问行[1]，子曰：“言忠信，行笃敬，虽蛮貊之邦行矣。言不忠信，行不笃敬，虽州里行乎哉？立则见其参于前[2]也，在舆则见其倚于衡[3]也，夫然后行。”子张书诸绅[4]。

【注释】

[1] 子张问行：子张问怎样才可以通行于天下。《史记·仲尼弟子列传》：“（子张）他日从在陈、蔡间，困，问行。孔子

曰：'言忠信，行笃敬，虽蛮貊之国行也。言不忠信，行不笃敬，虽州里行乎哉？立则见其参于前也，在舆则见其倚于衡，夫然后行。'"

［2］参于前：罗列在面前。参，罗列，并立。

［3］倚于衡：凭靠在车辕前端的横木上。衡，车辕前端的横木。

［4］书诸绅：写在束腰的带子上。绅，士大夫束在腰间的带子，其颇宽大。

【译文】

子张问怎样才可以通行于天下，夫子说："言语忠诚守信，行为笃实恭敬，即使在蛮夷之地，也行得通。如果言语诡诈无信，行为不笃不敬，即使在本乡本土，能行得通吗？站立时就像看到'忠、信、笃、敬'几个字在自己眼前，坐车时就像看到'忠、信、笃、敬'几个字写在车辕前端的横木上，能够这样，就会无处行不通了。"子张随即把这些话写在束腰的带子上。

（七）

子曰："直哉，史鱼[1]！邦有道，如矢；邦无道，如矢。君子哉，蘧伯玉！邦有道，则仕；邦无道，则可卷而怀之[2]。"

【注释】

［1］史鱼：史鳅（qiū），字子鱼。卫国大夫。《韩诗外传》卷七：“正直者顺道而行，顺理而言，公平无私，不为安肆志，不为危易行……昔者卫大夫史鱼病，且死，谓其子曰：‘我数言蘧伯玉之贤而不能进，弥子瑕不肖而不能退。为人臣，生不能进贤而退不肖，死不当治丧正堂，殡我于室足矣。’卫君问其故，子以父言闻。君造然召蘧伯玉而贵之，而退弥子瑕，徙殡于正堂，成礼而后去。生以身谏，死以尸谏，可谓直矣。”（肆志，随心，纵情。易行，改变行操。且，将，将要。进，引荐而使晋升。退，贬责而使罢黜。正堂，正屋。造然，猝然；当即。）

［2］卷而怀之：收而藏之。卷，收。怀，藏。

【译文】

夫子说：“刚直啊，史鱼！邦国有道，他像射出的箭那样直；邦国无道，他也像射出的箭那样直。君子啊，蘧伯玉！邦国有道，他就出仕以实现自己的抱负；邦国无道，就怀藏自己的主张，不与世俗同流合污。”

（八）

子曰：“可与言而不与之言，失人[1]；不可与言而与之言，失言[2]。知者不失人，亦不失言。”

【注释】

［1］失人：错过人才。

［2］失言：出言失当。《荀子·大略》：“非其人而教之，赍（lài）盗粮，借贼兵也。”（赍盗粮，把粮赐给强盗；赍，赐给，赏赐。借贼兵，把兵器借给贼人。）

【译文】

夫子说：“可以同他谈而不跟他谈，这会错过人才；不可跟他谈而跟他谈，这是言语不当。明智的人不会错过人才，也不至于言语不当。”

（九）

子曰：“志士仁人，无求生以害仁[1]，有杀身以成仁[2]。”

【注释】

［1］求生以害仁：因贪生而戕害仁。

［2］杀身以成仁：牺牲生命以成全仁。《孟子·告子上》：“鱼，我所欲也；熊掌，亦我所欲也。二者不可得兼，舍鱼而取

熊掌者也。生，亦我所欲也；义，亦我所欲也。二者不可得兼，舍生而取义者也。生亦我所欲，所欲有甚于生者，故不为苟得也。死亦我所恶，所恶有甚于死者，故患有所不辟也。”（苟得，不当得而得。辟，通“避”。）《荀子·正名》：“人之所欲，生甚矣；人之所恶，死甚矣。然而人有从（zòng）生成死者，非不欲生而欲死也，不可以生而可以死也。”（从生成死，弃生就死；从，通“纵”，《说文·糸部》云“纵，缓也。一曰舍也”，这里意为舍弃；成，就，趋。）

【译文】

夫子说：“志士仁人，不会因为贪生而戕害仁，而能够牺牲生命以成全仁。”

（十）

子贡问为仁，子曰：“工欲善其事，必先利其器。居是邦也，事其大夫之贤者[1]，友其士之仁者[2]。”

【注释】

[1] 事其大夫之贤者：师法那些大夫中的贤者。事，从师求学；师法，效法。

［2］友其士之仁者：结交那些士人中的仁人。《大戴礼记·曾子制言下》："凡行不义，则吾不事；不仁，则吾不长。奉相仁义，则吾与之聚群向尔；寇盗，则吾（不）与虑。"（奉相，辅助。向尔，接近。虑，谋。）

【译文】

子贡问如何修养仁德，夫子说："工匠想要做好他应做的事，一定要先准备好称手的工具。处在一个国家里，要师法那些大夫中的贤者，结交那些士人中的仁人。"

（十一）

颜渊问为邦，子曰："行夏之时[1]，乘殷之辂[2]，服周之冕[3]，乐则《韶》舞[4]。放郑声[5]，远佞人。郑声淫，佞人殆。"

【注释】

［1］行夏之时：用夏代的历法。夏历即今之阴历，较合于农时。朱熹注："夏时，谓以斗柄初昏建寅之月为岁首也。天开于子，地辟于丑，人生于寅，故斗柄建此三辰之月，皆可以为岁首。而三代迭用之，夏以寅为人正，商以丑为地正，周以子

为天正也。然时以作事，则岁月自当以人为纪。故孔子尝曰：‘吾得夏时焉。’而说者以为谓《夏小正》之属。盖取其时之正与其令之善，而于此又以告颜子也。”《左传・昭公十七年》：“（梓［zǐ］慎曰：）夏数得天。”（夏数，夏时的历数。得，合，契合。天，这里指自然气象。）

［2］乘殷之辂（lù）：乘殷代的车。殷代的车以木为质，素朴而坚实。朱熹注：“商辂，木辂也。辂者，大车之名。古者以木为车而已，至商而有辂之名，盖始异其制也。周人饰以金玉，则过侈而易败，不若商辂之朴素浑坚而等威已辨，为质而得其中也。”（等威，威仪之等差。）

［3］服周之冕：戴周代的礼帽。周冕华而不靡，贵而不奢，服周冕有尚文之义。朱熹注：“周冕有五，祭服之冠也。冠上有覆，前后有旒（liú）。黄帝以来，盖已有之，而制度仪等，至周始备。然其为物小，而加于众体之上，故虽华而不为靡，虽费而不及奢。夫子取之，盖亦以为文而得其中也。”（覆，覆盖。旒，悬垂的玉串。靡，奢侈。费，花费多。）

［4］《韶》舞：舜时的乐舞。《论语・八佾》：“子谓《韶》：‘尽美矣，又尽善也。’”

［5］放郑声：摒弃郑国的流俗乐曲。依儒家标准看，郑声有失中正平和之气，易使听者滋生欲望，沉溺其中，因此有“郑声淫”之说。

【译文】

颜渊问怎样治理一个国家，夫子说："用夏时的历法，乘殷时的车驾，戴周代的礼帽，选用《韶》舞这样的音乐。摒弃郑国的流俗乐曲，远离那些巧言谄媚的人。郑国的流俗乐曲会把人引向淫逸，巧言谄媚的人会把国家导向危殆。"

（十二）

子曰："人无远虑[1]，必有近忧[2]。"

【注释】

[1] 远虑：长远的谋划、考虑。《易·系辞下》："是故君子安而不忘危，存而不忘亡，治而不忘乱，是以身安而国家可保也。"《左传·哀公十一年》："（冉求）对曰：'君子有远虑，小人何知？'"

[2] 近忧：眼前的祸患。忧，忧患，祸患。

【译文】

夫子说："一个人如果没有长远的打算，那他一定会有旦夕的祸患。"

（十三）

子曰："已矣乎！吾未见好德如好色者也[1]。"

【注释】

[1]"吾未见好德如好色者也"一语，已见于《论语·子罕》第十八章："子曰：'吾未见好德如好色者也。'"

【译文】

夫子说："罢了吧！我还不曾见过像喜好美色那样喜好美德的人。"

（十四）

子曰："臧文仲其窃位者与[1]！知柳下惠[2]之贤而不与立[3]也。"

【注释】

[1] 臧文仲其窃位者与：臧文仲大概要算是个窃居官位的人了吧。《左传·文公二年》："仲尼曰：'臧文仲，其不仁者三，

不知者三。下展禽，废六关，妾织蒲，三不仁也。作虚器，纵逆祀，祀爰居，三不知也。'”（下展禽，使展禽居于下位；展禽即柳下惠。废六关，设置六关以向行人收税；废，通“发”，设置。妾织蒲，让自己的妾织蒲席贩卖，与民争利。作虚器，指造室收藏大龟。纵逆祀，指纵容夏父弗忌的违反上下位次之祭祀的主张。祀爰居，对爰居——一种海鸟——妄加祭祀。）

［2］柳下惠：姓展，名获，字禽。鲁国大夫。食邑柳下，一说居柳下。“惠”为其谥号。

［3］不与立：不予举荐使之立于朝廷。俞樾《群经平议》：“（此处）立当读为位。”可备一说。

【译文】

夫子说：“臧文仲，大概要算是个窃居官位的人了吧！他明知柳下惠德才兼备却不愿举荐他，使他与自己同立于朝廷。”

（十五）

子曰：“躬自厚[1]而薄责于人[2]，则远怨矣。”

【注释】

［1］躬自厚：严于律己，多检讨自己。

［2］薄责于人：放宽对别人的要求。薄责，轻微的责备或责罚。《孟子・尽心下》："人病舍其田而芸人之田，所求于人者重，而所以自任者轻。"（病，弊病，毛病。芸，通"耘"，锄草。自任，自己承担。）

【译文】

夫子说："多检讨自己而少责怪别人，就可以免生怨人之心了。"

（十六）

子曰："不曰'如之何[1]如之何'者，吾末如之何也已矣。"

【注释】

［1］如之何：怎么办。《荀子・大略》："天子即位，上卿进曰：'如之何，忧之长也！'"

【译文】

夫子说："从不说'怎么办怎么办'的人，我对他也就不知道该怎么办了。"

（十七）

子曰："群居终日，言不及义[1]，好行小慧[2]，难矣哉！"

【注释】

[1] 言不及义：所说的话与道义无关。

[2] 好行小慧：喜好卖弄小聪明。

【译文】

夫子说："一群人相处终日，尽说些与道义无关的话，只喜好卖弄小聪明，这种人真让人犯难啊！"

（十八）

子曰："君子义以为质[1]，礼以行之，孙以出之[2]，信以成之。君子哉！"

【注释】

[1] 义以为质：以义为根本。质，根本。

[2] 孙（xùn）以出之：以谦逊的言辞表达之。孙，通"逊"。

【译文】

夫子说："君子以义为根本，按礼的规范实行它，以谦逊的言辞表达它，以诚信的态度完成它。这样，才可谓君子啊！"

（十九）

子曰："君子病[1]无能焉，不病人之不己知[2]也。"

【注释】

[1] 病：忧虑，担忧；指责，责备。

[2] 人之不己知：别人不了解自己。《论语·里仁》："不患莫己知，求为可知也。"《论语·宪问》："不患人之不己知，患其不能也。"

【译文】

夫子说："君子只担忧自己没有能力，不责怪别人不了解自己。"

（二十）

子曰："君子疾[1]没世[2]而名不称焉。"

【注释】

[1] 疾：忧虑。

[2] 没（mò）世：死；终生，终身。《史记·孔子世家》："子曰：'弗乎弗乎，君子病没世而名不称焉，吾道不行矣。吾何以自见于后世哉？'乃因史记作《春秋》，上自隐公，下讫哀公十四年，十二公。"

【译文】

夫子说："君子忧虑其身后声名不被人称述。"

（二十一）

子曰："君子求诸己[1]，小人求诸人[2]。"

【注释】

[1] 求诸己：责求自己。求，责求。《礼记·中庸》："在上位不陵下，在下位不援上，正己而不求于人则无怨。上不怨天，下不尤人。"（陵，通"凌"，欺凌。援，攀附，攀缘。）《孟子·公孙丑上》："仁者如射，射者正己而后发。发而不中，不怨胜己者，反求诸己而已矣。"（正己，端正自己。）

[2] 求诸人：责怪别人。《荀子·大略》："小人不诚于内而求之于外。"（求，责求。）

【译文】

夫子说："君子严于要求自己，小人苛于责备别人。"

（二十二）

子曰："君子矜而不争[1]，群而不党[2]。"

【注释】

［1］矜而不争：矜勉而不争竞。矜，矜勉，庄敬自勉。《论语·八佾》："君子无所争。"《荀子·尧问》："（周公旦曰：）君子力如牛，不与牛争力；走如马，不与马争走；知如士，不与士争知。"

［2］群而不党：合群而不结党。党，阿私，偏袒。《论语·述而》："（陈司败）曰：'吾闻君子不党。'"《国语·晋语六》："（郤［xì］至曰：）武人不乱，智人不诈，仁人不党。"

【译文】

夫子说："君子矜勉而不争竞，合群而不结党。"

（二十三）

子曰："君子不以言举人[1]，不以人废言[2]。"

【注释】

［1］不以言举人：不因为某人的话说得好就举用他。《管子·明法解》："明主之择贤人也，言勇者试之以军，言智者试之以官。试于军而有功者则举之，试于官而事治者则用之。故以战功之事定勇怯，以官职之治定愚智。故勇怯愚智之见也，如白黑之分。"

［2］不以人废言：不因为某人德行有失或地位卑贱就鄙弃他说得有道理的话。《淮南子·主术训》："夫人主之情，莫不欲总海内之智，尽众人之力。然而群臣志达效忠者，希不困其身。使言之而是，虽在褐（hè）夫刍荛（ráo），犹不可弃也；使言之而非也，虽在卿相人君揄（yú）策于庙堂之上，未必可用。是非之所在，不可以贵贱尊卑论也。是明主之听于群臣，其计乃可用，不羞其位；其言可行，而不责其辩。"（希，无。褐夫，穿粗布衣服的人，指贫贱者；褐，粗布，粗布衣服。刍荛，割草采薪之人，指草野之人；刍，割草；荛，打柴草。揄策，提出方策；揄，提出；策，方策，计谋。）

【译文】

夫子说："君子不因为某人的话说得好就举用他，也不因为某人德行有失或地位卑贱就鄙弃他说得有道理的话。"

（二十四）

子贡问曰："有一言[1]而可以终身行之者乎？"子曰："其恕乎[2]！己所不欲，勿施于人[3]。"

【注释】

[1] 一言：一字。古人称一字为一言。

[2] 其恕乎：大概就是"恕"这个字了吧。《论语·里仁》："曾子曰：'夫子之道，忠恕而已矣。'"

[3] 己所不欲，勿施于人：自己不想要的，不要施加给别人。此语已见于《论语·颜渊》第二章："仲弓问仁，子曰：'出门如见大宾，使民如承大祭。己所不欲，勿施于人。在邦无怨，在家无怨。'"

【译文】

子贡问夫子："有没有哪一个字可以奉行终身呢？"夫子说："那大概就是'恕'这个字了吧！自己不想要的，不要施加给别人。"

（二十五）

子曰："吾之于人也，谁毁谁誉？如有所誉者，其有所试矣[1]。斯民也，三代之所以直道而行也。”

【注释】

[1] 如有所誉者，其有所试矣：如果对谁有所赞誉，那一定是他经过人们的检验了。誉，赞誉，称赞。试，检验。《汉书·艺文志·诸子略序》：“儒家者流，盖出于司徒之官，助人君顺阴阳、明教化者也。游文于六经之中，留意于仁义之际。祖述尧舜，宪章文武，宗师仲尼，以重其言，于道最为高。孔子曰：‘如有所誉，其有所试。’唐虞之隆，殷周之盛，仲尼之业，已试之效者也。”（祖述，师法而称述。宪章，效法而彰明。）

【译文】

夫子说：“我对于人，诋毁谁赞誉谁了呢？如果对谁有所赞誉，那一定是经过（人们的）检验了。这些（自有褒贬尺度的）百姓啊，三代只是因为他们才得以直道而行。”

（二十六）

子曰：“吾犹及史之阙文[1]也，有马者借人乘之，今亡矣夫！”

【注释】

[1] 阙文：指有疑暂缺的文字。《汉书·艺文志》：“古制，

书必同文，不知则阙，问诸故老。至于衰世，是非无正，人用其私。故孔子曰：‘吾犹及史之阙文也，今亡矣夫。’盖伤其浸（jìn）不正。”（故老，年高而见识多的人。浸，逐渐。）《后汉书·徐防传》：“（防上疏曰：）孔子称‘述而不作’，又曰‘吾犹及史之阙文’，疾史有所不知而不肯阙也。”

【译文】

夫子说：“我还看到过史籍上把存疑的文字空缺在那里，看到过有马的人把马借给别人乘用，现在这类事都看不到了。”

（二十七）

子曰：“巧言乱德[1]。小不忍，则乱大谋[2]。”

【注释】

［1］巧言乱德：花言巧语会败坏人的德行。乱，败坏。《论语·学而》：“子曰：‘巧言令色，鲜矣仁！’”

［2］小不忍，则乱大谋：小节处不能忍，就会扰乱大谋略。《论语·颜渊》：“一朝之忿，忘其身，以及其亲，非惑与？”《大戴礼记·武王践阼（zuò）》：“矛之铭曰：‘造矛造矛，少间弗忍，终身之羞。’”（践阼，即位，登基。造，操持。少间，一会

儿，不多久。）

【译文】

夫子说：“花言巧语会败坏人的德行。小节处不能忍，就会扰乱大谋略。”

（二十八）

子曰：“众恶之，必察焉；众好之，必察焉[1]。”

【注释】

[1] 相对于“众恶”“众好”的众意，孔子所看重的是未必与众意全然相合的公意。此章旨趣与以下文献所述相通：《论语·里仁》：“子曰：‘唯仁者能好人，能恶人。’”《论语·子路》：“子贡问曰：‘乡人皆好之，何如?’子曰：‘未可也。’‘乡人皆恶之，何如?’子曰：‘未可也。不如乡人之善者好之，其不善者恶之。’”《孟子·梁惠王下》：“左右皆曰贤，未可也；诸大夫皆曰贤，未可也；国人皆曰贤，然后察之。见贤焉，然后用之。左右皆曰不可，勿听；诸大夫皆曰不可，勿听；国人皆曰不可，然后察之。见不可焉，然后去之。左右皆曰可杀，勿听；诸大夫皆曰可杀，勿听；国人皆曰可杀，然后察之。见可

杀焉，然后杀之。故曰：国人杀之也。如此，然后可以为民父母。”

【译文】

夫子说：“众人都厌恶一个人，一定要留心考察；众人都喜好一个人，也一定要留心考察。”

（二十九）

子曰：“人能弘道[1]，非道弘人[2]。”

【注释】

[1] 人能弘道：人能弘大人的性分之内有其端倪的道。《礼记·中庸》：“大哉圣人之道！……待其人而后行。故曰：苟不至德，至道不凝焉。”（凝，成。）

[2] 非道弘人：人之外不存在某种独立自在的道，人的德性不是由这一独立自在的道弘大的。

【译文】

夫子说：“人能弘大（人的性分之内有其端倪的）道，并非（有某种存在于人之外的）道能弘大人。”

（三十）

子曰："过而不改[1]，是谓过矣。"

【注释】

[1] 过而不改：有了过错而不改正。《论语·子张》："子贡曰：'君子之过也，如日月之食焉：过也，人皆见之；更也，人皆仰之。'"《穀梁传·僖公二十二年》："过而不改，又之，是谓之过，（宋）襄公之谓也。"（又之，这里指重复同样的过错。）《大戴礼记·盛德》："人情莫不有过，过而改之，是不过也。"（不过，不再是过错。）

【译文】

夫子说："有了过错而不改正，这才真可以说是过错了。"

（三十一）

子曰："吾尝终日不食终夜不寝以思，无益，不如学也[1]。"

【注释】

[1] 此章所言为"思而不学"者而发。《论语·为政》：

“子曰：‘学而不思则罔，思而不学则殆。’”《大戴礼记·劝学》：“孔子曰：‘吾尝终日思矣，不如须臾之所学；吾尝跂（qì）而望之，不如升高而博见也。’”（跂，踮起脚跟。升高，登高。）

【译文】

夫子说：“我曾经整日不吃饭、整夜不睡觉而一味思考，没有收益，不如去学习。”

（三十二）

子曰：“君子谋道不谋食。耕也，馁[1]在其中矣；学也，禄[2]在其中矣。君子忧道不忧贫[3]。”

【注释】

［1］馁（něi）：饥饿。

［2］禄：禄位，俸禄。

［3］君子忧道不忧贫：君子只为道义而忧虑，不为贫穷而发愁。王符《潜夫论》：“孔子曰：‘吾尝终日不食终夜不寝以思，无益，不如学也。’‘耕也，馁在其中；学也，禄在其中矣。君子忧道不忧贫。’箕子陈六极，国风歌《北门》，故所谓不忧

贫也。岂好贫而弗之忧邪？盖志有所专，昭其重也。是故君子之求丰厚也，非为嘉馔、美服、淫乐、声色也，乃将以底其道而迈其德也。”（六极，《书·周书·洪范》所载箕子陈述的六种极凶极恶之事，即所谓“凶短折”“疾”“忧”“贫”“恶”“弱”。《北门》，《诗·卫风》中的一首。昭，显示。嘉馔，美食。底，通“抵”，抵达。迈，履行。）

【译文】

夫子说：“君子经心于道义而不着意于衣食。一味为衣食而耕作，饥饿常会伴随其间；致力于道义而学习，却能得到俸禄的回报。君子只为道义而担忧，不为贫穷而愁虑。”

（三十三）

子曰：“知及之，仁不能守之，虽得之，必失之。知及之，仁能守之，不庄以莅之[1]，则民不敬[2]。知及之，仁能守之，庄以莅之，动之不以礼，未善也。”

【注释】

[1] 庄以莅（lì）之：以庄重的态度去对待。莅，临视，治理。《论语·为政》：“临之以庄，则敬。”《左传·襄公三十一

年》："（北宫文子曰：）君子在位可畏，施舍可爱，进退可度，周旋可则，容止可观，作事可法，德行可象，声气可乐，动作有文，言语有章，以临其下，谓之有威仪也。"（度，效法。则，[作为] 榜样。法，仿效。象，取法。）

[2] 敬：信奉，重视。

【译文】

夫子说："凭着才智懂得了治国的道理，不能以仁德的修养恪守它，即使懂得了，也一定会失去它。凭着才智懂得了它，又能以仁德的修养恪守它，要是不能以庄重的态度将其用于国家的治理，百姓就不会信奉它。凭着才智懂得了它，又能以仁德的修养恪守它，以庄重的态度将其用于国家的治理，而其施行不合于礼的规范，那还不能算是完善。"

（三十四）

子曰："君子不可小知[1]而可大受[2]也，小人不可大受而可小知也。"

【注释】

[1] 小知：从小节上了解。知，了解，赏识。

[2] 大受：承担重任，委以重任。“小知”“大受”，是就资材、德能之所长以用人而言。《淮南子·主术训》：“是故有大略者，不可责以捷巧；有小智者，不可任以大功。人有其才，物有其形，有任一而太重，或任百而尚轻。是故审豪厘之计者，必遗天下之大数；不失小物之选者，惑于大数之举。譬犹狸之不可使搏牛，虎之不可使搏鼠也。”（大略，远大谋略。责，责求，要求。大功，大功业。审，明悉；详察。豪厘，毫厘；豪，通“毫”。遗，遗漏。）

【译文】

夫子说：“对于君子，不可着眼于小节去了解，而可委以重任。对于小人，不可委以重任，而可赏识其小节处的所长。”

（三十五）

子曰：“民之于仁也，甚于水火[1]。水火，吾见蹈[2]而死者矣，未见蹈仁而死者也。”

【注释】

[1] 甚于水火：超过水火，胜于水火。甚，超过，胜过。

[2] 蹈：践；投入，履行。

【译文】

夫子说："人有赖于仁德，胜过有赖于水火。我见过人有落水或失火而死的，没见过践行仁德而死的。"

（三十六）

子曰："当仁[1]不让[2]于师。"

【注释】

[1] 当仁：以仁为己任。当，担当，承当。

[2] 不让：不推让。

【译文】

夫子说："以仁为己任，（在这一点上，）即使对自己的老师也无可推让。"

（三十七）

子曰："君子贞[1]而不谅[2]。"

【注释】

[1] 贞：方正而诚信。

［2］谅：小信，由固执于一时之信而置大义于不顾。《论语·宪问》："岂若匹夫匹妇之为谅也，自经于沟渎而莫之知也？"

【译文】

夫子说："君子诚信而方正，不至于由固执于小信而置大义于不顾。"

（三十八）

子曰："事君，敬其事[1]而后其食[2]。"

【注释】

［1］敬其事：谨慎地做好自己职分内的事。

［2］后其食：把俸禄方面的考虑放在后面。食，禄。《礼记·儒行》："（儒者）先劳而后禄。"

【译文】

夫子说："侍奉君主，应当谨慎地做好自己职分内的事，而把俸禄方面的考虑放在后面。"

(三十九)

子曰："有教[1]无类[2]。"

【注释】

[1] 有教：有求学者，一概予以教诲。《论语·述而》："子曰：'自行束脩以上，吾未尝无诲焉。'"

[2] 无类：不问（贫富、贵贱、智愚、贤与不肖等）类别。

【译文】

夫子说："凡有求学者，一概予以教诲，不问其属于（贫富、贵贱、智愚、贤与不肖等）哪一类。"

(四十)

子曰："道[1]不同，不相为谋[2]。"

【注释】

[1] 道：这里指人生的根本主张。《史记·伯夷列传》："子曰：'道不同，不相为谋。'亦各从其志也。"《史记·老子韩非

列传》："世之学老子者则绌（chù）儒学，儒学亦绌老子。道不同，不相为谋，岂谓是邪？"（绌，贬斥。）

［2］谋：筹划，计谋。

【译文】

夫子说："根本主张不同，难以相互商谋。"

(四十一)

子曰："辞[1]，达[2]而已矣。"

【注释】

［1］辞：言语，文辞。学者有谓此处之"辞"专就邦交之词而言，或略褊狭。其当包括邦交之词，但不必仅以邦交之词为限。

［2］达：引达；引发思趣以达于觉悟。《仪礼·聘礼记》："辞无常，孙（xùn）而说。辞多则史，少则不达。辞苟足以达，义之至也。"（常，固定不变。史，烦冗。）《礼记·曲礼上》："不辞费。"（辞费，言辞烦琐。）

【译文】

夫子说："言辞，不过在于引发思趣以达于觉悟罢了。"

(四十二)

师冕[1]见，及阶，子曰："阶也。"及席，子曰："席也。"皆坐，子告之曰：某在斯，某在斯[2]。师冕出。子张问曰："与师言之，道与?"子曰："然，固相师[3]之道也。"

【注释】

[1] 师冕：师，指乐师；古乐师通常为盲者。冕，乐师的名字。

[2] 某在斯，某在斯：某人在这里，某人在这里。这是孔子在告知盲者各个就座的人的位置。《礼记·少仪》："其未有烛而后至者，则以在者告，道瞽亦然。"（在者，在场者。道，导。瞽，盲者。）

[3] 相（xiàng）师：扶助乐师。《礼记·礼器》："故礼有摈诏，乐有相步，温之至也。"（摈诏，对宾主双方做介绍的人。相［xiàng］步，古代搀扶盲乐师的人。）

【译文】

师冕来见夫子，到了台阶跟前，夫子说："这是台阶。"到了坐席跟前，夫子说："这是坐席。"等大家都坐下来，夫子告诉乐师说：某人坐在这里，某人坐在这里。师冕走后，子张问夫子："与乐师说这些，也是道吗?"夫子说："当然，这本来就是扶助乐师这样的盲者的道啊!"

疏　　解

《卫灵公》约略与《论语》上编《里仁》相呼应，其所录孔子话语四十二则虽不如《里仁》诸章那样切近地环集于同一议题，但由"仁"而说"人"、由"仁""人"而说"道"，以至于由"道"通一己而说"躬自厚"、由"道"通"为邦"而说"无为而治"，似仍可视为全篇所论的重心。

孔子不曾像后来子思、孟子那样径直断言"仁者，人也"(《礼记·中庸》)或"仁也者，人也"(《孟子·尽心下》)，但以"仁"为人之所以为人的根本的观念则是可溯源于孔子的。孔子以"礼""乐"为教，有"兴于诗，立于礼，成于乐"(《论语·泰伯》)之说，然而他也说"人而不仁，如礼何？人而不仁，如乐何"(《论语·八佾》)，可见在他这里"仁"对于"人"的重要。人不可以没有水火，离开水火便无法生活，但在孔子看来，"民之于仁也，甚于水火"(第三十五章)：人受益于水火，人也可能遭遇水火带来的灾厄，而仁使人成其为人，却只是成全人，不会陷人于祸患。"生"可谓人的最大的"利"，"仁"则是人的最高的“义”，在“义”“利”之辨——“君子喻于义，小人喻于利”（《论语·里仁》）——的逻辑彻底处，孔子提出：“志士仁人，无求生以害仁，有杀身以成仁”（第九章）。“生”的终极意义在于“仁”，丧失了“仁”这一人生最后理由的“生”不再具有人的价值。孔子当然是重“生”的，否则他便不至于说“未知生，焉知死”（《论语·先进》）这样的话，但他所谓“生”是“仁”涵养于其中的生。因此，对于他，重生本身即是重仁。当“生”与“仁”不得不分别为言，并且由此不得不做一种两难抉择时，他以“杀身以成仁”宣告了儒家教化毫不含糊的价值取向，对这价值取向的践履及这取向上某种至高境地的祈求构成儒家的“道”。

时人或以博学多能赞誉孔子，其学生子贡也企慕孔子的“多学而识之”，孔子则纠正说：“吾少也贱，故多能鄙事。君子多乎哉？不多也”（《论语·子罕》）。同时，他又自称：“予一以贯之”（第三章）。孔子确有其“多”（“多学”“多能”），但重要的在于这“多”中有“一”，其“一以贯之”的“一”即他所谓“吾道一以贯之”（《论语·里仁》）的“道”。曾参曾以“忠恕”诠释孔子那里的以“道”相称的“一”，其实，说到底，“忠恕”的根据乃在于“仁”。无论是尽己为人以“忠”，或所谓“己欲立而立人，己欲达而达人”（《论语·雍也》），还是推己及人以“恕”，或所谓“己所不欲，勿施于人”（见《论语·颜渊》或本篇第二十四章)，都是人的一种心灵境界，这种心灵境界倘没有某种内在的由衷之情或所谓“恻隐之心”涵润其间，没有内在的由衷之情或所谓“恻隐之心”顺其自然地向可能的应然提升，则是不可想象的。这内在的由衷之情或“恻隐之心”正如孟子所说乃是“仁”的端倪，而其由“中庸”之途从自然的亲切处向着应然境地的无底止的提升即是“为仁”而“里仁”。“孔子曰：道二，仁与不仁而已矣”(见《孟子·离娄上》)，“仁”使人成其为人，同样，唯有人才可能自觉到其内在的“仁”的端倪并把这端倪扩充为可堪以“仁”相称之“仁”。正是在这一意义上，孔子指出：“人能弘道，非道弘人”(第二十九章)。此后，孟子阐释这人而成“仁”、“仁”而成人的儒家理趣说：“仁也者，人也；合而言之，道也”(《孟子·尽心下》)。

对于孔子来说，由“依于仁”(《论语·述而》)引出的“道”是贯通于人生的有待和无待两个向度的，但它首先为人生无待向度所生发而又养润这人生的无待向度。“躬自厚而薄责于人，则远怨矣”(第十五章)。所谓“躬自厚”(严于检讨自身)是无待于外部条件成全的，有这一度的自觉，必至于宽谅他人而不滋生怨天尤人之心。《卫灵公》辑有诸多孔子谈论“君子”的话语，如“君子病无能焉，不病人之不己知也”(第十九章)、“君子疾没世而名不称焉”(第二十章)、“君子矜而不争，群而不党”(第二十二章)、“君子不以言举人，不以人废言”(第二十三章)、“君子固穷，小人穷斯滥矣”(第二章)、“君子不可小知而可大受也，小人不可大受而可小知也”(第三十四章)、“君子贞而不谅”(第三十七章)、“君子义以为质，礼以行之，孙以出之，信以成之”(第十八章)等，其角度多有转换，但重心无不落在“君子谋道不谋食”或“君子忧道不忧贫”(第三十二章)上，而趣于这一重心的要津却又无不在于所谓“求诸己”(反求于自身)。诚然，“君子谋道不谋食”或“君子忧道不忧贫”未尝不可视为“君子喻于义，小人喻于利”的另一种说法，至于“君子求诸己，小人求诸人”(第二十一章)，则可谓是儒家宗师对“道”“义”必得反“己”而“求”的谆谆强调。

“道”通于“修己”(《论语·宪问》)，也通于“为邦”。“为邦”是有待的，不过它在孔子这里终是可以推原于无待的“修己”的。卫灵公向孔子讨教布阵打仗之法，孔子回答这位无道的君主说:“俎豆之事，则尝闻之矣；军旅之事，未之学也”(第一章)。这似乎是答问者在申明自己的两种能力的长短，实际上却是对如何“为邦”的指点。孔子并非全然不问“军旅之事”，否则他就不至于说“善人教民七年，亦可以即戎”或“以不教民战，是谓弃之”(《论语·子路》)之类的话了。同样，所谓“俎豆之事”也绝不只是指一种礼仪形式，孔子借此启示给那位一国之君的道理是“克己复礼”(《论语·颜渊》)以“为仁”。与《论语》其他篇一样，《卫灵公》所记孔子论说“为邦”

或“为政”的话多是就“有国者”或当政者而言的，诸如所谓“行夏之时，乘殷之辂，服周之冕，乐则《韶》舞。放郑声，远佞人”（第十一章）、“知及之，仁不能守之，虽得之，必失之。知及之，仁能守之，不庄以莅之，则民不敬。知及之，仁能守之，庄以莅之，动之不以礼，未善也”（第三十三章）、“众恶之，必察焉；众好之，必察焉”（第二十八章）等，而其中最值得注意的一个说法则是：“无为而治者，其舜也与！夫何为哉？恭己正南面而已矣”（第五章）。这里所说的“恭己”，即是恭谨地律己以修养德性，而“正南面”则是指“正”君主的名分以求“君君”。无须赘说，同是讲“无为而治”，老子的“无为”否弃任何人为的努力而一味听任自然，孔子的“无为”却不能没有“上好义”、“上好信”、“上好礼”（《论语·子路》）和“道之以德，齐之以礼”这一前提。老子的“无为”连着那种“复朴”而“法自然”的“道”，孔子的“无为”与“依于仁”因而必至于“人能弘道”之“道”相贯。孔子的“无为而治”的向往是寄托于尧舜那样的“圣王”的，但正像传说中的尧舜“禅让”在后世的政治中从不曾真正出现过，“圣王”在真实的历史中始终只是传承“成德之教”的儒者们的一个不忍割舍的梦想。

孔子由“修己”说“为邦”虽不免遭他人的“知其不可而为之”之讥，但儒学创始者毕竟有其未可摇夺的信念，这信念固然同“信而好古”（《论语·述而》）的“圣王”意识不无关联，却也还出于对心中自有“直道”的“民”众的寄望。当孔子说“人之生也直”（《论语·雍也》）时，他是把“直”视为人之生性的本然质地的，而当他说“直哉，史鱼！邦有道，如矢；邦无道，如矢”（第七章）时，他则表达了他对“直”这一德性的称赏和对赋有这一德性而足以垂范于世的人物的赞誉。孔子自称“吾之于人也，谁毁谁誉？如有所誉者，其有所试矣”。这所试是试之于“民”，所以他也说：“斯民也，三代之所以直道而行也”（第二十五章）。“民”中的某个人或某些人难免因着利害的执着而心存偏私，但当相互制约的一己之私得以抵消于人与人之间的关系后，一种体现公意的“直道”反倒自会通行于人间。《尚书》所谓“天视自我民视，天听自我民听”（《孟子·万章上》引《书·太誓》），其依据在于这一“直道”，孟子所谓“昔者尧荐舜于天而天受之，暴之于民而民受之”（《孟子·万章上》），其依据也在于这一“直道”。从《尚书》到《孟子》，与孔子所谓“直道”互为表里的是儒家根深蒂固的民本意识。

“直道”所以“直”，其根柢在于“仁”；就其为百姓（“民”）日用而不知言之，“直道”也可谓非自觉的“仁”道或潜在的“仁”道。三代之民和春秋衰世之民在潜在的素质上并没有什么不同，而“三代之所以直道而行”——依孔子所谓“如有王者，必世而后仁”（《论语·子路》）相推——乃是因为三代的王者能够在使民“富之”之后对民“教之”。“民”中自有“直道”，问题在于引导和教化，以使其由非自觉达到自觉，由潜在或自在转化为现验的在。孔子当然对春秋时的“有国者”“从政者”寄托过由其“身正”而对民“导之以德”的希望，但目睹礼坏乐崩、“君不君，臣不臣”的现实，他还是更多地让自己担负起了教化世俗的重任。儒家从来就不是一个知识性群体的称谓，孔子创立儒家之教原本是要达于“天下归仁”（《论语・颜渊》）或“天下之民归心”（《论语・尧曰》）。他以一个非当政者的身份推行王者之道，不能期待“子帅以正，孰敢不正”（《论语・颜渊》）或“其身正，不令而行”（《论语・子路》）那样的政教效果，只能走一条将相对独立的教化“施于有政”（《论语・为政》）的道路。这是一条由孔子独辟的蹊径，它宣告了教化或教育的自觉，并由此把孔子这个被后世称作“素王”的人首先成全为一位“专行教道”（《淮南子・主术训》）的伟大教师，亦即所谓“得天下英才而教育之”（《孟子・尽心上》）的教育家。严格意义上的中国教育史从这里发端，而最能标志这一发端的则是孔子提出的一个非同寻常的教育命题：“有教无类”（第三十九章）。

通常人们总是从孔子授徒不问出身门第、不分贫富贵贱的角度理解“有教无类”，这当然并不错。但孔子的“有教无类”或他所谓“自行束脩以上，吾未尝无诲焉”（《论语・述而》）的说法，也还有另一层意思，即无论弟子有怎样不同的才性、气质，夫子都一视同仁地予以教诲。在孔子的弟子中，有愚拙如子羔、鲁钝如曾参这样的学生，也有偏执如子张、粗犷如子路这样的学生，有“其庶乎，屡空”的颜渊，又有“不受命而货殖焉，亿则屡中”的子贡（见《论语·先进》），对于这些学生他都能诲之不倦、随机指点。只有人类才有所谓文化传承，人是在受教育中把有个性的个体关联于他的族类文化的。创造永远见之于有个性的个体，创造也永远只是在族类文化的润泽、陶养下才有可能。“有教无类”所表达的不仅仅是一位无与伦比的教育家讲学授徒的襟怀和姿态，它也把教育对于人的普遍可能性与普遍必要性以便于更多的人理解的方式说了出来。诚然，“教”的普遍性是相应于“道”的普遍性的，而且正因为这样，这普遍本身即意味着对个性各异的诸多个人的普遍成全。同样，“教”的生命化也是相应于为人所弘大的“道”的生命化的，这生命化在于亲切的个性与虚灵的公意的相通，它把教育或教化的首要使命从一开始就确定了下来，此即所谓人生的终极价值或根本意义的诲示。

季氏第十六

(一)

季氏将伐颛臾[1]。冉有、季路见于孔子曰："季氏将有事[2]于颛臾。"孔子曰[3]："求！无乃尔是过与？夫颛臾，昔者先王以为东蒙主[4]，且在邦域之中[5]矣，是社稷之臣也，何以伐为？"冉有曰："夫子[6]欲之，吾二臣者皆不欲也。"孔子曰："求！周任[7]有言曰：'陈力就列，不能者止[8]。'危而不持，颠而不扶，则将焉用彼相矣？且尔言过矣，虎兕出于柙，龟玉毁于椟中，是谁之过与？"冉有曰："今夫颛臾，固而近于费，今不取，后世必为子孙忧。"孔子曰："求！君子疾夫舍曰欲之而必为之辞[9]。丘也闻有国有家者，不患寡而患不均，不患贫而患不安[10]。盖均无贫，和无寡，安无倾。夫如是，故远人不服，则修文德以来之。既来之，则安之。今由与求也，相夫子，远人不服而不能来也，邦分崩离析而不能守也，而谋动干戈于邦内。吾恐季孙之忧，不在颛臾，而在萧墙[11]之内也。”

【注释】

[1] 季氏将伐颛（zhuān）臾（yú）：季氏打算讨伐颛臾。季氏，指季康子。将，想要。颛臾，风姓，鲁国的附庸，今山东费县西北八十里处有颛臾村，或为古颛臾所遗。此事不见载于《春秋》及其三传，《史记》亦未提及。有学者认为此章所记与史实相去，如蒋伯潜就曾指出：“《季氏》首章记将伐颛臾事。此事不见于《春秋》经传，且亦无颛臾为鲁附庸之说”（蒋伯潜：《十三经概论·论语解题下》）。也有学者认为“季氏将伐颛臾”一事史籍不见记载是因为其在孔子的劝阻下终于未果，如钱穆说：“伐颛臾事不书于《春秋》，殆因孔子言而中止”（钱穆：《论语新解》卷十六）。

[2] 有事：指用兵之事。《左传·成公十三年》：“国之大事，在祀与戎。”（祀，祭祀。戎，战争。）

[3]《季氏》凡记孔子语皆称“孔子曰”，与《论语》上编十篇及下编前五篇大多数章称“子曰”的体例颇不相类。可见，

《论语》下编编者另有其人，且各篇编辑亦非出于一人之手。

［4］东蒙主：在东蒙主持祭祀，为东蒙之主。蒙，指蒙山，在鲁东，故称东蒙。

［5］邦域之中：封域之中。邦域，疆土；国境。

［6］夫子：这里指季氏，即季康子。

［7］周任：古代史官。

［8］陈力就列，不能者止：量力而就职，若难以尽其分内之责就应主动请辞。陈，施展。《论语·先进》："所谓大臣者，以道事君，不可则止。"《礼记·内则》："道合则服从，不可则去。"

［9］君子疾夫舍曰欲之而必为之辞：君子厌恶那种不愿说出真实意图而只是为自己寻找托词的人。疾，痛恨，厌恶。舍曰，不肯说出。必，唯，只。

［10］不患寡而患不均，不患贫而患不安：从下文"均无贫""和无寡""安无倾"看，这里当为"不患贫而患不均，不患寡而患不安"。其意为：不担心贫穷，而担心财富不均；不担心人口稀少，而担心人心不安稳。

［11］萧墙：古代宫室内用作屏障的矮墙。

【译文】

季氏打算讨伐颛臾。冉有、季路去见孔子，说："季氏将要用兵于颛臾了。”孔子说：“冉求！这难道不是你的过失吗？那颛臾，往昔先王曾让它做东蒙山之主，而且在鲁国疆域之内，是鲁国的臣属，为什么要讨伐它呢？”冉有说：“是季孙大夫想要这么做，我们两个做陪臣的都是不愿意的呀！”孔子说：“冉求！周任说过：‘量力而就职，如果难以尽分内之责，那就该离职而去。’看到盲者有危险而不去搀他一把，跌倒了也不把他扶起来，那还要导引盲人的人做什么？况且，你说得并不对呀，老虎、野牛从樊笼中跑了出来，龟甲、美玉毁在了匣子里，这算谁的过错呢？”冉有说：“颛臾现在城郭坚固而靠近费邑，不趁早拿下它，日后必定会给子孙留下祸患。”孔子说：“冉求！君子厌恶那种不肯说出真实意图而只是为自己寻找托词的人。我听说治理一个邦国或治理一个家族，不必担心贫穷，而应担心财富不均，不必担心人口稀少，而应担心人心不安稳。贫富均衡了就无所谓贫穷，彼此和谐相处了人口就不会显得稀少，人心安稳了就不会有国家倾覆的祸患。如果这样，远方的人不归附，就修饬礼乐政教招纳他们；他们归附了，就让他们安定下来。如今的仲由和冉求呀，辅佐季孙大夫，远方的人不归附而不能招纳他们，邦国分崩离析而不能守卫它，反倒谋图兴兵动武于国内，我担心季孙氏的忧患不在颛臾，而在萧墙内的鲁君啊！”

(二)

孔子曰："天下有道，则礼乐征伐自天子出[1]；天下无道，则礼乐征伐自诸侯出。自诸侯出，盖十世希不失矣[2]；自大夫出，五世希不失矣；陪臣执国命[3]，三世希不失矣。天下有道，则政不在大夫。天下有道，则庶人不议。"

【注释】

[1] 礼乐征伐自天子出：礼乐体制的更动及征战讨伐事宜由天子做出决定。《礼记·中庸》："非天子，不议礼，不制度，不考文。今天下车同轨，书同文，行同伦。虽有其位，苟无其德，不敢作礼乐焉；虽有其德，苟无其位，亦不敢作礼乐焉。"（议礼，议论礼制。制度，制定法规。考文，原指考正书名，这里指考订礼法条文。）《孟子·尽心下》："春秋无义战。彼善于此，则有之矣。征者上伐下也，敌国不相征也。"班固《白虎通·诛伐》："诸侯之义，非天子之命，不得动众起兵诛不义者，所以强干弱枝，尊天子，卑诸侯也。《论语》曰：'天下有道，则礼乐征伐自天子出；天下无道，则礼乐征伐自诸侯出。'"（诸侯之义，即诸侯之动议；义，通"议"。）

[2] 自诸侯出，盖十世希不失矣：（礼乐体制的更动及征战

讨伐事宜）由诸侯做出决定，大约很少有历经十世而不失去权力传承的。希，通“稀”，稀少。

［3］陪臣执国命：大夫的家臣掌握国家政令。陪臣，卿、大夫的家臣。国命，国家政令。

【译文】

孔子说：“天下有道，礼乐体制的更动及征战讨伐事宜由天子做出决定；天下无道，礼乐体制的更动及征战讨伐事宜由诸侯做出决定。由诸侯做决定，大约很少有历经十世而不失去权力传承的；由大夫做决定，很少有历经五世而不失去权力传承的；大夫的家臣掌握国家政令，很少有历经三世而不失去权力传承的。天下有道，国家的政权就不会掌握在大夫手中。天下有道，一般百姓就不会私下议论政局。”

（三）

孔子曰：“禄之去公室五世矣[1]，政逮于大夫四世矣[2]，故夫三桓之子孙微矣[3]。”

【注释】

［1］禄之去公室五世矣：鲁国公室失去爵禄实际授予权力

已经五世了。禄，这里指爵禄授予的权力，亦即政权。五世，指鲁宣公、成公、襄公、昭公、定公五代。《左传·昭公二十五年》："（宋乐祁曰：）政在季氏三世（杜预注：'文子、武子、平子'）矣，鲁君丧政四公（杜预注：'宣、成、襄、昭'）矣。"

［2］政逮于大夫四世矣：国政被大夫把持已经四世了。逮，到，落到。四世，指季氏操纵国政以来历经了文子、武子、平子、桓子四代。《左传·昭公三十二年》："（晋史墨曰：）昔成季友，桓之季也……有大功于鲁，受费以为上卿。至于文子、武子，世增其业，不废旧绩。鲁文公薨（hōng），而东门遂杀適（dí）立庶，鲁君于是乎失国，政在季氏，于此君也四公矣。"（成季友，人名，鲁恒公之季子。受费，受封于费地。薨，诸侯死曰薨。东门遂，鲁国大夫，庄公之子，亦称公子遂，字襄仲，居东门；后东门因以为姓氏。杀適立庶，这里指杀鲁文公嫡子恶及视，而立其庶子倭为宣公。此君，这里指鲁昭公。）《史记·鲁周公世家》："文公卒……襄仲杀子恶及视，而立倭，是为宣公。哀姜归齐，哭而过市，曰：'天乎！襄仲为不道，杀適立庶。'市人皆哭，鲁人谓之哀姜。鲁由此公室卑，三桓强。"（襄仲，即东门遂。哀姜，鲁文公长妃。）

［3］三桓之子孙微矣：鲁桓公后裔的三个支脉都衰落了。三桓，指把持鲁国权力的三家大夫仲孙氏、叔孙氏、季孙氏，其皆为鲁桓公的后代，故有"三桓"之称。到鲁定公时，这三家都开

始衰落了。《左传·定公五年》："（九月）乙亥，阳虎囚季桓子及公父文伯，而逐仲梁怀。冬十月丁亥，杀公何藐。"（公父文伯、仲梁怀、公何藐，皆人名；文伯，为季桓子从父之兄弟。）

【译文】

孔子说："鲁国公室失去爵禄（实际）授予权力已经五世了，国家政权落到大夫手上已经四代了，所以桓公的后裔——仲孙氏、叔孙氏、季孙氏——也都开始衰落了。"

（四）

孔子曰："益者三友，损者三友[1]。友直，友谅[2]，友多闻，益矣。友便辟[3]，友善柔[4]，友便佞[5]，损矣。"

【注释】

[1] 益者三友，损者三友：有三种朋友是有益的，有三种朋友是有害的。《大戴礼记·曾子疾病》："与君子游，苾（bì）乎如入兰芷之室，入而不闻，则与之化矣；与小人游，贷乎如入鲍鱼之次，久而不闻，则与之化矣。"（游，交往。苾，芬芳。兰芷，兰与芷，皆为香草。化，同化。贷，当为"膱"［zhí］，油、肉腐败，腐臭。次，市。）

［2］友谅：以诚信之人为友。谅，诚实，诚信。

［3］友便（pián）辟：以谄媚逢迎的人为友。便辟，亦即“便僻”“便嬖”，谄媚逢迎。

［4］友善柔：以曲意奉承的人为友。善柔，阿谀奉承。

［5］友便（pián）佞（nìng）：以巧言令色的人为友。便佞，巧言善辩，阿谀逢迎。

【译文】

孔子说：“有三种朋友是有益的，有三种朋友是有害的。以正直的人为友，以诚信的人为友，以见闻广博的人为友，是有益的。以谄媚逢迎的人为友，以曲意奉承的人为友，以巧言令色的人为友，是有害的。”

（五）

孔子曰：“益者三乐，损者三乐。乐节礼乐[1]，乐道人之善，乐多贤友，益矣。乐骄乐[2]，乐佚游[3]，乐宴乐，损矣。”

【注释】

［1］乐节礼乐：以用礼乐节制自己的行为为乐。

［2］乐骄乐：以骄纵淫侈为乐。

［3］乐佚游：以安逸游憩为乐。

【译文】

孔子说："有益的乐趣有三种，有害的乐趣有三种。以用礼乐节制自己的行为为乐，以称道别人的善举为乐，以多交德才兼备的朋友为乐，是有益的。以骄纵淫侈为乐，以安逸游憩为乐，以宴饮觅欢为乐，是有害的。"

（六）

孔子曰："侍于君子有三愆[1]：言未及之而言[2]谓之躁，言及之而不言谓之隐，未见颜色而言[3]谓之瞽。"

【注释】

［1］愆（qiān）：过错，差错。

［2］言未及之而言：不到自己说话的时候而说话。

［3］未见颜色而言：不察其神色而贸然说话。《荀子·劝学》："故未可与言而言谓之傲，可与言而不言谓之隐，不观气色而言谓之瞽。故君子不傲、不隐、不瞽，谨顺其身。"

【译文】

孔子说："陪侍君子容易发生三种过错：不到自己说话的时

候而说话，这叫作急躁；该自己说话的时候而不说，这叫作隐匿；不察其神色而贸然说话，这叫作眼瞎。”

（七）

孔子曰：“君子有三戒[1]：少之时，血气未定，戒之在色；及其壮也，血气方刚，戒之在斗[2]；及其老也，血气既衰，戒之在得[3]。”

【注释】

［1］戒：鉴戒；戒除。

［2］戒之在斗：所戒在于好斗之心。《荀子·臣道》：“恭敬，礼也；调和，乐也；谨慎，利也；斗怒，害也。故君子安礼，乐利，谨慎而无斗怒，是以百举不过也。小人反是。”（斗怒，争斗，争吵。百举，指办理很多事情。不过，不会有过错。）

［3］戒之在得：所戒在于贪求之心。《淮南子·诠言训》：“凡人之性，少则猖狂，壮则暴强，老则好利。”

【译文】

孔子说：“君子有三种鉴戒：年少时，血气还不稳定，要戒除好色之心；到了壮年，正值血气旺盛，要戒除好斗之心；到了老年，血气已经衰退，要戒除贪得之心。”

（八）

孔子曰：“君子有三畏：畏天命[1]，畏大人[2]，畏圣人之言。小人不知天命而不畏也，狎大人，侮圣人之言。”

【注释】

［1］畏天命：敬畏天命。孔子之前，出现在《诗》《书》中的“天命”大都是指上天的意旨或命令。孔子所说的“天命”虽保留了先前人们赋予“天命”的那份神圣感，但“天命”的内涵已经主要不在于某种至上权威的意旨，而在于一种至高的公义的境地。

［2］大人：指德高位尊的人。

【译文】

孔子说：“君子有三种敬畏：敬畏天命，敬畏德高位尊的人，敬畏圣人的教言。小人不懂得天命而没有敬畏之心，戏侮德高位尊的人，轻慢圣人的教言。”

（九）

孔子曰：“生而知之者，上也[1]；学而知之者，次也；困而学之[2]，又其次也；困而不学，民斯为下矣。”

【注释】

[1] 生而知之者，上也：生来就懂得（天地人生）道理的人，属于上等。这里所谓“生而知之者，上也”，不过是为了突出“学”而做的一种虚拟性的假设。

[2] 困而学之：历经困境后懂得学习的人。《礼记·中庸》：“或生而知之，或学而知之，或困而知之。及其知之，一也。或安而行之，或利而行之，或勉强而行之。及其成功，一也。”

【译文】

孔子说：“生来就懂得（天地人生）道理的人，属于上等；通过学习而懂了的人，属于次一等；历经困境后才知道学习的人，属于又次一等；遭受困境后仍不知道学习的人，那就是下等的了。”

（十）

孔子曰：“君子有九思[1]：视思明，听思聪，色思温，貌思恭[2]，言思忠，事思敬[3]，疑思问[4]，忿思难[5]，见得思义[6]。”

【注释】

［1］思：考虑，寻思。《孟子·告子上》："心之官则思，思则得之，不思则不得也。"

［2］视思明，听思聪，色思温，貌思恭：看的时候要寻思着怎样看得明白，听的时候要寻思着怎样听得清楚，面色表情要寻思着是否做到了温和儒雅，容貌神态要寻思着是否做到了恭谨庄重。《书·周书·洪范》："五事：一曰貌，二曰言，三曰视，四曰听，五曰思。貌曰恭，言曰从，视曰明，听曰聪，思曰睿。恭作肃，从作乂（yì），明作哲，聪作谋，睿作圣。"（从，顺，顺理。乂，治，安定。）《论语·泰伯》："（曾子曰：）君子所贵乎道者三：动容貌，斯远暴慢矣；正颜色，斯近信矣；出辞气，斯远鄙倍矣。"

［3］言思忠，事思敬：言语交谈要考虑是否做到了忠诚有信，谋事行事要考虑是否做到了严肃认真。《论语·卫灵公》："子张问行，子曰：'言忠信，行笃敬，虽蛮貊之邦行矣。言不忠信，行不笃敬，虽州里行乎哉？'……"

［4］疑思问：遇到疑惑要考虑怎样请教求问。《荀子·大略》："迷者不问路，溺者不问遂，亡人好独。《诗》曰：'我言维服，勿用为笑。先民有言，询于刍荛（ráo）。'"（遂，河中可涉之路。亡人，迷妄之人；亡，通"妄"。服，行，实行。刍荛，割草采薪之人，指草野之人。）

[5] 忿思难：忿激难抑时要考虑可能产生的后患。难，祸患。《大戴礼记·曾子立事》："忿怒思患。"《论语·颜渊》："一朝之忿，忘其身，以及其亲，非惑与?"

[6] 见得思义：见到可得的利益要考虑这所得是否合乎道义。《论语·宪问》："见利思义，见危授命，久要不忘平生之言，亦可以为成人矣。"《论语·子张》："子张曰：'士见危致命，见得思义，祭思敬，丧思哀，其可已矣。'"

【译文】

孔子说："君子有九种思虑：看的时候要寻思着怎样看得明白，听的时候要寻思着怎样听得清楚，面色表情要寻思着是否做到了温和儒雅，容貌神态要寻思着是否做到了恭谨庄重，言语交谈要考虑是否做到了忠诚有信，谋事行事要考虑是否做到了严肃认真，遇到疑惑要考虑怎样请教求问，忿激难抑时要考虑可能产生的后患，见到可得的利益要考虑这所得是否合于道义。"

（十一）

孔子曰："'见善如不及，见不善如探汤[1]。'吾见其人矣，吾闻其语矣。'隐居以求其志，行义以达其道[2]。'吾闻其语矣，未见其人也。”

【注释】

［1］见善如不及，见不善如探汤：见到善的行为赶紧学习，就像追赶什么似的，只怕追不上；见到不善的行为立刻检点自己，就像手即将触到沸水那样赶快避开。《大戴礼记·曾子立事》：“君子祸之为患，辱之为畏。见善，恐不得与焉，见不善者，恐其及己也。是故君子疑以终身。”（疑，畏惧，引申为谨慎。）《淮南子·缪称训》：“文王闻善如不及，宿不善如不祥。非为日不足也，其忧寻推之也。”（宿，处于。不祥，不吉利。非为，不是因为。日，时，时间。忧寻，忧患深长；寻，长。）

［2］隐居以求其志，行义以达其道：隐居起来，不与时俗同流，以求保全自己的志节；依礼义而行，济国惠民，以求贯彻自己所信从的道。《孟子·万章上》：“伊尹耕于有莘（shēn）之野，而乐尧舜之道焉。非其义也，非其道也，禄之以天下，弗顾也；系马千驷，弗视也。非其义也，非其道也，一介不以与人，一介不以取诸人。汤使人以币聘之，嚣嚣然曰：‘我何以汤之聘币为哉？我岂若处畎（quǎn）亩之中，由是以乐尧舜之道哉？’汤三使往聘之，既而幡然改曰：‘与我处畎亩之中，由是以乐尧舜之道，吾岂若使是君为尧舜之君哉？吾岂若使是民为尧舜之民哉？吾岂若于吾身亲见之哉？天之生此民也，使先

知觉后知，使先觉觉后觉也。予，天民之先觉者也，予将以斯道觉斯民也。非予觉之，而谁也？’思天下之民匹夫匹妇有不被尧舜之泽者，若己推而内之沟中。其自任以天下之重如此，故就汤而说之，以伐夏救民。”（有莘，古国，位于今河南陈留县东北。一介，一芥，喻很小的一点儿东西。嚣嚣然，自得无欲的样子。聘币，聘人所用的礼物。畎亩，田野。幡然，翻然；一下子彻底转变的样子。就，赴，赴任。）

【译文】

孔子说：“‘见到善的行为赶紧学习，就像追赶什么似的，只怕追不上；见到不善的行为立刻检点自己，就像手即将触到沸水那样赶快避开。’我听到过这样的话，也见到过这样的人。‘隐居起来，不与时俗同流，以求保全自己的志节；依礼义而行，济国惠民，以求贯彻自己所信从的道。’我听到过这样的话，却不曾见过真正如此做到或如愿以偿的人。”

（十二）

齐景公有马千驷，死之日，民无德而称焉[1]。伯夷、叔齐饿于首阳之下，民到于今称之。（《诗》云：“诚不以富，亦祇以异。”）其斯之谓与[2]？

【注释】

［1］民无德而称焉：百姓找不到他（齐景公）可称颂的德行。

［2］其斯之谓与：此句与上文不相吻接，疑其间有阙文。朱熹注此句引胡寅语曰："程子以为第十二篇错简'诚不以富，亦祇以异'，当在此章之首。今详文势，似当在此句之上。言人之所称，不在于富，而在于异也。"并按："愚谓此说近是。而章首当有'孔子曰'字，盖阙文耳。大抵此书后十篇多阙误。"其中所提及"诚不以富，亦祇以异"句，出于《诗·小雅·我行其野》，其原意为：诚然不是由于嫌贫爱富，却也是因为见异思迁。《论语》所记，引此句意有引申、变化，乃是说称道一个人不在于他的富有，而在于其品格的优异。

【译文】

（孔子说：）"齐景公有马四千匹，死的时候，百姓找不到他有什么可称颂的德行。伯夷、叔齐饿死在首阳山下，人们至今仍在称颂他们。（《诗》云：'诚不以富，亦祇以异'——一个人被人称道，诚然不在于他的富足，而在于他的品德优异于常人，）说的大概就是这个意思吧？"

（十三）

陈亢问于伯鱼[1]曰："子亦有异闻[2]乎？"对曰："未也。尝独立，鲤趋而过庭。曰：‘学诗乎?’对曰：‘未也。’‘不学诗，无以言[3]。’鲤退而学诗。他日，又独立，鲤趋而过庭。曰：‘学礼乎?’对曰：‘未也。’‘不学礼，无以立[4]。’鲤退而学礼。闻斯二者。”陈亢退而喜曰：“问一得三：闻诗，闻礼，又闻君子之远[5]其子也。”

【注释】

[1] 伯鱼：即孔鲤，见《先进》第八章注三。

[2] 异闻：不同于孔子弟子平日之所闻。

[3] 不学诗，无以言：不学诗，就不懂得怎样讲话。《论语·阳货》：“子谓伯鱼曰：‘女为《周南》《召南》矣乎？人而不为《周南》《召南》，其犹正墙面而立也与!’”《汉书·艺文志》：“古者诸侯、卿、大夫交接邻国，以微言相感。当揖让之时，必称《诗》以谕其志，盖以别贤不肖而观盛衰焉。故孔子曰：‘不学诗，无以言也。’”（谕，表明。）

[4] 不学礼，无以立：不学礼，就不懂得怎样才能立身于世。《论语·泰伯》：“子曰：‘兴于诗，立于礼，成于乐。’”《论语·尧曰》：“不知礼，无以立也。”

[5] 远：不偏厚，不偏近。

【译文】

陈亢问伯鱼说：“您从夫子那里听到过什么特殊的教诲吗?”

伯鱼回答说："没有。有一次，家父一个人站在那里，我快步从庭院走过。他问我：'学诗了吗？'我回答说：'没有。'他说：'不学诗，就不懂得怎样讲话。'我从此以后就学诗。又有一次，家父一个人站在那里，我快步从庭院走过。他问我：'学礼了吗？'我回答说：'没有。'他说：'不学礼，就不懂得怎样才能立身于世。'我从此以后就学礼。我私下里就听到过这两次教诲。"陈亢听后高兴地说："我问了一个问题，得到了三种启示：懂得了学诗的重要，懂得了学礼的重要，又懂得了君子不偏心于自己儿子的道理。"

（十四）

邦君之妻，君称之曰"夫人"[1]，夫人自称曰"小童"[2]；邦人称之曰"君夫人"[3]，称诸异邦曰"寡小君"[4]；异邦人称之亦曰"君夫人"。

【注释】

［1］君称之曰"夫人"：国君称她为"夫人"。《礼记·曲礼下》："天子之妃曰'后'，诸侯曰'夫人'。"《公羊传·隐公二年》："女，在其国称女，在涂称妇，入国称夫人。"

［2］夫人自称曰"小童"：夫人自己称自己为"小童"。《礼记·曲礼下》："（夫人）自称于其君，曰'小童'。"

［3］邦人称之曰“君夫人”：国人称她为“君夫人”。《左传·襄公二十六年》：“左师见夫人之步马者，问之，对曰：‘君夫人氏也。’”（步马，遛马。）《左传·哀公二年》：“卫侯游于郊，子南仆。公曰：‘余无子，将立女。’不对。他日又谓之，对曰：‘郢不足以辱社稷，君其改图！君夫人在堂，三辑在下，君命只辱。’”（子南，卫灵公之庶子郢。辱社稷，承蒙以社稷相托；辱，承蒙。改图，改主意。三辑，卿、大夫、士。）

［4］称诸异邦曰“寡小君”：在外邦人面前称其为“寡小君”。《史记·孔子世家》：“灵公夫人有南子者，使人谓孔子曰：‘四方之君子不辱，欲与寡君为兄弟者，必见寡小君。寡小君愿见。’”《礼记·杂记上》：“君，讣于他国之君，曰：‘寡君不禄，敢告于执事。’夫人，曰：‘寡小君不禄。’”（讣，报丧。不禄，诸侯、大夫亡故的婉称。执事，对对方的敬称。）

【译文】

国君的妻子，国君称她为“夫人”，她自称为“小童”；国人称她为“君夫人”，在外邦人面前称她为“寡小君”；外邦人也把她称作“君夫人”。

疏　解

《季氏》共十四章，前三章记孔子对春秋末世诸侯、大夫、陪臣僭礼越分行为的斥责，第四至第十二章记孔子对君子所当修德、进学的多方诫励，末章历数“邦君之妻”的各种称谓似欲以此喻说执礼不可不谨微，而“陈亢问于伯鱼”章（第十三章）则在于借陈亢之口诵述孔子施教“远其子”（不偏厚自己的儿子）的德量。综览全篇，诸章之旨趣似约略辐辏于“礼”。

“季氏将伐颛臾”（第一章）一事不载于《春秋》及其三传（《公羊传》《穀梁传》《左传》）等史籍，有学者由此怀疑此章所记失实，但史籍不载其事或正因为孔子力阻而未果，尚不足以断定夫子与冉有、子路的这段颇长的对话纯属杜撰。亦有学者以为冉有做季氏宰时子路正出仕于卫，所述二人同为季氏家臣与史实不符，但朱熹的一个推测则未尝没有道理，他说：“疑子路尝从孔子自卫反鲁，再仕季氏，不久而复之卫也”（朱熹：《四书集注·论语集注》卷八）。这里，重要的也许在于细审本章所记孔子之语，看其是否与儒门宗师一以贯之的道相契，其他有争议的疑点则暂可存而不论。事实上，孔子就“季氏将伐颛臾”所表述的看法不外乎两点：一是援引古代史官周任所说的话“陈力就列，不能者止”（量力而就职，倘难以尽其分内之责就应主动请辞），训示冉有、子路恪守道义而不可屈志恋位；二是明确提出以“均”（“均无贫”）、“和”（“和无寡”）、“安”（“安无倾”）为国家治理的标的，主张对不归服的远外部族（“远人”）“修文德以来之”。显然，这同孔门所谓“天下国家可均也”（《礼记·中庸》）、“礼之用，和为贵”（《论语·学而》）、“修己以安人”、“修己以安百姓”（《论语·宪问》）等说法的意趣并无二致。“均”“和”“安”都以某种“不忍人之心”关联着“仁”，而“仁”则是孔子一以贯之的道的谛义所在。

“季氏将伐颛臾”，不仅有悖于“均”“和”“安”等治国之准则，而且也道出了春秋时期一个人们早已习焉不察的事实，即“征伐”这样的国家大事居然可由大夫擅自做出决断。孔子就此指出：“天下有道，则礼乐征伐自天子出；天下无道，则礼乐征伐自诸侯出。”并进而断言：“自诸侯出，盖十世希不失矣；自大夫出，五世希不失矣；陪臣执国命，三世希不失矣”（第二章）。依周代法度及相应的沿袭已久的观念，有天子之位且赋有与之相称的德行者方可修订礼乐之制，德、位二者缺一者“不敢作礼乐”，强“作礼乐”即是僭违，孔子据此痛责诸侯、大夫、陪臣妄改礼乐之定制为“天下无道”。同样，按周代体制，“征伐”本是上对下的一种惩处方式，只有天子可以下达起兵诛讨的命令，倘使这命令由诸侯或大夫、陪臣发出，那也是对本应常守的道的背逆。背道而行难以弥久，即使像齐桓公、晋文公这样名震一时的霸主，其权力传承也不例外。齐国自桓公称霸，往后历经了孝公、昭公、懿公、惠公、顷公、灵公、庄公、景公、悼公，到齐简公时刚满十世，便出现了田常弑简公而“专齐之政”（《史记·齐太公世家》）的局面。晋国自文公称霸，往后历经了襄公、灵公、成公、景公、厉公、悼公，到平公时不过七世，“晋国之政卒归此（赵、韩、魏）三家”之势已成（《史记·晋世家》）。齐桓、晋文“以力假仁者霸”（《孟子·公孙丑上》），是“礼乐征伐自诸侯出”的典型，孔子所谓“自诸侯出，盖十世希不失矣”或正是就齐、晋两诸侯国称霸后权力传承的实际情形发论的。至于“自大夫出，五世希不失矣”的断语，则明显针对着鲁国权臣季孙氏家族。鲁国自大夫季友专政，历经文子、武子、平子、桓子，尚未至五世，季桓子为家臣阳虎所囚，季氏便从此一蹶不振。在季氏四世操持鲁国权柄期间，鲁国公室先后历经了宣公、成公、襄公、昭公、定公五代，这公室五世诚然久已处于爵禄之权旁落他人的状态，而季氏及其兄弟家族仲孙氏、叔孙氏——同为鲁桓公之后裔而被称为“三桓之子孙”——至定公时也终于由盛而衰，趋于陵替。所以，孔子遂又有“禄之去公室五世矣，政逮于大夫四世矣，故夫三桓之子孙微矣”（第三章）之说。对于“禄之去公室”“政逮于大夫”，乃至上一章提到的“礼乐征伐自诸侯出”，孔子未予以更多的评说，但其“贬天子，退诸侯，讨大夫，以达王事”（《史记·太史公自序》）之意属已尽在不言之中，而这“贬”“退”“讨”“达”的终极性价值标准，说到底仍在于“道二：仁与不仁”（见《孟子·离娄上》引孔子语）之“仁”。

无论天子、诸侯，还是大夫、陪臣，在孔子看来，作为人都应该修养“仁”德而使自己成为一个君子，只有这样才可能达于“王事”（“王道”）而真正做到“君君，臣臣”（《论语·颜渊》）。《季氏》辑录了诸多孔子规劝人们修德、进学的话，这些话是说给一般人的，更是说给大夫、诸侯乃至天子的。“齐景公有马千驷，死之日，民无德而称焉。伯夷、叔齐饿于首阳之下，民到于今称之”（第十二章）。这是借两类人物的比勘，再度以伯夷、叔齐为范例对世人——尤其是那些地位尊贵而财资富足的人——“道之以德”（《论语·为政》）。对“德”的推重和对“民”的信赖在孔子所立教化中原是一致的，“民”对齐景公“无德而称”和“民”对伯夷、叔齐“到于今称之”，正可以用来印证所谓“斯民也，三代之所以直道而行”（《论语·卫灵公》）。孔子说的话往往极贴近生活，但这些看似细琐的话语并不只是常识性的道德训诫，其头绪所系总会关涉某种更深刻的理致。“益者三友，损者三友”（第四章），说的是君子交友之道；“益者三乐，损者三乐”（第五章），说的是君子趣乐之道；“侍于君子有三愆”（第六章），说的是侍奉君子所必要的与所侍君子相称的教养或修持；“君子有三戒”（第七章），说的是人在少、壮、老年随血气变化应着重戒除的三种欲念或冲动；“君子有三畏”（第八章），说的是一个修身诚己的人所当涵养的那份敬畏之心；“君子有九思”（第十章），说的是君子修德见于视、听、色、貌、言、事、疑、忿、得时必得有的那种所思所虑。

所有这些都是从人的性情自然处说起的，却又无不趣向某种不背离性情自然亦不限于性情自然的应然境地，如此有着其自然根蒂的应然境地恰合于“人能弘道”的那种“道”。

可以说，益“友”、损“友”、益“乐”、损“乐”、“三愆”、“三戒”、“九思”都不难理解，这里最要留心体会的倒是孔子对“畏”的看重和对“天命”的敬惮。“畏”对于孔子来说显然不是“惧”的同义语，他说过“君子不忧不惧”（《论语·颜渊》）、“仁者不忧，知者不惑，勇者不惧”（《论语·宪问》），却又说：“君子有三畏：畏天命，畏大人，畏圣人之言。”君子“不惧”而有“畏”，这“畏”是一种庄严的眷注，一种虔诚的敬重，一种仰视情境中的诚惶诚恐；与“惧”相应的是临危时的心无所主，“畏”则意味着某种由衷的神圣感的油然而起。因此，依孔子的看法，小人有其“惧”而无所“畏”，君子则正因为有所“畏”却不再有所“惧”，他所谓君子“畏天命”“畏大人”“畏圣人之言”，说到底乃是由于“天命”“大人”“圣人之言”对于君子来说具有未可稍予轻慢的神圣性。孔子之前，出现在《诗》《书》中的“天命”大都是指上天的意旨或命令，如所谓“天命多辟，设都于禹之绩”（上天命令众多诸侯，把都城设在大禹曾经治理过的地方）（《诗·商颂·殷武》）、“先王有服，恪谨天命”（先王设立制度，恪守上天的意旨）（《书·商书·盘庚》），而孔子所说的“天命”虽保留了先前人们赋予“天命”的那份神圣感，但“天命”的内涵已经主要不在于某种至上权威的意旨，而在于一种系着“仁”“圣”价值的至高的公义的境地。“畏天命”之“天命”即“（吾）五十而知天命”（《论语·为政》）之“天命”，其所牵动着的是“仁”而“圣”的价值祈向。“仁”“圣”价值之公义的神圣感是可敬畏的，体现这种神圣感的“大人”——其“仁”德“充实而有光辉”（《孟子·尽心下》）之人——和“圣人之言”同样是可敬畏的。“小人喻于利”，不懂得“义”，不可能领悟“天命”的神圣，因此则不知敬畏“天命”，也因此而轻侮“大人”，亵渎“圣人之言”。

孔子“五十而知天命”，这“知”不是与生俱来，而是“学而不厌”，直至五十时才终有所获。凭着自己修德、进学的践履，他指出：“生而知之者，上也；学而知之者，次也；困而学之，又其次也；困而不学，民斯为下矣”（第九章）。单从字面上看，孔子似乎是很推崇“生而知之者”的，但依他对“性相近也，习相远也”（《论语·阳货》）的确认，可以肯定，其所谓“生而知之者，上也”却不过是为了突出“学”而做的某种虚拟性的假设。孔子从未承认过古今人物——包括尧、舜、禹、汤、文、武、周公——中某人是“生而知之者”，而他自己也明确申示：“我非生而知之者，好古，敏以求之者也”（《论语·述而》）。既然现实中的人都不是“生而知之者”，想要获得所谓“知”也就只有走“学”而受教育的路了。孔子又说：“唯上知与下愚不移”(《论语·阳货》)。这说法在近代以来某些非孔贬儒的人那里遭到的责难颇多，他们以为孔子所说的“上知”和“下愚”是人的先天差别，并因此指责孔子把人与人之间可能大的差别固定化了。其实，细细推究起来，孔子这里说的“上知”即是他所谓“生而知之者”，只不过是一种虚拟，而“下愚”即是他所谓的“困而不学”者，这种人之所以“困而不学”，不是先天禀赋注定了如此，而是由于后天的自暴自弃或自绝于德行之善。孔子断言“上知与下愚不移”，原是要说除这两种人或如“上知”者不存在“移”或如“下愚”者不愿意“移”之外，其他人经由学习、熏染都可以“移”或都可以改变。

由“学”而“知”，以至于真正做到“三畏”“三戒”“九思”“友直、友谅、友多闻”“乐节礼乐，乐道人之善，乐多贤友”，这些大体说来都还属于“修己”，而孔子认为一个“修己”的君子尚应行其志或达其道于世。与知善恶而善善、恶恶的“修己”相比，行其志或达其道于家、国、天下要更难能些，所以孔子说：“‘见善如不及，见不善如探汤。’吾见其人矣，吾闻其语矣。‘隐居以求其志，行义以达其道。’吾闻其语矣，未见其人也”(第十一章)。前者可谓“我欲仁，斯仁至矣”(《论语·述而》)，所欲所得皆在于我，只要我不懈进取即可求达于更高的心灵境地；后者却不同，它往往须得一定的外部条件的成全。就后者而言，即使“隐居以求其志”，不与尘垢同流合污，尚可如愿以偿，“行义以达其道”也终究须有赖于某种可遇不可求的机缘。孔子有其“乐”，此即所谓“饭疏食，饮水，曲肱而枕之，乐亦在其中矣”，或所谓“发愤忘食，乐以忘忧，不知老之将至”（《论语·述而》）；孔子也有其“忧”，这“忧”是“忧道”（《论语·卫灵公》）或为“道”而“忧”，亦即为“行义以达其道”的抱负在春秋衰世终于难以实现而“忧”。相应于“孔颜之乐”这一大乐，“忧道”之忧乃是大忧。

阳货第十七

(一)

阳货[1]欲见孔子，孔子不见，归孔子豚[2]。孔子时其亡也，而往拜之[3]。遇诸涂[4]。谓孔子曰："来！予与尔言。"曰："怀其宝而迷其邦，可谓仁乎？"曰："不可。好从事而亟失时[5]，可谓知乎？"曰："不可。日月逝矣，岁不我与[6]。"孔子曰："诺，吾将仕矣。"

【注释】

[1] 阳货：又名阳虎，鲁国大夫季孙氏的家臣。《论语·季

氏》第二章孔子所说“陪臣执国命”，即主要指阳货而言。

［2］归（kuì）孔子豚（tún）：送给孔子一头（蒸熟了的）小猪。归，通“馈”，赠送。豚，小猪，这里指蒸熟了的小猪。阳货送一头蒸熟了的小猪给孔子，是为了让孔子依当时的礼节登门拜谢，以便借此与孔子相见，劝孔子出仕。

［3］孔子时（sì）其亡也，而往拜之：孔子趁他（阳货）外出的时候去拜谢他。时，通“伺”，窥伺，等待。亡，外出，不在家。《孟子·滕文公下》：“公孙丑问曰：‘不见诸侯何义？’孟子曰：‘古者不为臣不见。段干木逾垣而辟之，泄柳闭门而不纳，是皆已甚；迫，斯可以见矣。阳货欲见孔子而恶无礼，大夫有赐于士，不得受于其家，则往拜其门。阳货瞰（kàn）孔子之亡也，而馈孔子蒸豚；孔子亦瞰其亡也，而往拜之。当是时，阳货先，岂得不见？’”（不见诸侯，不主动谒见诸侯。不为臣不见，不是诸侯臣属则不主动谒见诸侯。段干木，战国魏文侯时人。泄柳，鲁穆公时人。迫，逼迫。瞰，窥视。）

［4］遇诸涂：在途中相遇。涂，通“途”。

［5］好从事而亟（qì）失时：喜好从政而屡次错过时机。事，指政事。亟，屡次。时，时机。

［6］岁不我与：岁月不等人。岁，时间，光阴。与，等待。

【译文】

阳货想见孔子，孔子不见他，于是他就送了一头（蒸熟了的）小猪给孔子（想让孔子依礼去他家道谢）。孔子趁他外出的时候去拜谢他，不料在途中相遇了。阳货对孔子说："来！我有话跟你说。"（孔子走了过去，）阳货说："你怀中藏了宝贵的治国方案，而听凭国家处在迷乱中，这可以叫作仁吗？不可以嘛！喜好从政却又一次次错过机会，这可以叫作智吗？不可以嘛！日子一天天地过去，岁月不等人啊！"孔子说："好吧，我打算出仕了。"

（二）

子曰："性相近[1]也，习相远[2]也。"

【注释】

［1］性相近：人的天性相近。《孟子·告子上》："故凡同类者，举相似也，何独至于人而疑之？圣人，与我同类者。"（举，皆。）《大戴礼记·保傅》："人性非甚相远也。"

［2］习相远：习染使人与人之间的差距变大了。《大戴礼记·保傅》："夫习与正人居，不能不正也，犹生长于楚，不能不楚言也。故择其所嗜，必先受业，乃得尝之；择其所乐，必先有习，乃得为之。孔子曰：'少成若（天）性，习贯之为常。'"（少成，年少时养成的习性。贯，同"惯"。）《荀子·性恶》：

“天非私曾、骞、孝己而外众人也；然而曾、骞、孝己独厚于孝之实，而全于孝之名者，何也？以綦（qí）于礼义故也。天非私齐、鲁之民而外秦人也，然而于父子之义、夫妇之别，不如齐、鲁之孝具敬父者，何也？以秦人之从（zòng）情性、安恣睢（suī），慢于礼义故也，岂其性异矣哉！”（私，偏爱。曾，曾参。骞，闵子骞。孝己，殷高宗武丁的长子。外，嫌弃。綦，尽力。孝具敬父，当为“孝具敬文”；孝道具备，注重礼节。从，通“纵”，放纵。恣睢，放纵暴戾。慢，轻视，轻慢。）

【译文】

夫子说：“人的天性是相近的，是后天的习染使人与人的差异变大了。”

（三）

子曰：“唯上知[1]与下愚[2]不移[3]。”

【注释】

[1] 上知：智力超凡的人，这里指那种“生而知之者”。“上知”是孔子为了强调学而为善所做的一种虚拟性假设。《论语·季氏》：“生而知之者，上也。”

［2］下愚：愚蠢至极的人，这里指那种自暴自弃或自绝于善的人。《论语·季氏》：“困而不学，民斯为下矣。”

［3］移：变化，改变。

【译文】

夫子说：“只有心智超凡的人和愚蠢至极的人不会发生改变（因为心智超凡的人无须改变而愚蠢至极的人不愿意改变）。”

(四)

子之武城[1]，闻弦歌之声。夫子莞尔而笑，曰：“割鸡焉用牛刀？”子游对曰：“昔者偃也闻诸夫子曰：‘君子学道则爱人，小人学道则易使也[2]。’”子曰：“二三子！偃之言是也。前言戏之耳。”

【注释】

［1］武城：鲁国的城邑，孔子的学生言偃（yǎn）曾任武城邑的邑长。《论语·雍也》：“子游为武城宰。子曰：‘女得人焉尔乎？’曰：‘有澹台灭明者，行不由径，非公事，未尝至于偃之室也。’”

［2］君子学道则爱人，小人学道则易使也：居上位的君子

学了道就会懂得以仁爱之心待人，处下位的百姓学了道就易于被发动起来去做有益的事。这里所谓“道”，由上文“弦歌”之声可知，主要指礼乐。《礼记·乐记》：“乐者为同，礼者为异。同则相亲，异则相敬。乐胜则流，礼胜则离。合情饰貌者，礼乐之事也。礼义立，则贵贱等矣；乐文同，则上下和矣；好恶著，则贤不肖别矣；刑禁暴，爵举贤，则政均矣。仁以爱之，义以正之，如此则民治行矣。”（流，放荡。离，离散。贵贱等，贵贱有了等级。刑禁暴，刑罚用以禁止强暴。爵举贤，设爵禄用以举荐贤者。）“乐至则无怨，礼至则不争，揖让而治天下者，礼乐之谓也。”

【译文】

夫子来到（子游做邑长的）武城，听到弹琴唱诗的声音。夫子微笑着说：“杀鸡哪里用得着宰牛的刀？”子游回答说：“先前我听夫子说过：‘居上位的君子学了道就会懂得以仁爱之心待人，处下位的庶民学了道就易于被发动起来去做有益的事。’”夫子说：“诸位！言偃的话是对的，我刚才对他说的只是一句戏言罢了。”

（五）

公山弗扰以费畔[1]，召，子欲往。子路不说，曰：“末之也已，何必公山氏之之也？”子曰：“夫召我者，而岂徒哉？如有用我者，吾其为东周[2]乎！”

【注释】

[1] 公山弗扰以费畔：公山弗扰以费邑为据点反叛季孙氏。公山弗扰，又名公山不狃（niǔ），鲁国大夫季氏的家臣。费，季氏的私邑。畔，通“叛”。《史记·孔子世家》：“（定公九年，）是时孔子年五十，公山不狃以费畔季氏，使人召孔子。孔子循道弥久，温温无所试，莫能己用。曰：‘盖周文武起丰镐而王，今费虽小，倘庶几乎！’欲往，子路不说，止孔子。孔子曰：‘夫召我者，岂徒哉？如用我，其为东周乎！’然亦卒不行。”（循道，遵循正道。试，用世，出仕。）

[2] 为东周：在东方复兴周道。王充《论衡·问孔》：“公山弗扰以费畔，召，子欲往。子路曰：‘末之也已，何必公山氏之之也？’子曰：‘夫召我者，而岂徒哉？如用我，吾其为东周乎！’为东周，欲行道也。”

【译文】

公山弗扰以费邑为据点反叛季孙氏，召请孔子，夫子打算前往。子路不高兴，说：“没有地方去也就算了，何必去公山氏那里呢？”夫子说：“那召请我去的人，难道只是做个姿态吗？

如果真有人能用我，我也许能够在东方复兴周道呢！”

（六）

子张问仁于孔子，孔子曰：“能行五者于天下，为仁矣。”“请问之。”曰：“恭、宽、信、敏、惠。恭则不侮[1]，宽则得众[2]，信则人任[3]焉，敏则有功，惠则足以使人。”

【注释】

［1］恭则不侮：庄重就不会对人有所轻慢。《孟子·离娄上》：“恭者不侮人，俭者不夺人。”（夺人，损人。）

［2］宽则得众：宽容就能得到众人的拥戴。《吕氏春秋·仲秋纪·爱士》：“昔者秦缪公乘马而车为败，右服失而野人取之，缪公自往求之，见野人方将食之于岐山之阳。缪公叹曰：‘食骏马之肉而不还饮酒，余恐其伤女也。’于是遍饮而去。处一年，为韩原之战……野人之尝食马肉于岐山之阳者三百有余人，毕力为缪公疾斗于车下，遂大克晋，反获惠公以归。此《诗》之所谓曰‘君君子则正以行其德，君贱人则宽以尽其力’者也。人主其胡可以无务行德爱人乎？行德爱人，则民亲其上；民亲其上，则皆乐为其君死矣。”（右服，古时一车驾四马，居中两匹称服，其中右边的称右服。野人，田野之民。毕力，尽力。

疾，急。君，君临，统治。胡，怎么。）

［3］信则人任：诚实就能为人所信任。《左传·哀公十四年》："小邾（zhū）射以句绎来奔，曰：'使季路要（yāo）我，吾无盟矣。'使子路，子路辞。季康子使冉有谓之曰：'千乘之国，不信其盟，而信子之言，子何辱焉？'"（小邾，国名。射，人名，小邾大夫。句绎，邑名。要，邀约。）

【译文】

子张向孔子问"仁"，孔子说："能践行五种美德于天下，就称得上'仁'了。"子张说："请问哪五种？"孔子说："庄重、宽厚、诚实、勤勉、施恩惠于人。庄重就不会对人有所轻慢，宽厚就能得到众人的拥戴，诚实就能为人所信任，勤勉就能获得成功，施恩惠于人则足以使百姓为你所发动。"

（七）

佛肸[1]召，子欲往。子路曰："昔者由也闻诸夫子曰：'亲于其身为不善者，君子不入也。'佛肸以中牟畔[2]，子之往也，如之何？"子曰："然，有是言也。不曰坚乎，磨而不磷[3]？不曰白乎，涅而不缁[4]？吾岂匏瓜[5]也哉？焉能系而不食？"

【注释】

[1] 佛（bì）肸（xī）：晋国大夫范氏的家臣，为范氏私邑中牟的邑长。赵简子以晋侯名义攻打范氏，佛肸据中牟与之相对抗。

[2] 以中牟畔：以中牟为据点对抗晋国公室。《史记·孔子世家》："佛肸为中牟宰，赵简子攻范、中行，伐中牟，佛肸畔。使人召孔子，孔子欲往。子路曰：'由闻诸夫子"其身亲为不善者，君子不入也"。今佛肸亲以中牟畔，子欲往，如之何？'孔子曰：'有是言也。不曰坚乎，磨而不磷？不曰白乎，涅而不缁？我岂匏瓜也哉？焉能系而不食？'"

[3] 磨而不磷：（真正坚硬的东西，）再怎么磨也磨不薄。磷，薄；石经磨而薄为磷。

[4] 涅而不缁：（真正洁白的东西，）再怎么染也染不黑。涅，一种用作黑色染料的矾（fán）石，这里作为动词用，染黑之意。缁，黑色。

[5] 匏（páo）瓜：一年生草本植物，果实比葫芦大，老熟后可剖制成器具。古时匏瓜有甘、苦两种，苦者不可食，老熟后可系于腰间，用于泅渡。

【译文】

佛肸召请孔子，夫子想要前往。子路说："以前我听夫子说过：‘对于亲身做了不善之事的人，君子是不入其党的。’佛肸占据中牟反叛晋国公室，您想前往，这怎么解释?”夫子说：“不错，我是说过这样的话。但难道没有听说过真正坚硬的东西再怎么磨也磨不薄吗？真正洁白的东西再怎么染也染不黑吗?我难道是只苦匏瓜吗？怎么能只是空挂在那里而不为食用呢?”

(八)

子曰：“由也！女闻六言六蔽[1]矣乎?”对曰：“未也。”“居[2]！吾语女。好仁不好学，其蔽也愚[3]；好知不好学，其蔽也荡[4]；好信不好学，其蔽也贼[5]；好直不好学，其蔽也绞[6]；好勇不好学，其蔽也乱[7]；好刚不好学，其蔽也狂[8]。”

【注释】

[1] 六言六蔽：这里所谓“六言”，指后文提到的“仁”“知”“信”“直”“勇”“刚”六个字，这六个字表述的是六种德行。“六蔽”，则指后文提到的“愚”“荡”“贼”“绞”“乱”“狂”六种弊害。蔽，通“弊”，弊病。

[2] 居：坐。

[3] 好仁不好学，其蔽也愚：笃爱“仁”而不喜好学习，其弊害必至于愚钝。

［4］好知不好学，其蔽也荡：笃爱“知（智）”而不喜好学习，其弊害必至于心荡。荀悦《汉纪·高后纪》：“故天人之道，有同有异。据其所以异而责其所以同，则成矣；守其所以同而求其所以异，则弊矣。孔子曰：‘好智不好学，其蔽也荡。’末俗见其纷乱，事变乖错，则异心横出，而失其所守，于是放荡反道之论生，而诬神非圣之议作。”

［5］好信不好学，其蔽也贼：笃爱“信”而不喜好学习，其弊害必至于受欺。贼，害，伤害。

［6］好直不好学，其蔽也绞：笃爱“直”而不喜好学习，其弊害必至于偏激。绞，急切，偏激。《论语·泰伯》：“直而无礼则绞。”

［7］好勇不好学，其蔽也乱：笃爱“勇”而不喜好学习，其弊害必至于横暴。乱，作乱；横暴。《论语·泰伯》：“勇而无礼则乱。”

［8］好刚不好学，其蔽也狂：笃爱“刚”而不喜好学习，其弊害必至于狂纵。

【译文】

夫子说：“仲由呀，你听说过‘六言六蔽’吗？”子路回答说：“没有。”夫子说：“坐下！我告诉你。笃爱‘仁’而不喜好学习，其弊害必至于愚钝；笃爱‘知（智）’而不喜好学习，其弊害必至于心荡；笃爱‘信’而不喜好学习，其弊害必至于受欺；笃爱‘直’而不喜好学习，其弊害必至于偏激；笃爱‘勇’而不喜好学习，其弊害必至于横暴；笃爱‘刚’而不喜好学习，其弊害必至于狂纵。”

（九）

子曰：“小子何莫学夫[1]诗？诗，可以兴[2]，可以观[3]，可以群[4]，可以怨[5]。迩之事父，远之事君；多识于鸟兽草木之名。”

【注释】

［1］夫（fú）：那。

［2］诗，可以兴：学诗，可以感发人的情志。兴，兴起，发动；引譬连类。

［3］可以观：（学诗，）可以察识吟诗者的心迹。观，观察，观赏。

［4］可以群：（学诗，）可以从诗中求达人心的感通。群，合群，会合。

［5］可以怨：（学诗，）可以排遣心志的郁结和忧怨。怨，忧怨，讽刺。《孟子·告子下》：“《小弁》之怨，亲亲也。亲亲，

仁也。”（《小弁》，《诗·小雅》中的一首，其所抒发的是太子宜臼被周幽王赶走后的内心忧怨。）《史记·屈原贾生列传》：“《国风》好色而不淫，《小雅》怨诽而不乱，若《离骚》者，可谓兼之矣。”（怨诽，怨恨，非议。）

【译文】

夫子说：“小子们，为什么不学诗呢？学诗，可以感发人的情志，可以察识吟诗者的心迹，可以从诗中求达人心的感通，可以排遣心中的郁结和忧怨。学好了诗，近则懂得如何侍奉父母，远则懂得如何侍奉君主；此外，还可以更多地知道一些鸟兽草木的名称。”

（十）

子谓伯鱼曰：“女为《周南》[1]、《召南》[2]矣乎？人而不为《周南》《召南》，其犹正墙面而立[3]也与！”

【注释】

[1]《周南》：《诗·国风》之一。包括《关雎》《葛覃》《卷耳》《樛（jiū）木》《螽（zhōng）斯》《桃夭》《兔罝（jū）》《芣（fú）苢（yǐ）》《汉广》《汝坟》《麟之趾》十一篇。

［2］《召南》：《诗·国风》之一。包括《鹊巢》《采蘩（fán）》《草虫》《采蘋（pín）》《甘棠》《行露》《羔羊》《殷其靁》《摽（biào）有梅》《小星》《江有汜（sì）》《野有死麕（jūn）》《何彼襛（nóng）矣》《驺虞》十四篇。《毛诗故训传·关雎序》："然则《关雎》《麟之趾》之化，王者之风，故系之周公。南，言化自北而南也。《鹊巢》《驺虞》之德，诸侯之风也，先王之所以教，故系之召公。《周南》《召南》，正始之道，王化之基。"

［3］正墙面而立：脸正对墙壁而立。比喻无法看见任何事物，无法向前行走一步。

【译文】

夫子对伯鱼说："你学过《周南》《召南》了吗？一个人要是不学《周南》《召南》，那就像面朝墙壁而立——看不见一物，走不出一步了。"

（十一）

子曰："礼云礼云，玉帛云乎哉[1]？乐云乐云，钟鼓云乎哉[2]？"

【注释】

［1］礼云礼云，玉帛云乎哉：礼呀礼呀，难道就是礼仪场

合用的那些玉器、束帛吗?《礼记·乐记》:“铺筵席,陈尊俎,列笾(biān)豆,以升降为礼者,礼之末节也,故有司掌之。”(尊,盛酒的器皿。俎,置肉的几。笾,竹制礼器。豆,木制礼器。)《荀子·大略》:“《聘礼》志曰:‘币厚则伤德,财侈则殄(tiǎn)礼。’礼云礼云,玉帛云乎哉?”(殄,灭绝。)

[2] 乐云乐云,钟鼓云乎哉:乐呀乐呀,难道就是伴随乐舞的钟鼓之声吗?《礼记·乐记》:“乐者,非谓黄钟大吕弦歌干扬也,乐之末节也,故童者舞之。”(干扬,干戚,武舞的道具;干,盾;扬,钺的别名。)《汉书·礼乐志》:“乐以治内而为同,礼以修外而为异。同则和亲,异则畏敬。和亲则无怨,畏敬则不争。揖让而天下治者,礼乐之谓也。二者并行,合为一体。畏敬之意难见,则著之于享献辞受登降跪拜;和亲之说(yuè)难形,则发之于诗歌咏言钟石筦(guǎn)弦。盖嘉其敬意而不及其财贿,美其欢心而不流其声音。故孔子曰:‘礼云礼云,玉帛云乎哉?乐云乐云,钟鼓云乎哉?’此礼乐之本也。”(筦,通“管”。财贿,财货,财物。)

【译文】

夫子说:“礼呀礼呀,难道就是礼仪场合用的那些玉器、束帛吗?乐呀乐呀,难道就是伴随乐舞的钟鼓之声吗?”

（十二）

子曰："色厉而内荏[1]，譬诸小人，其犹穿窬之盗[2]也与！"

【注释】

［1］色厉而内荏（rěn）：外表严厉而内心怯懦。厉，严厉，威严。荏，柔弱，懦弱。

［2］穿窬（yú）之盗：穿壁爬墙的行窃之徒。穿，穿壁。窬，通"逾"，爬墙。

【译文】

夫子说："表面严厉而内心怯懦的人，以各色小人中的一种作为比喻，大概可以比作那种穿壁爬墙的行窃之徒吧！"

（十三）

子曰："乡原[1]，德之贼[2]也。"

【注释】

［1］乡原（yuàn）：指一乡皆称其善而实与流俗合污的伪善

者。原，通“愿”，谨厚。

［2］德之贼：道德的败坏者。贼，败坏，毁坏；败坏者。《孟子·尽心下》：“万子曰：‘一乡皆称原人焉，无所往而不为原人，孔子以为德之贼，何哉？’（孟子）曰：‘非之无举也，刺之无刺也。同乎流俗，合乎污世。居之似忠信，行之似廉洁。众皆悦之，自以为是，而不可与入尧舜之道。故曰：德之贼也。’”

【译文】

夫子说：“那在一乡中貌似谨厚而实与流俗合污的人，是道德的败坏者。”

（十四）

子曰：“道听而涂说[1]，德之弃[2]也。”

【注释】

［1］道听而涂说：在路途中听到就在路途中说说的人。这种人对善的道理只是听听、说说而已，不能入于心而见于行。

［2］德之弃：道德的自弃者，或自弃于道德者。

【译文】

夫子说：“那种（对善的道理）只是路上听听而在路上说说

的人，是道德的自弃者。”

（十五）

子曰：“鄙夫[1]可与事君也与哉？其未得之也，患得之。既得之，患失之[2]。苟患失之，无所不至矣。”

【注释】

［1］鄙夫：鄙俗之人。宋儒胡寅注“鄙夫可与事君也与”句曰：“许昌靳裁之有言曰：‘士之品大概有三：志于道德者，功名不足以累其心；志于功名者，富贵不足以累其心；志于富贵而已者，则亦无所不至矣。’志于富贵，即孔子所谓鄙夫也”（见朱熹：《四书集注·论语集注》卷九）。桓宽《盐铁论·论诽》：“君子疾鄙夫之不可与事君，患其听从而无所不至也。”

［2］既得之，患失之：得到了爵禄，又总怕会失去它。《荀子·子道》：“子路问于孔子曰：‘君子亦有忧乎？’孔子曰：‘君子，其未得也，则乐其意；既已得之，又乐其治。是以有终身之乐，无一日之忧。小人者，其未得也，则忧不得；既已得之，又恐失之。是以有终身之忧，无一日之乐也。’”（意，意向，意趣。治，［心绪］宁静。）

【译文】

夫子说："可以与鄙夫一起侍奉君主吗？当他没有得到爵禄时，总担心自己得不到。得到了爵禄，又总怕失去它。如果总是担心失去已经得到的东西，其手段就无所不用其极了。"

（十六）

子曰："古者民有三疾[1]，今也或是之亡也。古之狂也肆，今之狂也荡[2]；古之矜也廉，今之矜也忿戾[3]；古之愚也直，今之愚也诈[4]而已矣。"

【注释】

[1] 三疾：三种毛病。疾，缺点，毛病。

[2] 今之狂也荡：当今的狂放不羁者放浪妄为。荡，放纵，放荡。

[3] 今之矜（jīn）也忿戾：当今的骄矜自大者蛮横无理。忿戾，蛮横无理而动辄发怒。

[4] 今之愚也诈：当今的愚昧拙陋者挟私行诈。

【译文】

夫子说："古代的人有三种毛病，当今的人也许已经没有这些毛病了。古时的狂放不羁者纵情率意，当今的狂放不羁者放浪妄为；古时的骄矜自大者方正刚直，当今的骄矜自大者蛮横乖戾；古时的愚昧拙陋者迂直诚实，当今的愚昧拙陋者只是挟私行诈而已。”

（十七）

子曰：“巧言令色，鲜矣仁！”

【注释】

此章已见于《学而》第三章：“子曰：‘巧言令色，鲜矣仁！’”

【译文】

夫子说：“那种花言巧语、讨好取媚的人，是很少有仁德的。”

（十八）

子曰：“恶紫之夺朱[1]也，恶郑声之乱雅乐[2]也，恶利口之覆邦家者[3]。”

【注释】

[1] 恶（wù）紫之夺朱：厌恶以夺目之紫色乱赤色之正。

朱，即赤色，为五正色（青、赤、黄、白、黑）之一；紫，五间色（绿、橙、碧、紫、駵黄）之一，其由青、赤混合而成。何晏《论语集解》：“孔（安国）曰：朱，正色；紫，间色之好看者。恶其邪好而夺正色。”

［2］恶郑声之乱雅乐：厌恶以郑国流俗乐曲乱雅正之乐。《论语·卫灵公》：“放郑声，远佞人。郑声淫，佞人殆。”

［3］恶利口之覆邦家者：厌恶以巧言逞辩而至于倾覆国家的人。《孟子·尽心下》：“孔子曰：‘恶似而非者：恶莠（yǒu），恐其乱苗也；恶佞，恐其乱义也；恶利口，恐其乱信也；恶郑声，恐其乱乐也；恶紫，恐其乱朱也；恶乡原，恐其乱德也。’君子反经而已矣。经正，则庶民兴；庶民兴，斯无邪慝（tè）矣。”（莠，田间杂草。反经，返回礼法之常；反，返；经，常则，常道。邪慝，邪恶。）

【译文】

夫子说：“我厌恶以紫夺目而乱红，厌恶以郑声溺人而乱雅乐，厌恶以巧言逞辩而至于倾覆国家的人。”

（十九）

子曰：“予欲无言[1]。”子贡曰：“子如不言，则小子何述焉?”子曰:“天何言哉[2]? 四时行焉,百物生焉,天何言哉?”

【注释】

[1] 予欲无言:我不想说什么了。在孔子看来,修德、闻道重在践行,不在言辩。“欲无言”并非主张废言,如此说不过是要强调一种生命践履和在这践履中对道“默而识之”。《周易·系辞上》:“言行,君子之枢机,枢机之发,荣辱之主也。言行,君子之所以动天地也,可不慎乎!……子曰:‘君子之道,或出或处,或默或语,二人同心,其利断金,同心之言,其臭如兰。’”

[2] 天何言哉:天何曾说过什么呢。孔子以“天何言哉”为“予欲无言”的注脚,以天道为人道的范本。《礼记·哀公问》:“公曰:‘敢问:君子何贵乎天道也?’孔子对曰:‘贵其不已。如日月东西相从而不已也,是天道也;不闭其久,是天道也;无为而物成,是天道也;已成而明,是天道也。’”(不闭其久,指天生万物不使闭塞而得以长久。)

【译文】

夫子说:“我不想说什么了。”子贡说:“夫子如果不说话,那让我们这些后辈小子传述什么呢?”夫子说:“天何曾说过什么呢?可一年四季运行不息,世间万物生生不已,天何曾说过什么呢?”

(二十)

孺悲[1]欲见孔子，孔子辞以疾[2]。将命者出户，取瑟而歌，使之闻之。

【注释】

［1］孺悲：鲁国人，曾从孔子学“士丧礼”。《礼记·杂记下》：“恤由之丧，哀公使孺悲之孔子，学士丧礼，《士丧礼》于是乎书。”

［2］辞以疾：以生病为由推辞不见。关联于下文，可知孔子并非对所辞之人拒绝教诲。《孟子·告子下》：“孟子曰：‘教亦多术矣，予不屑之教诲也者，是亦教诲之而已矣。’”

【译文】

孺悲请求面见孔子，孔子以生病为由推辞不见。可传话的人刚一出门，孔子就拿瑟来边弹边唱，有意让孺悲听见。

(二十一)

宰我问：“三年之丧，期已久矣。君子三年不为礼，礼必坏；三年不为乐，乐必崩。旧谷既没，新谷既升[1]，钻燧改火[2]，期[3]可已矣？”子曰：“食夫稻，衣夫锦，于女安乎？”曰：“安。”“女安则为之！夫君子之居丧，食旨不甘[4]，闻乐不乐[5]，居处不安，故不为也。今女安，则为之！”宰我出。子曰：“予之不仁也！子生三年，然后免于父母之怀。夫三年之丧，天下之通丧也。予也，有三年之爱于其父母乎？”

【注释】

[1] 新谷既升：新谷已经上了打谷场。升，登，上。

[2] 钻燧（suì）改火：古时钻木取火，所用木四季不同：春用榆、柳，夏用枣、杏与桑、柘（zhè），秋用柞（zuò）、楢（yóu），冬用槐、檀，一年轮回一次。燧，古时取火的工具；燧有金燧、木燧。钻燧，即钻木。《周礼·夏官·司爟（guàn）》：“四时变国火，以救时疾。”（爟，祭祀时举火。国火，传说古帝王在四季用不同的树木取火，以驱除疾病。时疾，季节性流行病。）《管子·禁藏》：“钻燧易火，杼井易水，所以去兹毒也。”（杼，通“抒”，汲出，排泄。）

[3] 期（jī）：一周年。

[4] 食旨不甘：吃美味不觉得香甜。旨，美味。《礼记·丧大记》：“君之丧，子、大夫、公子、众士，皆三日不食……大夫之丧，主人、室老、子姓皆食粥，众士疏食水饮，妻妾疏食

水饮。士亦如之。既葬，主人疏食水饮，不食菜果。妇人亦如之。君、大夫、士一也，练而食菜果，祥而食肉。”（练，指居丧十三个月可穿练服——用丝帛制作的衣服——祭祀。祥，父母亡故后十三个月祭为小祥，二十五个月祭为大祥，这里指大祥。）

［5］闻乐不乐：听乐曲不觉得快乐。《礼记·曲礼下》：“居丧不言乐。”

【译文】

宰我问：“父母去世，守丧三年，为期太久了吧。君子三年不习礼，礼势必会废弛；三年不奏乐，乐也一定会荒疏。旧谷既已吃完，新谷也已上了打谷场，取火用的燧木已轮换了一遍，守丧已满一年，该可以结束了吧？”夫子说：“父母去世不满三年就吃稻米，穿锦衣，这对于你，心能安吗？”宰我说：“能安。”夫子说：“你能心安，就那么做吧。君子服丧期间，吃美味不觉得香甜，听乐曲不觉得快乐，住在平日的房子里总觉心有不安，所以才不那么做。现在你能心安，你就那么做吧！”宰我出去后，夫子说：“宰予不仁啊！儿女生下三年后，才离开父母的怀抱。为父母服丧三年，是天下通行的丧期呀！宰予啊，他难道就没有从他父母那里得到过三年的怀抱之爱吗？”

(二十二)

子曰:"饱食终日,无所用心,难矣哉!不有博弈[1]者乎?为之犹贤[2]乎已。"

【注释】

[1] 博弈:博,古代的一种棋戏。双方各六著(招数),共十二棋,先掷者,视其彩(骰子)以行棋,其法今不详。弈,围棋。古弈用二百八十九道,今用三百六十一道。

[2] 贤:胜过,超过。

【译文】

夫子说:"整天吃饱了饭,什么心思也不用,这种人真让人犯难啊!不是还有博戏和围棋吗?做做这种事也比什么都不做要强些吧。"

(二十三)

子路曰:"君子尚勇乎?"子曰:"君子义以为上。君子有勇而无义为乱[1],小人有勇而无义为盗[2]。"

【注释】

［1］君子有勇而无义为乱：君子有勇无义就会作乱。这里所谓君子，是就其高贵的社会地位而言。《论语·泰伯》："勇而无礼则乱。"本篇第八章："好勇不好学，其蔽也乱。"

［2］小人有勇而无义为盗：小人有勇无义就可能沦为强盗。《礼记·聘义》："有行之谓有义，有义之谓勇敢。故所贵于勇敢者，贵其能以立义也；所贵于立义者，贵其有行也；所贵于有行者，贵其行礼也。故所贵于勇敢者，贵其敢行礼义也。故勇敢强有力者，天下无事则用之于礼义，天下有事则用之于战胜。用之于战胜则无敌，用之于礼义则顺治。外无敌，内顺治，此之谓盛德。"

【译文】

子路问："君子崇尚勇敢吗？"夫子说："君子崇尚道义。君子有勇无义就会作乱，小人有勇无义就可能沦为强盗。"

（二十四）

子贡曰："君子亦有恶乎？"子曰："有恶：恶称人之恶者，恶居下流而讪上者[1]，恶勇而无礼者，恶果敢而窒者[2]。"曰："赐也亦有恶乎？""恶徼以为知者[3]，恶不孙以为勇者[4]，恶讦以为直者[5]。"

【注释】

[1] 恶（wù）居下流而讪（shàn）上者：厌恶处在下位而毁谤处在上位的人。讪，毁谤；讥笑。唐以前的《论语》此句中无"流"字，衍误可能在晚唐之后。《礼记·少仪》："为人臣下者，有谏而无讪。"

[2] 恶果敢而窒者：厌恶独断而不通事理的人。窒，塞，堵；不通。

[3] 恶徼（jiǎo）以为知者：厌恶抄袭别人的东西而自以为聪明的人。徼，剽窃，抄袭。

[4] 恶不孙（xùn）以为勇者：厌恶那种把不谦逊当作行为勇敢的人。孙，通"逊"。

[5] 恶讦（jié）以为直者：厌恶那种把揭发别人隐私当作品行正直的人。讦，攻击他人的短处，揭发他人的隐私。

【译文】

子贡问："君子也有所厌恶吗？"夫子说："有厌恶：厌恶那些讲别人坏话的人，厌恶处在下位而毁谤身居上位的人，厌恶逞勇而不讲礼义的人，厌恶独断而不通事理的人。"夫子回头问子贡："赐，你也有所厌恶吗？"子贡说："我厌恶那种抄袭别人的东西而自以为聪明的人，厌恶那种把不谦逊当作行为勇敢的人，厌恶那种把揭发别人隐私当作品行正直的人。”

（二十五）

子曰：“唯女子[1]与小人[2]为难养也。近之则不逊，远之则怨。”

【注释】

[1] 女子：这里“女子”有专指，指妾侍。

[2] 小人：这里“小人”就其社会地位而言，有专指，指仆隶。

【译文】

夫子说：“只有妾侍和仆隶难以教养，太亲近了，他们会无视礼节；稍疏远了，他们又会心生怨忿。”

（二十六）

子曰：“年四十而见恶[1]焉，其终也已[2]。”

【注释】

[1] 见恶（wù）：被厌恶。见，被，受。

［2］终也已：整个一生也就完了。终，整个，终其一生。《大戴礼记·曾子立事》："三十、四十之间而无艺，即无艺矣；五十而不以善闻，则无闻矣。"

【译文】

夫子说："一个人到了四十岁时还讨人厌恶，他这一生也就完了。"

疏　　解

《阳货》以"阳货欲见孔子"章为首章，其后，"公山弗扰以费畔"（第五章）、"佛肸召"（第七章）两章所述事由与首章大体相类——欲叛或已叛的大夫家臣召请孔子赞谋其事，孔子或"不见"或"欲往"，但终究因着"道不同不相为谋"（《论语·卫灵公》）而未能成行。乍看起来，这三章与同篇其他二十三章似乎了不相涉，然而仔细推敲，一个隐在的契接点仍可以找到，这可能的契接点即是第二章所记："子曰：'性相近也，习相远也。'"把孔子分辨"性""习"的话紧接在"阳货欲见孔子"章之后也许并不完全出于偶然，如此辑录似多少透露着辑录者用于启示后人的这样的一个判断：就天之所赋而言，孔子与阳虎，乃至于公山弗扰、佛肸未始不可谓为"性相近"，但其为人相去如此之大，则又正可说是“习相远”。其实，这“性”“习”之说也恰是《阳货》的慧眼所在，它使全篇作为一个极松散的整体而被理解成为可能。

子贡有“夫子之言性与天道，不可得而闻也”（《论语·公冶长》）之叹，可见孔子对于“人性”话题的审慎。在《论语》二十篇中，明确论及人“性”的只有“性相近也，习相远也”一句。但这句话所内蕴的运思张力是如此之大，以至于孟子可以从中引申出他的“性善”论，荀子可以从中引申出他的“性恶”论，而愈到后来愈成为儒学主脉的心性之说也须得从这里说起。探孔子本意，关联着“性”说“习”或关联着“习”说“性”，乃是要对他所创始的儒家教化提出一种依据。人何以可予以教化？人何以必要予以教化？这是古代所谓教化和今人所谓教育的基本问题，回答这一问题使孔子不能不说到人“性”，也不能不由“性”而说到“习”。当孔子说“性相近”时，他实际上对所有正常人接受教育或为教而化的可能性做了肯定；这“性相近”是对包括他在内的所有人所做的判断，而他从“十有五而志于学”到“三十而立，四十而不惑，五十而知天命”以至于“六十而耳顺，七十而从心所欲不逾矩”的学习过程，既然表明他是可能接受教育或为教而化的，那也就意味着同他“性相近”的所有人都是可能接受教育或为教而化的。与此相应，当孔子说“习相远”时，他则以后天习染使“性相近”的人变得差距颇远这一事实强调了人接受教育或为教而化的必要性。人在后天既然可能变得更好，也可能相反，那么把人导向前者以避免后者的教育或教化就是必不可少而理所当然的了。人是可以改变的，因为不需要改变或不愿意改变而不发生改变的只是“上知”和“下愚”这两种人，所以孔子说：“唯上知与下愚不移”（第三章）。“上知”也是孔子所谓“生而知之者”，这种人德才完备而无所缺遗，因此无须“移”或不必改变；“下愚”则是所谓“困而不学”者，这种人愚妄顽鄙而自绝于善道，因此不可“移”或无从改变。但“上知”或“生而知之”不过是孔子为了申说人在教化中可“移”或可变而做的一种虚拟性假设，其意趣只在于强调这一点，即凡非“生而知之者”——实际上孔子从未说过他自己和他所称叹的某个人是“生而知之者”——只要不至于“下愚”到自绝于善道的地步，都可以经由教化而向着德行、才能等人生境地的更高处有所“移”。

“君子学道则爱人，小人学道则易使也”，无论是尊居上位的“君子”，还是身处下层的“小人”（百姓），其皆可以说是“性相近”而“习相远”，只要学道而承受教化，就会变得“爱人”（以仁爱之心待人）或“易使”（易于被调动起来去做有益的事），所以当孔子来到子游任职的武城听到弦歌之声而得知礼乐之教风行当地时，他竟喜不自胜，以至于说出“割鸡焉用牛刀”这样的趣话来（见第四章）。作为教化的礼乐，旨在厘正习俗而陶养性情，虽见之于玉帛，闻之于钟鼓，但所注重的则是人的“性”“习”，这正如《礼记·乐记》所说：“乐者，非谓黄钟大吕弦歌干扬也，乐之末节也”，“铺筵席，陈尊俎，列笾豆，以升降为礼者，礼之末节也”。春秋末世礼坏乐崩，这礼乐的崩坏不在于玉帛不兴、钟鼓不闻，而在于玉帛、钟鼓徒然流于缘饰，不再有正“习”养“性”的那份真切。正因为这样，孔子遂有“礼云礼云，玉帛云乎哉？乐云乐云，钟鼓云乎哉”（第十一章）之叹。

孔子所主张的教化，诚然可一言以蔽之为礼乐之教，不过在孔子看来，要想“立于礼”“成于乐”，首先要做的还是“兴于诗”（《论语·泰伯》）。他曾对他的儿子说：“不学诗，无以言”（《论语·季氏》）。这“言”当然是由衷之言，依他所谓“有德者必有言，有言者不必有德”（《论语·宪问》）而论，这“言”则当是有德者之言，因此他也这样诲示他的儿子：“女为《周南》《召南》矣乎？人而不为《周南》《召南》，其犹正墙面而立也与！”（第十章）《周南》《召南》是《诗》之《风》一百六十篇中的前二十五篇，用后世儒者的话说，《周南》抒写的是“王者之风”，《召南》抒写的是“先王之所以教”的“诸侯之风”，二者堪称“正始之道，王化之基”（《毛诗故训传·关雎序》）。此“道”、此“基”足可以使人安身立命，一个人若不能就此使生命有所寄托，在孔子看来，那就会像是面壁而立——

既难以看见一物，也难以迈出一步了。孔子关于《诗》，有“可以兴，可以观，可以群，可以怨”（第九章）的评赞，近代以来的学者们多从诗这一文学体裁的艺术手法上理解这“兴”“观”“群”“怨”，以至于有人把“兴”理解为一种由引譬所激发起来的想象力，把“怨”则理解为某种委婉的讽刺手法。其实，如果关联着同一章中“迩之事父，远之事君”的说法，关联着孔子对《周南》《召南》一类诗中经典的评价去领会，所谓“兴”“观”“群”“怨”，其深趣也未尝不可以从心灵感受的切近处做如下把握：“兴”在于人的情志的感发，“观”在于吟诗者的心迹的察识，“群”在于诗情中的人心的感通，“怨”在于诗人及诵诗者的内心郁结和忧怨的排遣。究其底里，“兴”“观”“群”“怨”，可谓无一不趣归于人的真“性”的养润和人的善“习”的培育，如此论诗，孔子所措意的乃是诗教而不是诗艺。诗教的主导价值取向是道德的，而不是审美的，从“兴”“观”“群”“怨”也许可以引申出审美自觉来，但至少在孔子这里，“兴”原是为着“立”和“成”的，诗教只是涵盖于礼乐之教而并不在礼乐教化之外别成一种教化。

对“性相近”的确信，使孔子有理由以切己的人生体验默识人际间心灵的感通；对“习相远”的属意，则使孔子在倡导礼乐教化时分外推重“学”。“仁”“知”“信”“直”“勇”“刚”，是心灵可感通的人们普遍认同的六种德行，人们因其各自的气质，或更大程度地“好仁”，或更大程度地“好知”，抑或更大程度地“好信”“好直”“好勇”“好刚”，这固然是情理中当有的事，但如果只是一味滞留在为气质所左右的“好”上，不以后天的学习更准确地把握各种德行应有的分际，那就有可能使这些本来可称道的德行生出相应的流弊，这便是孔子所说的“六言六蔽”：“好仁不好学，其蔽也愚；好知不好学，其蔽也荡；好信不好学，其蔽也贼；好直不好学，其蔽也绞；好勇不好学，其蔽也乱；好刚不好学，其蔽也狂”（第八章）。“学”对于孔子而言，从来就不是知识性的博闻强记，其所致取的只在于一以贯之的“道”，而由“六言六蔽”所指示的“好学”之“学”，其侧重则在于修道或弘道所不能不履行的礼。这可以印证于孔子的另一段话：在谈到“恭”“慎”“勇”“直”——正可谓“四言”——时，孔子曾说：“恭而无礼则劳，慎而无礼则葸，勇而无礼则乱，直而无礼则绞”（《论语·泰伯》）。以“勇而无礼则乱，直而无礼则绞”较之于“好直不好学，其蔽也绞；好勇不好学，其蔽也乱”，可知所谓“不好学”即是“无礼”的同义语，或者换一种说法，在“仁”“知”“信”“直”“勇”“刚”诸德性修养中，孔子一再以“好学”相劝诫，其实就是要人们“好礼”而“学礼”。与“乐”的谐和之旨相配称，“礼”的作用在于节制，笃守“礼”的规范使人们有可能在诸种德性践履中不失其相宜的度。当然，“礼”终究不是自足的，它须有

"义"贯注其中,"礼"与"义"的表里一体诚如孔子所说"义以为质,礼以行之"(《论语·卫灵公》)。以这表里一体的关系相推,"勇而无礼则乱"或"好勇不好学,其蔽也乱",说到底,则是因着"无礼"或"不好学"的勇者离弃了"义"。所以,孔子也以另一种方式表达相通的义理,他说:"君子义以为上。君子有勇而无义为乱,小人有勇而无义为盗"(第二十三章)。

孔子没有像后来孟子那样径直断言人性本善,但他所谓"人能弘道"(《论语·卫灵公》)、"人之生也直"(《论语·雍也》)、"我欲仁,斯仁至矣"(《论语·述而》)一类说法,的确蕴含了人性有其善的根荄的信念。为孔子所向慕而孜孜以求的"道"并不是人之外的某种存在,它因着人的觅取而作为一种既明证、可信又仰之弥高、趋之弥远的境地呈现于人,呈现"道"者必有得于"道",其所得之于"道"的即被称为"德"。因此,儒家所尊崇的"道""德",必定连着人的性灵的脐带,必定牵系并确证于人的生命的真切。没有进入人的真实生命、没有契接人的性灵之根的种种关于"道""德"的道理还不就是"道""德"本身,凡是对这些道理只是听一听、说一说的人则终归与"道""德"无缘,正是在这个意义上,孔子说:"道听而涂说,德之弃也"(第十四章)。同样,凡貌似谨厚而取媚、邀誉于乡里者,其行为无论怎样"非之无举""刺之无刺",都会因着欺妄生命、遮蔽性灵而有损或有辱于"道""德"的本趣,所以孔子又说："乡原，德之贼也"（第十三章）。伪善对"道""德"造成的戕害远在明显的不道德行为之上，"乡原"被斥之为"德之贼"，是因为它阉割了人性之本真这一"道""德"最可珍贵的性状。

在"紫之夺朱""郑声之乱雅乐""利口之覆邦家"（第十八章）的时潮下，孔子鄙弃"巧言""佞者"，以至于决绝地申明"予欲无言"（第十九章）。这"无言"当然是一种截断众流式的拒绝，一种对言多伤行之弊的针砭，但也更多些言外功夫的指点。由对先天的"性"的信赖，孔子把"闻道""修德"纳入后天的当有之"习"，"习"属于践履，而"道""德"的真谛亦正非解析和思辨所可窥知。"无言"把言诠难以逼近之地留给了"默而识之"，但切中要害的默识则只是在笃行中才有可能。正像老子倡导"法自然"而以"法天"（《老子》二十五章）为可直观的中介一样，孔子也以天做了他意想中的"无言"而"行"的君子的范本。"天何言哉？四时行焉，百物生焉，天何言哉？"——这似乎与老子"行不言之教"（《老子》二章）而指天为法颇相像，然而老子以天道之默喻示于人的总不外乎"致虚极，守静笃"（《老子》十六章），孔子的"天何言哉"的谛解则终在于《易传》所谓"天行健，君子以自强不息"（《易・乾・象》）。

微子第十八

(一)

微子[1]去之，箕子[2]为之奴，比干[3]谏而死。孔子曰：“殷有三仁焉。”

【注释】

[1] 微子：名启，纣王的庶兄，封国于微，其爵为子，故称微子。曾多次劝谏纣王，不为纣王所听，不得已而离去。周成王初年，周公诛杀策动叛乱的纣王之子武庚，使微子统率殷族，封于宋，微子遂为宋国始祖。《史记·宋微子世家》：“微子

开者，殷帝乙之首子而帝纣之庶兄也。纣既立，不明，淫乱于政。微子数谏，纣不听。及祖伊以周西伯昌之修德，灭阢（qí）国，惧祸至，以告纣。纣曰：‘我生不有命在天乎？是何能为！’于是微子度纣终不可谏，欲死之。及去，未能自决，乃问于太师、少师……遂亡。”（微子开，微子名启，司马迁作《史记》为避汉景帝讳，名其为开。阢，古国名，其地在今山西上党东北。）

［2］箕（jī）子：名胥余，纣王诸父（古代天子对同姓诸侯、诸侯对同姓大夫称诸父），封国于箕，其爵为子，故称箕子。多次劝谏纣王，纣王不听，遂披发佯狂为奴，被纣王囚禁。武王灭商，释箕子，将其带回周都城镐（hào）京。《尚书·洪范》相传是箕子为武王而作。《史记·宋微子世家》：“箕子者，纣亲戚也。纣始为象箸，箕子叹曰：‘彼为象箸，必为玉桮；为桮，则必思远方珍怪之物而御之矣。舆马宫室之渐自此始，不可振也。’纣为淫泆（yì），箕子谏，不听。人或曰：‘可以去矣。’箕子曰：‘为人臣谏不听而去，是彰君之恶而自说于民，吾不忍为也。’乃被发详狂而为奴。遂隐而鼓琴以自悲，故传之曰《箕子操》。”（象箸，象牙做的筷子。玉桮，即玉杯；桮同“杯”。淫泆，即淫佚，恣纵淫乐。被发，披发。详狂，即佯狂，假装癫狂。）

［3］比干：纣王叔父，任少师。多次劝谏纣王，被纣王剖

心处死。《史记·宋微子世家》："王子比干者，亦纣之亲戚也。见箕子谏不听而为奴，则曰：'君有过而不以死争，则百姓何辜！'乃直言谏纣。纣怒曰：'吾闻圣人之心有七窍，信有诸乎？'乃遂杀王子比干，刳（kū）视其心。"（信，果真。刳，剖，剖开。）

【译文】

纣王暴虐，微子离他而去，箕子被贬为奴，比干因为直言劝谏被处死。孔子说："殷末世有三位仁人啊！"

（二）

柳下惠为士师[1]，三黜。人曰："子未可以去乎？"曰："直道而事人[2]，焉往而不三黜？枉道[3]而事人，何必去父母之邦？"

【注释】

[1] 士师：官职名，掌管禁令刑狱。《周礼·秋官·士师》："士师之职，掌国之五禁之法以左右刑罚：一曰宫禁，二曰官禁，三曰国禁，四曰野禁，五曰军禁；皆以木铎徇（xùn）之于朝，书而县于门闾。以五戒先后刑罚……掌官中之政令，察狱

讼之辞，以诏司寇断狱弊讼，致邦令。”（徇，宣布命令。县，通“悬”，悬挂。门闾，宫门。先后，辅助。诏，辅助。弊讼，裁决诉讼；弊，决断，裁决。致，传达。）

［2］直道而事人：依正道履行下属的职责。直道，正道。事人，充任下属。桓宽《盐铁论·相刺》：“文学曰：扁鹊不能治不受针药之疾，圣贤不能正不食谏诤之君。故桀有关龙逢而亡夏，殷有三仁而商灭。故不患无由余、夷吾之伦，患无桓、穆之听耳。是以孔子东西无所遇，屈原放逐于楚国也。故曰：‘直道而事人，焉往而不三黜？枉道而事人，何必去父母之邦。’此所以言而不见从，行而不得合者也。”（食，采纳。由余，秦穆公信任而重用的谋士；《史记·秦本纪》：“秦用由余，谋伐戎王，益国十二，开地千里，遂霸西戎”。夷吾，管仲，为齐桓公言听计从的重臣。）

［3］枉道：邪曲之道。

【译文】

柳下惠做鲁国的士师，多次被罢免。有人问他：“您怎么不离开鲁国呢？”他回答说：“依正道履行下属的职责，去哪里会不被多次罢免呢？若是不依正道履行下属的职责，那又何必要离开父母之邦呢？”

（三）

齐景公待孔子[1]，曰："若季氏，则吾不能；以季、孟之间待之[2]。"曰："吾老矣，不能用也。"孔子行。

【注释】

[1] 齐景公待孔子：齐景公谈他将如何对待孔子。孔子到齐国仅一次，时在鲁昭公二十五年至二十七年。

[2] 以季、孟之间待之：按介于鲁国大夫季氏、孟氏之间的礼遇对待他。《史记·孔子世家》："昭公师败，奔于齐，齐处昭公乾侯。其后顷之，鲁乱。孔子适齐，为高昭子家臣，欲以通乎景公。""后景公敬见孔子，不问其礼。异日，景公止孔子曰：'奉子以季氏，吾不能；以季、孟之间待之。'齐大夫欲害孔子，孔子闻之。景公曰：'吾老矣，弗能用也。'孔子遂行，反乎鲁。"（处，安顿。乾侯，地名。顷之，不久。）

【译文】

齐景公谈他将如何对待孔子，说："像鲁国国君对待季氏那样，我做不到；我会按介于季氏、孟氏之间的礼遇相对待。"不久又说："我老了，怕是不能用他了。"于是，孔子就离开了齐国。

(四)

齐人归女乐[1]，季桓子受之。三日不朝[2]。孔子行。

【注释】

[1] 齐人归（kuì）女乐：齐国人送了一批歌姬舞女给鲁国。归，通“馈”，赠送。

[2] 三日不朝：这里指鲁国君臣耽于声色连续三日不听政。《史记·孔子世家》：“定公十四年，孔子年五十六，由大司寇行摄相事……齐人闻而惧，曰：‘孔子为政必霸，霸则吾地近焉，我之为先并矣。盍致地焉？’黎钼（chú）曰：‘请先尝沮之；沮之而不可则致地，庸迟乎！’于是选齐国中女子好者八十人，皆衣文衣而舞《康乐》，文马三十驷，遗（wèi）鲁君。陈女乐文马于鲁城南高门外。季桓子微服往观再三，将受，乃语鲁君为周道游，往观终日，怠于政事。子路曰：‘夫子可以行矣。’孔子曰：‘鲁今且郊，如致膰（fán）乎大夫，则吾犹可以止。’桓子卒受齐女乐，三日不听政；郊，又不致膰俎于大夫。孔子遂行。”（并，吞并。盍，何不。致地，献上土地；致，献纳。沮，阻止。庸，难道。遗，给予，馈赠。郊，指郊祭，祭祀天地。膰，祭肉。）

【译文】

齐国人送了一批歌姬舞女，季桓子接受了。鲁国君臣一连三天不上朝理政。于是，孔子就离开了鲁国。

（五）

楚狂接舆[1]歌而过孔子，曰："凤[2]兮凤兮！何德之衰？往者不可谏[3]，来者犹可追[4]。已而已而！今之从政者殆而！"孔子下，欲与之言。趋而辟之，不得与之言。

【注释】

［1］接舆：春秋时楚国的狂士，佯狂避世。因其迎着孔子的车而歌，故称接舆。《史记·鲁仲连邹阳列传》："（邹阳乃从狱中上书曰：）昔卞和献宝，楚王刖（yuè）之；李斯竭忠，胡亥极刑。是以箕子详狂，接舆辟世，恐遭此患也。"（刖，一种断足的酷刑。极刑，死刑；这里指李斯被腰斩于市。）

［2］凤：即凤凰，传说中的一种灵鸟，世有道则见，无道则隐。这里歌者以凤比孔子，讥其于无道之世而不能隐为"德衰"。

［3］往者不可谏：以往的已不可挽回。谏，匡正，挽回。

［4］来者犹可追：未来的还来得及补救。追，补救，挽回。

【译文】

楚国狂人接舆唱着歌走过孔子所乘的车，那歌唱道："凤鸟啊，凤鸟啊！你的德行何其衰退？以往的已不可挽回，未来的还来得及补救。罢了，罢了！当今的那些从政者哪个不在危殆之中啊!"孔子下了车，想和这位歌者交谈，那人快步走开了，没法同他说话。

（六）

长沮、桀溺耦而耕[1]，孔子过之，使子路问津[2]焉。长沮曰："夫执舆[3]者为谁?"子路曰："为孔丘。"曰："是鲁孔丘与?"曰："是也。"曰："是知津矣。"问于桀溺。桀溺曰："子为谁?"曰："为仲由。"曰："是鲁孔丘之徒与?"对曰："然。"曰："滔滔者天下皆是也，而谁以易之[4]？且而，与其从辟人之士[5]也，岂若从辟世之士[6]哉?"耰而不辍[7]。子路行以告。夫子怃然[8]曰："鸟兽不可与同群，吾非斯人[9]之徒与而谁与？天下有道，丘不与易也。"

【注释】

[1] 耦（ǒu）而耕：二人并耕。

[2] 问津：询问渡口。津，渡口。

［3］执舆：执辔（pèi），拉马缰绳。

［4］谁以易之：谁使之改变。以，使。易，改变。

［5］辟人之士：指孔子这样的避开无道君主的人。

［6］辟世之士：指避开整个人世纷乱的隐士。

［7］耰（yōu）而不辍：不停地用土埋住播下的种子。耰，用土埋住播下的种子。

［8］怃（wǔ）然：怅然若失的样子，怅惘失意的样子。

［9］斯人：这人。指世人。

【译文】

长沮和桀溺在田间并肩耕种，孔子路过那里，让子路向他们询问渡口。长沮说："那个坐在车上拉着马缰绳的人是谁？"子路说："是孔丘。"长沮说："是鲁国的那个孔丘吗？"子路说："是呀。"长沮说："那他一定是知道渡口在哪里的人了。"子路又去问桀溺。桀溺说："您是谁？"子路说："我是仲由。"桀溺说："是鲁国孔丘的弟子吧？"子路回答说："对呀。"桀溺说："现在天下的罪恶像滔滔的大水那样，而谁能使它改变呢？您与其追随孔子那样的避开无道君主的人，还不如跟从我们这样的避开整个人世纷乱的人呢。"一面说，一面用土埋住那些播下去的种子，一刻不停地做自己的事。子路只好回来向夫子禀告。夫子怅然若失，感叹地说："我又不能与鸟兽同群相处，不同世间的这些人在一起，还能同谁在一起呢？要是天下有道，我就用不着（和弟子们一起）去改变它了。”

（七）

子路从而后，遇丈人[1]，以杖荷蓧[2]。子路问曰："子见夫子乎？"丈人曰："四体[3]不勤，五谷[4]不分。孰为夫子？"植其杖而芸[5]。子路拱而立。止[6]子路宿，杀鸡为黍而食之，见其二子焉。明日，子路行以告。子曰："隐者也。"使子路反见之，至，则行矣。子路曰："不仕无义。长幼之节，不可废也；君臣之义，如之何其废之？欲洁其身，而乱大伦[7]。君子之仕也，行其义也。道之不行，已知之矣。"

【注释】

[1] 丈人：老者。

[2] 荷蓧（diào）：扛着除草用的农具。蓧，竹编的除草农具。

[3] 四体：双手双脚。

[4] 五谷：黍、稷、菽（shū）、麦、稻。

[5] 植其杖而芸：把手杖插在田间去除草。芸，通“耘”，除草。

［6］止：留，留住。

［7］大伦：大的伦常。人之大伦在儒者看来有五：父子有亲，君臣有义，夫妇有别，长幼有序，朋友有信。

【译文】

子路跟从夫子出游，有一次落在了后面，遇到一位老者用拐杖挑着除草用的农具，于是就问他：“您看见我们家的夫子了吗?”老人说：“(像你这样）四体不勤谨，五谷分不清，哪一位会是你的夫子呢?”老人把拐杖插在田间开始除草，子路恭敬地拱手站在那里。天晚了，老人留子路在家里住宿，杀鸡煮黍米饭给他吃，并让两个儿子出来同他相见。第二天，子路告别老人赶上了夫子，把昨天发生的事向夫子做了禀报。夫子说：“你遇到的是一位隐者。”就让子路返回去见那位老人。可是，当子路赶到时，老人已经走了。子路说：“拒绝出仕是不合于道义的。长幼之间的礼节既然不可以废弃，君臣之间的道义又怎么能弃置不顾呢？一个人只想着自身的清白，那会影响到君臣有义这样的大伦的。君子出仕，是为了履行君臣之义。至于道难以在当今的天下推行，这本是早就知道的事了。”

(八)

逸民[1]：伯夷、叔齐[2]、虞仲、夷逸、朱张、柳下惠[3]、少连[4]。子曰："不降其志，不辱其身，伯夷、叔齐与!"谓"柳下惠、少连，降志辱身矣。言中伦[5]，行中虑[6]，其斯而已矣"。谓："虞仲、夷逸，隐居放言[7]，身中清[8]，废中权[9]。我则异于是，无可无不可[10]。"

【注释】

［1］逸民：有公室或仕途背景而遁世隐居之人。

［2］伯夷、叔齐：其事见《论语·公冶长》第二十三章及《论语·述而》第十五章注。《孟子·公孙丑上》："非其君不事，非其民不使，治则进，乱则退，伯夷也。""伯夷，非其君不事，非其友不友，不立于恶人之朝，不与恶人言；立于恶人之朝，与恶人言，如以朝衣朝冠坐于涂炭。推恶恶之心，思与乡人立，其冠不正，望望然去之，若将浼（měi）焉。是故诸侯虽有善其辞命而至者，不受也。不受也者，是亦不屑就已。"（望望然，失望、扫兴的样子。浼，污染。辞命，辞令。）

［3］柳下惠：见《论语·卫灵公》第十四章注。《孟子·公孙丑上》："柳下惠不羞汙君，不卑小官；进不隐贤，必以其道，遗佚而不怨，阨（è）穷而不悯。故曰：'尔为尔，我为我，虽袒裼（xī）裸裎（chéng）于我侧，尔焉能浼我哉?'故由由然与之偕而不自失焉，援而止之而止。援而止之而止者，是亦不屑去已。"（不羞汙君，不以事奉污浊之君为羞耻；汙，即

“污”。不卑小官，不以任微小官职为卑下。遗佚，即遗逸，遗弃而不用。阨穷，危厄困穷。悯，忧愁，忧伤。袒裼，脱去上衣，裸露肢体。裸裎，赤身裸体。由由然，自得的样子，愉悦的样子。偕，一起。援，挽，拉。止，留，挽留。不屑，不介意。）

［4］少连：与虞仲、夷逸、朱张等，其人其事不详。《礼记·杂记下》：“孔子曰：少连、大连善居丧，三日不怠，三月不解（xiè），期（jī）悲哀，三年忧，东夷之子也。”（解，通“懈”。期，一周年。）

［5］言中伦：言语合于道义。中，合于，符合。

［6］行中虑：行为与意念一致。

［7］放言：放置言谈，不谈论世间是非。

［8］身中清：处身合于洁身之道。

［9］废中权：去职合于时宜。

［10］无可无不可：不拘泥于可，也不拘泥于不可。不拘泥于这样，也不拘泥于不这样。《论语·子罕》：“子绝四——毋意，毋必，毋固，毋我。”《孟子·公孙丑上》：“可以仕则仕，可以止则止，可以久则久，可以速则速，孔子也。”

【译文】

遁世隐居的人有：伯夷、叔齐、虞仲、夷逸、朱张、柳下惠、少连。夫子说："不贬抑自己的志节，不屈辱自己的身份，真正做到这一点的大概只有伯夷、叔齐吧！"夫子评价柳下惠、少连说："志节有所贬抑，身份有所屈辱，但言谈合于道义，行为与意念一致，他们也就如此而已。"夫子评论虞仲、夷逸说："他们遁世隐居，不谈世事，做到了处身清白，去职合于时宜。"又说："我与这些人不同，不拘泥于这样，也不拘泥于不这样。"

（九）

大师挚[1]适齐，亚饭干[2]适楚，三饭缭适蔡，四饭缺适秦，鼓方叔[3]入于河，播鼗武[4]入于汉，少师阳[5]、击磬襄[6]入于海。

【注释】

[1] 大（tài）师挚：大师为乐官之长；乐官之长名挚，故称大师挚。《周礼·春官·大师》："大师掌六律、六同以合阴阳之声。阳声：黄钟、大簇、姑洗、蕤宾、夷则、无射。阴声：大吕、应钟、南吕、函钟、小吕、夹钟。皆文之以五声：宫、商、角、徵、羽；皆播之以八音：金、石、土、革、丝、木、匏、竹。"

[2] 亚饭干：古时天子诸侯用饭皆奏乐，第二次用饭时奏

乐的乐师为“亚饭”，其名干，故称亚饭干。后文所谓“三饭”“四饭”，分别指第三次、第四次用饭时奏乐的乐师。《礼记·王制》：“天子食，日举以乐。”班固《白虎通·礼乐》：“王者食，所以有乐何？乐食天下之太平富积之饶也。明天子至尊，非功不食，非德不饱。故《传》曰：‘天子食时举乐。’王者所以日四食何？明有四方之物，食四时之功也。四方不平，四时不顺，有彻膳之法焉。所以明至尊，著法戒焉。王者平居中央，制御四方。平旦食，少阳之始也；昼食，太阳之始也；铺（bù）食，少阴之始也；暮食，太阴之始也。《论语》曰：‘亚饭干适楚，三饭缭适蔡，四饭缺适秦。’诸侯三饭，卿、大夫再饭，尊卑之差也。”（彻膳，古代遇有灾异，帝王撤减膳食以示自责；彻，通“撤”。法戒，楷式与鉴戒。铺食，晚饭。）

［3］鼓方叔：司鼓的乐师，名方叔，故称鼓方叔。《周礼·地官·鼓人》：“鼓人掌教六鼓四金之音声，以节声乐，以和军旅，以正田役。”

［4］播鼗（táo）武：操播鼗的乐师，名武，故称播鼗武。播鼗，俗称拨浪鼓。《周礼·春官·瞽矇》：“瞽矇掌播鼗、柷（zhù）、敔（yǔ）、埙（xūn）、箫、管、弦、歌。”

［5］少师阳：少师为副乐官长，名阳，故称少师阳。《周礼·春官·小师》：“小师掌教鼓、鼗、柷、敔、埙、箫、管、弦、歌。”

［6］击磬襄：击磬的乐师，名襄，故称击磬襄。《周礼·春官·磬师》："磬师掌教击磬，击编钟，教缦乐、燕乐之钟磬。"（缦乐，杂乐。燕乐，内廷之乐。磬，一种由玉或石制成的打击乐器。）

【译文】

大师挚去了齐国，亚饭乐师干去了楚国，三饭乐师缭去了蔡国，四饭乐师缺去了秦国，司鼓的乐师方叔去了大河之滨，操播鼗的乐师武去了汉水之涯，少师阳和击磬的乐师襄流落到了海边。

（十）

周公谓鲁公[1]曰："君子不施其亲[2]，不使大臣怨乎不以[3]。故旧无大故，则不弃也。无求备于一人！"

【注释】

［1］鲁公：周公之子伯禽，受封于鲁。此章"周公谓鲁公"当是伯禽前往鲁地时周公对伯禽的告诫。《史记·鲁周公世家》："（武王破殷，）遍封功臣同姓戚者。封周公旦于少昊之虚曲阜，是为鲁公。周公不就封，留佐武王……武王既崩，成王少，在

强葆之中。周公恐天下闻武王崩而畔，周公乃践阼（zuò）代成王摄行政当国……于是卒相成王，而使其子伯禽代就封于鲁……周公卒，子伯禽固已前受封，是为鲁公。”（虚，住地，住所。佐，辅佐。强葆，即襁褓。畔，通“叛”。践阼，即位；阼，堂前东边的台阶，礼仪中为主人站立之阶。）

［2］不施（chí）其亲：不怠慢其亲族。施，通“弛”，怠慢，疏远。《礼记·中庸》：“仁者，人也，亲亲为大。”“亲亲则诸父昆弟不怨。”

［3］不使大臣怨乎不以：不让大臣怨恨自己没有被信用。以，用。《礼记·中庸》：“敬大臣则不眩。”《礼记·缁衣》：“子曰：‘大臣不亲，百姓不宁，则忠敬不足，而富贵已过也；大臣不治，而迩臣比矣。故大臣不可不敬也，是民之表也。’”（迩臣，近臣。比，仿效。）

【译文】

周公告诫鲁公说：“君子不疏远他的亲族，不让大臣怨恨自己没有被信用。故人旧友没有大的过错，就不要离弃他。不要求全责备于某一个人。”

（十一）

周有八士[1]：伯达、伯适、仲突、仲忽、叔夜、叔夏、季随、季騧[2]。

【注释】

［1］八士：周代八位值得称道的士。一如朱熹所注："或曰成王时人，或曰宣王时人。盖一母四乳而生八子也，然不可考矣。"

［2］伯达、伯适（kuò）、仲突、仲忽、叔夜、叔夏、季随、季騧（guā）：八人之名两两为伯、仲、叔、季，可见其为一母四乳的兄弟。班固《白虎通·姓名》："称号所以有四何？法四时用事先后，长幼兄弟之象也。故以时长幼号曰伯、仲、叔、季也。伯者，长也。伯者，子最长，迫近父也。仲者，中也。叔者，少也。季者，幼也……质家所以积于仲何？质者亲亲，故积于仲；文家尊尊，故积于叔。即如是，《论语》曰：'周有八士：伯达、伯适、仲突、仲忽、叔夜、叔夏、季随、季騧。'不积于叔何？盖以两两俱生故也。不积于伯、季，明其无二也。"（质家，以质实为尚的时风或流派。文家，以文礼为尚的时风或流派。积于仲、积于叔，兄弟多者其字或如质家增于仲，或如文家增于叔，而不增于伯、季；积，增加。如周属文家，文王十子伯邑考、武王发、周公旦、管叔鲜、蔡叔度、曹叔振铎、成叔处、霍叔武、康叔封、南季载，其字增于"叔"。）

【译文】

周代有八位值得称道的士：伯达、伯适、仲突、仲忽、叔夜、叔夏、季随、季騧。

疏　解

《微子》仅十一章，所涉及的人物竟有三十多个。其中虽也标举周初“八士”（第十一章）的佳话和周公对前往封国的鲁公（伯禽）的训诫，而且将其置于篇末以追怀已逝的盛世，但仍以品题殷商末造及春秋衰世的人物、事迹为主，而借殷商暮岁出现的“三仁”讽论春秋晚期运遇的萧瑟，尤能道出孔子及孔门弟子感时伤道的心境。孔子的不多的话语使全篇的义旨得以贯通，而所谓“我则异于是，无可无不可”（第八章）的意蕴则最是耐人寻味。

殷纣暴虐，“微子去之，箕子为之奴，比干谏而死”（第一章），这“去之”是以“去之”而存“仁”，“为奴”是以“为奴”而为“仁”，“死”则是以“死”而成“仁”。孔子称“殷有三仁焉”，是对微子、箕子、比干忠于殷商的赞叹，也是以“三仁”为楷模对当世之志士仁人——所谓“志士仁人，无求生以害仁，有杀身以成仁”（《论语·卫灵公》）——的呼唤。微子的“去之”、箕子的“为奴”、比干的“死”或是不可再兴的殷商至为悲怛（dá）的挽歌，孔子以其三人为“三仁”却是要立一种人当如何为“仁”的仪表，就此去教化当时礼坏乐崩、人伦失范的天下。

与“微子去之，箕子为之奴，比干谏而死”差不多同时，受封于殷王朝的孤竹国发生了兄弟互让君位的异事。权力是世人一向看重的，伯夷、叔齐兄弟笃于亲情反倒淡漠了权力可能带给人的名利和地位。他们避开权力的纠葛逃到周地后，又因劝阻起兵伐纣的武王无效而隐身于首阳山中，最后竟至于不食周粟而死。这两位“求仁而得仁”的“古之贤人”（《论语·述而》），为势利场上竞逐不已的人们启示了别一种做人的风范，孔子称他们为“逸民”。此后，又有略可与之比拟的虞仲、夷逸、朱张、柳下惠、少连等人出现，孔子遂有了“贤者辟世，其次辟地，其次辟色，其次辟言”而“作者七人矣”（《论语·宪问》）之说。七人中，虞仲、夷逸、朱张不载于史籍，但依孔子所谓“天下有道则见，无道则隐”（《论语·泰伯》）的语意相推，可以肯定他们或与伯夷、叔齐生活的年代相去不远，同属于殷商的末季，或与柳下惠、少连相近，同属于周道衰微之时。对于这七人，孔子的评价是：伯夷、叔齐“不降其志，不辱其身”，虞仲、夷逸“隐居放言，身中清，废中权”，柳下惠、少连“降志辱身矣，言中伦，行中虑”。显然，相形之下，他更赞赏伯夷、叔齐些，但即使如此，他也并未打算做一名伯夷、叔齐式的“逸民”。他说“我则异于是”——既异于虞仲、夷逸、柳下惠、少连，也异于伯夷、叔齐，而其所以异，则在于他的那种独特的不执于一端的态度："无可无不可"。

伯夷、叔齐立身处世，一如孟子所说："目不视恶色，耳不听恶声，非其君不事，非其民不使。治则进，乱则退。横政之所出，横民之所止，不忍居也"（《孟子·万章下》）。如此清卓不苟，真可以说是"清"而至于极致的境地，因此孟子称其为"圣之清者"。柳下惠、少连却是另一种情形，亦如孟子所说："不羞汙君，不辞小官。进不隐贤，必以其道。遗佚而不怨，阨穷而不悯。与乡人处，由由然不忍去也"（同上）。如此可任即任、可和则和，也真可以说是"和"而至于极致的境地，所以孟子称其为"圣之和者"。伯夷的"清"，柳下惠的"和"，都是极可贵的德操，这德操足以启导人、感化人，其诚可谓"闻伯夷之风者，顽夫廉，懦夫有立志"，"闻柳下惠之风者，鄙夫宽，薄夫敦"（同上），但被执着了的"清"与"和"，二者间总会产生某种暌隔。较之于"圣之清者"伯夷、"圣之和者"柳下惠，孔子则能做到崇尚"清"而不局守于"清"、称与"和"而不执滞于"和"，如此应时而"清"、应时而"和"、权时制宜而至于"圣"的境地，可谓"圣之时"，孟子遂由此而称孔子为"圣之时者"（同上）。"齐景公待孔子，曰：'若季氏，则吾不能；以季、孟之间待之。'曰：'吾老矣，不能用也。'孔子行"（第三章），这样的"行"当然是一种"清"举；"齐人归女乐，季桓子受之。三日不朝。孔子行"（第四章），这"行"同样是一种

"清"举。但孔子周游列国，毕竟不能没有"如有用我者，吾其为东周乎"（《论语·阳货》）的期冀。在春秋之末那个无"清"可言的世道，孔子并未选择伯夷、叔齐的道路，他所谓"君子贞而不谅"（《论语·卫灵公》），所谓"苟有用我者，期月而已可也，三年有成"（《论语·子路》），所透露的似乎更多些"和"以济世或济世以"和"的趣求。诚然，这"和"不全然是柳下惠式的，孔子即使称道柳下惠的"言中伦，行中虑"，也绝不会让自己像柳下惠那样"降志辱身"。在所谓"无可无不可"的权行中，孔子有着"朝闻道，夕死可矣"（《论语·里仁》）的"道"的导引；凭着这内在的"道"，他终究得以做到"可以速而速，可以久而久，可以处而处，可以仕而仕"（《孟子·万章下》）。

与出身高贵而多曾有仕途背景的"逸民"略异，遁于民间的尚有一些同虞仲、夷逸之类"隐居放言"者相仿佛的士人，这些人被孔子称为"隐者"。《论语·宪问》提到的"晨门""荷蒉而过孔氏之门者"，可能都是这一类人，《微子》所记楚狂接舆、长沮、桀溺、荷蓧丈人等也属于这一类人。"隐者"大都姓名不详，"晨门""荷蒉而过孔氏之门者""荷蓧丈人"自不待言，即如楚狂接舆、长沮、桀溺，也都不是所称之人的真实名姓。"接舆"是因其迎着孔子所乘车走过来而称，"长沮"是因其体形颀长且躬耕于沮泽（水草丛生的沼泽）之地而称，"桀溺”之称则是因为此人身材高大（桀）而又劳作于足以溺人的深水之侧。单是这异样的称呼，即可大体判断出所谓隐者是怎样一些以决绝的姿态隐姓埋名而离群索居的人了。隐者不同于一般的村夫野老，他们大都有自己的人生见地，也大都能笃守其信念而不为流俗所动。孔子对心有存主的隐者一向不曾怠慢，每每试图更深地进入偶遇的隐者们的心灵世界，而隐者们也对孔子和他的门人多有讽喻或劝告。“凤兮凤兮！何德之衰？往者不可谏，来者犹可追。已而已而！今之从政者殆而！”（第五章）接舆以“凤”这一传说中的灵鸟比拟孔子，却以“德衰”痛切提醒，警示孔子“从政”可能面临的危殆。这是出自隐者的一种诫饬，其不屑于就世的那份孤高溢于言貌。隐者自称“辟世之士”，而称孔子这样的对“用我者”不能无所期待的人为“辟人之士”，在他们看来，“辟世之士”比起“辟人之士”来对尘俗的拒绝要更彻底些，所以他们也这样劝诱前来“问津”的子路：“滔滔者天下皆是也，而谁以易之？且而，与其从辟人之士也，岂若从辟世之士哉？”（第六章）孔子并没有责备他们，他只是分辩说：“若是天下有道，那还用得着我去改变它吗？况且，我们毕竟不能与鸟兽同群，如果不同世间的这些人在一起，那又能同谁在一起呢？”

孔子有孔子的衷曲，他不能像虞仲、夷逸甚至伯夷、叔齐一类逸民那样，或满足于“身中清，废中权”，或满足于“不降其志，不辱其身”，也不能像楚狂接舆、长沮、桀溺、荷蓧丈人一类隐者那样一味以“辟世之士”自可、自高。他的承担要比逸民、隐者沉重得多，这沉重不仅在于他不得不更深地陷入逸民、隐者们决然避开的世俗纠葛，也还在于他自始就不能让自己像俗常的人们那样沉落于这利害的泥淖。这一份沉重注定了他有可能在一个必要的高度上理解乃至称赏不为尘垢所渍染的逸民或隐者，而为他所理解乃至称赏的逸民或隐者却终于不能真正了解他。

子张第十九

(一)

子张曰："士见危致命，见得思义[1]，祭思敬，丧思哀[2]，其可已矣。"

【注释】

[1] 见危致命，见得思义：遇到危难不惜献出生命，遇到有利可得的事能想到道义。致命，捐躯；致，奉献，献出。《论语·宪问》："见利思义，见危授命，久要不忘平生之言，亦可以为成人矣。"《礼记·曲礼上》："临财毋苟得，临难毋苟免。"

[2] 祭思敬，丧思哀：祭祀时想到的是严肃恭敬，服丧时所念在于悲痛哀伤。《论语·八佾》："子曰：'居上不宽，为礼不敬，临丧不哀，吾何以观之哉？'"《礼记·少仪》："祭祀主敬，丧事主哀。"《礼记·祭统》："祭而不敬，何以为民父母矣？"本篇第十四章："子游曰：'丧，致乎哀而止。'"

【译文】

子张说："一个士人遇到危难能不惜献出生命，遇到有利可得的事能（首先）想到道义，祭祀时所思在于严肃恭敬，服丧时所思在于悲痛哀伤，这也就可以了。"

（二）

子张曰："执德不弘[1]，信道不笃[2]，焉能为有？焉能为亡[3]？"

【注释】

[1] 执德不弘：持守仁德不能弘大。执，持守，坚持。《论语·泰伯》："曾子曰：'士不可以不弘毅，任重而道远。仁以为己任，不亦重乎？死而后已，不亦远乎？'"

[2] 信道不笃：信奉大道不能笃实。笃，忠诚。《论语·泰

伯》："子曰：'笃信好学，守死善道……'"

［3］焉能为有？焉能为亡（wú）：哪里能算作有？哪里好算作无？亡，无。

【译文】

子张说："持守仁德不能弘大，信奉大道不能笃实，这种人，有他也可以，没有他也可以。"

（三）

子夏之门人问交于子张，子张曰："子夏云何？"对曰："子夏曰：'可者与之，其不可者拒之[1]。'"子张曰："异乎吾所闻：君子尊贤而容众，嘉善而矜不能[2]。我之大贤与，于人何所不容？我之不贤与，人将拒我，如之何其拒人也？"

【注释】

［1］可者与之，其不可者拒之：值得交往的就同他交往，不值得交往的就拒绝同他交往。可，值得。与，相与，交往。《论语·学而》："无友不如己者。"《吕氏春秋·先识览·观世》："周公旦曰：'不如吾者，吾不与处，累我者也；与我齐者，吾不与处，无益我者也。'惟贤者必与贤于己者处。"

［2］尊贤而容众，嘉善而矜（jīn）不能：尊尚贤者而又能容纳众人，赞赏那些有才德的人而怜悯那些才德不足者。矜，怜悯。《蔡邕集·正交论》："子夏之门人问交于子张，而二子各有所闻乎夫子，然则以交诲也。商也宽，故告之以拒人；师也褊，故训之以容众人。从其行而矫之。至于仲尼之正教，则汎爱众而亲仁。故非善不喜，非仁不亲，交游以方，会友以文，可无贬也。"（贬，贬责，指责。）

【译文】

子夏的弟子问子张如何交友，子张说："子夏说了些什么？"子夏的弟子回答说："子夏说：'值得交往的就同他交往，不值得交往的就拒绝同他交往。'"子张说："我所听到的道理与这不一样：君子尊尚贤者而又能容纳众人，赞赏那些有才德的人而怜悯那些才德不足者。我若是一个大贤之人，对于别人有什么不可容受呢？我若是个不贤之人，别人将拒绝同我交往，那样又如何谈得上我去拒绝别人呢？"

（四）

子夏曰："虽小道[1]，必有可观者焉，致远恐泥[2]，是以君子不为也。"

【注释】

[1] 小道：小技艺，小技能。《大戴礼记 · 小辨》："（子曰）：夫小辨破言，小言破义，小义破道。道小不通，通道必简。"（简，大。）

[2] 致远恐泥（nì）：对致力于远大志业可能会有妨碍。泥，拘泥，阻滞。《汉书 · 艺文志 · 诸子略序》："小说家者流，盖出于稗（bài）官，街谈巷语道听涂说者之所造也。孔子曰：'虽小道，必有可观者焉，致远恐泥，是以君子弗为也。'然亦弗灭也。闾里小知者之所及，亦使缀而不忘。如或一言可采，此亦刍荛（ráo）狂夫之议也。"（稗官，小官，采野史小说的小官。闾里，里巷。缀，编纂。刍荛，割草采薪之人，指草野之人。）

【译文】

子夏说："即使是那些小技艺，也一定有值得注意的地方，但对致力于远大志业可能会有妨碍，所以君子是不在这方面下功夫的。"

（五）

子夏曰："日知其所亡[1]，月无忘其所能[2]，可谓好学也已矣。"

【注释】

［1］知其所亡（wú）：弄懂自己所不知道的东西。亡，无。

［2］无忘其所能：不忘记自己已经懂得的东西。《论语·为政》：“子曰：‘温故而知新，可以为师矣。’”

【译文】

子夏说：“（一个人）每天都能弄懂一些自己所不懂的东西，每月都能温习自己所懂的东西而不至于忘记，那就可以说是好学了。”

（六）

子夏曰：“博学而笃志[1]，切问而近思[2]，仁在其中矣。”

【注释】

［1］博学而笃志：广博学习而笃守其志向。《论语·雍也》：“子曰：‘君子博学于文，约之以礼，亦可以弗畔矣夫。’”《论语·述而》：“子曰：‘盖有不知而作之者，我无是也。多闻，择其善者而从之，多见而识之，知之次也。’”

［2］切问而近思：恳切请教而做贴近自身感受的思考。《论语·雍也》：“夫仁者，己欲立而立人，己欲达而达人。能近取

譬，可谓仁之方也已。”《礼记·中庸》：“博学之，审问之，慎思之，明辨之，笃行之。”

【译文】

子夏说：“广博学习而笃守其志向，恳切请教而做贴近自身感受的思考，为仁之道也就在其中了。”

（七）

子夏曰：“百工居肆以成其事[1]，君子学以致其道[2]。”

【注释】

[1] 百工居肆以成其事：百工们在作坊中成就他们的工艺之事。肆，作坊。桓宽《盐铁论·通有》：“（大夫曰：）《语》曰：‘百工居肆以致其事’，农商交易以利本末。山居泽处，蓬蒿垸（qiāo）埆（què），财物流通，有以均之。是以多者不独衍，少者不独馑。若各居其处，食其食，则是橘柚不鬻（yù），朐（qú）卤之盐不出；旃（zhān）罽（jì）不市，而吴、唐之材不用也。”（蓬蒿，蓬草和蒿草，借指荒野偏僻之地。垸埆，土地瘠薄，借指穷乡僻壤。衍，多余。馑，缺乏。鬻，卖。朐，地名，即朐衍。旃罽，以毛制成的毡子一类用品。市，买卖。

吴、唐之材，兼指吴、越之竹，隋、唐之材。）

［2］君子学以致其道：君子通过学习求得为仁之道。致，求得。道，这里指儒家之道，亦即仁道或为仁之道。班固《白虎通·辟雍》："学之为言觉也，以觉悟所不知也。故学以治性，虑以变情。故玉不琢不成器，人不学不知义。子夏曰：'百工居肆以成其事，君子学以致其道。'故《曲礼》曰：'十年曰幼，学。'《论语》曰：'吾十有五而志于学，三十而立。'又曰：'生而知之者，上也；学而知之者，次也。'是以虽有自然之性，必立师傅焉。"（辟雍，西周时所设大学，校址圆形，围以水池；辟，通"璧"，圆璧以象天；雍，池沼，以象教化流行。）

【译文】

子夏说："百工们在作坊中成就他们的工艺之事，君子通过学习以求得为仁之道。"

（八）

子夏曰："小人之过[1]也，必文[2]。"

【注释】

［1］过：过错。

［2］文：文饰，掩饰。《孟子·公孙丑下》：“古之君子，过则改之；今之君子，过则顺之。古之君子，其过也，如日月之食，民皆见之；及其更也，民皆仰之。今之君子，岂徒顺之，又从为之辞。”（顺之，任之。为之辞，为其辩护。）

【译文】

子夏说：“小人对自己的过错一定予以掩饰。”

（九）

子夏曰：“君子有三变：望之俨然[1]，即之也温，听其言也厉[2]。”

【注释】

［1］望之俨然：远望其人则庄严而令人敬畏。俨然，庄严的样子。《论语·尧曰》：“君子正其衣冠，尊其瞻视，俨然人望而畏之，斯不亦威而不猛乎？”《孟子·梁惠王上》：“孟子见梁襄王，出，语人曰：‘望之不似人君，就之而不见所畏焉。’”（就，接近。）

［2］即之也温，听其言也厉：接近其人感到温和平易，听其说话，又觉得严厉而不苟。《论语·述而》：“子温而厉，威而

不猛，恭而安。”

【译文】

子夏说：“君子给人的印象会有三种变化：远望其人，庄严而令人敬畏；接近他，感到温和而平易；听他说话，又会觉得严厉而一丝不苟。”

（十）

子夏曰：“君子信而后劳其民；未信，则以为厉[1]己也。信而后谏；未信，则以为谤[2]己也。”

【注释】

［1］厉：虐害。

［2］谤：毁谤。

【译文】

子夏说：“君子取信于百姓之后才去役使百姓；没有取得百姓信任就去役使百姓，百姓会以为这是在虐待自己。君子取信于君主后才去劝谏君主；没有得到君主信任就去劝谏君主，君主会以为这是在毁谤自己。”

（十一）

子夏曰："大德不逾闲[1]，小德出入[2]可也。"

【注释】

［1］大德不逾闲：大节方面不越出法度。大德，这里指大节。闲，栅栏；这里喻指法度、规范。

［2］小德出入：小节方面或过或不及，不全然合乎规范要求。《荀子·王制》："孔子曰：'大节是也，小节是也，上君也；大节是也，小节非也，一出焉，一入焉，中君也；大节非也，小节虽是也，吾无观其余矣。'"

【译文】

子夏说："人在大节上不能越出法度，在小节上是可以有所出入的。"

（十二）

子游曰："子夏之门人小子，当洒扫应对进退则可矣，抑末[1]也。本之则无，如之何？"子夏闻之，曰："噫！言游过矣！

君子之道，孰先传焉，孰后倦[2]焉？譬诸草木，区以别矣。君子之道，焉可诬也？有始有卒[3]者，其惟圣人乎！”

【注释】

[1] 抑末：不过是末节。抑，不过。子游以子夏门人所可担当的洒扫、应对、进退一类事为末节，或是担心子夏施教舍本求末而对子夏做一种提醒，但子夏未必即逐于器艺而忽略礼乐之大者。二人指导弟子讲学、修德，方法、程序或有不同，而在“学以致其道”上应无二致。《大戴礼记·曾子事父母》：“夫礼，大之由也，不与小之自也。饮食以齿，力事不让，辱事不齿，执觞觚杯豆而不醉，和歌而不哀。夫弟者，不衡坐，不苟越，不干逆色，趋翔周旋，俛（fǔ）仰从命。不见于颜色，未成于弟（tì）也。”（大，长者。由，用。小，少者。自，由，用。饮食以齿，饮食先长后幼；齿，年岁。力事不让，出力的事不推让。辱事，卑贱之事。觞觚杯豆，泛指饮酒之器皿。衡坐，横坐。越，越位，越分。干，犯。逆色，怒色。趋翔，趋跄，奔走侍奉。周旋，古代行礼进退揖让的动作，引申为交往、交际应酬。俛仰，即俯仰，低头抬头，引申为应对、周旋。弟，通“悌”。）

[2] 倦：指教诲。其意由“诲人不倦”而来。

[3] 有始有卒：有始有终。《礼记·大学》：“物有本末，事

有终始，知所先后，则近道矣。”

【译文】

子游说：“子夏的那些弟子，做点儿洒水扫地、应答酬对、接送宾客的事还是可以的，不过这只是末节小事。不懂得根本的东西，怎么行呢？”子夏听到后，说：“噫！言游说错了！君子之道，哪些先传授呢？哪些后教诲呢？这就像对待草木一样要区分类别。君子之道，怎么可以妄言呢？传道授业，能够做到由浅入深、有始有终，大概只有圣人了吧！”

（十三）

子夏曰：“仕而优则学[1]，学而优则仕。”

【注释】

[1] 仕而优则学：从政有余力就去学习。优，宽绰，有余力。这里所说的“仕”与“学”都在于“致其道”，本无扞格，当相互为用以求进益。

【译文】

子夏说：“从政有余力就去学习，学习有余力就去从政。”

(十四)

子游曰:“丧,致乎哀[1]而止。”

【注释】

[1] 致乎哀:尽于哀。致,尽。《论语·八佾》:“居上不宽,为礼不敬,临丧不哀,吾何以观之哉?”“礼,与其奢也,宁俭;丧,与其易也,宁戚。”

【译文】

子游说:“丧礼,尽其哀情就够了。”

(十五)

子游曰:“吾友张也,为难能也,然而未仁。”[1]

【注释】

[1] 此章子游所说,可对照孔子对子张的评价去理解。《大戴礼记·卫将军文子》:“业功不伐,贵位不善,不侮可侮,不佚可佚,不敖无告,是颛孙之行也。孔子言之曰:‘其不伐则犹

可能也，其不弊百姓者则仁也。《诗》云：“恺悌君子，民之父母。”’夫子以其仁为大也。”（伐，夸耀。善，喜。侮，慢。佚，逸乐。敖，傲。无告，孤苦而无处投诉的人。弊，劳困，困顿。恺悌，和乐简易。）

【译文】

子游说：“我的朋友子张，可以说是难能可贵了，但还称不上‘仁’。”

（十六）

曾子曰：“堂堂乎张也，难与并为仁矣。”[1]

【注释】

[1] 此章曾子对子张的评价，可与孔子的一个说法相参照。《大戴礼记·五帝德》：“孔子曰：‘吾欲以容貌取人，于师邪（yé）改之。’”（容貌，容颜相貌。师，即孔子弟子颛孙师，子张。邪，语助词，这里表停顿。）

【译文】

曾子说：“气象堂堂的子张啊，难以同他一起履行仁道。”

（十七）

曾子曰："吾闻诸夫子：'人未有自致[1]者也，必也亲丧[2]乎。'"

【注释】

［1］自致：把自己的真情尽致地吐露出来。致，尽，尽致。

［2］亲丧：父母去世。《孟子·滕文公上》："孟子曰：'不亦善乎！亲丧，固所自尽也。'"（自尽，即自致，自己尽致地吐露哀伤之情。）

【译文】

曾子说："我听夫子说过：'人难得有把自己的真情尽致地吐露出来的时候，如果有的话，那一定是在双亲去世的时候了。'"

（十八）

曾子曰："吾闻诸夫子：'孟庄子[1]之孝也，其他可能也，其不改父之臣与父之政[2]，是难能也。'"

【注释】

［1］孟庄子：仲孙氏，名速，鲁国大夫。其父为孟献子，名蔑，有贤德。

［2］不改父之臣与父之政：不更换父亲的旧臣，不改变父亲的政略。臣，这里指家臣。《论语·学而》："子曰：'父在观其志，父没观其行，三年无改于父之道，可谓孝矣。'"

【译文】

曾子说："我听夫子说过：'孟庄子的孝行，其他方面是别人可能做到的，而不更换父亲的旧臣，不改变父亲的政略，（这一点）是别人难以做到的。'"

（十九）

孟氏[1]使阳肤[2]为士师，问于曾子。曾子曰："上失其道，民散久矣[3]。如得其情，则哀矜而勿喜[4]！"

【注释】

［1］孟氏：即鲁国权臣仲孙氏。

［2］阳肤：曾子弟子。

［3］上失其道，民散久矣：居上位者不依法度行事，百姓

不自作检束已很久了。散，不自作检束。

［4］如得其情，则哀矜而勿喜：若了解到真实情形，要哀怜当事人，不要因为案情被侦破而沾沾自喜。《荀子·宥坐》："孔子为鲁司寇，有父子讼者，孔子拘之，三月不别也。其父请止，孔子舍之。季孙闻之不说，曰：'是老也欺予。语予曰：为国家必以孝。今杀一人以戮不孝，又舍之。'冉子以告。孔子慨然叹曰：'呜呼！上失之，下杀之，其可乎？不教其民而听其讼，杀不辜也。三军大败，不可斩也；狱犴（àn）不治，不可刑也，罪不在民故也。嫚（màn）令谨诛，贼也；今生也有时，敛也无时，暴也；不教而责成功，虐也。已此三者，然后刑可即也。《书》曰："义刑义杀，勿庸以即。予维曰：未有顺事。"'言先教也。"（别，判决。舍，释放。戮，惩罚。不辜，无辜。狱犴，刑狱定罪的法令。嫚令，法令松弛。谨诛，严厉诛杀；谨，严厉。已，止，停止。义刑义杀，合于道义的刑罚诛杀。勿庸以即，［也］不要立即执行。未有顺事，还没有把使百姓顺从的事做好。）《书·周书·吕刑》："哀敬折狱。"（以哀怜之心断案。哀敬，哀怜。折狱，断案。）

【译文】

孟氏任命阳肤做掌管禁令刑狱的官，阳肤向曾子讨教。曾子说："居上位的人不依法度行事，百姓不检束自己已经很久了。如果在审案中了解到犯罪的真实情形，则要哀怜当事人，不要因为案情被侦破而沾沾自喜。”

（二十）

子贡曰：“纣之不善，不如是之甚也。是以君子恶居下流[1]，天下之恶皆归[2]焉。”

【注释】

［1］君子恶居下流：君子惧怕自己处于下流之地。恶，畏惧，忌讳。下流，下游，比喻那种众恶所归的位置。

［2］天下之恶皆归：天下的恶名都归到那里。《列子·杨朱》：“天下之美，归之舜、禹、周、孔；天下之恶，归之桀、纣。”《淮南子·缪称训》：“三代之称，千岁之积誉也；桀、纣之谤，千岁之积毁也。”

【译文】

子贡说：“殷纣的恶行，并不像后世的人们说得那么厉害。君子所以畏惕处于下流之地，是因为那样就会使天下的恶名都归到自己身上。”

（二十一）

子贡曰："君子之过也，如日月之食焉：过也，人皆见之[1]；更也，人皆仰之[2]。"

【注释】

[1] 过也，人皆见之：（君子的）过错，人人都看在眼里。这是说君子不文饰自己，有了过错，人人都可以看见。本篇第八章："子夏曰：'小人之过也，必文。'"

[2] 更也，人皆仰之：改了过错，人人都会仰望他。《孟子·公孙丑下》："古之君子，过则改之；今之君子，过则顺之。古之君子，其过也，如日月之食，民皆见之；及其更也，民皆仰之。今之君子，岂徒顺之，又从为之辞。"（顺之，任之。为之辞，为其辩护。）

【译文】

子贡说："君子的过错，就像日食月食那样：有了过错，人人都看在眼里；改了过错，人人都会仰望他。"

（二十二）

卫公孙朝[1]问于子贡曰："仲尼焉学？"子贡曰："文武之

道，未坠于地[2]，在人。贤者识其大者，不贤者识其小者，莫不有文武之道焉。夫子焉不学？而亦何常师之有[3]？”

【注释】

［1］公孙朝：卫国大夫。

［2］文武之道，未坠于地：文王、武王曾恪守的道义还没有沦丧。文、武，指周文王、周武王。坠于地，衰落，丧失。《汉书·刘歆传》：“（歆因移书太常博士，责让之。曰：）夫礼失求之于野，古文不犹愈于野乎？往者博士，《书》有欧阳，《春秋》公羊，《易》则施、孟。然孝宣皇帝犹复广立《穀梁春秋》、《梁丘易》、大小《夏侯尚书》。义虽相反，犹并置之。何则？与其过而废之也，宁过而立之。《传》曰：‘文武之道，未坠于地，在人。贤者志其大者，不贤者志其小者。’今此数家之言，所以兼包大小之义，岂可偏绝哉！”（移书，致书。责让，斥责。愈，胜过，超过。过，错过，有过错。偏绝，偏废。）

［3］何常师之有：何必要有固定的老师呢？《左传·昭公十七年》：“秋，郯（tán）子来朝，公与之宴。昭子问焉，曰：‘少皞氏鸟名官，何故也？’郯子曰：‘吾祖也，我知之。昔者，黄帝氏以云纪，故为云师而云名；炎帝氏以火纪，故为火师而火名；共工氏以水纪，故为水师而水名；大皞氏以龙纪，故为

龙师而龙名。我高祖少皞挚之立也，凤鸟适至，故纪于鸟，为鸟师而鸟名。凤鸟氏，历正也；玄鸟氏，司分者也；伯赵氏，司至者也；青鸟氏，司启者也；丹鸟氏，司闭者也；祝鸠氏，司徒也；雎（jū）鸠氏，司马也；鸤（shī）鸠氏，司空也；爽鸠氏，司寇也；鹘（hú）鸠氏，司事也。五鸠，鸠民者也；五雉为五工正，利器用，正度量，夷民者也；九扈为九农正，扈民无淫者也。自颛顼以来，不能纪远，乃纪于近，为民师而命以民事，则不能故也。'仲尼闻之，见于郯子而学之。既而告人曰：'吾闻之，天子失官，学在四夷，犹信。'"（纪，纪事。师，长。鸠民，聚民；鸠，聚。夷民，使度量标准统一，民众交易公平。扈民，止民；扈，止，防止。）《史记·仲尼弟子列传》："孔子之所严事，于周则老子，于卫蘧伯玉，于齐晏仲平，于楚老莱子，于郑子产，于鲁孟公绰。"（严事，师事。）

【译文】

卫国的公孙朝问子贡："仲尼那些学问是从哪里学来的？"子贡说："文王武王之道，并没有沦丧，而是散落在不同的人身上。贤能的人能把握它的大端，不贤的人也会了解它的末节，可以说无处没有文武之道。夫子在哪里不能学？而又何必要有固定的老师呢？"

（二十三）

叔孙武叔[1]语大夫于朝，曰："子贡贤于仲尼。"子服景伯以告子贡。子贡曰："譬之宫墙[2]，赐之墙也及肩，窥见室家之好。夫子之墙数仞[3]，不得其门而入，不见宗庙之美，百官之富[4]。得其门者或寡矣。夫子之云，不亦宜乎？"

【注释】

［1］叔孙武叔：名州仇，鲁国大夫。

［2］宫墙：这里指院落的围墙。

［3］仞（rèn）：古时以七尺或八尺为一仞，或说以五尺六寸为一仞。

［4］宗庙之美，百官之富：宗庙的壮美和多种多样的馆舍的丰富。官，通"馆"，指馆舍。宗庙、百官，被用以比喻孔子的道德、学问。王充《论衡·别通》："子贡曰：'不得其门而入，不见宗庙之美，百官之富。'盖以宗庙、百官喻孔子道也。孔子道美，故譬以宗庙；众多非一，故喻以百官。"

【译文】

叔孙武叔在朝中对大夫们说："子贡胜过仲尼。"子服景伯把叔孙武叔说的话告诉了子贡。子贡说："以围墙来打个比方吧！我的围墙只够得着人的肩膀，人站在墙外就可以看见里面房舍的美好。夫子的围墙有好几丈高，要是找不到大门进到院落中，就看不见里面宗庙的壮美和多种多样的馆舍的富丽。能找到这院落大门的人或许很少吧——叔孙武叔夫子说那样的话，不也不足怪吗？"

（二十四）

叔孙武叔毁仲尼。子贡曰："无以为也[1]！仲尼不可毁也。他人之贤者，丘陵也，犹可逾也；仲尼，日月也，无得而逾焉。人虽欲自绝，其何伤于日月乎？多见其不知量也[2]。"

【注释】

[1] 无以为也：不要这样做嘛！以，这，此。

[2] 多见其不知量也：只是显露出其不自量罢了。多，只，只是。不知量，不自知其分量。

【译文】

叔孙武叔诋毁仲尼。子贡说："何必这样做呢！仲尼是不可诋毁的。别的贤者，就像是丘陵，还可以越过；仲尼，就像日月，是不可逾越的。一个人即使想自绝于日月，这对于日月又有什么损伤呢？只是显露出他的不自量罢了。”

（二十五）

陈子禽[1]谓子贡曰：“子为恭也[2]，仲尼岂贤于子乎？”子贡曰：“君子一言以为知，一言以为不知，言不可不慎也。夫子之不可及也，犹天之不可阶而升也[3]。夫子之得邦家[4]者，所谓立之斯立[5]，道之斯行[6]，绥之斯来[7]，动之斯和[8]。其生也荣，其死也哀[9]，如之何其可及也？”

【注释】

[1] 陈子禽：名亢，字子禽，即《学而》第十章“子禽问于子贡”之子禽，《季氏》第十三章“陈亢问于伯鱼”之陈亢。

[2] 子为恭也：您故作谦恭吧。

[3] 夫子之不可及也，犹天之不可阶而升也：夫子的高不可及，就像天那样不能借助阶梯攀登上去。《韩诗外传》卷八：“齐景公问子贡曰：‘先生何师？’对曰：‘鲁仲尼。’曰：‘仲尼贤乎？’曰：‘圣人也，岂直贤哉！’景公嘻然而笑曰：‘其圣何如？’子贡曰：‘不知也。’景公悖（bó）然作色曰：‘始言圣人，今言不知，何也？’子贡曰：‘臣终身戴天，不知天之高也；终

身践地，不知地之厚也。若臣之事仲尼，譬犹渴操壶杓（sháo），就江海而饮之，腹满而去，又安知江海之深乎?’景公曰：‘先生之誉得无太甚乎?’子贡曰：‘臣赐何敢甚言，尚虑不及耳。臣誉仲尼，譬犹两手捧土而附泰山，其无益亦明矣；使臣不誉仲尼，譬犹两手杷（pá）泰山，无损亦明矣。’景公曰：‘善岂其然！善岂其然！’”（悖然作色，勃然变色；悖，通“勃”。杓，勺子。杷，耙梳。）

［4］得邦家：得邦得家而为诸侯、大夫。邦，诸侯的封国。家，卿大夫的采地食邑。

［5］立之斯立：以礼立人，人就无不立。斯，就。

［6］道（dǎo）之斯行：以道引导人，人就无不跟着前行。

［7］绥之斯来：以仁政安抚人，人就无不归附。绥，安抚，安定。《论语·季氏》：“盖均无贫，和无寡，安无倾。夫如是，故远人不服，则修文德以来之。既来之，则安之。”《论语·子路》：“叶公问政，子曰：‘近者说，远者来。’”

［8］动之斯和：以乐感动人，人就无不谐和。

［9］其生也荣，其死也哀：其生，有其尊荣；其死，会引起人们的哀痛。刘向《说苑·贵德》：“季康子谓子游曰：‘仁者爱人乎?’子游曰：‘然。’‘人亦爱之乎?’子游曰：‘然。’康子曰：‘郑子产死，郑人丈夫舍玦（jué）珮，妇人舍珠珥（ěr），夫妇巷哭，三月不闻竽瑟之声。仲尼之死，吾不闻鲁国之爱夫

子，奚也？’子游曰：‘譬子产之与夫子，其犹浸水之与天雨乎！浸水所及则生，不及则死。斯民之生也，必以时雨，既以生，莫爱其赐。故曰：譬子产之与夫子也，犹浸水之与天雨乎！’”（玦珮，环形而有缺口的玉佩。珠珥，缀珠的耳饰。）

【译文】

陈子禽对子贡说：“您是故作谦恭吧！仲尼难道胜过您吗？”子贡说：“君子的一句话可以表明他的明智，一句话也可以表明他不明智，说话不可不慎重啊！夫子的高不可及，就像天那样不能借助阶梯攀登。夫子如果做了诸侯或卿大夫，可以说，他以礼立人，人就无不立；他以道引导人，人就无不跟着前行；他以文德安抚人，人就无不归附；他以乐感动人，人就无不谐和。这样的人，生，有其尊荣；死，会引起人们的哀痛，他怎么会是我们一般人所可企及的呢？”

疏　　解

《子张》共二十五章，所记皆孔门弟子语，其中辑录子张语三章，子夏语十章，子游语二章（另有一段评说子夏弟子的话与子夏语在同一章），曾子语四章，子贡语六章。其中唯曾子以“子”称，其他皆以字称，由此可大体断定此篇编辑者当为曾子门人。

“师也辟”（《论语·先进》）。子张（颛孙师）志高而不无张大之偏，其向孔子所问“仁”“明”“政”“达”“行”“崇德”“辨惑”无不在趣尚高卓处，但从子游所谓“吾友张也，为难能也，然而未仁”（第十五章）、曾子所谓“堂堂乎张也，难与并为仁矣”（第十六章）看，其修德致道之践履似尚欠平易。孔子因材施教，对子张的志望多有督勉，对其性情上的偏颇也时有含蓄的劝诫。本篇所辑子张语虽仅有三章，但从中仍能较真切地窥见孔子给予的教诲和子张在义理上富于个性的断制。子张所说“士见危致命，见得思义，祭思敬，丧思哀，其可已矣”（第一章），实际上是对孔子曾经晓示的“见利思义，见危授命，久要不忘平生之言”（《论语·宪问》）及“居上不宽，为礼不敬，临丧不哀，吾何以观之哉”（《论语·八佾》）之意的再度强调，而他所说“执德不弘，信道不笃，焉能为有？焉能为无”（第二章），也正可以看作对孔子之言“笃信好学，守死善道”及曾子之言“士不可以不弘毅，任重而道远”（《论语·泰伯》）的一种呼应。不过，对子夏论“交”（交友、交际），持“可者与之，其不可者拒之”（值得交往的就与他交往，不值得交往的就不必与其交往）的见解，子张则有异议，他认为一个称得上君子的人应当“尊贤而容众，嘉善而矜不能”（尊尚贤者而容纳众人，赞许有才德的人而同情那些能力不足者）（第三章）。子夏的看法可以援引孔子所谓“无友不如己者”（《论语·学而》）或周公所谓“不如吾者，吾不与处，累我者也”（《吕氏春秋·先识览·观世》）为依据，而子张却有子夏所见“异乎吾所闻”之说，这“吾所闻”自当闻于孔子——从孔子的各种语录中诚然找不到“尊贤而容众，嘉善而矜不能”这样的句子，但孔子确实说过“举贤才”（《论语·子路》）、“泛爱众”（《论语·学而》）、“举善而教不能”（《论语·为政》）一类话。“无友不如己者”与“泛爱众”“举善而教不能”，这在孔子那里原是不存在扞格的：前者重在诲示人们交际中理应分别贤与不肖，从而“举善”“嘉善”，以“直”“谅”“多闻”之友（见《论语·季氏》）为自己做人的范本；后者重在指点人们在交际中也当求取“和而不同”（《论语·子路》），从而“容众”“泛爱众”，以拓展其天下己任的心胸。子夏或略偏于前者，子张则把二者对立起来选择了后者。做如此的对立和选择出于对孔子之学另有所偏的理解，这理解本身遂构成了子张的某种局限。

“师也过，商也不及”（《论语·先进》）。与子张的略嫌张大骛远相比，子夏治学、修德往往从平易处入手。平易或至于给人一种落于浅近的印象，这印象甚至引出了子游率直的提醒和批评：“子夏之门人小子，当洒扫应对进退则可矣，抑末也。本之则无，如之何?”（第十二章）但子夏的“不及”是相对于“中庸”所指示的那个“中”的标准而言的，这正像子张，虽有其“过”，却并未违戾孔子之道的大端。子夏重“学”，可以说，他的道德学问都是从“学”说起的。他认为一个好学的人应当“日知其所亡（无），月无忘其所能”（第五章），当然，这学不全然是知识性的，它更多是指德行践履中的一种觉悟，所以他分外要指出：“贤贤易色，事父母能竭其力，事君能致其身，与朋友交，言而有信。虽曰未学，吾必谓之学矣”（《论语·学而》）。子夏并不一味地否弃技艺性的学习，不过他懂得，“小道”虽“必有可观者”，但“致远恐泥，是以君子不为”（第四章）。当他说“博学而笃志，切问而近思，仁在其中矣”（第六章）时，其固然是对博学、笃志、切问、近思本身之价值的肯定，然而这肯定却终是以“仁”为衡准的，因此，子夏也这样一言以蔽之他所谓“学”：“百工居肆以成其事，君子学以致其道”（第七章）。

子夏并非那种谨小慎微的人，他说：“大德不逾闲，小德出入可也”（第十一章）。这里，“大德”似乎没有更具体的指谓，但可以肯定，它或如孔子所言“见利思义，见危授命，久要不忘平生之言”，或如子夏所言“贤贤易色，事父母能竭其力，事君能致其身，与朋友交，言而有信”。一个人“大德”能够如此，即可称之为“君子”，亦可称之为“成人”。孔子曾告诫子夏“女为君子儒，无为小人儒”（《论语·雍也》），所谓君子儒即是有此“大德”的儒者。这样的儒者无论出仕还是不仕，都是儒家教化意义上的得道者，其“学”自是“致其道”，其“仕”也在于“致其道”，因此，对于他们来说，既然“仕”“学”皆通于“道”，那么“仕而优则学，学而优则仕”（从政有余力就去学习，学习有余力就去从政）（第十三章）便是极自然的事了。在子夏看来，可以称得上“君子”或“君子儒”的人，“大德”充实其中，必有一种异于常人的生命气象发露于外，这气象便是他所谓的“君子有三变”：“望之俨然，即之也温，听其言也厉”（第九章）。其实，被子夏如此描摹的君子在现实中是有其原型的，而原型即是孔子——这位儒家祖师留给他的弟子们的历久弥深的印象是：“温而厉，威而不猛，恭而安”（《论语·述而》）。

比起子夏来，在“文学”上与之齐名的子游留于载籍的言论要少得多。整部《论语》所辑子游的话只有寥寥数语，而存录孔门弟子话语最多的《子张》关涉他的也不过三章而已。其中一章是记载他对子夏门人的批评和子夏对其批评的回应的，一章则是他对子张的极简短的品题，而真正赋有正面发论性质的话只出现于一章，并且也只有一句：“丧，致乎哀而止”（第十四章）。然而，由“哀”说“丧”（丧礼），前有孔子，后有子张，单凭子游的这句再度重复的话很难判别其思想、学识的究竟。好在《论语》尚记有子游“为武城宰”的事迹，其中对澹台灭明的荐言（见《论语·雍也》）和对武城“弦歌之声”借夫子所谓“君子学道则爱人，小人学道则易使”（《论语·阳货》）所做的申解，略可见其为人、为学、为政之一斑。

《子张》收录曾子的话语也不多，但已颇可就此窥知曾子所学之趣尚。曾子之学省“己”而重“孝”，并能由此而以“忠恕”领悟夫子的一以贯之之道。严于省己、律己者，必至于事人以“忠”，所谓“吾日三省吾身：为人谋而不忠乎？与朋友交而不信乎？传不习乎？”（《论语·学而》），这首先被要求反省的便是“忠”“信”与否。同样，严于省己、律己者也必至于待人以“恕”。曾子的弟子阳肤被任命为掌管禁令刑狱事宜的士师，临赴任或初上任时曾子叮嘱他说：“上失其道，民散久矣。如得其情，则哀矜而勿喜！”（第十九章）对于百姓的犯罪行为多从“上失其道”上做反省，而对案情中人待以“哀矜”之心，如此“忠”于政而“恕”于人，非通乎人“情”的敦厚仁者而不能为。他律的“忠”“恕”或当以一种他在的权威之理作为依凭，自律的“忠”“恕”则出自内在的良知之仁而养润于人的真切的性情，这性情见之于侍奉父母即是所谓“孝”。“吾闻诸夫子：‘人未有自致者也，必也亲丧乎’”（第十七章）。这是引夫子的话述说自己对人生之所悟：人的难得而至可珍贵之处在于真情自致——将自己的真挚之情尽其极致地吐露出来，而父母过世往往是一个人最有可能做到真情自致的时候。“亲丧”而“自致”是情感之自然，这一份对双亲的情愫在平日因为种种缘故多少有所敛束，但敛束本身也是一种蕴蓄，养住了它也就养住了那种与“亲亲”缘法最深的“仁”心。“孝弟”生发于“亲亲”的自觉，“孝弟也者，其为仁之本与”（《论语·学而》）虽出于有子之口，却也同样亲切地印证于曾子之心。与重温夫子“人未有自致者也，必也亲丧乎”之说相应，曾子也重温夫子对“孟庄子之孝”的赞誉：“其不改父之臣与父之政，是难能也”（第十八章）。显然，其以“难能”所称道的“不改”不在于认知上的确否，而在于情愫上的好恶。好父之所好，恶父之所恶，好恶中自有一种真情的贯注，而依孔子、曾子的看法，这为自然而恳切的真情所渗透的“孝”才是最难得的。但无论是孔子，还是曾子，都不曾执着到连时移而事异这一常理也全然不顾的地步，所谓“不改”终是重在不改于情，而不是不改于事，所以孔子也以“三年无改于父之道”（《论语·学而》）的说法对其所肯定的“不改”多少有所限定。

在孔门的诸多弟子中，子贡是孔子暮年以至身后声名最著的一个。“子贡一出，存鲁、乱齐、破吴、强晋而霸越；子贡一使，使势相破，十年之中，五国各有变”（《史记·仲尼弟子列传》）。从史籍的这段记载，或可想见子贡对春秋晚期多变的政治格局曾产生过怎样的影响。大约正是事功上的引人瞩目，有人甚至说：“子贡贤于仲尼。”听到这样的评价，子贡分辩说：“譬之宫墙，赐之墙也及肩，窥见室家之好。夫子之墙数仞，不得其门而入，不见宗庙之美，百官之富”（第二十三章）。然而，当谀美子贡的人借机毁谤孔子时，子贡则起而做了痛切的驳斥：“仲尼不可毁也。他人之贤者，丘陵也，犹可逾也；仲尼，日月也，无得而逾焉。人虽欲自绝，其何伤于日月乎？多见其不知量也”（第二十四章）。这巧妙的设譬，严谨的措辞，看得出子贡“言语”造诣的精深，而其所表达的对业师及其道术的尊仰和笃信也正显露出这位几近于圣的贤者某种不落俗格的生命情调。颜回生前对夫子曾有“仰之弥高，钻之弥坚；瞻之在前，忽焉在后”、“虽欲从之，末由也已”（《论语·子罕》）之叹，这之后，孔门弟子中对孔子的评赞堪称亲切而中肯者或莫过于子贡。这个常被孔子引来与颜渊比较却又总是被孔子以含蓄口吻予以督促策励的学生，申述他的老师的学术渊源说：“文武之道，未坠于地，在人。贤者识其大者，不贤者识其小者，莫不有文武之道焉。夫子焉不学？而亦何常师之有？”（第二十二章）他将夫子之学溯本于“文武之道”，而以所有“识其大者”及“识其小者”的“人”为隐在的传衍中介，由此说儒家始祖的师承，理境开阔而意蕴宏远，既合于孔子所称“文王既没，文不在兹乎”（《论语·子罕》）之微旨，也合于后来孟子所谓“孔子之谓集大成”（《孟子·万章下》）的论断。至于夫子上承“文武之道”以立教施化的功烈，子贡则又设譬而喻：“夫子之不可及也，犹天之不可阶而升也。夫子之得邦家者，所谓立之斯立，道之斯行，绥之斯来，动之斯和。其生也荣，其死也哀，如之何其可及也?”（第二十五章）其说称誉之高已至极致，但论者情动于中而辞切于神，置言两千余年来，考诸世代人心，诚可谓历久不失为公论。

颜渊、子贡当其时而得以师事孔子，这是颜渊、子贡之幸，而孔子生前可得颜渊叹仰，身后又获子贡笃评，却又何尝不是孔子之幸。

尧曰第二十

(一)

尧曰[1]："咨！尔舜！天之历数在尔躬[2]，允执其中[3]。四海困穷，天禄永终[4]。"舜亦以命[5]禹。

【注释】

[1] 尧曰：此"尧曰"显系托尧之名以曰，所曰实为创始于孔子的儒门对负有治国平天下之责的君宰们的规戒。其中"天之历数在尔躬""允执其中""四海困穷，天禄永终"等语，见于今传之伪《古文尚书》。宋人苏轼以来，多有学者以为此数

语取自《尚书·大禹谟（mó）》，然载有此数语的《大禹谟》为东晋时始出现的伪《古文尚书》中之一篇；倘以袭取言，当是伪《古文尚书》之《大禹谟》袭取了“尧曰”，而非“尧曰”袭取了伪《大禹谟》*。与此推断可相印证的是，“允执其中”一语源于孔子“中庸之为德也，其至矣乎”（《雍也》）之说，而“中”的观念在距孔子足够杳远的尧舜时代当绝无可能萌生。

［2］天之历数在尔躬：依上天安排的继位次序，代天治理百姓的使命就要落在你的身上了。历数，古人信从的帝王代天理民的顺序。尔躬，你的身上。《书·虞书·大禹谟》“帝曰：来！禹！……天之历数在汝躬，汝终陟（zhì）元后。”（陟，升，升迁。元后，天子。）《史记·历书》：“尧复遂重、黎之后，不忘旧者，使复典之，而立羲和之官。明时正度，则阴阳调，风雨节，茂气至，民无夭疫。年耆（qí）禅舜，申戒文祖云：‘天之历数在尔躬’。舜亦以命禹。由是观之，王者所重也。”（遂，举荐。重、黎，相传为木、火之官，兼司天、地职。典，主持，掌管。羲和，羲氏与和氏的并称；相传尧曾命羲仲羲叔和仲和叔两对兄弟分驻四方，观测天象，制定历法。正度，匡正法度。茂气，茂盛之气。夭疫，由于疫病而夭折。年耆，年老；古称年六十为耆。申戒，告诫。文祖，继业守文之祖，这里指舜。）

---

* 《大禹谟》原为《古文尚书》中的一篇，早佚。今本《大禹谟》属东晋梅赜（zé）所献伪《古文尚书》，其显然于《论语·尧曰》之“尧曰”句有所袭取。

［3］允执其中：确实地把握那个中正之道。允，诚实，确实。执，掌握，把握。《礼记·中庸》：“子曰：‘舜其大知也与！舜好问而好察迩言，隐恶而扬善，执其两端，用其中于民，其斯以为舜乎。’”

［4］天禄永终：天赐的福禄永远终结。《书·虞书·大禹谟》：“人心惟危，道心惟微，惟精惟一，允执厥（jué）中……四海困穷，天禄永终。”

［5］命：教诲，告诫。

【译文】

尧说：“唉！你呀，舜！依上天安排的继位次序，代天治理百姓的使命就要落在你的身上了，你要确实把握住那个中正之道。一旦天下人陷入贫穷困窘，上天赐给你的这份福禄就永远终结了。”后来舜禅位给禹时，也用同样的话告诫禹。

曰[1]：“予小子履[2]敢用玄牡[3]，敢昭告于皇皇后帝：有罪不敢赦。帝臣不蔽，简在帝心[4]。朕躬有罪，无以万方[5]；万方有罪，罪在朕躬。”

【注释】

［1］曰：可能“曰”上脱一“汤”字，后面整段文字相传

是商汤向上天祈雨求告的话。

［2］履：商汤的名。班固《白虎通·姓名》："汤，生于夏时，何以用甲乙为名？曰：汤王后乃更变名，子孙法耳，本名履。故《论语》曰：'予小子履。'履，汤名也。"

［3］敢用玄牡：冒昧地用黑色公牛作为牺牲。玄，黑色。牡，公牛。班固《白虎通·三正》："《论语》曰：'予小子履，敢用玄牡，敢昭告于皇王后帝。'此汤伐桀告天，以夏之牲也。"

［4］帝臣不蔽，简在帝心：对于上帝臣仆们的所作所为从不敢隐瞒或掩盖，所做的鉴别或选择全然听凭上帝的意旨。简，鉴别，选择。

［5］朕躬有罪，无以万方：我自身有罪，不要牵连天下的人。以，及，牵连。《墨子·兼爱下》："汤曰：'惟予小子履，敢用玄牡，告于上天后曰：今天大旱，即当朕身履，未知得罪于上下。有善不敢蔽，有罪不敢赦，简在帝心。万方有罪，即当朕身；朕身有罪，无及万方。'"《吕氏春秋·季秋纪·顺民》："昔者汤克夏而正天下，天大旱，五年不收。汤乃以身祷于桑林曰：'余一人有罪，无及万夫；万夫有罪，在余一人。无以一人之不敏，使上帝鬼神伤民之命。'于是翦其发，鄜（mó）其手，以身为牺牲，用祈福于上帝。民乃甚悦，雨乃大至，则汤达乎鬼神之化人事之传也。"（翦，即"剪"。鄜，磨，砥。）

【译文】

(汤)说:“我,小子履,冒昧用黑公牛作为牺牲,谨昭告皇皇在上的天帝:对于人间的罪恶,我从不敢擅自赦免。对于您的臣仆们的所作所为,我从不敢隐瞒或掩饰,鉴别或选择全在于您的意旨。(若是)我自身有罪,(但愿)不要连累天下的人;(若是)天下的人有罪,那罪责也只在于我自身。”

周有大赉,善人是富[1]。“虽有周亲,不如仁人[2]。百姓有过,在予一人。”

【注释】

[1] 周有大赉(lài),善人是富:周天子大封诸侯,使有贤德的人富有起来。赉,赠送,赏赐。《礼记·乐记》:“武王克殷,反商。未及下车,而封黄帝之后于蓟,封帝尧之后于祝,封帝舜之后于陈。下车而封夏后氏之后于杞,投殷之后于宋。封王子比干之墓,释箕子之囚,使之行商容而复其位……将帅之士,使为诸侯。”《左传·昭公二十八年》:“昔武王克商,光有天下,其兄弟之国者十有五人,姬姓之国者四十人,皆举亲也。夫举无他,唯善所在,亲疏一也。”

[2] 虽有周亲,不如仁人:即使至亲,也不如有仁德的人。

周亲，至亲。《书·周书·泰誓中》*：“虽有周亲，不如仁人。天视自我民视，天听自我民听。百姓有过，在予一人。”

【译文】

周得天下，大封诸侯，使有贤德的人富有起来。周武王曾说：“即使是至亲，也不如有仁德的人。要是百姓有过错，那责任只在于我一个人。”

谨权量[1]，审法度[2]，修废官[3]，四方之政行焉。兴灭国[4]，继绝世[5]，举逸民[6]，天下之民归心[7]焉。

【注释】

[1] 谨权量：严谨地规范量器与衡器。权量，权与量；权，称物体轻重的秤；量，量（谷物）多少的斗、斛等。

[2] 审法度：审慎地厘定计算长度的标准。《汉书·律历志上》：“《虞书》曰：‘乃同律度量衡’，所以齐远近，立民信也。自伏羲画八卦由数起，至黄帝、尧、舜而大备。三代稽古，法度章焉。周衰官失，孔子陈后王之法曰：‘谨权量，审法度，修

---

* 《泰誓》，即《大誓》。相传为武王伐纣、会盟诸侯时的誓言，西汉中叶得之于民间，已佚。今本《泰誓》属梅赜所献伪《古文尚书》。其“虽有周亲，不如仁人”、“百姓有过，在予一人”句，袭自《论语·尧曰》；“天视自我民视，天听自我民听”句袭自《孟子·万章上》。

废官，举逸民，四方之政行矣。’”颜师古注“审法度”云：“法度，丈尺也。”

［3］修废官：修复废弃了的官制。

［4］兴灭国：复兴那些灭亡了的邦国。

［5］继绝世：延续那些断绝了禄位的世家。

［6］举逸民：起用那些被遗落的有才德的人。

［7］归心：诚心归附。

【译文】

严谨地规范量器与衡器，审慎地厘定计算长度的标准，修复废弃了的官制，政令就能通行天下了。复兴那些灭亡了的邦国，延续那些断绝了禄位的世家，起用那些被遗落的有才德的人，天下的百姓就会诚心归附了。

所重[1]：民[2]，食[3]，丧[4]，祭[5]。

【注释】

［1］所重：所应看重。

［2］民：生民。《论语·子路》：“子适卫，冉有仆。子曰：‘庶矣哉！’”

［3］食：粮食，饮食。《论语·颜渊》：“子贡问政，子曰：

‘足食，足兵，民信之矣。’”《书・周书・洪范》：“八政：一曰食。”《淮南子・主术训》：“食者，民之本也。”

［4］丧：丧礼。

［5］祭：祭祀。《论语・学而》：“曾子曰：‘慎终追远，民德归厚矣。’”《礼记・经解》：“丧祭之礼废，则臣子之恩薄，而倍死忘生者众矣。”（倍死，背弃死者；倍，通“背”。忘生，忘记生者。）

【译文】

所应看重的是：生民，粮食，丧礼，祭祀。

宽则得众，信则民任焉，敏则有功[1]，公则说[2]。

【注释】

［1］宽则得众，信则民任焉，敏则有功：关于“宽”“信”“敏”的说法，已见孔子答子张问仁。《论语・阳货》：“子张问仁于孔子，孔子曰：‘能行五者于天下，为仁矣。’‘请问之。’曰：‘恭、宽、信、敏、惠。恭则不侮，宽则得众，信则人任焉，敏则有功，惠则足以使人。’”学者们多已注意到“信则民任焉”句不见于东汉石刻等多种《论语》版本，或因《阳货》有“信则人任焉”句，而此处之“信则民任焉”为注家误增。

［2］公则说（yuè）：公正就能使人们心悦诚服。刘向《说苑·至公》："《书》曰：'不偏不党，王道荡荡'，言至公也。古有行大公者，帝尧是也。贵为天子，富有天下，得舜而传之，不私于其子孙也。去天下若遗蹝（xǐ），于天下犹然，况其细于天下乎？此人君之公也。夫以公与天下，其德大矣。"（遗蹝，抛弃一双草鞋；蹝，草鞋。）

【译文】

宽宏就能得到众人的拥戴，诚实就能得到百姓的信任，勤勉就能使事业取得成功，公正就能使人们心悦诚服。

（二）

子张问于孔子曰："何如斯可以从政矣？"子曰："尊五美[1]，屏四恶[2]，斯可以从政矣。"子张曰："何谓五美？"子曰："君子惠而不费[3]，劳而不怨[4]，欲而不贪[5]，泰而不骄[6]，威而不猛[7]。"子张曰："何谓惠而不费？"子曰："因民之所利而利之，斯不亦惠而不费乎？择可劳而劳之，又谁怨？欲仁而得仁，又焉贪？君子无众寡，无小大，无敢慢，斯不亦泰而不骄乎？君子正其衣冠，尊其瞻视，俨然人望而畏之，斯不亦威而不猛乎？"子张曰："何谓四恶？"子曰："不教而杀谓之虐[8]，不戒视成谓之暴[9]，慢令致期谓之贼[10]，犹之与人也，出纳之吝谓之有司[11]。”

【注释】

[1] 尊五美：崇尚五种美德。尊，崇尚。五美，即下文所谓“惠而不费，劳而不怨，欲而不贪，泰而不骄，威而不猛”。

[2] 屏四恶：屏除四种恶行。屏，屏除。四恶，即下文所谓“不教而杀”（“虐”）、“不戒视成”（“暴”）、“慢令致期”（“贼”）、“出纳之吝”（“有司”）。

[3] 惠而不费：施恩惠于人而又不至于靡费财力。惠，施惠。

[4] 劳而不怨：使其勤于劳作而又不心生怨忿。《孟子·尽心上》：“孟子曰：‘以佚道使民，虽劳不怨。’”（佚道，即逸道，使百姓安乐之道。）《荀子·富国》：“古之人为之不然，使民，夏不宛暍（yē），冬不冻寒，急不伤力，缓不后时。事成功立，上下俱富，而百姓皆爱其上。人归之如流水，亲之欢如父母，为之出死断亡而愉者，无它故焉，忠信调和均辨之至也。”（宛暍，中暑。后时，失时。出死断亡，效死捐生，献出生命。均辨，公平。）

[5] 欲而不贪：有其追求而不贪心。欲，追求。

[6] 泰而不骄：举止安泰而不骄横。泰，安舒，安宁。

［7］威而不猛：仪表威严而不给人以凶悍之感。《论语·述而》：“子温而厉，威而不猛，恭而安。”

［8］不教而杀谓之虐：不加以教育引导而一味用杀戮手段推行政令，那叫作“虐”。

［9］不戒视成谓之暴：不事先告诫而仅仅审察其（最后）成效或结果，那叫作“暴”。视，审察。

［10］慢令致期谓之贼：下达命令不严而造成百姓懈怠，却又限期论处，那叫作“贼”。慢令，松懈的命令。致期，限期，克期。

［11］犹之与人也，出纳之吝谓之有司：同样是要给人家的，却又出手吝啬，那叫作局量小。犹，同样。有司，专职的办事官吏，往往过于斟酌、计较，这里用来比喻局量小。

【译文】

子张问孔子说：“怎样就可以从政了呢？”夫子说：“崇尚五种美德，屏除四种恶行，就可以从政了。”子张说：“所谓五美是什么？”夫子说：“君子施恩惠于人而又不至于靡费财力，使百姓勤于劳作而又不生怨忿之心，有所追求而又不贪恋钱财，举止安泰而不骄横傲慢，仪表威严而不给人以凶悍之感。”子张说：“怎样做才能既施恩惠于人而又不至于靡费财力呢？”夫子说：“顺应百姓的利益引导他们自己去求得好处，这不就可以做到施惠于他们而又不至于靡费财力了吗？选择适宜的服劳役的时机让百姓勤于劳作，又有谁会心生怨忿呢？君子自己的所求本在于仁的德行，除了求得这种德行还会有什么可贪求的呢？君子无论所侍人数众寡、势力大小，都能对人不卑不亢，这不也就是安泰而不骄横傲慢了吗？君子衣帽齐整，神态周正，严肃庄重得让人一望见就生出敬畏之心，这不也就是仪表威严而又不给人以凶悍之感吗？”子张说：“所谓四恶是什么？”夫子说：“不加以教育引导而一味用杀戮的办法推行政令，那叫作‘虐’；不事先告诫而仅仅审察其（最后）成效或结果，那叫作‘暴’；下达命令不严而造成百姓懈怠，却又限期论处，那叫作‘贼’；同样是要给予人的，却又出手吝啬，那叫作局量狭小。”

（三）

子曰：“不知命[1]，无以为君子也；不知礼，无以立也；不知言[2]，无以知人也。”

【注释】

［1］知命：此“知命”之“命”为“天命之谓性”（《礼记·中庸》）之“命”，有天之所赋的意思。《韩诗外传》卷六：“子曰：‘不知命无以为君子。’言天之所生，皆有仁义礼智顺善之

心，不知天之所以命生，则无仁义礼智顺善之心。无仁义礼智顺善之心，谓之小人。故曰：‘不知命无以为君子。’《小雅》曰：‘天保定尔，亦孔之固。’言天之所以仁义礼智保定人之甚固也。《大雅》曰：‘天生烝民，有物有则。民之秉彝，好是懿德。’言民之秉德以则天也。不知所以则天，又焉得为君子乎？”（秉彝，把握常道、常则；彝，常。懿德，美德。则天，法天，以天为法。）

［2］知言：此“知言”即后来孟子所谓“我知言”之“知言”。《孟子·公孙丑上》：“（公孙丑曰：）‘敢问，夫子恶乎长？’（孟子）曰：‘我知言，我善养吾浩然之气。’……‘何谓知言？’曰：‘诐（bì）辞知其所蔽，淫辞知其所陷，邪辞知其所离，遁辞知其所穷。’”（诐辞，偏颇过当的言辞。淫辞，浮华失实的言辞。邪辞，邪僻乖谬的言辞。遁辞，支吾搪塞的言辞。）《易·系辞下》：“将叛者其辞惭，中心疑者其辞枝，吉人之辞寡，躁人之辞多，诬善之人其辞游，失其守者其辞屈。”（中心，内心。枝，散。吉人，善良的人。游，虚浮不实。屈，理亏。）

【译文】

夫子说：“不通晓命，就无从成为一个君子；不懂得礼，就无从自立于世；不能明辨一个人的言论，就无从了解这个人。”

疏　解

《尧曰》共三章。首章所记尧舜咨命、汤武诰誓以至孔子之微言，似在溯述一种道统，其意略合于《汉书·艺文志·诸子略序》所引刘歆语：儒家者流，“祖述尧舜，宪章文武，宗师仲尼，以重其言，于道最为高”。从体例看，此章当是《论语》全书的后序，首章之后的文字——“尊五美，屏四恶，斯可以从政”章、“不知命，无以为君子也；不知礼，无以立也；不知言，无以知人也”章，或为《论语》成书若干年后由汉儒依据轶策所补缀。后两章意蕴显豁，皆可与辑于前面诸篇的有关章句相互印证、相互发明，唯首章为全书的点题文字，尚须更经心地领会。

尧舜咨命、汤武诰誓之事已渺不可考，把传说中的“命”“誓”连缀成与儒家义理相契的一段文字显然出于《论语》编者的创意。不过，可以理解的是，作为孔子再传弟子的《论语》编者，如此纂述逸说也许正合孔子引尧舜以立儒教本统的初愿。孔子称尧“大哉尧之为君也！巍巍乎！唯天为大，唯尧则之”（《论语·泰伯》）；称舜“无为而治者，其舜也与！夫何为哉？恭己正南面而已矣”（《论语·卫灵公》）；称禹“巍巍乎！舜禹之有天下也，而不与焉”，“禹，吾无间然矣”（《论语·泰伯》）；

对于武王，孔子虽未予以更高的评赞，但正像对《武》乐那样，即使不免于“未尽善也”的叹惜，却也还有“尽美矣”（《论语·八佾》）的嘉许。从尧舜禹到汤文武，以至于周公、孔子，《论语》编者第一次为儒家教化理出了某种脉理相贯的道统，这曾为孔子所默示的不无历史感的统绪把孔子置于继往开来的枢纽地位上。

此后，“孟子道性善，言必称尧舜”（《孟子·滕文公上》），以五百年为一历史周期——所谓“五百年必有王者兴，其间必有名世者”（《孟子·公孙丑下》）——重申了《论语》编者已见雏形的道统观念，他说：“由尧舜至于汤，五百有余岁，若禹、皋陶，则见而知之，若汤，则闻而知之。由汤至于文王，五百有余岁，若伊尹、莱朱，则见而知之，若文王，则闻而知之。由文王至于孔子，五百有余岁，若太公望、散宜生，则见而知之，若孔子，则闻而知之。由孔子而来至于今，百有余岁，去圣人之世，若此其未远也，近圣人之居，若此其甚也，然而无有乎尔，则亦无有乎尔!”（《孟子·尽心下》）孟子并不处在他所谓五百有余岁这一周期的关节点上，他没有为自己留下“名世者”的位置，但他从来都是以儒家之道的传承者自命的。因此，当唐人韩愈再一次称举儒家道统时，孟子被认为是孔子之后唯一可称道的人物。他指出：“尧以是（道）传之舜，舜以是传之禹，禹以是传之汤，汤以是传之文、武、周公，文、武、周公传之孔子，孔子传之孟轲。轲之死，不得其传焉”（韩愈：《昌黎先生集·杂著·原道》）。

托始于尧舜的圣圣相传之“道”，倘取尧告诫舜的话一言以蔽之，即是“允执其中”。所谓“允执其中”，依《中庸》的说法，亦即“执其两端，用其中于民”，而寻绎于孔子之言，则为：“中庸之为德也，其至矣乎”（《论语·雍也》）、“叩其两端而竭焉”（《论语·子罕》）。凡事物之情状皆有阴阳、隐显、本末、终始、上下、精粗诸两端，两端之间得其所宜即谓之“中”。这恰到好处的“中”是可以无限逼近而又终于难以全然实现的（“中庸不可能也”），问题只在于向之而趋的永无止息的努力。为孔子所厘定而尊奉的儒家之道或可谓之“仁”道，但“好仁不好学，其蔽也愚”（《论语·阳货》），而以“学”辅“仁”就是要对事物情状之两端学而有所觉，在为“仁”、行“仁”的践履中尽可能做到既不至于“过”，也不至于“不及”。“中”是人之德行、事之情状、政之所施的某种应然的正态，因此，求取“中”即是求取“正”，以“中”为标的亦即是以“正”为标的。“政者，正也。子帅以正，孰敢不正？”（《论语·颜渊》）“君子之德，风；小人之德，草。草上之风，必偃”（同上）。对于居于当政地位的人来说，“中”“正”的社会目标的达致，首先即意味着自身的“中”“正”之德行的培壅，无论是商汤还是周武，其“万方有罪，罪在朕躬”或“百姓有过，在予一人”的誓诰，都不是后世帝王下诏“罪己”那样的策略性话语，而是真诚的“克己”者面对上天和百姓时由衷的“自讼”（见《论语·公冶长》）之词。“道”之所在乃言之所系，固然“兴灭国，继绝世，举逸民”、“所重：民，食，丧，祭”以至于“宽则得众，信则民任焉，敏则有功”等句，明显出于孔子之口，而借着尧舜咨命、汤武诰誓说出的“允执其中”“万方有罪，罪在朕躬”“百姓有过，在予一人”一类话，也都可或隐或显地寻缘到孔子对儒家义理的述说。“祖述尧舜，宪章文武”的儒门家法是肇自孔子的，它指示着一种道术的历史酝酿——这酝酿既意味着孔子对前贤的心量博洽的承继，也意味着承继者的某种断制果切的创始。

“道”只在弘道者的生命践履中延伸，如此延伸先前是幽昧不明的，经由孔子的切己体证达到自觉后开始朗现于儒者的慧识。它一以贯之于《论语》的诸多章句，而这一点则由作为是书后序的《尧曰》以别一种口吻再度做了申说。

主要参考书目

《论语注疏》，［魏］何晏集解，［宋］邢昺疏，收于《十三经注疏》，［清］阮元校刻，武英殿刻附考证本。

《论语集注》，［宋］朱熹集注，收于《四书集注》，中华书局 1983 年版。

《论语正义》，［清］刘宝楠撰，收于《十三经注疏》，中华书局 1990 年版。

《论语集释》，程树德撰，中华书局 1990 年版。

《论语疏证》，杨树达撰，上海古籍出版社 1986 年版。

《论语译注》，杨伯峻译注，中华书局 1980 年版。

《论语新解》，钱穆撰，三联书店 2005 年版。

《十三经注疏》，［清］阮元校刻，武英殿刻附考证本，中华书局 1980 年影印版。

《十三经概论》，蒋伯潜著，上海古籍出版社 1983 年版。

《诸子集成》，世界书局编印，上海书店 1986 年影印版。

《大戴礼记汇校集注》，黄怀信主撰，三秦出版社 2005 年版。

《史记》，[汉] 司马迁撰，[晋] 裴骃集解，[唐] 司马贞索隐，[唐] 张守节正义，武英殿刻附考证本，收于《二十五史》，上海古籍出版社、上海书店 1986 年影印版。

《汉书》，[汉] 班固撰，[唐] 颜师古注，武英殿刻附考证本，收于《二十五史》，上海古籍出版社、上海书店 1986 年影印版。

《后汉书》，[南朝・宋] 范晔撰，[唐] 李贤注，武英殿刻附考证本，收于《二十五史》，上海古籍出版社、上海书店 1986 年影印版。

《新序》，[汉] 刘向撰，《四部丛刊》影印明刻本。

《说苑》，[汉] 刘向撰，《四部丛刊》影印明钞宋本。

后　　记

此书于 2008 年 9 月由中国人民大学出版社出版，因被辑入“国学经典解读系列”丛书而以《〈论语〉解读》为名。一年多后，出版社拟印行该书的单行本，遂将其更名为《〈论语〉疏解》。当时，我为之写了一则简短的后记：“值拙著《〈论语〉解读》改版（并更名为《〈论语〉疏解》）之际，除对原版的若干字误逐一做了订正外，尚在《为政》及《公冶长》篇的‘疏解’部分各加了一个附注，此外，亦为原书的导读文字《孔子与〈论语〉》补写了第六节‘《论语》一书的篇章结构’。”至去年 4 月，《〈论语〉疏解》的出版合同期满，今又蒙人大出版社不弃，将其纳入“人文大讲堂”丛书。现依出版社的建议，在对此书再度修订后复以《〈论语〉解读》为名。

近代以来，孔子可能是曾被误解的历史人物中为时人诟病最大的一位，亦是在新一轮的“国学热”中因着“乡愿”化解读而所受委屈至深的一位。十三年前，我为《〈论语〉解读》的初版曾留下一份祈告：“但愿（在《论语》‘热读’的当下）留住几希学苑的尊严，还孔子些许不可再少的庄重和从容!”这份“祈告”，自是对某种乡愿而言的，而孔子被乡愿化却是凭借了那曾有过的历史性误解的衬托。现在，许多年过去了，我惊讶于我的祈告尚未过时。然而，正因为如此，我情愿——却也只能——为之继续祈告。

黄克剑

2021 年 4 月 30 日

图书在版编目（CIP）数据

《论语》解读 / 黄克剑著 . --北京：中国人民大学出版社，2022.10
（人文大讲堂）
ISBN 978-7-300-30979-8

Ⅰ.①论… Ⅱ.①黄… Ⅲ.①儒家②《论语》-研究 Ⅳ.①B222.25

中国版本图书馆 CIP 数据核字（2022）第 167192 号

人文大讲堂
《论语》解读
黄克剑　著
Lunyu Jiedu

出版发行	中国人民大学出版社		
社　　址	北京中关村大街 31 号	**邮政编码**	100080
电　　话	010－62511242（总编室）		010－62511770（质管部）
	010－82501766（邮购部）		010－62514148（门市部）
	010－62515195（发行公司）		010－62515275（盗版举报）
网　　址	http://www.crup.com.cn		
经　　销	新华书店		
印　　刷	北京联兴盛业印刷股份有限公司		
规　　格	148 mm×210 mm　32 开本	**版　　次**	2022 年 10 月第 1 版
印　　张	24 插页 3	**印　　次**	2022 年 10 月第 1 次印刷
字　　数	433 000	**定　　价**	139.00 元